人民法院民商事
指导案例与类案裁判依据丛书

公司纠纷
指导案例与类案裁判依据

中国法制出版社
CHINA LEGAL PUBLISHING HOUSE

编写说明

Preface

2022年1月13日，最高人民法院召开全国法院案例指导工作推进会。会议强调，案例指导制度是中国特色社会主义司法制度的重要组成部分。做好案例指导工作，是深入贯彻习近平法治思想，加快建设公正高效权威的社会主义司法制度，更好发挥人民法院审判职能作用的必然要求，对于确保裁判尺度统一，促进法律正确实施，提高审判质效和司法公信力具有重要作用。会议还强调，要健全完善案例指导工作机制，确保裁判尺度统一，促进法律正确实施，努力让人民群众在每一个司法案件中感受到公平正义。要加强指导性案例应用，法官审判执行案件进行类案检索，应先行检索现行有效指导性案例，对指导性案例应当参照作出裁判。

为更好地发挥指导性案例在统一法律适用标准、规范司法行为、维护司法公正、提高审判质量等方面的重大作用，并通过典型案例引领，使当事人和社会公众对类似案件的裁判结果具有固定预期和明确参照，我们出版了“人民法院民商事指导案例与类案裁判依据丛书”。本丛书梳理并精心筛选了相关领域最高人民法院发布的指导案例、公报案例及典型案例以及部分地方人民法院发布的典型案例。“一个案例胜过一打文件”，相较于抽象的条文规定，这些案例是理论与实践相结合的重要载体，是法官审判经验和司法智慧的结晶，对于提高审判人员的司法能力，提升律师的执业水平，促进公民尊法学法用法、维护自身的合法权益具有重要意义，也可以为案例教学和运用法学研究提供鲜活样本和实务资源。

本丛书在内容和体例上具有以下特点：

第一，章节设置合理，内容全面。本丛书以《民事案件案由规定》为基础，结合实际情况，对类案进行合理划分、收录和编排，充分考虑了读者的实际需求和阅读习惯，力求做到条线清晰、重点突出。

第二，案例覆盖广泛，严格拣选。本丛书的案例分为三个层级，第一层级为最高人民法院指导案例；第二层级为最高人民法院公报案例及典型案例；第三层级为地方法院典型案例。通过汇总和分析前述经典案例，凝练裁判要点，帮助读者更好地把握法律精神、理解法律规定、适用裁判规则。

第三，裁判依据准确，检索便捷。本丛书精选类案处理的相关法律规定，收录了法律法规、部门规章、司法解释等规范性文件，这些规范性文件是当事人起诉、应诉和人民法院裁判的重要依据。

另需说明的是，为方便读者阅读，在确保内容准确的基础上，本书进行了必要的体例统一和编辑加工处理。

希望本丛书能在实现个案公正处理、提升公众法治素养、以合法理性的方式表达利益诉求、推动法律发展和完善等方面发挥积极影响，为推进案例指导工作高质量发展贡献力量。

由于编者水平有限，本丛书内容难免有疏漏之处和不妥之处，敬请广大读者批评指正。

中国法制出版社

目　录

Contents

第一部分　公司设立、变更纠纷

一、公司设立纠纷

二、公司减资纠纷

三、公司增资纠纷

第二部分　公司股权纠纷

一、股东资格确认纠纷

三、股东出资纠纷

四、股东知情权纠纷

五、请求公司收购股份纠纷

六、股权转让纠纷

第三部分　公司经营纠纷

一、公司决议纠纷

二、公司盈余分配纠纷

三、损害股东利益责任纠纷

四、损害公司利益责任纠纷

五、损害公司债权人利益责任纠纷

六、公司关联交易损害责任纠纷

七、公司证照返还纠纷

第四部分　公司解散与清算纠纷

一、公司解散纠纷

二、清算责任纠纷

第一部分　公司设立、变更纠纷

一、公司设立纠纷

（一）地方法院典型案例

001. 公司设立失败，经协商一致，投资人可以请求退回投资款[①]

基本事实：2019 年 3 月，周某、吴某、郑某三方签订公司股份合作协议书，约定共同出资成立邓州市某养殖公司。吴某投入 13 万元，周某出具凭条一份，载明收到吴某 13 万元投资款。郑某以实物出资，但未评估作价。后邓州市某养殖公司未在工商部门办理注册登记，没有依法设立。吴某多次向周某追要投资款，周某在微信聊天上同意返还吴某投资款，但一直未履行。

裁判结果：法院经审理认为，周某、吴某、郑某三方签订公司股份合作协议书，约定按比例出资，目的是成立公司，虽然三方合作开展了部分业务，但公司因故至今未能成立，三方不再合作后亦未对账目进行清算，但周某承诺向吴某退还投资款，经吴某多次追要，周某一直未履行承诺，有违诚实信用原则。故判决：周某返还吴某 13 万元投资款。

① 《南阳中院 2021 年度中小投资者保护十大典型案例》（2021 年 12 月 14 日发布），六、周某与吴某、郑某公司设立纠纷案——公司设立失败，经协商一致，投资人可以请求退回投资款，载南阳市中级人民法院网站，http：//nyzy. hncourt. gov. cn/public/detail. php? id=28297，最后访问日期：2023 年 6 月 30 日。

典型意义

公司的设立，需要符合《中华人民共和国公司法》规定的条件和程序，然而在实践中可能存在多种情况导致公司设立失败。对有限责任公司而言，发起人或投资人的法律地位等同，在公司设立失败时应承担相同的义务，因设立公司而产生的费用，应在投资人之间合理分担，扣除分担部分的费用后剩余投资款应予返还。在公司设立过程中，发起人或投资人可以签订协议明确约定需要共同享有的权利和责任的分担，如果投资者对是否可以退回投资款有明确约定的，应遵循投资人之间的意思自治。本案中，周某已承诺向吴某退还投资款，其应当履行承诺。通过本案裁判结果，提示广大投资者在设立公司活动中，应签订书面协议明确约定相关的权利义务及责任分担，以此来防范公司设立过程中的风险。

（二）裁判依据

《中华人民共和国民法典》

第七十五条 设立人为设立法人从事的民事活动，其法律后果由法人承受；法人未成立的，其法律后果由设立人承受，设立人为二人以上的，享有连带债权，承担连带债务。

设立人为设立法人以自己的名义从事民事活动产生的民事责任，第三人有权选择请求法人或者设立人承担。

《中华人民共和国公司法》

第二十三条 设立有限责任公司，应当具备下列条件：

（一）股东符合法定人数；

（二）有符合公司章程规定的全体股东认缴的出资额；

（三）股东共同制定公司章程；

（四）有公司名称，建立符合有限责任公司要求的组织机构；

（五）有公司住所。

第二十四条 有限责任公司由五十个以下股东出资设立。

第二十五条 有限责任公司章程应当载明下列事项：

（一）公司名称和住所；

（二）公司经营范围；

（三）公司注册资本；

（四）股东的姓名或者名称；

（五）股东的出资方式、出资额和出资时间；

（六）公司的机构及其产生办法、职权、议事规则；

（七）公司法定代表人；

（八）股东会会议认为需要规定的其他事项。

股东应当在公司章程上签名、盖章。

第二十六条 有限责任公司的注册资本为在公司登记机关登记的全体股东认缴的出资额。

法律、行政法规以及国务院决定对有限责任公司注册资本实缴、注册资本最低限额另有规定的，从其规定。

第二十七条 股东可以用货币出资，也可以用实物、知识产权、土地使用权等可以用货币估价并可以依法转让的非货币财产作价出资；但是，法律、行政法规规定不得作为出资的财产除外。

对作为出资的非货币财产应当评估作价，核实财产，不得高估或者低估作价。法律、行政法规对评估作价有规定的，从其规定。

第二十八条 股东应当按期足额缴纳公司章程中规定的各自所认缴的出资额。股东以货币出资的，应当将货币出资足额存入有限责任公司在银行开设的账户；以非货币财产出资的，应当依法办理其财产权的转移手续。

股东不按照前款规定缴纳出资的，除应当向公司足额缴纳外，还应当向已按期足额缴纳出资的股东承担违约责任。

第二十九条 股东认足公司章程规定的出资后，由全体股东指定的代表或者共同委托的代理人向公司登记机关报送公司登记申请书、公司章程等文件，申请设立登记。

第三十条 有限责任公司成立后，发现作为设立公司出资的非货币财产的实际价额显著低于公司章程所定价额的，应当由交付该出资的股东补足其差额；公司设立时的其他股东承担连带责任。

第七十六条 设立股份有限公司，应当具备下列条件：

（一）发起人符合法定人数；

（二）有符合公司章程规定的全体发起人认购的股本总额或者募集的实收股本总额；

（三）股份发行、筹办事项符合法律规定；

（四）发起人制订公司章程，采用募集方式设立的经创立大会通过；

（五）有公司名称，建立符合股份有限公司要求的组织机构；

（六）有公司住所。

第七十七条 股份有限公司的设立，可以采取发起设立或者募集设立的方式。

发起设立，是指由发起人认购公司应发行的全部股份而设立公司。

募集设立，是指由发起人认购公司应发行股份的一部分，其余股份向社会公开募集或者向特定对象募集而设立公司。

第七十八条 设立股份有限公司，应当有二人以上二百人以下为发起人，其中须有半数以上的发起人在中国境内有住所。

第七十九条 股份有限公司发起人承担公司筹办事务。

发起人应当签订发起人协议，明确各自在公司设立过程中的权利和义务。

第八十条 股份有限公司采取发起设立方式设立的，注册资本为在公司登记机关登记的全体发起人认购的股本总额。在发起人认购的股份缴足前，不得向他人募集股份。

股份有限公司采取募集方式设立的，注册资本为在公司登记机关登记的实收股本总额。

法律、行政法规以及国务院决定对股份有限公司注册资本实缴、注册资本最低限额另有规定的，从其规定。

第八十二条 发起人的出资方式，适用本法第二十七条的规定。

第八十三条 以发起设立方式设立股份有限公司的，发起人应当书面认足公司章程规定其认购的股份，并按照公司章程规定缴纳出资。以非货币财产出资的，应当依法办理其财产权的转移手续。

发起人不依照前款规定缴纳出资的，应当按照发起人协议承担违约责任。

发起人认足公司章程规定的出资后，应当选举董事会和监事会，由董事会向公司登记机关报送公司章程以及法律、行政法规规定的其他文件，申请设立登记。

第八十四条 以募集设立方式设立股份有限公司的，发起人认购的股份不得少于公司股份总数的百分之三十五；但是，法律、行政法规另有规定的，从其规定。

第八十五条 发起人向社会公开募集股份，必须公告招股说明书，并制作认股书。认股书应当载明本法第八十六条所列事项，由认股人填写认购股数、金额、住所，并签名、盖章。认股人按照所认购股数缴纳股款。

第八十六条 招股说明书应当附有发起人制订的公司章程，并载明下列事项：

（一）发起人认购的股份数；

（二）每股的票面金额和发行价格；

（三）无记名股票的发行总数；

（四）募集资金的用途；

（五）认股人的权利、义务；

（六）本次募股的起止期限及逾期未募足时认股人可以撤回所认股份的说明。

第八十七条 发起人向社会公开募集股份，应当由依法设立的证券公司承销，签订承销协议。

第八十八条 发起人向社会公开募集股份，应当同银行签订代收股款协议。

代收股款的银行应当按照协议代收和保存股款，向缴纳股款的认股人出具收款单据，并负有向有关部门出具收款证明的义务。

第八十九条 发行股份的股款缴足后，必须经依法设立的验资机构验资并出具证明。发起人应当自股款缴足之日起三十日内主持召开公司创立大会。创立大会由发起人、认股人组成。

发行的股份超过招股说明书规定的截止期限尚未募足的，或者发行股份的股款缴足后，发起人在三十日内未召开创立大会的，认股人可以按照所缴股款并加算银行同期存款利息，要求发起人返还。

第九十条 发起人应当在创立大会召开十五日前将会议日期通知各认股人或者予以公告。创立大会应有代表股份总数过半数的发起人、认股人出席，方可举行。

创立大会行使下列职权：

（一）审议发起人关于公司筹办情况的报告；

（二）通过公司章程；

（三）选举董事会成员；

（四）选举监事会成员；

（五）对公司的设立费用进行审核；

（六）对发起人用于抵作股款的财产的作价进行审核；

（七）发生不可抗力或者经营条件发生重大变化直接影响公司设立的，可以作出不设立公司的决议。

创立大会对前款所列事项作出决议，必须经出席会议的认股人所持表决权过半数通过。

第九十一条 发起人、认股人缴纳股款或者交付抵作股款的出资后，除未按期募足股份、发起人未按期召开创立大会或者创立大会决议不设立公司的情形外，不得抽回其股本。

第九十二条 董事会应于创立大会结束后三十日内，向公司登记机关报送下列文件，申请设立登记：

（一）公司登记申请书；

（二）创立大会的会议记录；

（三）公司章程；

（四）验资证明；

（五）法定代表人、董事、监事的任职文件及其身份证明；

（六）发起人的法人资格证明或者自然人身份证明；

（七）公司住所证明。

以募集方式设立股份有限公司公开发行股票的，还应当向公司登记机关报送国务院证券监督管理机构的核准文件。

第九十三条 股份有限公司成立后，发起人未按照公司章程的规定缴足出资的，应当补缴；其他发起人承担连带责任。

股份有限公司成立后，发现作为设立公司出资的非货币财产的实际价额显著低于公司章程所定价额的，应当由交付该出资的发起人补足其差额；其他发起人承担连带责任。

第九十四条 股份有限公司的发起人应当承担下列责任：

（一）公司不能成立时，对设立行为所产生的债务和费用负连带责任；

（二）公司不能成立时，对认股人已缴纳的股款，负返还股款并加算银行同期存款利息的连带责任；

（三）在公司设立过程中，由于发起人的过失致使公司利益受到损害的，应当对公司承担赔偿责任。

《最高人民法院关于适用〈中华人民共和国公司法〉若干问题的规定（三）》

第二条 发起人为设立公司以自己名义对外签订合同，合同相对人请求该发起人承担合同责任的，人民法院应予支持；公司成立后合同相对人请求公司承担合同责任的，人民法院应予支持。

第三条 发起人以设立中公司名义对外签订合同，公司成立后合同相对人请求公司承担合同责任的，人民法院应予支持。

公司成立后有证据证明发起人利用设立中公司的名义为自己的利益与相

对人签订合同，公司以此为由主张不承担合同责任的，人民法院应予支持，但相对人为善意的除外。

第四条 公司因故未成立，债权人请求全体或者部分发起人对设立公司行为所产生的费用和债务承担连带清偿责任的，人民法院应予支持。

部分发起人依照前款规定承担责任后，请求其他发起人分担的，人民法院应当判令其他发起人按照约定的责任承担比例分担责任；没有约定责任承担比例的，按照约定的出资比例分担责任；没有约定出资比例的，按照均等份额分担责任。

因部分发起人的过错导致公司未成立，其他发起人主张其承担设立行为所产生的费用和债务的，人民法院应当根据过错情况，确定过错一方的责任范围。

第五条 发起人因履行公司设立职责造成他人损害，公司成立后受害人请求公司承担侵权赔偿责任的，人民法院应予支持；公司未成立，受害人请求全体发起人承担连带赔偿责任的，人民法院应予支持。

公司或者无过错的发起人承担赔偿责任后，可以向有过错的发起人追偿。

二、公司减资纠纷

（一）最高人民法院公报案例及典型案例

002. 公司减资时违反对债权人的通知义务，在不能偿付减资前的债务时，股东应承担补充赔偿责任[①]

上海德力西集团有限公司诉江苏博恩世通高科有限公司、冯军、上海博恩世通光电股份有限公司买卖合同纠纷案

裁判摘要

一、公司减资时对已知或应知的债权人应履行通知义务，不能在未先行通知的情况下直接以登报公告形式代替通知义务。

二、公司减资时未依法履行通知已知或应知的债权人的义务，公司股东不能证明其在减资过程中对怠于通知的行为无过错的，当公司减资后不能偿付减资前的债务时，公司股东应就该债务对债权人承担补充赔偿责任。

原告：上海德力西集团有限公司，住所地：上海市北青公路。

法定代表人：胡成国，该公司董事长。

被告：江苏博恩世通高科有限公司，住所地：江苏省泗阳县经济开发区

① 参见《最高人民法院公报》2017年第11期。

东区（标二期）。

被告：冯军。

被告：上海博恩世通光电股份有限公司，住所地：上海市闵行区元明路。

原告上海德力西集团有限公司（以下简称德力西公司）因与被告江苏博恩世通高科有限公司（以下简称江苏博恩公司）、冯军、上海博恩世通光电股份有限公司（以下简称上海博恩公司）发生买卖合同纠纷，向上海市青浦区人民法院提起诉讼。

原告德力西公司诉称：2011年3月29日，原告德力西公司与被告江苏博恩公司签订《电气电工产品买卖合同》，合同约定，江苏博恩公司向德力西公司购买二十台高压开关柜、一台交流屏、一套直流屏等电气设备，合同总金额为111万元（本文币种均为人民币）。合同签订生效后，德力西公司按合同约定交付了上述全部设备。江苏博恩公司向德力西公司支付货款333000元，尚欠777000元未付。2012年9月，江苏博恩公司的股东召开股东会，通过减资决议，决定江苏博恩公司减资19000万元，注册资本由2亿元减为1000万元，并办理了工商变更登记，但江苏博恩公司在减资前未向德力西公司清偿前述债务。德力西公司认为，江苏博恩公司在减少注册资本前，应当对债务进行清偿，没有依法清偿的，其股东应当承担补充赔偿责任。故请求法院判令江苏博恩公司向德力西公司支付货款人民币777000元；判令被告上海博恩公司、被告冯军在19000万元减资范围内对江苏博恩公司应向德力西公司支付的货款共同承担补充赔偿责任。

被告江苏博恩公司、被告上海博恩公司、被告冯军未作答辩。

上海市青浦区人民法院因三被告未到庭应诉，确认原告德力西公司所述事实属实。

上海市青浦区人民法院一审认为：

原告德力西公司与被告江苏博恩公司之间的买卖合同关系符合有关法律规定，合法有效，应受到法律保护，双方均应全面履行合同义务。德力西公司已按约完成了供货义务，江苏博恩公司应当按约及时支付货款。现江苏博恩公司拖欠不付的行为已经构成违约，应承担金钱债务的实际履行责任，故德力西公司要求支付剩余货款的诉请于法无悖，应予支持。江苏博恩公司未能在减资时对德力西公司之债权进行清偿或提供担保，现德力西公司要求其股东冯军在减资范围内对江苏博恩公司的债务承担补充赔偿责任，并无不当，亦应予支持。但德力西公司要求上海博恩公司在减资范围内对被告江苏博恩公司未付清债务承担补充赔偿责任，缺乏事实和法律依据，不予支持。三被告经上海市青浦区人民法院合法传唤，无正当理由拒不到庭，系其自愿放弃答辩、质证等诉讼权利之行为，应承担由此而引起的法律后果。

综上，上海市青浦区人民法院依照《中华人民共和国合同法》[①] 第八条、第一百零九条、第一百三十条、第一百五十九条、第一百六十一条，《中华人民共和国公司法》第一百七十七条第二款，《中华人民共和国民事诉讼法》第一百四十四条，《最高人民法院关于适用〈中华人民共和国公司法〉若干问题的规定（三）》第十四条第二款之规定，于2016年11月4日作出判决：

一、被告江苏博恩公司应于本判决生效之日起十日内支付原告德力西公司货款777 000元；

二、被告冯军在减资19 000万元的范围内对被告江苏博恩公司结欠原告德力西公司的上述债务承担补充赔偿责任；

三、驳回原告德力西公司的其余诉讼请求。

德力西公司不服一审判决，向上海市第二中级人民法院提起上诉。

上诉人德力西公司上诉称：被上诉人江苏博恩公司减资是经过所有股东同意，被上诉人上海博恩公司应知晓江苏博恩公司在减资前应当清偿债务的规定，但为了保证股东自己的利益，在明知公司有债务未清偿的情况下同意减资并且以向工商登记机关出具与事实情况不符的说明的方式骗取变更登记，导致江苏博恩公司得以完成减资，造成不能清偿债务的后果。上海博恩公司

① 本书适用的法律法规等条文均为案件裁判当时有效，下文不再对此进行提示。

具有协助减资或抽逃出资的行为，其行为亦造成损害后果，根据相关法律及司法解释，上海博恩公司应当承担补充赔偿责任或连带责任。故请求撤销上海市青浦区人民法院一审判决第三项，改判上海博恩公司在19000万元减资范围内对江苏博恩公司应向德力西公司支付的货款承担连带责任。

被上诉人江苏博恩公司、冯军、上海博恩公司未作答辩。

上海市第二中级人民法院经二审审理，确认了一审查明的事实。另查明：

1. 上诉人德力西公司与被上诉人江苏博恩公司签订的《电气电工产品买卖合同》还载明：质量标准要求和卖方对质量负责的条件及期限为按国家标准及用户确认图纸，质保期1年，质保期从通电调试验收合格之日起；货物交接签（验）收时间为货到之日起三日内，如有异议在七日内提出；设备的安装调试（验收）期限为买方收到货物之日起1个月；支付货款期限为合同签订7日内支付合同总额30%预付款，货到现场后10个工作日内支付合同总额50%调试款，通电验收合格后10个工作日内支付合同总额15%调试款，余5%质保期满后10个工作日内付清。此外，合同中载明德力西公司营业地址、法定代表人、联系电话等信息。

2. 2012年8月10日，被上诉人江苏博恩公司股东上海博恩公司、冯军、陈芹燕召开股东会，一致通过如下决议：1. 委托张永利办理变更登记相关事宜。2. 同意公司减少注册资本19000万元（其中认缴额2700万元，实缴额16300万元），其中：冯军减少19000万元（认缴额2700万元，实缴额16300万元）。此次减少注册资本后，公司累计注册资本为1000万元人民币，其中：上海博恩公司出资700万元，陈芹燕出资300万元。3. 本次减资后，冯军不再具备股东资格。上海博恩公司和冯军、陈芹燕在决议上分别盖章签字。

2012年9月27日，被上诉人江苏博恩公司股东上海博恩公司、陈芹燕召开股东会，一致通过如下决议：1. 委托张永利办理变更登记相关事宜。2. 同意修改公司章程第四章第六条、第四章第七条。3. 同意公司减少注册资本19000万元，其中：冯军减资19000万元（认缴额2700万元，实缴额16300

万元)，2012 年 8 月 13 日在《江苏经济报》上发布了减资公告，并于 2012 年 8 月 31 日出具了验资报告。此次变更注册资本后，公司累计注册资本为 1000 万元，其中：上海博恩公司出资 700 万元，陈芹燕出资 300 万元。上海博恩公司和陈芹燕在决议上分别盖章签字。

3. 上诉人德力西公司在一审中还提供了最高人民法院网站摘录的《全国法院失信被执行人名单信息公布与查询》，其中：2013 年 4 月 7 日、2013 年 7 月 3 日、2015 年 2 月 26 日江苏省宿迁市中级人民法院分别立案受理被执行人为江苏博恩公司的执行案件，上述案件均未执行完毕。

上海市第二中级人民法院认为：

上诉人德力西公司与被上诉人江苏博恩公司签订的买卖合同合法有效，双方当事人均应按约履行各自的合同义务。德力西公司依约履行供货义务后，江苏博恩公司未将剩余货款给付德力西公司，构成违约，故对于德力西公司要求江苏博恩公司支付货款 777 000 元的请求，应予支持。

对于上诉人德力西公司要求被上诉人冯军、上海博恩公司对江苏博恩公司的上述债务在 19 000 万元的范围内承担补充赔偿责任的请求，亦应予以支持。理由如下：公司减资本质上属于公司内部行为，理应由公司股东根据公司的经营状况通过内部决议自主决定，以促进资本的有效利用，但应根据《中华人民共和国公司法》第一百七十七条第（二）项规定，直接通知和公告通知债权人，以避免因公司减资产生损及债权人债权的结果。根据德力西公司与被上诉人江苏博恩公司在合同中约定的交货、验收、付款条款以及实际履行情况看，江苏博恩公司与德力西公司的债权债务在江苏博恩公司减资之前就已经形成。德力西公司在订立的合同中已经留下联系地址及电话信息，且就现有证据不存在江苏博恩公司无法联系德力西公司的情形，故应推定德力西公司系江苏博恩公司能够有效联系的已知债权人。虽然江苏博恩公司在《江苏经济报》上发布了减资公告，但并未就减资事项直接通知德力西公司，故该通知方式不符合减资的法定程序，也使得德力西公司丧失了在江苏博恩公司减资前要求其清偿债务或提供担保的权利。

根据现行《中华人民共和国公司法》之规定，股东负有按照公司章程切实履行全面出资的义务，同时负有维持公司注册资本充实的责任。尽管公司法规定公司减资时的通知义务人是公司，但公司是否减资系股东会决议的结果，是否减资以及如何进行减资完全取决于股东的意志，股东对公司减资的法定程序及后果亦属明知，同时，公司办理减资手续需股东配合，对于公司通知义务的履行，股东亦应当尽到合理注意义务。被上诉人江苏博恩公司的股东就公司减资事项先后在 2012 年 8 月 10 日和 9 月 27 日形成股东会决议，此时上诉人德力西公司的债权早已形成，作为江苏博恩公司的股东，被上诉人上海博恩公司和冯军应当明知。但是在此情况下，上海博恩公司和冯军仍然通过股东会决议同意冯军的减资请求，并且未直接通知德力西公司，既损害了江苏博恩公司的清偿能力，又侵害了德力西公司的债权，应当对江苏博恩公司的债务承担相应的法律责任。公司未对已知债权人进行减资通知时，该情形与股东违法抽逃出资的实质以及对债权人利益受损的影响，在本质上并无不同。因此，尽管我国法律未具体规定公司不履行减资法定程序导致债权人利益受损时股东的责任，但可比照公司法相关原则和规定来加以认定。由于江苏博恩公司减资行为上存在瑕疵，致使减资前形成的公司债权在减资之后清偿不能的，上海博恩公司和冯军作为江苏博恩公司股东应在公司减资数额范围内对江苏博恩公司债务不能清偿部分承担补充赔偿责任。

综上，上诉人德力西公司所提上诉请求和理由成立，应予支持。被上诉人江苏博恩公司、冯军、上海博恩公司未参加本案诉讼，系自愿放弃答辩、质证等诉讼权利，应承担相应的法律后果。一审认定事实清楚，但所作判决部分不当。据此，上海市第二中级人民法院依照《中华人民共和国合同法》第八条、第一百零九条、第一百五十九条、第一百六十一条，《中华人民共和国公司法》第一百七十七条，《中华人民共和国民事诉讼法》第一百四十四条、第一百七十条第一款第（二）项、第一百七十四条，《最高人民法院关于适用〈中华人民共和国公司法〉若干问题的规定（三）》第十四条第二款之规定，于2017年1月17日判决如下：

一、维持上海市青浦区人民法院于2016年11月4日作出的（2016）沪0118民初5823号民事判决第一、二项；

二、撤销上海市青浦区人民法院于2016年11月4日作出的（2016）沪0118民初5823号民事判决第三项；

三、被上诉人上海博恩公司在减资19 000万元的范围内对被上诉人江苏博恩公司结欠上诉人德力西公司的上述债务承担补充赔偿责任。

四、被上诉人冯军和上海博恩公司在其他案件中已实际履行应承担补充赔偿责任的部分，不再承担。

本判决为终审判决。

（二）地方法院典型案例

003. 公司违法减资后股东未取回出资，仍需对公司债务承担补充赔偿责任[①]

案情简介：贸易公司注册资本100万元，股东之一陈某出资30万元并已实缴。2017年10月31日，货运公司与贸易公司进行对账，贸易公司签字确认拖欠货运公司部分代理费，后因贸易公司未予支付成讼并进入执行程序。2018年9月14日，贸易公司作出股东会决议：同意将公司注册资本从100万元减至70万元，陈某减少其全部出资30万元。次日，贸易公司发布减资公告。同年11月10日，贸易公司出具公司债务清偿或提供担保的说明：已对

① 《2020-2021年江苏法院公司审判典型案例》（2022年9月29日发布），二、货运公司诉陈某、徐某、杨某公司减资纠纷案，载江苏法院网，https：//www.jsfy.gov.cn/article/94380.html，最后访问日期：2023年6月20日。

债务予以清偿或提供了相应的担保。后货运公司以贸易公司减资未通知已知债权人等为由，诉请股东陈某在减资范围内承担贸易公司对货运公司的债务。陈某抗辩称，贸易公司在减资后并未将减资款项实际支付给陈某，公司偿债能力不受影响。

裁判结果：一审法院经审理认为，贸易公司的实际偿债能力并未因违法减资行为降低，遂判决驳回货运公司的诉讼请求。二审法院经审理认为，贸易公司股东办理减资过程中未通知已知债权人，也未进行清偿或提供担保，损害了债权人利益。即便陈某未从贸易公司取回出资，但该出资已由股权转化为对贸易公司的债权，会导致其清偿顺位提升，遂撤销一审判决，改判陈某在减资范围内就贸易公司欠付货运公司的债务承担补充赔偿责任。

典型意义

公司资本构成公司对外交往的信用基础，与公司交易的相对方往往通过公司注册资本额判断公司资信状况。公司减资会减少公司责任财产，减轻股东责任，影响公司偿债能力，故公司法明确要求公司减资应自作出减少注册资本决议之日起10日内通知债权人，并于30日内在报纸上公告。本案中，公司减资未通知已知债权人，存在程序瑕疵，即使股东未实际抽回资本，但其股权已转为对公司的债权，等同于股东可以与债权人在同一顺位获得清偿，变相地减少了公司的责任财产。在实践中，公司减资必须严格依照法定条件和程序实施，避免打擦边球，否则不仅会实际影响公司债权人利益，也容易给减资股东埋下后患。

（三）裁判依据

《中华人民共和国公司法》

第二十二条　公司股东会或者股东大会、董事会的决议内容违反法律、行政法规的无效。

股东会或者股东大会、董事会的会议召集程序、表决方式违反法律、行政法规或者公司章程，或者决议内容违反公司章程的，股东可以自决议作出之日起六十日内，请求人民法院撤销。

股东依照前款规定提起诉讼的，人民法院可以应公司的请求，要求股东提供相应担保。

公司根据股东会或者股东大会、董事会决议已办理变更登记的，人民法院宣告该决议无效或者撤销该决议后，公司应当向公司登记机关申请撤销变更登记。

第一百七十七条 公司需要减少注册资本时，必须编制资产负债表及财产清单。

公司应当自作出减少注册资本决议之日起十日内通知债权人，并于三十日内在报纸上公告。债权人自接到通知书之日起三十日内，未接到通知书的自公告之日起四十五日内，有权要求公司清偿债务或者提供相应的担保。

三、公司增资纠纷

（一）最高人民法院公报案例及典型案例

004. 增资入股与股权转让的性质不同，股权的取得方式由股权转让变更为增资入股后，原股权转让合同的定金罚则不再适用[①]

孙宝荣与杨焕香、廊坊愉景房地产开发有限公司公司增资纠纷案

裁判摘要

收条作为当事人之间收付款的书证、直接证据，对证明当事人之间收付款的事实具有一定的证明效力，但如果收条记载的内容与当事人之间实际收付款的时间、金额存在不一致的情形，仅凭收条不足以充分证明实际收付款情况，人民法院还应结合汇款单、票据等资金结算凭证，对收条中记载的资金是否实际收付加以综合判断认定。

股权转让属于股权的继受取得，增资入股则是股权的原始取得。当事人之间协议将取得股权的方式由股权转让变更为增资入股后，原股权转让合同即被其后签订的增资入股合同所更替而终止。根据定金合同的从属特征，作为原股权转让合同从合同的定金合同亦相应消灭，定金罚则不应再适用。

① 参见《最高人民法院公报》2017年第8期。

中华人民共和国最高人民法院民事判决书

【(2015)民二终字第191号】

上诉人(原审被告、反诉原告):杨焕香,女,汉族,1963年9月25日出生,住河北省廊坊市广阳区。

委托诉讼代理人:刘臻东,北京市华泰律师事务所律师。

委托诉讼代理人:刘艳敏,北京市北斗鼎铭律师事务所律师。

被上诉人(原审原告、反诉被告):孙宝荣,女,汉族,1963年4月6日出生,住河北省廊坊市广阳区。

委托诉讼代理人:乔羽,北京颐合中鸿律师事务所律师。

委托诉讼代理人:程世刚,北京市金杜律师事务所律师。

原审被告:廊坊愉景房地产开发有限公司。住所地:河北省廊坊市广阳区新开路239号荣盛地产大厦4层401室。

法定代表人:刘山,该公司董事长。

委托诉讼代理人:姜勇,该公司职员。

上诉人杨焕香因与被上诉人孙宝荣、原审被告廊坊愉景房地产开发有限公司(以下简称愉景公司)公司增资纠纷一案,不服河北省高级人民法院(2014)冀民二初字第10号民事判决,向本院提起上诉。本院立案后依法组成合议庭,开庭进行了审理。上诉人杨焕香及其委托诉讼代理人刘臻东、刘艳敏,被上诉人孙宝荣的委托诉讼代理人乔羽、程世刚,原审被告愉景公司的委托诉讼代理人姜勇到庭参加诉讼。本案现已审理终结。

杨焕香上诉请求:一、撤销(2014)冀民二初字第10号民事判决第二项、第三项以及诉讼费用的承担;二、裁定发回重审或查明事实,依法改判杨焕香返还7200万元(其中愉景公司返还5000万元);三、定金2800万元不予返还;四、驳回被上诉人的其他诉讼请求,本案一、二审诉讼费以及保全费由孙宝荣承担。

杨焕香上诉主张的事实及理由为:一、原审程序违法,判非所请,严重侵害了杨焕香的实体权利，且举证责任分配违反民事诉讼规则。二、原审判决定性、逻辑关系错误，导致认定适当履行应到位资金基数重大错误，对杨焕香不公。原审判决回避《投资入股补充协议》约定的孙宝荣应当与投资款同步支付费用58381403.52元，将1.65亿元的投资总额错误认定为106618596.78元；将孙宝荣适当履行应支付1.25亿元，错误认定为8529486.25元。此外，该判决错将《投资入股协议书》与补充协议拆分后计算80%投资款额，错将依据《股权（土地使用权）转让意向书》约定收取的定金，在《投资入股协议书》、补充协议均未做约定的情况下，判决双倍返还定金3000万元；将2011年11月28日杨焕香出具的“至今累计收到1.4亿”认定为对以往账目和债务抵顶后的投资到位的清算，对孙宝荣于清算后次日又汇入愉景公司1200万元和391万元只字不提，导致错判。该判决以愉景公司知晓《投资入股协议书》的内容而将本案定性为增资有所不当。三、原审判决认定的基本事实错误。原审判决故意将6月16日的转款时间认定为6月14日，遮掩孙宝荣迟延给付定金14天，回避定金中的500万元在杨焕香出收条次日到位。孙宝荣实际支付2800万元定金，原审错判为3000万元。原审判决在无支付200万元顾问费根据的前提下，认定200万元的顾问费已支付错误。原审判决将孙宝荣分别于2011年6月29日支付给杨雪亮500万元、2011年7月1日转账600万元、2011年10月19日转款100万元、2011年10月20日转款1000万元，共计2200万元，认定为《投资入股协议书》项下的投资款，无事实和法律依据。累计收到4000万元顾问费的新证据印证了累计收到1.4亿投资款收条中的4000万元是虚打，且一一对应。2591万元汇回款项为往来款，应当对冲，原审判决另行清算解决错误。原审判决认定孙宝荣以总价23万元的垃圾清运合同抵顶209万元的其他债务，将三年共付100万元的顾问合同改为1000万元不当。原审判决认定“杨焕香将股权另行转让他人（杨启庭），导致愉景公司股权结构发生改变，双方签订《投资入股协议书》的目的不能实现”违反客观事实。在孙宝荣没有如约足额支付80%投资款的情况下，杨焕香出于诚信履约，促成交易，向孙宝荣发送办理股权变更登记文件并不违反法律规定，被孙宝荣拒绝，并将杨焕香诉至法院，要求退款、解约，完全是孙宝荣的过错，孙宝荣拒绝签署变更股权所必须的法律文书，恶意诉讼，是导致本案交易不能继续履行的根本原因。单依增资协议孙宝荣汇愉景公司投资款5000万元，不足投资总额80%即85294876.25元，孙宝荣履约显然不适当。

孙宝荣答辩称：一、原审判决程序合法。孙宝荣的原审诉讼请求第二项至第四项，实际上可以归纳为一项，即请求杨焕香返还1.4亿元，并依据定金罚则支付3000万元，愉景公司在收到的9091万元范围内承担连带责任。因此，原审判决并未超出孙宝荣的诉讼请求。二、孙宝荣已经按时足额支付了投资款。孙宝荣共支付给愉景公司投资款9091万元（含1500万元定金），超过《投资入股协议书》约定的投资总额106618596.75的80%；共支付给杨焕香费用4909万元，超过了《投资入股补充协议》约定费用总额58381403.25的80%。以上款项合计1.4亿元。并且，杨焕香也出具了总计1.4亿元的收条。综上，孙宝荣已经依约按时、足额支付了投资款。三、杨焕香主张孙宝荣仅支付1亿元投资款，而非1.4亿元，没有事实和法律依据。（一）关于孙宝荣处理北方公司事务，以顾问费冲抵投资款的200万元。孙宝荣协助杨焕香处理其与北方公司纠纷，孙宝荣代愉景公司向北方公司支付了800万元赔偿款，并通过其他商业安排满足北方公司另外200万元利益诉求。杨焕香同意以顾问费形式，冲抵孙宝荣投资款的200万元。为此，杨焕香向孙宝荣出具了定金收条，孙宝荣向杨焕香出具了收到顾问费200万元的收条。（二）关于孙宝荣以顾问费冲抵投资款的1000万元。通过孙宝荣的顾问工作，使得愉景公司的土地由酒店用地变为住宅和商业用地，土地溢价4.5亿元。为此，杨焕香同意支付孙宝荣4000万元顾问费，还同意逐步以顾问费冲抵投资款。孙宝荣出具共计4000万元顾问费收条。杨焕香接收了该些收条，并且二审中作为证据提交。因此，4000万元顾问费是杨焕香认可且同意的，并非“虚打”。

2011年11月28日，双方协商同意将4000万元中的1000万元顾问费冲抵投资款。为此，杨焕香向孙宝荣出具了1.4亿元的总收条（含该1000万元顾问费）。（三）关于孙宝荣以杂费冲抵投资款209万元。因项目土地多年闲置，且项目现场由于村民干扰、当地不法势力控制等因素，愉景公司一直无法使用。村民在现场除搭建违法建筑外，甚至种植农作物、经营养殖场，此外周边其他项目开发主体向现场倾倒建筑倾倒物和建筑垃圾，近一半面积的项目土地被建筑垃圾和其他垃圾覆盖，这造成项目停滞。孙宝荣为解决上述项目现场问题，代愉景公司支付了大量杂费。2011年11月28日，杨焕香出具1.4亿元收条时，同意一并将上述孙宝荣垫付的杂费即209万元抵作了投资款。（四）杨焕香主张已退还孙宝荣2591万元投资款的说法不能成立。杨焕香主张退还的2591万元，事实是归还孙宝荣及其关联公司的借款，而非返还投资款，与本案投资款没有关联。杨焕香的主张与有关证据矛盾，也不符合常理。愉景公司收据中载明的所有收款均是"投资款"，但退还给刘建秀收据中明确该2591万元是"还借款"或"还款"，款项的法律性质不同。杨焕香将2591万元返还给刘建秀，而非孙宝荣，且刘建秀确认款项是还款，与本案无关。杨焕香在自己提交的录音证据中，承认收到孙宝荣支付投资款1.25亿元，进一步说明孙宝荣足额支付了投资款，不存在退还。杨焕香于2012年3月发邮件通知孙宝荣办理股权登记，证明杨焕香认可孙宝荣已经足额支付了投资款。杨焕香于2011年11月28日出具1.4亿元收条时，没有主张扣减2591万。杨焕香主张全部投资款始终未付足，同时又主张退回2591万元，自相矛盾，且明显与常理不符。在愉景公司与孙宝荣的《和解协议》及本案重审中，愉景公司均承认收到了孙宝荣的投资款共计7591万元，并且是杨焕香向愉景公司借款，归还了其他欠款2591万元。因此，不存在退还投资款的事实。四、杨焕香构成违约，应当承担违约责任，并且愉景公司应当在收到款项范围内承担返还责任。杨焕香存在以下违约行为，导致合同无法继续履行，已经构成根本违约，应当承担返还投资款、双倍返还定金的责任：未经孙宝荣同意，将愉景公司土地使用权进行抵押贷款，违反了《投资入股协议书》第三条第二款的约定；在孙宝荣成为股东前，愉景公司股东构成及股权结构发生重大变更，违反了投资入股协议的约定；在2012年3月14日，杨焕香秘书向孙宝荣秘书发送办理股权登记邮件之前，杨焕香、愉景公司一直拒绝为孙宝荣办理股权登记，已经构成严重违约，并且在2012年3月邮件发送后，杨焕香、愉景公司也一直没有给孙宝荣办理股权登记；2012年8月，杨焕香再次转让股权并失去控股地位，且其剩余35%股权也被法院查封，客观上无法办理增资扩股，构成确定违约，进而导致孙宝荣合同目的最终不能实现。

孙宝荣向原审法院起诉请求：1. 解除孙宝荣与杨焕香之间的《股权（土地使用权）转让意向书》《投资入股协议书》《投资入股补充协议》；2. 愉景公司返还收到孙宝荣的9091万元投资入股款，同时杨焕香对愉景公司返还9091万元承担连带责任；3. 杨焕香返还收到孙宝荣的4909万元费用；4. 杨焕香双倍返还孙宝荣支付的定金总计3000万元；5. 本案的诉讼费用由杨焕香和愉景公司承担。

杨焕香反诉请求：1. 判令不予返还孙宝荣定金2800万元；2. 杨焕香不承担返还股权转让款的利息；3. 孙宝荣按照协议约定支付违约金已经实际超出定金的损失3000万元；4. 孙宝荣承担诉讼费用。

原审法院经审理查明：2009年8月25日，杨焕香（甲方、委托方）与孙宝荣（乙方、受托方）签订一份《顾问咨询协议》，约定："甲方聘请乙方为御景湾（暂定名）项目私人高级顾问，顾问时间为期三年，按年支付费用，顾问咨询费共计100万元。"

2011年5月30日，杨焕香作为转让方（甲方）与作为受让方（乙方）的孙宝荣签订一份《股权（土地使用权）转让意向书》，约定："甲乙双方经过友好协商，就甲方持有的愉景公司股权转让给乙方持有的相关事宜，达成如下意向：一、愉景公司资产状况。愉景公司拥有的土地地块现状：愉景公司拥有的可供开发的土地的地籍号为 1-1-16-0500，该地块位于廊坊市银河北路西侧、××环路南侧；用地面积为 133334 平方米（合 200 亩）；土地性质为出让土地；土地用途为商业用地、城镇单一住宅用地；土地使用年限为 50 年；规划容积率为≤1.6。二、关于转让股权的方式。1. 本意向签订 3 日内，乙方向甲方支付 3000 万元定金；2. 甲方将其合法持有愉景公司的 35%股权按每亩 200 万元的价格转让给乙方，乙方按转让阶段付款。三、本意向未尽事宜，双方经协商解决。四、本意向一式两份，甲、乙双方各执一份，均具有同等法律效力。”杨焕香与孙宝荣在该意向书上签名确认。

《股权（土地使用权）转让意向书》签订后，孙宝荣向杨雪亮的收款账号 62×××18 内汇款 500 万元，向愉景公司的收款账号 13×××53 内分两笔共汇款 1500 万元。2011 年 5 月 30 日，杨焕香给孙宝荣出具收条，内容为：“今收到孙宝荣现金人民币贰仟万元整（￥20000000 元），作为孙宝荣购买杨焕香持有的愉景公司 35%股权的定金。”

2011 年 5 月 29 日，愉景温泉酒店（甲方）与北方公司（乙方）签订《协议书》，约定：“甲乙双方于 2010 年 7 月 8 日签订《股权（土地使用权）转让意向书》一份，现双方经协商一致，就该意向书解除问题达成如下协议：1. 甲方于本协议签字后 7 日内退还乙方所支付的保证金，计人民币 1000 万元；2. 甲方补偿乙方全部损失共计人民币 800 万元；3. 上述 1、2 条履行完毕后，双方于 2010 年 7 月 8 日签订的《股权（土地使用权）转让意向书》自行解除；4. 甲乙双方再无任何争议。”杨焕香在《协议书》上签名，北方公司加盖了印章。2011 年 6 月 14 日，郑雯通过其卡号 62×××12 向北方公司汇款 800 万元。2012 年 9 月 3 日，北方公司出具一份《说明》，主要内容为：“2010 年 7 月 8 日，愉景温泉酒店（愉景公司前身）与我方签订《股权（土地使用权）转让意向书》，约定我方先期支付 1000 万元保证金，后又借款给愉景温泉酒店 1000 万元，占愉景温泉酒店 51%的股权。2011 年 5 月 29 日愉景温泉酒店与我方签订《协议书》，约定解除《股权（土地使用权）转让意向书》，同时规定愉景温泉酒店退还我方2000万元，并补偿我方损失共计800万元。经孙宝荣、愉景温泉酒店及我方三方协商同意，由孙宝荣替愉景温泉酒店偿还我方800万元补偿款，作为孙宝荣投资入股愉景公司的定金，此笔款项由孙宝荣委托郑雯汇至我方公司会计账户，2011年6月16日补偿款已全部到账，已经我方确认，并给愉景温泉酒店开具收款收据。”

2011年6月16日，孙宝荣出具收条，内容为：“今收到杨焕香支付愉景酒店项目前期顾问费计现金人民币贰佰万元整（￥2000000元）。”同日，杨焕香向孙宝荣出具收条，内容为：“今收到孙宝荣现金人民币壹仟万元整（￥10000000元），作为孙宝荣购买杨焕香持有的愉景公司35%股权的定金。”

2011年6月29日，孙宝荣向杨雪亮的收款账号62×××18内转账500万元，2011年7月1日又转账600万元。2011年7月1日，杨焕香向孙宝荣出具借条，内容为：“今暂借孙宝荣现金人民币壹仟壹佰万元整（￥11000000元）。借款人杨焕香。”2011年10月19日，刘建秀向姜秋兰账号62×××12转账100万元。2011年10月20日，再转账1000万元。2012年9月2日，刘建秀出具一份《证明》，载明：“本人于2011年10月19日、20日分两笔打入姜秋兰账户1100万元，是受孙宝荣之托支付愉景公司的投资入股款。”2011年10月21日，杨焕香向孙宝荣出具收据，内容为：“今收到孙宝荣入股款壹仟壹佰万元整。”

2011年1月3日，孙宝荣（乙方）与杨焕香（甲方）签订《投资入股协议书》，约定：“一、乙方以货币方式投资入股愉景公司（以下简称目标公司），总投资金额为人民币106618596.75元，其中，记入乙方在目标公司‘实收资本-孙宝荣’账户金额为30708596.75元，占目标公司股份比例的35%，乙方投入的资金超出其在目标公司‘实收资本’部分即人民币75910000元计入目标公司‘资本公积’账户，此部分资金为目标公司全体股东（包括现有和将来入股的股东）所享有。二、乙方投资后，目标公司实收资本由原来的￥57030251.1元，增加到￥87738847.85元，各股东持股比例为：杨焕香和马玉玲共65%，孙宝荣35%，马玉玲的股份现由杨焕香代为持有，将来将其转让给杨焕香。三、目标公司目前经营状况和双方权利及义务：1. 目标公司拥有的土地地块及现状。2. 上述用地使用权人为愉景公司。3. 在乙方成为股东之前，目标公司原有股东与任何第三方签订的关于上述宗地的协议均应作废并与乙方无关，由此所引起的责任及费用均由甲方承担……9. 乙方于目标公司取得变更后的土地证之日起一个月内付全部投资款的80%，甲方负责给乙方办理股权登记手续，股权变更手续办理完毕后15日内乙方付清剩余20%的投资款，如乙方不按期支付投资款项，同意就未付部分金额按月3%的比例向甲方支付违约金。10. 经工商行政管理机关同意并办理股权登记之后，乙方即成为目标公司的股东，按出资比例及章程规定享有公司的权利义务。本合同经甲乙双方签字后生效。本合同正本一式三份，甲、乙方各执一份，公司存档一份，均具有同等法律效力。”杨焕香与孙宝荣在该协议上签名确认。

同日，孙宝荣（乙方）与杨焕香（甲方）又签订《投资入股补充协议》，约定：“鉴于双方签订的《投资入股协议书》，乙方以货币方式投资入股愉景公司，总投资金额为人民币106618596. 75元，其中：记入乙方在目标公司‘实收资本-孙宝荣’账户为30708596. 75元，占目标公司股份比例的35%，乙方投入的资金超出注册资本部分即75910000元，计入目标公司‘资本公积’账户。但考虑到目标公司原主要股东（甲方）在受让目标公司前后和公司经营过程中，经营费用及拆借资金费用较大和资金占用时间较长没有记账等因素，甲乙双方在平等自愿的基础上协商一致，乙方在向目标公司投资106618596. 75元的同时，同意为甲方承担其部分未计入目标公司账目的费用即金额为人民币58381403. 25元，并按《投资入股协议书》中的乙方付款条款之规定同步付款给甲方……除上述款项及双方另有约定外，乙方不再因投资入股一事而向甲方及其他原股东另行支付其他任何费用。有关投资入股相关内容详见《投资入股协议书》，本协议内容不在目标公司本次增资扩股中的‘股东会决议’和‘章程修正案’中说明。本协议书经甲乙双方签字生效。”杨焕香与孙宝荣在该协议上签名确认。

上述协议签订前后，孙宝荣于2011年10月28日向愉景公司账号31307050000120103209991汇入300万元，2011年11月4日分两笔向愉景公司上述账号汇入500万元和1700万元。2011年11月7日，愉景公司为孙宝荣出具收据，载明：“今收到孙宝荣交来投资款（分三笔：10月28日300万元、11月4日500万元、11月7日1700万元）共计2500万元。交款人刘建秀，收款人樊露。”2011年11月8日孙宝荣向愉景公司账号31307050000120103209991分三笔分别汇入350万元、1300万元和650万元。2011年11月8日，愉景公司为孙宝荣出具收据，载明：“今收到孙宝荣交来投资款（350万元、1300万元和650万元）计2300万元。交款人刘建秀，收款人樊露。”2011年11月28日孙宝荣向愉景公司账号31307050000120103209991汇入1200万元，2011年11月29日分两笔向愉景公司上述账号汇入1200万元和391万元。2011年11月29日，愉景公司为孙宝荣出具收据，载明：“今收到孙宝荣交来投资款（分三笔：11月28日1200万元、11月29日1200万元、391万元）共计2791万元。交款人刘建秀，收款人贾敏。”愉景公司分别在上述三份收据上加盖了其财务专用章。上述款项合计7591万元。

2011年11月28日，杨焕香向孙宝荣出具收条，内容为：“今收到孙宝荣入股金壹仟万元整，至今累计收到壹亿肆仟万元整（含公司收据数额）。”庭审中，孙宝荣认为，杨焕香同意支付给孙宝荣的顾问咨询费由100万元变为1000万元，经过相互抵顶杨焕香确认收到孙宝荣此部分入股金，并包括在1.4亿元收条之内。为此，孙宝荣向法庭提交了项目规划手册、图纸等资料。杨焕香认为《顾问咨询协议》约定的顾问期为三年，费用为100万元，因为孙宝荣当股东了，所以顾问合同就结束了，不存在顾问的问题，更不存在顾问费由100万元变为1000万元的事情。

对于上述收条，孙宝荣认为，其中还有项目工地垃圾清运等其他杂费209万元，包括在杨焕香出具最终决算1.4亿元的总收条内。为此，其提交了愉景公司与张瑞国于2011年12月3日所签订的《垃圾清运合同》。杨焕香对此并不认可，其认为事实中不存在这笔费用。

杨焕香对其所出具收条的真实性不持异议，其在庭审中称，孙宝荣通过银行转账共付款1.2591亿元，之后杨焕香及愉景公司又返还给孙宝荣2591万元，并提供两份收据：1.2011年11月8日的收据载明："今收到杨焕香交来还借款（分三笔：1000万元、900万元、400万元）共计2300万元，交款人樊露代杨焕香，收款人刘建秀代孙宝荣"。2.2011年11月29日的收据载明："今收到愉景公司交来还款291万元整，交款人贾敏，收款人刘建秀。"杨焕香称只收到入股金1亿元，其余的款项孙宝荣并未实际支付。孙宝荣对两张收据的真实性不持异议，其认为收据上写明"还款"或者"还借款"，并不是返还投资款。为此，孙宝荣向法庭提供了2008年9月23日以及2009年2月26日、7月31日、11月17日的部分《放款审批通知单》及借款借据。杨焕香亦向法庭提供了《还款结算单》及收据。双方提供的证据显示的借还款金额、单号及借还款主体均不一致。庭审中，愉景公司对此认为，其只是代杨焕香收款、返款，具体性质由当事人双方来确定。

2014年9月23日，北京市长安公证处出具一份编号为（2014）京长安内经证字第20827号《公证书》，内容为："孙总您好：现将涉及您投资入股的三份文件—新股东会决议、董事会决议、章程及修正案（包括：1.公司原章程一份；2.2012年2月5日增资入股前已备案的章程修正案一份；3.本次增资入股作出的章程修正案一份）发给刘秘书转交给您（详见附件），请您收到同意后打印出纸质文件并签字，于2012年3月18日前派员送到愉景公司，各股东签字后为您办理工商局的投资入股登记手续。"

另查明：愉景公司由杨焕香、马玉玲共同出资设立，2011年2月15日公司注册资本为5703.0251万元，杨焕香出资3992.0976万元，持股70%，马玉玲出资1710.9275万元，持股30%。2012年2月5日，愉景公司的股东变更为杨焕香和杨启庭，杨焕香出资45624001元，持股80%，杨启庭出资

11406250元，持股20%，原股东马玉玲退出。2012年8月20日，杨焕香、杨启庭分别与荣盛公司签订《股权转让协议书》，并据协议约定杨焕香将其持有的愉景公司45%的股份转让给荣盛公司，杨启庭将其持有的愉景公司20%的股份转让给荣盛公司。愉景公司股权情况变更为荣盛公司持股65%，杨焕香持股35%。另外，愉景公司于2011年10月27日取得土地使用权证书。

在庭审中，杨焕香表示同意解除其与孙宝荣之间所签订的《股权（土地使用权）转让意向书》《投资入股协议书》《投资入股补充协议》。由于孙宝荣并未请求支付股权转让款的利息，所以杨焕香请求对其提出的"股权转让款利息不应予以支持"的反诉请求予以撤销。对于杨焕香超出定金的损失部分，其认为其先后与陈书国、北方公司之间的合作均由孙宝荣劝退，由于解除与陈书国、北方公司的合同，先后支付陈书国2000万元、北方公司800万元，给其造成损失，请求赔偿。孙宝荣认为这些损失与其无关。

原审法院经审理认为：杨焕香反诉请求"股权转让款的利息不应予以支持"，但孙宝荣在本诉中并未请求支付股权转让款的利息，杨焕香当庭撤销了该反诉请求，原审法院对此予以确认。

关于本案所涉及协议的性质及效力问题。杨焕香与孙宝荣于2011年5月30日签订了《股权（土地使用权）转让意向书》，2011年11月3日签订了《投资入股协议书》及《投资入股补充协议》，三份协议先后订立，具有相互关联关系，均系合同双方当事人的真实意思表示。从其内容分析，《股权（土地使用权）转让意向书》约定了定金，之后，双方在《投资入股协议书》中既约定了股权转让的内容，还约定了孙宝荣投资及目标公司实收资本由原来的57030251.1元，增加到87738847.85元的增资内容。一般来讲，股权的转让可以由转让方与受让方以订立股权转让合同的要式法律行为来设立双方之间的民事法律关系，明确双方权利义务。而公司是否增资或者接受投资应由公司作出相应决定。本案当事人在《投资入股协议书》中所约定的增资部分实质上超出了合同双方当事人的权利范畴。但是，该协议中还特别注明“协议正本一式三份，合同双方各执一份，公司存档一份”的内容。并且，在签订此协议时，杨焕香持有愉景公司70%的股权，为公司实际控制人。愉景公司虽然在庭审中否认公司曾经存档《投资入股协议书》，但在之后的实际履行中，愉景公司收受孙宝荣的投资款并先后多次出具收款收据，收据中明确写明已收到孙宝荣投资款，并加盖其公司财务专用章。此行为说明愉景公司已经知晓《投资入股协议书》的内容，否则，其在收到来历不明的款项之后，不会向交款人出具投资款的收据。其在庭审中称，是受杨焕香的委托收款，并且为口头委托关系，但委托关系中委托的事项应当属于委托人的，而公司是否增资应属公司本身的治理范围，并非属于作为股东的杨焕香。故，原审法院对愉景公司的此项主张不予采信。愉景公司知晓《投资入股协议书》未作反对，并实际参与协议的履行行为，可以说明《投资入股协议书》并未违背其意志，亦未损害其权益。故，本案三份协议的内容并不违反法律和行政法规的强制性规定，应当认定三份协议合法有效。

关于涉案合同的履行及当事人民事责任的承担问题。原审法院经审理认为，双方当事人争议的重点问题是孙宝荣向杨焕香支付入股款的具体数额以及何方构成违约。从三份协议的履行情况分析，《股权（土地使用权）转让意向书》签订后，孙宝荣向杨雪亮汇款500万元，向愉景公司分两笔共汇款1500万元。杨焕香给孙宝荣出具2000万元定金收条。孙宝荣委托郑雯向北方公司汇款800万元。2011年6月16日，孙宝荣出具收到杨焕香支付愉景酒店项目前期顾问费200万元的收条。同日，杨焕香向孙宝荣出具收到定金1000万元的收条。结合愉景温泉酒店与北方公司签订的《协议书》以及北方公司所出具的《说明》，可以认定孙宝荣代愉景温泉酒店偿还北方公司800万元补偿款以及杨焕香出具2011年6月16日收到定金1000万元收条中包括200万元顾问费的客观真实性。

《投资入股协议书》《投资入股补充协议》签订前后，孙宝荣先后向愉景公司付款7591万元，愉景公司分别出具收到投资款的收据。庭审中，愉景公司对此收款数额不持异议。

2011年6月29日，孙宝荣向杨雪亮转账500万元，2011年7月1日又转账600万元。2011年7月1日，杨焕香向孙宝荣出具1100万元的借条。2011年10月19日、20日，孙宝荣委托刘建秀向姜秋兰分别转账100万元、1000万元。2011年10月21日，杨焕香向孙宝荣出具收到入股款1100万元的收据。上述款项有银行转款手续，也有杨焕香出具的对应收据，可以认定。2011年11月28日，杨焕香向孙宝荣出具收条，内容为："今收到孙宝荣入股金壹仟万元整，至今累计收到壹亿肆仟万元整（含公司收据数额）。"对此收条，杨焕香认可其真实性，庭审时称当时打收条是出于方便孙宝荣融资的考虑，孙宝荣未实际全部给付。孙宝荣提交了《顾问咨询协议》《垃圾清运合同》以及项目规划手册、图纸等资料，其认为，杨焕香同意支付给孙宝荣的顾问咨询费由100万元变为1000万元，也包括项目工地垃圾清运等其他杂费209万元，经过相互抵顶杨焕香确认收到孙宝荣此部分入股金，并包含在1.4亿元收条之内。杨焕香对此虽然否认，但并未提交充分的证据予以证实。其作为完全民事行为能力人，而且具有从事房地产开发经营的多年从商经验，具备正确判断商业行为的能力，亦应当意识到所出具收款收据的后果。其称孙宝荣并未交足款项，但是，在出具收条之后的合理期限内，也没有提供有效证据证明曾对孙宝荣的欠款进行催交，并发送邮件承诺为孙宝荣办理股权变更登记手续，直到孙宝荣提起诉讼后又对此予以否认，有违常理。杨焕香认为收款后于2011年11月8日、29日返还给孙宝荣2591万元，但是，其提供的收据中显示为"还借款"和"还款"字样，与返还投资入股款的性质不同。其中，2011年11月8日所还2300万元发生在杨焕香所出具总收条1.4亿元的时间2011年11月28日以前，但该2300万元在总收条当中并未作出扣减。2011年11月29日所还291万元，虽发生在杨焕香所出具总收条的次日，但其在合理时间之内，并未请求孙宝荣更改总收条1.4亿元的金额。这更印证了杨焕香所出具总收条1.4亿元的客观真实性。并且，在合同履行过程中，尤其是在杨焕香认为孙宝荣还未交足投资款的情形下，主动返还投资款项不合情理。双方在庭审中都提供了2008年、2009年的《放款审批通知单》及借款借据、《还款结算单》及收据，证据显示的借还款金额、单号及借还款主体并不一致。双方此部分争议的款项性质与本案所涉及法律关系并不相同，双方可另行清算解决。故，原审法院认定孙宝荣支付的金额为1.4亿元。

按照《投资入股协议书》的约定，孙宝荣应当在愉景公司（目标公司）取得变更后的土地证之日起一个月内支付了全部投资款的80%，其已履行了合同义务，但杨焕香未依约为孙宝荣办理股权变更登记手续，并将股权另行转让他人，导致愉景公司股权结构发生改变，双方签订《投资入股协议书》的目的不能实现，其行为已构成根本性违约，应当承担双倍返还定金3000万元的民事责任。杨焕香称应当按照《投资入股协议书》《投资入股补充协议》的总额来计算孙宝荣应当支付投资款的80%，并且《股权（土地使用权）转让意向书》所约定的定金应予扣除，其主张并不符合上述协议本身条款的约定，原审法院不予支持。

由于当事人均同意解除《股权（土地使用权）转让意向书》《投资入股协议书》和《投资入股补充协议》，因此原审法院予以准许。杨焕香作为签订合同的一方当事人，在合同履行中，向孙宝荣出具1.4亿元的收条，合同解除后其应当予以返还。愉景公司实际收取孙宝荣投资款9091万元，亦应在此范围内与杨焕香共同承担偿还责任，并在此范围内承担相应诉讼费用。杨焕香的反诉请求无事实和法律依据，原审法院予以驳回。综上，原审法院依照《中华人民共和国合同法》第九十三条、第九十七条、第一百一十五条规定，作出（2014）冀民二初字第10号民事判决：一、解除孙宝荣与杨焕香于2011年5月30日签订的《股权（土地使用权）转让意向书》，于2011年11月3日签订的《投资入股协议书》及《投资入股补充协议》；二、杨焕香返还孙宝荣人民币1.1亿元，廊坊愉景房地产开发有限公司在9091万元范围内与杨焕香承担共同返还责任。杨焕香双倍返还孙宝荣定金人民币3000万元。上述义务应当在本判决生效后十日内履行；三、驳回杨焕香的反诉请求。本诉案件受理费890200元由杨焕香负担，廊坊愉景房地产开发有限公司在577739.8元范围内与杨焕香共同负担。保全费5000元由杨焕香承担。反诉费168075元由杨焕香负担。

本院二审期间，孙宝荣提交了杨焕香及其控制的廊坊开发区银利达小额贷款有限公司曾向孙宝荣控制的廊坊中邦小额贷款有限公司借款四笔总计1200万元的《借据》《放款审批通知单》，杨焕香收到孙宝荣400万元现金的《收条》，2012年1月19日杨焕香向孙宝荣借款350万元的《借据协议》《收据》，河北省廊坊市广阳区人民法院（2012）广民初字第1605号民事判决书，以及愉景公司收到刘建秀借款35万元的《收据》，用以证明杨焕香及其公司与孙宝荣、刘建秀以及廊坊中邦小额贷款有限公司之间存在多笔借款关系，杨焕香及愉景公司返还的2591万元并非投资款，而系借款。杨焕香也提交了《还款结算单》《电汇凭证》《银行划款凭证》，河北省廊坊市广阳区人民法院（2014）广民初字第579号民事判决书，《和解协议》，以证明上述1200万元借款已经于2009年结清，35万元借款于2011年11月4日结清，350万元借款与孙宝荣欠杨焕香的350万元债务已经和解冲抵。双方对对方提供的证据的真实性均不持异议。本院经质证认为，孙宝荣所提交证据显示的借款数额为1585万元，而不是2591万元；从借款关系当事人及借款时间上看，在该1585万元当中，有600万元是廊坊开发区银利达小额贷款有限公司、杨焕香向廊坊中邦小额贷款有限公司的借款，而不是杨焕香向孙宝荣借款；杨焕香向孙宝荣借款350万元发生在2012年1月19日且已经另行结清，2591万元则是在2011年11月8日、11月29日支付；愉景公司与刘建秀之间的35万元借款也在2591万元支付之前即已结清。因此，孙宝荣提供的证据与其主张2591万元是杨焕香及愉景公司返还的借款之间不具有关联性，本院对其证明力不予认可。

杨焕香在二审期间提供了四张由孙宝荣出具的收到3800万元顾问费的《收条》，并称另一张200万元的顾问费《收条》原件丢失。孙宝荣质证对四张《收条》的真实性予以认可。杨焕香提供了2012年1月6日与孙宝荣的通话录音，主要内容是杨焕香对孙宝荣出具顾问费收条提出异议，要求孙宝荣更换为退股金。孙宝荣质证对录音中其语音的真实性不持异议，对其他方面不予认可。本院对上述证据的真实性予以认定，对其证明力在下文具体分析。

本院除对原审查明并经当事人认可的事实予以确认外，另查明：

《廊坊市人民政府市长办公会议纪要》（第2号）记载：2009年1月7日下午，市长王爱民主持召开市长办公会，议定如下事项："二、愉景温泉酒店有限公司2006年5月挂牌取得的200亩综合用地可依据批准的规划，按照商业和住宅用途分别确权登记。商业酒店与住宅项目应同时开工建设……"

2011年12月3日，愉景公司与张瑞国签订《垃圾清运合同》，合同第2条约定："履行期限：十五天，即自本合同签订之日起至2011年12月19日止。"第3条约定："价款及结算方式：总价款共计人民币贰拾叁万元（含税价格），甲方（愉景公司）分一次支付……最后一次垃圾清运完毕、土地平整，经甲方验收签字后支付余款。"

本院认为，本案二审争议的焦点问题有两个：一是杨焕香应返还孙宝荣的投资款数额，二是定金罚则如何适用。

一、关于杨焕香应返还孙宝荣的投资款数额

孙宝荣主张解除《投资入股协议书》及《补充协议》，杨焕香不持异议，故《投资入股协议书》及《补充协议》因双方当事人意思表示一致而解除。根据《中华人民共和国合同法》第九十七条的规定，协议解除后，当事人应将依据合同取得的财产返还给对方。本案恰因返还投资款的数额产生纷争。孙宝荣以杨焕香出具的载明其累计收到1.4亿元的收条为据，主张已经累计支付了1.4亿元投资款，因此诉请杨焕香返还1.4亿元。杨焕香主张实际仅收到1亿元投资款，扣除不应返还的2800万元定金，其应返还孙宝荣7200

万元。对此争议，本院结合双方提交的证据具体分析认定如下：

（一）关于能否依据1.4亿元收条认定孙宝荣实际支付了1.4亿元投资款。收条作为当事人之间收付款的书证、直接证据，对证明当事人之间收付款的事实具有一定的证明效力。但是，由于收条记载的内容与当事人之间实际收付款的情形有时并不一致，因此仅以收条为据尚不足以充分证明实际收付款情况。特别是在大额资金往来中，除收条外，还应结合双方的交易习惯、付款凭证、汇款单据等证据，对收条中记载的资金是否实际支付加以综合判断认定。具体到本案，由于杨焕香与孙宝荣原系朋友关系，双方基于相互的人身信赖，在资金往来中确实存在先打条、后付款的情形，因此收条记载的内容与款项实际支付情况并不完全相符。例如：2011年5月30日，杨焕香给孙宝荣出具收条："今收到孙宝荣现金人民币贰仟万元整（￥20000000元），作为孙宝荣购买杨焕香持有的愉景公司35%股权的定金。"但实际上，收条中载明杨焕香已收到的500万元定金在收条出具时孙宝荣并未支付，汇款凭证显示，孙宝荣于2011年5月31日才将该500万元汇付。2011年11月28日，杨焕香向孙宝荣出具"至今累计收到壹亿肆仟万元整"入股金的收条，但孙宝荣支付的入股金中有两笔合计1591万元系在2011年11月29日才汇入愉景公司账户。因此，收条记载的"至今累计收到壹亿肆仟万元整"并不属实。综上，本院认为，虽然杨焕香向孙宝荣出具了至今累计收到1.4亿元的收条，但在收条记载的内容并不完全属实且双方就已付金额发生争议的情况下，仅凭收条尚不足以认定孙宝荣实际支付了1.4亿元投资款。

（二）关于杨焕香应否返还有争议的4000万元投资款

孙宝荣主张向杨焕香及愉景公司共支付了1.4亿元投资款，并提供了通过银行转账汇款12591万元的凭证；另外1409万元，孙宝荣主张以顾问费冲抵定金及投资款形式支付了1200万元，以垫付项目工地垃圾清运费等杂费形式支付了209万元。杨焕香认可孙宝荣通过银行转汇付款12591万元，但辩称其中的2591万元是为了帮助孙宝荣融资而走的银行轨迹，该笔款项已经返还给孙宝荣，孙宝荣实际只支付了 1 亿元，对孙宝荣主张以顾问费冲抵 1200 万元及代付杂费 209 万元不予认可。由此可见，双方的此项争议集中在 4000 万元投资款是否实际支付、应否返还上。本院根据孙宝荣主张已经实际支付并应予返还的 4000 万元投资款的构成情况，分析评判如下：

关于孙宝荣主张以顾问费冲抵 1200 万元投资款是否应予支持问题。2009 年 8 月 25 日，杨焕香与孙宝荣签订《顾问咨询协议》，约定杨焕香聘请孙宝荣为御景湾项目私人高级顾问，时间为三年，顾问咨询费共计 100 万元。该协议特别约定："本意向的任何修改，由双方另行签订补充合同"。根据协议，杨焕香仅负有向孙宝荣支付 100 万元顾问费的合同义务。孙宝荣主张以 1200 万元顾问费顶抵了投资款，但并没有提供双方已经变更《顾问咨询协议》、提高顾问费金额的补充合同。原审庭审中，孙宝荣声称，杨焕香同意支付给孙宝荣的顾问费由 100 万元变为 1000 万元。但其诉请冲抵投资款的顾问费却为 1200 万元。二审期间，杨焕香提供了孙宝荣出具的四张顾问费收条后，孙宝荣又称，由于其顾问工作，使得愉景公司的土地由酒店用地变为住宅和商业用地，土地溢价 4.5 亿元，因此杨焕香同意支付其顾问费 4000 万元。但根据查明的事实，愉景公司早在 2006 年 5 月就已经挂牌取得了案涉土地使用权，在 2009 年 1 月 7 日廊坊市市长办公会上已经议定了该土地"可依据批准的规划，按照商业和住宅用途分别确权登记。商业酒店与住宅项目应同时开工建设。"亦即在孙宝荣与杨焕香于 2009 年 8 月 25 日签订顾问合同之前，该土地的用途即已获批为商业与住宅两类，孙宝荣关于由于其顾问工作使得愉景公司的土地由酒店用地变为住宅和商业用地的主张不能成立。因此，孙宝荣关于顾问费的说法前后莫衷一是，且无证据佐证，故本院对孙宝荣的主张实难采信。从顾问费收条内容看，2011 年 6 月 16 日的 200 万元收条、2011 年 7 月 30 日的 800 万元收条、2011 年 8 月 25 日的 1000 万元收条均记载孙宝荣收到了杨焕香以现金支付的顾问费，这与孙宝荣主张以顾问费冲抵投资款的陈述不符，孙宝荣亦承认杨焕香从未以现金形式支付过顾问费。因此，顾问费收条记载的内容与客观事实并不相符。4000万元顾问费收条是由孙宝荣单方出具，4000万元也没有实际支付，据此不能证明杨焕香同意向孙宝荣支付4000万元顾问费。电话录音表明，杨焕香并不同意孙宝荣以顾问费收条作为支付入股金的凭证，对孙宝荣出具顾问费收条亦提出了异议。故此，在孙宝荣没有证据证明杨焕香同意变更顾问费以及双方达成了以顾问费冲抵1200万元投资款的情况下，孙宝荣辩称以顾问费冲抵支付了1200万元投资款证据不足，本院不予支持。

关于杨焕香和愉景公司返还的2591万元是借款还是投资款的问题。杨焕香及愉景公司在向孙宝荣一方付款2591万元时在银行付款凭证上并未指明款项用途，刘建秀出具的收款收据上虽然注明“还借款”和“还款”，但这只是收款方的单方意思表示，在双方对还款用途产生争议的情况下，根据举证证明责任的分配原则，应由孙宝荣对其主张的杨焕香返还的2591万元系借款而非投资款承担举证责任，进一步举证证明其与杨焕香之间、愉景公司与刘建秀之间存在2591万元的借款关系。孙宝荣提供了自己以及其控制的廊坊中邦小额贷款有限公司与杨焕香以及杨焕香控制的公司之间存在借款关系的证据，但这些证据与孙宝荣主张的证明目的之间不具有关联性，不足以证明孙宝荣与杨焕香之间、愉景公司与刘建秀之间此前存在2591万元借款关系，孙宝荣应承担举证不能的不利后果。故此，本院对孙宝荣主张杨焕香返还的2591万元为借款而非投资款不予认可。

关于209万元垃圾清运费等杂费问题。孙宝荣主张，其代杨焕香支付了项目工地垃圾清运费等杂费209万元，该笔款项包括在杨焕香最终决算出具的1.4亿元总收条内，并提交了《垃圾清运合同》加以证明。本院经审理认为，孙宝荣所提交的《垃圾清运合同》并不能证明其主张。从时间上看，杨焕香出具最终决算1.4亿元的总收条在2011年11月28日，而《垃圾清运合同》则是在2011年12月3日才签订，合同约定的付款时间则是在垃圾清运完毕之后。因此，在杨焕香出具最终决算1.4亿元的总收条时，垃圾清运合同尚未订立，不存在需要垫付款的问题。从金额上看，《垃圾清运合同》约定的合同金额仅为 23 万元，远少于孙宝荣主张的垫付金额。况且，孙宝荣并未提供任何付款凭证，无法证明其实际垫付了 209 万元杂费。故孙宝荣主张垫付了 209 万元垃圾清运费等杂费并以其抵作了投资款证据不足，本院不予认可。

综上，本院认为，依据现有证据，不能证明孙宝荣支付了 1.4 亿元投资款，而仅能证明孙宝荣支付了 1.2591 亿元，扣除已经返还的 2591 万元，本院认定孙宝荣实际支付投资款本金为 1 亿元。

投资款系孙宝荣为履行《投资入股协议书》而支付，《投资入股协议书》解除后，应由协议相对人将收取的投资款返还给孙宝荣。从内容上看，《投资入股协议书》涉及愉景公司增资以及愉景公司同意孙宝荣出资入股等事宜，应由愉景公司和孙宝荣协商订立。杨焕香当时虽为愉景公司持股 70%的控股股东，但并非愉景公司的法定代表人，也没有证据证明愉景公司授权杨焕香对外签订《投资入股协议书》。因此，杨焕香订立《投资入股协议书》的行为应属无权代表。愉景公司知悉杨焕香擅自同孙宝荣签订《投资入股协议书》后，未予否定，相反却多次收受孙宝荣支付的投资款并出具收据。愉景公司的此种积极行为，应视为对杨焕香无权代表行为的追认。因此，杨焕香行为的法律后果应由愉景公司承担。《投资入股协议书》解除后，愉景公司作为合同相对人，应返还孙宝荣支付的投资款。原审中，孙宝荣诉请愉景公司返还 9091 万元投资款，并未超出其有权要求返还的总金额，原审法院予以支持并无不当。杨焕香在诉讼中自愿承担投资款的返还义务，属于债务加入，孙宝荣对此亦不持异议。因此，本院认为，在协议解除后，杨焕香应返还孙宝荣 1 亿元投资款，愉景公司在 9091 万元范围内与杨焕香承担共同返还责任。因孙宝荣未主张返还利息，本院对此不做处理，当事人可以另行解决。

二、关于定金罚则如何适用

杨焕香上诉主张，孙宝荣未履行“目标公司取得变更后的土地证之日起一个月内付全部投资款的80%”的义务，构成违约，根据定金罚则，孙宝荣支付的2800万元定金应不予返还，原审法院认定其违约并判决双倍返还定金3000万元不当，应予以撤销。孙宝荣认为，杨焕香未经孙宝荣同意将愉景公司土地使用权进行抵押、变更愉景公司股权结构、拒绝为孙宝荣办理股权登记、股权被法院查封等，违反了投资入股协议的约定，导致合同无法继续履行，应当承担双倍返还定金的责任，原审判决认定杨焕香违约并适用定金罚则并无不当。双方当事人的此项争议焦点在于定金罚则如何适用，即由谁承担定金责任。

定金罚则的适用以定金担保存在为前提。如果定金担保并未设立，也就不存在因违约而适用定金罚则的问题。本案中，杨焕香与孙宝荣于2011年5月30日签订《股权（土地使用权）转让意向书》，约定杨焕香将其持有的愉景公司35%的股权转让给孙宝荣，孙宝荣向杨焕香支付3000万元定金。该定金条款为《股权（土地使用权）转让意向书》的从合同，目的在于保障意向书的履行，类型上属于违约定金，具有担保性、从属性。2011年11月3日，杨焕香与孙宝荣签订了《投资入股协议书》，约定孙宝荣通过增资入股方式取得愉景公司35%的股权。作为股权取得的两种方式，股权转让与增资入股具有根本差异。股权转让属于股权的继受取得；增资入股则是通过向公司出资，认购公司增加的注册资本而成为股东，属于股权的原始取得。杨焕香与孙宝荣签订《投资入股协议书》后，孙宝荣取得愉景公司35%股权的方式就由先前的股权转让变更为增资入股，《股权（土地使用权）转让意向书》亦被《投资入股协议书》代替而归于消灭。根据定金的从属性特征，《股权（土地使用权）转让意向书》消灭后，前述定金合同亦相应消灭，孙宝荣有权要求杨焕香返还已经支付的定金。但本案中，孙宝荣并未要求杨焕香返还定金，而是将其作为《投资入股协议书》中的投资款计算在付款总额中，杨焕香也同样如此处理。因此，双方已就以先前的定金抵作《投资入股协议书》项下的投资款形成了一致的意思表示。《中华人民共和国担保法》第九十条规定，“定金应当以书面形式约定”。《投资入股协议书》中未约定定金担保，杨焕香与孙宝荣也没有另外签订书面的定金合同，孙宝荣更未在投资款之外向杨焕香支付过担保《投资入股协议书》履行的定金。因此，本院认为，孙宝荣与杨焕香并未为《投资入股协议书》附设定金担保合同，本案不存在因当事人违反《投资入股协议书》而适用定金罚则的前提。故杨焕香上诉主张因孙宝荣违反《投资入股协议书》而不返还2800万元定金，本院不予支持；原审判决杨焕香双倍返还定金，亦有所不当，本院予以纠正。

综上，本院认为，原审判决认定事实不清，适用法律错误，杨焕香的上诉主张部分成立。本院依照《中华人民共和国合同法》第九十七条、《中华人民共和国担保法》第九十条、《中华人民共和国民事诉讼法》第一百七十条第一款第（二）项之规定，判决如下：

一、维持河北省高级人民法院（2014）冀民二初字第10号民事判决第一项、第三项；

二、变更河北省高级人民法院（2014）冀民二初字第10号民事判决第二项为“杨焕香于本判决生效之日起十日内返还孙宝荣人民币1亿元，廊坊愉景房地产开发有限公司在9091万元范围内与杨焕香承担共同返还责任。”

三、驳回孙宝荣的其他诉讼请求。

当事人如果未按本判决指定的期间履行金钱给付义务，应当依照《中华人民共和国民事诉讼法》第二百五十三条的规定，加倍支付迟延履行期间的债务利息。

一审本诉案件受理费890200元，由孙宝荣负担366553元，杨焕香、廊坊愉景房地产开发有限公司共同负担523647元。保全费5000元由杨焕香承担。反诉费168075元，由杨焕香负担。

二审案件受理费890200元，由孙宝荣负担596434元，杨焕香负担293766元。

本判决为终审判决。

005. 股东对于新增资本的优先认缴权应在合理期限内行使[①]

绵阳市红日实业有限公司、蒋洋诉绵阳高新区科创实业有限公司股东会决议效力及公司增资纠纷案

裁判摘要

一、在民商事法律关系中，公司作为行为主体实施法律行为的过程可以划分为两个层次，一是公司内部的意思形成阶段，通常表现为股东会或董事会决议；二是公司对外作出意思表示的阶段，通常表现为公司对外签订的合同。出于保护善意第三人和维护交易安全的考虑，在公司内部意思形成过程存在瑕疵的情况下，只要对外的表示行为不存在无效的情形，公司就应受其表示行为的制约。

二、根据《中华人民共和国公司法》第三十五条的规定，公司新增资本时，股东有权优先按照实缴的出资比例认缴出资。从权利性质上来看，股东对于新增资本的优先认缴权应属形成权。现行法律并未明确规定该项权利的行使期限，但从维护交易安全和稳定经济秩序的角度出发，结合商事行为的规则和特点，人民法院在处理相关案件时应限定该项权利行使的合理期间，对于超出合理期间行使优先认缴权的主张不予支持。

---

① 参见《最高人民法院公报》2011年第3期。

最高人民法院民事判决书

【（2010）民提字第48号】

申请再审人（一审被告、二审被上诉人）：绵阳高新区科创实业有限公司。住所地：四川省绵阳市高新区火炬大厦A座。

法定代表人：陈木高，董事长。

委托代理人：华萍，北京市中伦律师事务所律师。

委托代理人：夏惠民，北京市中伦律师事务所律师。

申请再审人（一审第三人、二审被上诉人）：福建省固生投资有限公司。住所地：福建省福州市鼓楼区五四路国际大厦14层A-5、6室。

法定代表人：陈木高，董事长。

委托代理人：华萍，北京市中伦律师事务所律师。

委托代理人：夏惠民，北京市中伦律师事务所律师。

申请再审人（一审第三人、二审被上诉人）：陈木高。

委托代理人：华萍，北京市中伦律师事务所律师。

委托代理人：夏惠民，北京市中伦律师事务所律师。

被申请人（一审原告、二审上诉人）：绵阳市红日实业有限公司。住所地：四川省绵阳市涪城区长虹大道133号金阳公寓1单元12楼B座。

法定代表人：蒋洋，董事长兼总经理。

委托代理人：姚惠娟，北京市东元律师事务所律师。

委托代理人：吴宏顺，北京市东元律师事务所律师。

被申请人（一审原告、二审上诉人）：蒋洋。

委托代理人：姚惠娟，北京市东元律师事务所律师。

委托代理人：吴宏顺，北京市东元律师事务所律师。

申请再审人绵阳高新区科创实业有限公司、福建省固生投资有限公司、陈木高为与被申请人绵阳市红日实业有限公司股东会决议效力及公司增资纠纷一案，不服四川省高级人民法院（2006）川民终字第515号民事判决，向本院申请再审。本院于2009年11月16日以（2008）民申字第1457号民事裁定，提审本案。本院依法组成由审判员张勇健担任审判长，审判员雷继平、代理审判员刘崇理参加的合议庭对本案进行了审理，书记员白雪担任记录。本案现已审理终结。

四川省绵阳市中级人民法院一审查明：绵阳高新区科创实业有限公司（以下简称科创公司）于2001年7月成立。在2003年12月科创公司增资扩股前，公司的注册资金475.37万元。其中蒋洋出资额67.6万元，出资比例14.22%，为公司最大股东；绵阳市红日实业有限公司（以下简称红日公司）出资额27.6万元，出资比例5.81%。科创公司第一届董事长由蒋洋担任。2003年3月31日，科创公司作为甲方，林大业、陈木高作为乙方，绵阳高新技术产业开发区管理委员会（以下简称高新区管委会）作为丙方，签订了合作开发建设绵阳锦江城市花园的合作协议书（石桥铺项目）。2003年7月2日，全体股东大会通过选举李红为公司董事长，任期两年的决议。此后蒋洋在科创公司的身份为董事。2003年12月5日，科创公司发出召开股东代表大会的通知，该通知主要记载了开会时间、开会地点、参会人员、列席人员及议题。开会时间定于2003年12月16日下午4：00，议题是：1. 关于吸纳陈木高为新股东的问题；2. 关于公司内部股权转让问题；3. 新科创公司的新股东代表、监事、会计提名等。2003年12月16日下午，蒋洋、红日公司的委托代表常毅出席了股东会。该次股东代表会表决票反映，蒋洋对上述三项议题的第2项投了赞成票，对第1项和第3项投了反对票；红日公司的委托代表常毅对第2项和新会计的提名投了赞成票，其余内容投了反对票，并在意见栏中注明："应当按照公司法第三十九条第二款规定先就增加资本拿出具体框架方案，按公司原股东所占比重、所增资本所占增资扩股后所占比重先进行讨论通过，再决定将来出资，要考虑原股东享有公司法规定的投资（出资）权利"。该次股东会担任记录的梁周平整理了会议纪要，除蒋洋、红日公司和投弃权票的四名股东未在会议纪要上签名外，其余股东在会议纪要上签名。该纪要中记载：应到股东代表 23 人，实到 22 人，以记名方式投票表决形成决议；讨论了陈木高的入股协议，同意吸纳陈木高为新股东（经表决 75.49%同意，20.03%反对，4.48%弃权）；同意科创公司内部股份转让（经表决 100%同意）。纪要还记载了与陈木高合作方式的六点建议和关于新科创公司的新股东代表、监事、会计提名的表决情况及有股东代表建议应由大股东作为公司董事的意见等。此后蒋洋在科创公司的身份为监事。

2003 年 12 月 18 日，科创公司为甲方，陈木高为乙方签订了《入股协议书》，该协议主要记载：乙方同意甲方股东大会讨论通过的增资扩股方案，即同意甲方在原股本 475.37 万股的基础上，将总股本扩大至 1090.75 万股，由此，甲方原股东所持股本 475.37 万股占总股本 1090.75 万股的 43.6%；乙方出资 800 万元人民币以每股 1.3 元认购 615.38 万股，占总股本 1090.75 万股的 56.4%；科创公司的注册资金相应变更为 1090.75 万元，超出注册资本的 184.62 万元列为资本公积金；该项资本公积金不用于弥补上一年的经营亏损，今后如用于向股东转增股本时，乙方所拥有的股份不享有该权利；本协议签字 7 天内，乙方应将 800 万元人民币汇入甲方指定账号，款到 7 个工作日之内，甲方负责开始办理股东、董事及法定代表人和公司章程等变更的工商登记手续，税务等其他有关部门的变更登记手续于一个月办妥；双方同意乙方投资的 800 万元人民币专项用于支付甲方通过政府挂牌出让程序已购得的绵阳高新区石桥铺 376.65 亩住宅用地的部分地价款；乙方入股后预计先期投入 3000 万元人民币开发绵阳高新区石桥铺 376.65 亩住宅用地项目；甲乙双方与高新区管委会于 2003 年 3 月 31 日签订的合作协议书继续有效，与本协议具有同等法律效力；本协议一式四份，甲乙双方各执两份，经双方签字且 800 万元人民币到账后生效，该协议还就董事会组成、抵押担保、财务管理、利润分配和盈亏分担等内容作了约定。2003 年 12 月 22 日，陈木高将 800 万元股金汇入科创公司的指定账户。

2003年12月22日，红日公司向科创公司递交了《关于要求作为科创公司增资扩股增资认缴人的报告》，该报告的主要内容为：主张蒋洋和红日公司享有优先认缴出资的权利，愿意在增资扩股方案的同等条件下，由红日公司与蒋洋共同或由其中一家向科创公司认缴新增资本800万元人民币的出资。2003年12月25日，工商部门签发的科创公司的企业法人营业执照上记载：法定代表人陈木高、注册资本壹仟零玖拾万柒仟伍佰元、营业期限自2003年12月25日起至2007年12月24日止。2003年12月25日科创公司变更后的章程记载：陈木高出资额615.38万元，出资比例56.42%；蒋洋出资额67.6万元，出资比例6.20%；红日公司出资额27.6万元，出资比例2.53%。2003年12月26日，红日公司向绵阳高新区工商局递交了《请就绵阳高新区科创实业有限公司新增资本、增加新股东作不予变更登记的报告》。此后，陈木高以科创公司董事长的身份对公司进行经营管理。2005年3月30日，科创公司向工商部门申请办理公司变更登记，提交了关于章程修正案登记备案的报告、公司章程修正案、股份转让协议书、陈木高出具的将614.38万股股份转让给福建省固生投资有限公司（以下简称固生公司）的股份增减变更证明、收据等材料。章程修正案中记载的股东名称、出资额、出资比例是：固生公司出资额615.38万元、出资比例56.42%；陈木高出资额116.24万元，出资比例10.66%；蒋洋出资额67.6万元，出资比例6.20%；红日公司出资额27.6万元，出资比例2.53%。

2005年12月12日，蒋洋和红日公司向一审法院提起诉讼，请求确认科创公司2003年12月16日股东会通过的吸纳陈木高为新股东的决议无效，确认科创公司和陈木高2003年12月18日签订的《入股协议书》无效，确认其对800万元新增资本优先认购，科创公司承担其相应损失。

四川省绵阳市中级人民法院一审认为：关于科创公司2003年12月16日股东会通过的吸纳陈木高为新股东的决议的效力问题，红日公司和蒋洋主张无效的理由是，科创公司只提前11日通知各股东召开股东会，违反了《中华人民共和国公司法》(1999年修订，以下简称99《公司法》)第四十四条第一款“召开股东会议，应当于会议召开十五日以前通知全体股东”的规定，且在增资扩股的问题上通知书也不明确。从本案查明的事实反映，蒋洋在本案中具有多重身份，既是原告红日公司的法定代表人，又在2003年7月2日以前是科创公司的最大股东和董事长，此后至12月16日，是科创公司的最大股东和董事。蒋洋在任科创公司董事长期间，科创公司签订了与陈木高等就石桥铺项目进行合作的合作协议，而且参加了2003年12月16日的股东会并对会议议题行使了表决权，对其中“吸纳陈木高先生为新股东”的议题投了反对票。根据99《公司法》第三十九条第二款关于“股东会对公司增加或者减少注册资本、分立、合并、解散或者变更公司形式作出决议，必须经代表三分之二以上表决权的股东通过”的规定，股东会决议的效力不取决于股东会议通知的时间及内容，而决定于股东认可并是否达到公司法的要求。查明的事实反映，2003年12月16日“吸纳陈木高先生为新股东”的决议中涉及科创公司增资扩股800万元和该800万元增资由陈木高认缴的内容已在股东会上经科创公司75.49%表决权的股东通过。因此“吸纳陈木高先生为新股东”的决议符合上述规定，该决议有效。红日公司和蒋洋以通知的时间不符合法律规定，内容讨论不符合议事程序主张“吸纳陈木高先生为新股东”决议无效的理由不成立。

关于科创公司与陈木高于2003年12月18日签订的《入股协议书》的效力问题。红日公司和蒋洋主张该协议是科创公司与陈木高恶意串通损害其股东利益而签订的，但根据一审法院查明的事实，其并未提供证据证明该事实存在。庭审中红日公司和蒋洋提出科创公司于2005年12月25日在工商局办理的科创公司变更登记不真实的主张，这涉及工商部门的具体行政行为是否合法的问题，是另一层法律关系，不属本案审理范围。经审查，该《入股协议书》的主体适格，意思表示真实，不违反法律或者社会公共利益，应为有效协议。故红日公司和蒋洋关于《入股协议书》无效的主张不成立。

关于红日公司和蒋洋能否优先认缴科创公司2003年12月16日股东会通过新增的800万元资本，并由科创公司承担相应损失的问题。按照99《公司法》第三十三条关于“股东按照出资比例分红。公司新增资本时，股东可以优先认缴出资”的规定，蒋洋、红日公司作为科创公司的股东，对公司新增资本享有优先认缴权利。但99《公司法》对股东优先认缴权的期间未作规定。2006年5月9日起施行的《最高人民法院关于适用〈中华人民共和国公司法〉若干问题的规定（一）》第二条规定，“因公司法实施前有关民事行为或者事件发生纠纷起诉到人民法院的，如当时的法律法规和司法解释没有明确规定时，可参照适用公司法的有关规定”。2005年修订后的《中华人民共和国公司法》（以下简称《公司法》）也未对股东优先认缴权行使期间作规定，但《公司法》第七十五条第一款规定：“有下列情形之一的，对股东会该项决议投反对票的股东可以请求公司按照合理的价格收购其股权。”第二款规定：“自股东会会议决议通过之日起六十日内，股东与公司不能达成收购协议的，股东可以自股东会会议决议通过之日起九十日内向人民法院提起诉讼。”该条虽然针对的是异议股东的股权回购请求权，但按照民法精神从对等的关系即公司向股东回购股份与股东向公司优先认缴出资来看，后者也应当有一个合理的行使其间，以保障交易的安全和公平。从本案查明的事实看，红日公司和蒋洋在2003年12月22日就向科创公司主张优先认缴新增资本800万元，于2005年12月12日才提起诉讼，这期间，陈木高又将占出资比例56.42%股份转让给固生公司，其个人又陆续与其他股东签订了股权转让协议，全部办理了变更登记，从2003年12月25日起至今担任了科创公司董事长，科创公司的石桥铺项目前景也已明朗。因此红日公司和蒋洋在2005年12月12日才提起诉讼不合理。2003年12月16日的股东会决议、《入股协议书》合法有效，红日公司和蒋洋主张优先认缴权的合理期间已过，故其请求对800万元资本优先认缴权并赔偿其损失的请求不予支持。

综上所述，2003年12月16日股东会决议和《入股协议书》合法有效。

红日公司和蒋洋在2003年12月22日向科创公司主张优先权时，上述两协议已经生效并已在履行过程中，但红日公司和蒋洋没有及时采取进一步的法律措施实现其优先权。本案起诉前，围绕科创公司和公司股权又发生了一系列新的民事、行政关系，形成了一系列新的交易关系，为保障交易安全，红日公司和蒋洋在本案中的主张不能成立。据此四川省绵阳市中级人民法院以（2006）绵民初字第2号民事判决书判决：驳回红日公司、蒋洋的诉讼请求。第一审案件受理费50010元，其他诉讼费25005元，合计75015元，由红日公司和蒋洋共同负担。

红日公司和蒋洋不服一审判决，向四川省高级人民法院提起上诉称：科创公司只提前11天通知召开股东会违反了《公司法》规定提前15天通知的强制性法定义务，且通知内容没有公司增资扩股的具体方案和《入股协议书》草案，股东会中突袭表决，议事程序违法。股东会上红日公司和蒋洋投了反对票，提出同意增资800万元，但不放弃优先出资权。股东会决议中公司增资800万元有效，但吸纳陈木高为新股东的决议和《入股协议书》因侵犯其优先认缴出资权而无效。《公司法》对股东行使优先认缴出资权的诉讼时效没有规定，应适用民法通则规定的两年诉讼时效。红日公司和蒋洋知道权利被侵害的时间是2003年12月22日，诉讼时效从此时起算直至2005年12月22日才届满，本案于2005年12月12日提起诉讼，未超过诉讼时效期间。一审判决参照适用《公司法》对公司回购股东股份所规定的90日，是适用法律错误。陈木高是固生公司法定代表人，固生公司取得股份并非善意，其股东身份也不合法，因此不存在保护交易安全的问题。请求二审法院撤销原判，依法改判。

被上诉人科创公司、固生公司和陈木高答辩称：虽然科创公司召开股东会通知程序不符合《公司法》关于要提前15天通知的规定，但该条款是任意性规范，且公司股东均准时参加，不影响决议效力。科创公司所提“吸纳陈木高先生为新股东”的含义是定向增资扩股，该议题已经三分之二表决权的股东表决通过，陈木高尽到了合理的注意义务，根据99《公司法》第三十九条的规定，该议题的决议合法有效。公司增资扩股，由公司与新股东签订入股协议，法律并无禁止性规定，并且代表了公司绝大多数股东的意志，未违反99《公司法》第三十三条的规定。红日公司和蒋洋提出优先认缴时，《入股协议书》已经成立并在履行过程中，应为有效。科创公司是因公司面临土地价款无法缴纳，土地将被政府收回的困境而吸收陈木高入股，陈木高出资800万元，以1.3元溢价购股，且承诺成为新股东后不得再以股东身份分享科创公司在合作协议项目中应分得的35%的盈利，该决议使公司利益最大化，保证了原股东利益。以后陈木高将股份以赠与和转让方式转给固生公司，陈木高和固生公司均是善意第三人。而红日公司和蒋洋在长达两年时间内多次参加陈木高主持的董事会和股东会，没有就优先出资权进一步采取法律措施，却在公司稍有起色的情况下提起诉讼，缺乏合理性和正当性。请求驳回上诉，维持原判。

四川省高级人民法院对一审法院认定的事实予以确认，并补充认定以下事实：2001年7月，科创公司成立，注册资本156万元，股东20人，均为自然人，蒋洋出资52万元，出资比例为33.33%，担任董事长。2003年1月20日，科创公司通过挂牌出让方式取得绵阳高新区石桥铺国际招商区325亩住宅项目用地，但没有支付土地出让金，没有取得土地使用权证。2003年3月31日，科创公司与林大业、陈木高、高新区管委会签订石桥铺项目合作协议书，约定由科创公司负责支付地价款，由陈木高负责项目开发资金及建设。同年9月，科创公司董事长变更为李红，新增注册资本319.37万元，注册资本变更为475.37万元，变更后股东为23位，增加了自然人股东2人和法人股东红日公司。蒋洋出资从52万元变更为67.6万元，出资比例变为14.22%，红日公司新出资27.6万元，出资比例为5.81%。科创公司的章程规定：公司新增资本时，股东有优先认缴出资的权利；公司召开股东大会，于会议召开15日以前通知全体股东，通知以书面形式发送，并载明会议时间、地点、内容；股东大会对公司增加减少注册资本作出决议。同年12月16日，科创公司召开股东会，讨论了陈木高入股的《入股协议书》，通过了吸纳陈木高为新股东的提案，蒋洋和红日公司投反对票。同月18日，科创公司和陈木高签订《入股协议书》，约定由陈木高出资800万元，以每股1.3元认购615.38万股。同月22日，陈木高以付地款名义向科创公司账户汇入购股款800万元，红日公司要求优先认缴新增资本。同月25日，科创公司变更法定代表人为陈木高，注册资本变为1090.75万元，陈木高占56.4%。2003年12月26日，科创公司缴纳土地款800万元。2004年3月5日，科创公司交清全部土地款13020175元，取得土地使用证。2005年2月1日，科创公司召开股东会形成决议，通过陈木高将1万股赠与固生公司的提案，红日公司和蒋洋参加会议，投弃权票。同年3月1日，陈木高将614.38万股转让给固生公司，固生公司持有科创公司股份共计615.38万股。2005年2月至2006年11月，陈木高以每股1.2元的价格收购了其他自然人股东315.71万股。科创公司股东变更为：固生公司615.38万股，占56.42%；陈木高315.71万股，占28.94%；蒋洋67.60万股，占6.20%；红日公司27.60万股，占2.53%；其他自然人股东11人，共64.46万股，占5.91%。目前，科创公司拟开发的石桥铺项目仅修了一条从城区公路通往项目所在地的200米左右的水泥路，整个项目因拆迁和规划等问题尚未破土动工。

四川省高级人民法院二审认为：科创公司于2003年12月16日召开的股东会议所通过的关于“吸纳陈木高先生为新股东”的决议，结合股东会讨论的《入股协议书》，其内容包括了科创公司增资800万元和由陈木高通过认缴该800万元新增出资成为科创公司新股东两个方面的内容。根据99《公司法》第三十八条第一款第（八）项关于股东会行使“对公司增加或者减少注册资本作出决议的职权”，第三十九条第二款关于“股东会对公司增加或者减少注册资本、分立、合并、解散或者变更公司形式作出决议，必须经代表三分之二以上表决权的股东通过”的规定，科创公司增资800万元的决议获代表科创公司75.49%表决权的股东通过，应属合法有效。根据99《公司法》第三十三条关于“公司新增资本时，股东可以优先认缴出资”的规定以及科创公司章程中的相同约定，科创公司原股东蒋洋和红日公司享有该次增资的优先认缴出资权。在股东会议上，蒋洋和红日公司对由陈木高认缴800万元增资股份并成为新股东的议题投反对票并签注“要考虑原股东享有公司法规定的投资（出资）权利”的意见，是其反对陈木高认缴新增资本成为股东，并认为公司应当考虑其作为原股东所享有的优先认缴出资权，明确其不放弃优先认缴出资权的意思表示。紧接着在同月22日和26日，蒋洋和红日公司又分别向科创公司递交了《关于要求作为科创公司增资扩股增资认缴人的报告》，向绵阳市高新区工商局递交了《请就绵阳高新区科创实业有限公司新增资本、增加新股东作不予变更登记的报告》，进一步明确主张优先认缴出资权。上述事实均表明红日公司和蒋洋从未放弃优先认缴出资权。但是，科创公司在没有以恰当的方式征询蒋洋和红日公司的意见以明确其是否放弃优先认缴出资权，也没有给予蒋洋和红日公司合理期限以行使优先认缴出资权的情况下，即于同月18日与陈木高签订《入股协议书》，并于同月25日变更工商登记，将法定代表人变更成陈木高，将公司注册资本变更为1090.75万元，其中新增资本615.38万元登记于陈木高名下。该系列行为侵犯了法律规定的蒋洋和红日公司在科创公司所享有的公司新增资本时的优先认缴出资权，根据《中华人民共和国民法通则》第五十八条第一款第（五）项关于“违反法律或者社会公共利益的”民事行为无效的规定，股东会决议中关于由陈木高认缴新增资本800万元并由此成为科创公司股东的内容无效，科创公司和陈木高签订的《入股协议书》也相应无效。虽然本案所涉股东会决议经代表三分之二以上表决权的股东投票通过，但公司原股东优先认缴新增出资的权利是原股东个体的法定权利，不能以股东会多数决的方式予以剥夺。故蒋洋和红日公司所提股东会议决议中关于吸收陈木高为股东的内容、《入股协议书》无效，其享有优先认缴科创公司800万元新增资本的上诉理由依法成立，二审法院予以支持。

按照《中华人民共和国民法通则》第六十一条的规定，民事行为被确认为无效或者被撤销后，当事人因该行为取得的财产，应当返还给受损失的一方，因此陈木高依据该部分无效决议和《入股协议书》所取得的股权应当返还。虽然后来陈木高将其名下的股份赠与和转让给了固生公司，但陈木高系固生公司的法定代表人，固生公司知道或者应当知道陈木高认缴出资是侵犯了他人的优先认缴出资权，故该司并非善意取得，其间的赠与和转让行为也无效。固生公司应当将其所持有的科创公司615.38万股股份返还给科创公司，由红日公司和蒋洋优先认购；科创公司应当将800万元认股款及其资金占用利息返还给陈木高。

关于有限责任公司股东请求人民法院保护其认缴新增资本优先权的诉讼时效问题，现行法律无特别规定，应当适用《中华人民共和国民法通则》规定的两年普通诉讼时效。蒋洋和红日公司在2003年12月22日书面要求优先认缴新增资本800万元，至2005年12月19日提起诉讼，符合该法关于两年诉讼时效的规定，其所提应当优先认缴800万元新增资本的请求依法成立，二审法院予以支持。蒋洋和红日公司所提应由科创公司承担其相应损失的请求因无相应证据证明，二审法院不予支持。原判认定事实不清，适用法律有误，应当予以纠正。依照《中华人民共和国民事诉讼法》第一百五十三条第一款第（三）项，《中华人民共和国公司法》（1999年修订）第三十三条、第三十八条第一款第（八）项、第三十九条第二款，《中华人民共和国民法通则》第五十八条第一款第（四）项和第（五）项、第六十一条、第一百三十五条的规定，经二审法院审判委员会讨论决定，判决如下：一、撤销四川省绵阳市中级人民法院（2006）绵民初字第2号民事判决；二、绵阳高新区科创实业有限公司于2003年12月16日作出的股东会决议中关于吸收陈木高为股东的内容无效；三、绵阳高新区科创实业有限公司于2003年12月18日与陈木高签订的《入股协议书》无效；四、蒋洋和绵阳市红日实业有限公司享有以800万元购买绵阳高新区科创实业有限公司2003年12月16日股东会决定新增的615.38万股股份的优先权；五、蒋洋和绵阳市红日实业有限公司于本判决生效之日起15日内将800万元购股款支付给绵阳高新区科创实业有限公司；六、在蒋洋和绵阳市红日实业有限公司履行上述第五项判决后15日内，由福建省固生投资有限公司向绵阳高新区科创实业有限公司返还其所持有的该司615.38万股股权，并同时由绵阳高新区科创实业有限公司根据蒋洋和绵阳市红日实业有限公司的认购意愿和支付款项情况将该部分股权登记于蒋洋和绵阳市红日实业有限公司名下；七、在福建省固生投资有限公司履行上述第六项判决后3日内，由绵阳高新区科创实业有限公司向陈木高返还800万元及利息（从2003年12月23日至付清之日止按中国人民银行流动资金同期贷款利率计算）；八、驳回蒋洋和绵阳市红日实业有限公司的其他诉讼请求。第一审案件受理费75015元，第二审案件受理费75015元，保全费5000元，均由绵阳高新区科创实业有限公司负担。

科创公司、固生公司、陈木高不服四川省高级人民法院上述二审民事判决，向本院申请再审称：一、二审判决认定的事实缺乏证据支持，2003年12月16日科创公司作出的“关于吸纳陈木高为新股东”的股东会决议、2003年12月18日陈木高与科创公司签订的《入股协议书》均合法有效。1. 二审法院将科创公司2003年12月16日股东会关于吸纳陈木高为新股东的决议内容拆分为“科创公司增资800万元”和“由陈木高通过认缴800万元新增出资成为科创公司新股东”两部分，与事实严重不符，这两项内容是不可分的，增资800万元是以吸纳陈木高为新股东为前提的。2. 红日公司在股东会反对票上的签注不能作为其不放弃优先认缴出资权的意思表示，红日公司的签注援引了99《公司法》第三十九条第二款的规定，即股东会对公司增资或减资等决议的表决程序，与第三十三条股东优先认缴权无关。且红日公司2003年12月22日提交的报告上没有蒋洋的签名，不能认为蒋洋主张了优先认缴权。3. 优先认缴权是形成权，其行使应有合理期限。科创公司是在急于支付石桥铺项目土地出让金的现实情况下吸收陈木高出资的，蒋洋和红日公司行使优先认缴权的期限应不超过科创公司支付土地出让金的最后期限，即2003年12月31日。4. 固生公司和陈木高取得科创公司的股权没有恶意，签订《入股协议书》时也不存在恶意串通的情形。二、二审判决适用法律错误。二审判决依据《中华人民共和国民法通则》第五十八条第一款第（四）项、第（五）项，在没有证据证明陈木高与科创公司恶意串通、《入股协议书》违反法律或社会公共利益的情况下引用上述条文判决股东会决议及《入股协议书》无效，显属适用法律错误，据此另引用的《中华人民共和国民法通则》第六十一条及《中华人民共和国合同法》第五十八条也与事实不符。即使蒋洋和红日公司关于行使优先认缴权的主张能够得到支持，按照《最高人民法院关于适用〈中华人民共和国公司法〉若干问题的规定（一）》第二条和《公司法》第三十五条之规定，也只能按照其实缴的出资比例认缴出资，而不能全部认缴800万元新增出资。且二审法院适用《中华人民共和国民法通则》规定的两年普通诉讼时效也存在错误，股东优先认缴权属形成权，应适用除斥期间的规定，不超过一年。三、陈木高入股科创公司后投入了大量的资金和智慧，促使公司的经营管理和石桥铺项目都取得了巨大进展，科创公司的股权价值大幅增值，早已超过当年的购买价格，二审判决在未对股权价值进行重新评估的基础上支持红日公司和蒋洋以2003年的价格购买该股权，有违公平原则。综上，请求撤销四川省高级人民法院作出的（2006）川民终字第515号民事判决，维持四川省绵阳市中级人民法院作出的（2006）绵民初字第2号民事判决，中止对四川省高级人民法院作出的（2006）川民终字第515号民事判决的执行，由被申请人红日公司、蒋洋承担本案一、二审全部诉讼费用。

被申请人红日公司、蒋洋答辩称：一、二审判决认定事实清楚、证据确凿。“吸纳陈木高为新股东”这一决议并不是在公司面临无力交款，土地将被收回的严峻形势下作出的。红日公司和蒋洋当时完全有能力进行增资扩股交清土地出让金，未交清的原因是科创公司与高新区管委会之间还有多笔账务没有结算。“吸纳陈木高为新股东”这一决议可以拆分为“科创公司增资800万元”和“由陈木高通过认缴800万元新增出资成为科创公司新股东”来理解。红日公司、蒋洋投反对票并签注的意思表明其同意“科创公司增资800万元”而反对“由陈木高认缴800万元新增出资成为科创公司新股东”。即使红日公司、蒋洋对这两项内容均表示反对；也不会影响“科创公司增资800万元”的法律效力，增资扩股的表决通过是符合《公司法》规定的，并没有侵犯原股东的优先认缴出资权，只是“由陈木高通过认缴800万元新增出资成为科创公司新股东”这一部分侵犯了原股东的优先认缴出资权。红日公司在表决票上的签注明确表明增资需按《公司法》第三十九条第二款的规定进行，并且应按第三十三条的规定考虑原股东的优先认缴出资权，已表明其没有放弃优先认缴出资权。红日公司和蒋洋在股东会召开当天才知道科创公司即将增资扩股800万元，因此其行使优先认股权的期限应为从2003年12月16日起算的一个合理期间，而不是当天必须行使权利。红日公司在2003年12月22日就向科创公司递交了《关于要求作为科创公司增资扩股增资认缴人的报告》，作出了行使优先认缴权的意思表示，且该时间早于陈木高与科创公司签订的《入股协议书》约定的生效时间。陈木高在科创公司原股东有能力认缴新增出资且主张了优先认缴权的前提下仍然与科创公司订立《入股协议书》，显然侵犯了红日公司和蒋洋的优先认缴权。《入股协议书》中关于公司新一届董事会的组成及陈木高任董事长、总经理的约定，关于800万元新增资本的投资问题、财务人员的安排问题、利润分配问题等，均违反了99《公司法》第三十七条、第三十八条、第四十六条及科创公司章程第二十四条的规定，越权行使了属于股东会和董事会的法定职权，依法也应被认定为无效。固生公司是陈木高及其家人出资设立，陈木高是固生公司的法定代表人，因此该公司可以认定为陈木高自己的公司。陈木高取得的科创公司股份是不合法的，其转让行为属于无权处分，而固生公司作为陈木高个人的公司受让股权显然恶意。二、二审判决适用法律正确。对《中华人民共和国民法通则》第五十八条第（四）项应当理解为，只要行为人意识到了该行为有可能侵犯到第三人利益而故意为之，就构成恶意。科创公司在召开2003年12月16日股东会以前，已经与陈木高达成《入股协议书》和承包经营协议草案，且陈木高在签订《入股协议书》时也清楚红日公司和蒋洋反对其成为科创公司的新股东，因此陈木高与科创公司签订的《入股协议书》应属恶意串通之行为。如果认为优先认缴权是形成权，红日公司和蒋洋在2003年12月22日已经行使了优先认缴权，在这一权利受到侵犯时就应当适用两年普通诉讼时效的规定。三、本案中陈木高进入科创公司以来，对公司基本没有投入，公司资产基本无增长，公司的石桥铺项目至今基本未进行开发，陈木高的行为引起了当地百姓的不满和一系列社会问题。总之，二审判决事实认定清楚，法律适用正确，再审申请人的申请理由不能成立，应依法予以驳回。

再审中，被申请人红日公司和蒋洋提交了催告公证书、绵阳中院强制执行文书、提存公证书、2008年科创公司临时股东大会的公证书等证据材料，用以证明本案二审判决后的履行情况及科创公司现在的股权结构等基本情况；另提交了科创公司2004年至2008年经营状况材料、石桥铺项目所涉及的村民拆迁补偿材料和村民的联名信等证据材料，用以证明陈木高进入科创公司后对公司没有进行投入，红日公司和蒋洋取得科创公司新增股份后科创公司对石桥铺项目有了新的投入。

申请再审人科创公司、固生公司和陈木高质证认为，上述证据材料中催告公证书、绵阳中院强制执行文书、提存公证书、2008年科创公司临时股东大会的公证书都发生在二审判决后，和本案的争议无关。工商登记资料不属于新证据。对石桥铺项目所涉及的村民拆迁补偿材料和村民的联名信真实性、与本案的关联性及证明的内容均有异议。

本院经再审审理，对原审法院查明的事实予以确认。

本院认为：根据本案的事实和双方当事人的诉辩主张，本案再审程序中有以下两个争议焦点：一、2003 年 12 月 16 日科创公司作出的股东会决议和 2003 年 12 月 18 日科创公司与陈木高签订的《入股协议书》是否有效；二、红日公司和蒋洋是否能够行使对科创公司 2003 年新增的 615.38 万股股份的优先认缴权。

关于第一个争议焦点。2003 年 12 月 16 日科创公司作出股东会决议时，现行《公司法》尚未实施，根据《最高人民法院关于适用〈中华人民共和国公司法〉若干问题的规定（一）》第二条的规定，当时的法律和司法解释没有明确规定的，可参照适用现行《公司法》的规定。99《公司法》第三十三条规定，“公司新增资本时，股东可以优先认缴出资”。根据现行《公司法》第三十五条的规定，公司新增资本时，股东的优先认缴权应限于其实缴的出资比例。2003 年 12 月 16 日科创公司作出的股东会决议，在其股东红日公司、蒋洋明确表示反对的情况下，未给予红日公司和蒋洋优先认缴出资的选择权，迳行以股权多数决的方式通过了由股东以外的第三人陈木高出资 800 万元认购科创公司全部新增股份 615.38 万股的决议内容，侵犯了红日公司和蒋洋按照各自的出资比例优先认缴新增资本的权利，违反了上述法律规定。现行《公司法》第二十二条第一款规定：“公司股东会或者股东大会、董事会的决议内容违反法律、行政法规的无效。”根据上述规定，科创公司 2003 年 12 月 16 日股东会议通过的由陈木高出资 800 万元认购科创公司新增 615.38 万股股份的决议内容中，涉及新增股份中 14.22%和 5.81%的部分因分别侵犯了蒋洋和红日公司的优先认缴权而归于无效，涉及新增股份中 79.97%的部分因其他股东以同意或弃权的方式放弃行使优先认缴权而发生法律效力。四川省绵阳市中级人民法院（2006）绵民初字第 2 号民事判决认定决议全部有效不妥，应予纠正。该股东会将吸纳陈木高为新股东列为一项议题，但该议题中实际包含增资 800 万元和由陈木高认缴新增出资两方面的内容，其中由陈木高认缴新增出资的决议内容部分无效不影响增资决议的效力，科创公司认为上述两方面的内容不可分割缺乏依据，本院不予支持。

2003年12月18日科创公司与陈木高签订的《入股协议书》系科创公司与该公司以外的第三人签订的合同，应适用合同法的一般原则及相关法律规定认定其效力。虽然科创公司2003年12月16日作出的股东会决议部分无效，导致科创公司达成上述协议的意思存在瑕疵，但作为合同相对方的陈木高并无审查科创公司意思形成过程的义务，科创公司对外达成协议应受其表示行为的制约。上述《入股协议书》是科创公司与陈木高作出的一致意思表示，不违反国家禁止性法律规范，且陈木高按照协议约定支付了相应对价，没有证据证明双方恶意串通损害他人利益，因此该协议不存在《中华人民共和国合同法》第五十二条所规定的合同无效的情形，应属有效。《入股协议书》中对科创公司新一届董事会的组成及董事长、总经理人选等公司内部事务作出了约定，但上述约定并未排除科创公司内部按照法律和章程规定的表决程序作出决定，不导致合同无效。二审法院根据《中华人民共和国民法通则》第五十八条第一款第（五）项的规定认定该《入股协议书》无效属适用法律错误，本院予以纠正。

关于第二个争议焦点的问题，虽然科创公司2003年12月16日股东会决议因侵犯了红日公司和蒋洋按照各自的出资比例优先认缴新增资本的权利而部分无效，但红日公司和蒋洋是否能够行使上述新增资本的优先认缴权还需要考虑其是否恰当地主张了权利。股东优先认缴公司新增资本的权利属形成权，虽然现行法律没有明确规定该项权利的行使期限，但为维护交易安全和稳定经济秩序，该权利应当在一定合理期间内行使，并且由于这一权利的行使属于典型的商事行为，对于合理期间的认定应当比通常的民事行为更加严格。本案红日公司和蒋洋在科创公司2003年12月16日召开股东会时已经知道其优先认缴权受到侵害，且作出了要求行使优先认缴权的意思表示，但并未及时采取诉讼等方式积极主张权利。在此后科创公司召开股东会、决议通过陈木高将部分股权赠与固生公司提案时，红日公司和蒋洋参加了会议，且未表示反对。红日公司和蒋洋在股权变动近两年后又提起诉讼，争议的股权价值已经发生了较大变化，此时允许其行使优先认缴出资的权利将导致已趋稳定的法律关系遭到破坏，并极易产生显失公平的后果，故四川省绵阳市中级人民法院（2006）绵民初字第2号民事判决认定红日公司和蒋洋主张优先认缴权的合理期间已过并无不妥。故本院对红日公司和蒋洋行使对科创公司新增资本优先认缴权的请求不予支持。

红日公司和蒋洋在一审诉讼请求中要求科创公司承担其相应损失，但未明确请求赔偿的损失数额，也未提交证据予以证明，本院对此不予审理。本案再审期间，红日公司一方主张基于新增股权对科创公司进行了投入，该主张不属于本案审理范围，其对此可以另行提起诉讼。

综上，红日公司、蒋洋的诉讼请求部分成立，但四川省高级人民法院（2006）川民终字第515号民事判决认定红日公司和蒋洋可以行使优先认缴科创公司2003年新增615.38万股股份的权利，事实根据不足，适用法律不当，应予撤销。本院依照《中华人民共和国民事诉讼法》第一百八十六条、第一百五十三条第一款第（二）项的规定，判决如下：

一、撤销四川省高级人民法院（2006）川民终字第515号民事判决，撤销四川省绵阳市中级人民法院（2006）绵民初字第2号民事判决；

二、绵阳高新区科创实业有限公司2003年12月16日作出的股东会决议中由陈木高出资800万元认购绵阳高新区科创实业有限公司新增615.38万股股份的决议内容中，涉及新增股份20.03%的部分无效，涉及新增股份79.97%的部分及决议的其他内容有效；

三、驳回四川省绵阳市红日实业有限公司、蒋洋的其他诉讼请求。

一审案件受理费75015元、保全费5000元，共80015元，由绵阳高新区科创实业有限公司负担37507.5元，四川省绵阳市红日实业有限公司、蒋洋负担42507.5元；二审案件受理费75015元，由绵阳高新区科创实业有限公司负担37507.5元，四川省绵阳市红日实业有限公司、蒋洋负担37507.5元。

本判决为终审判决。

（二）裁判依据

《中华人民共和国公司法》

第二十二条 公司股东会或者股东大会、董事会的决议内容违反法律、行政法规的无效。

股东会或者股东大会、董事会的会议召集程序、表决方式违反法律、行政法规或者公司章程，或者决议内容违反公司章程的，股东可以自决议作出之日起六十日内，请求人民法院撤销。

股东依照前款规定提起诉讼的，人民法院可以应公司的请求，要求股东提供相应担保。

公司根据股东会或者股东大会、董事会决议已办理变更登记的，人民法院宣告该决议无效或者撤销该决议后，公司应当向公司登记机关申请撤销变更登记。

第三十四条 股东按照实缴的出资比例分取红利；公司新增资本时，股东有权优先按照实缴的出资比例认缴出资。但是，全体股东约定不按照出资比例分取红利或者不按照出资比例优先认缴出资的除外。

第一百零三条 股东出席股东大会会议，所持每一股份有一表决权。但是，公司持有的本公司股份没有表决权。

股东大会作出决议，必须经出席会议的股东所持表决权过半数通过。但是，股东大会作出修改公司章程、增加或者减少注册资本的决议，以及公司合并、分立、解散或者变更公司形式的决议，必须经出席会议的股东所持表决权的三分之二以上通过。

第一百七十八条 有限责任公司增加注册资本时，股东认缴新增资本的出资，依照本法设立有限责任公司缴纳出资的有关规定执行。

股份有限公司为增加注册资本发行新股时，股东认购新股，依照本法设立股份有限公司缴纳股款的有关规定执行。

《最高人民法院关于适用〈中华人民共和国公司法〉若干问题的规定（三）》

第十三条 股东未履行或者未全面履行出资义务，公司或者其他股东请求其向公司依法全面履行出资义务的，人民法院应予支持。

公司债权人请求未履行或者未全面履行出资义务的股东在未出资本息范围内对公司债务不能清偿的部分承担补充赔偿责任的，人民法院应予支持；未履行或者未全面履行出资义务的股东已经承担上述责任，其他债权人提出相同请求的，人民法院不予支持。

股东在公司设立时未履行或者未全面履行出资义务，依照本条第一款或者第二款提起诉讼的原告，请求公司的发起人与被告股东承担连带责任的，人民法院应予支持；公司的发起人承担责任后，可以向被告股东追偿。

股东在公司增资时未履行或者未全面履行出资义务，依照本条第一款或者第二款提起诉讼的原告，请求未尽公司法第一百四十七条第一款规定的义务而使出资未缴足的董事、高级管理人员承担相应责任的，人民法院应予支持；董事、高级管理人员承担责任后，可以向被告股东追偿。

第二部分　公司股权纠纷

一、股东资格确认纠纷

（一）最高人民法院指导案例

006. 公司章程中关于“人走股留”的规定不违反公司法的禁止性规定，章程有效①

宋文军诉西安市大华餐饮有限公司股东资格确认纠纷案

（最高人民法院审判委员会讨论通过　2018年6月20日发布）

关键词：民事/股东资格确认/初始章程/股权转让限制/回购

裁判要点

国有企业改制为有限责任公司，其初始章程对股权转让进行限制，明确约定公司回购条款，只要不违反公司法等法律强制性规定，可认定为有效。有限责任公司按照初始章程约定，支付合理对价回购股东股权，且通过转让给其他股东等方式进行合理处置的，人民法院应予支持。

相关法条

《中华人民共和国公司法》第十一条、第二十五条第二款、第三十五条、第七十四条

① 最高人民法院指导案例96号。

基本案情：西安市大华餐饮有限责任公司（以下简称大华公司）成立于1990年4月5日。2004年5月，大华公司由国有企业改制为有限责任公司，宋文军系大华公司员工，出资2万元成为大华公司的自然人股东。大华公司章程第三章“注册资本和股份”第十四条规定，“公司股权不向公司以外的任何团体和个人出售、转让。公司改制一年后，经董事会批准后可在公司内部赠予、转让和继承。持股人死亡或退休经董事会批准后方可继承、转让或由企业收购，持股人若辞职、调离或被辞退、解除劳动合同的，人走股留，所持股份由企业收购……”第十三章“股东认为需要规定的其他事项”下第六十六条规定“本章程由全体股东共同认可，自公司设立之日起生效”。该公司章程经大华公司全体股东签名通过。2006年6月3日，宋文军向公司提出解除劳动合同，并申请退出其所持有的公司的2万元股份。2006年8月28日，经大华公司法定代表人赵来锁同意，宋文军领到退出股金款2万元整。2007年1月8日，大华公司召开2006年度股东大会，大会应到股东107人，实到股东104人，代表股权占公司股份总数的93%，会议审议通过了宋文军、王培青、杭春国三位股东退股的申请并决议“其股金暂由公司收购保管，不得参与红利分配”。后宋文军以大华公司的回购行为违反法律规定，未履行法定程序且公司法规定股东不得抽逃出资等，请求依法确认其具有大华公司的股东资格。

裁判结果：西安市碑林区人民法院于2014年6月10日作出（2014）碑民初字第01339号民事判决，判令：驳回原告宋文军要求确认其具有被告西安市大华餐饮有限责任公司股东资格之诉讼请求。一审宣判后，宋文军提出上诉。西安市中级人民法院于2014年10月10日作出了（2014）西中民四终字第00277号民事判决书，驳回上诉，维持原判。终审宣判后，宋文军仍不服，向陕西省高级人民法院申请再审。陕西省高级人民法院于2015年3月25日作出（2014）陕民二申字第00215号民事裁定，驳回宋文军的再审申请。

裁判理由：法院生效裁判认为：通过听取再审申请人宋文军的再审申请

理由及被申请人大华公司的答辩意见，本案的焦点问题如下：1. 大华公司的公司章程中关于“人走股留”的规定，是否违反了《中华人民共和国公司法》（以下简称《公司法》）的禁止性规定，该章程是否有效；2. 大华公司回购宋文军股权是否违反《公司法》的相关规定，大华公司是否构成抽逃出资。

针对第一个焦点问题，第一，大华公司章程第十四条规定，“公司股权不向公司以外的任何团体和个人出售、转让。公司改制一年后，经董事会批准后可以公司内部赠与、转让和继承。持股人死亡或退休经董事会批准后方可继承、转让或由企业收购，持股人若辞职、调离或被辞退、解除劳动合同的，人走股留，所持股份由企业收购”。依照《公司法》第二十五条第二款“股东应当在公司章程上签名、盖章”的规定，有限公司章程系公司设立时全体股东一致同意并对公司及全体股东产生约束力的规则性文件，宋文军在公司章程上签名的行为，应视为其对前述规定的认可和同意，该章程对大华公司及宋文军均产生约束力。第二，基于有限责任公司封闭性和人合性的特点，由公司章程对公司股东转让股权作出某些限制性规定，系公司自治的体现。在本案中，大华公司进行企业改制时，宋文军之所以成为大华公司的股东，其原因在于宋文军与大华公司具有劳动合同关系，如果宋文军与大华公司没有建立劳动关系，宋文军则没有成为大华公司股东的可能性。同理，大华公司章程将是否与公司具有劳动合同关系作为取得股东身份的依据继而作出“人走股留”的规定，符合有限责任公司封闭性和人合性的特点，亦系公司自治原则的体现，不违反公司法的禁止性规定。第三，大华公司章程第十四条关于股权转让的规定，属于对股东转让股权的限制性规定而非禁止性规定，宋文军依法转让股权的权利没有被公司章程所禁止，大华公司章程不存在侵害宋文军股权转让权利的情形。综上，本案一、二审法院均认定大华公司章程不违反《公司法》的禁止性规定，应为有效的结论正确，宋文军的这一再审申请理由不能成立。

针对第二个焦点问题，《公司法》第七十四条所规定的异议股东回购请求权具有法定的行使条件，即只有在“公司连续五年不向股东分配利润，而公司该五年连续盈利，并且符合本法规定的分配利润条件的；公司合并、分立、转让主要财产的；公司章程规定的营业期限届满或者章程规定的其他解散事由出现，股东会会议通过决议修改章程使公司存续的”三种情形下，异议股东有权要求公司回购其股权，对应的是公司是否应当履行回购异议股东股权的法定义务。而本案属于大华公司是否有权基于公司章程的约定及与宋文军的合意而回购宋文军股权，对应的是大华公司是否具有回购宋文军股权的权利，二者性质不同，《公司法》第七十四条不能适用于本案。在本案中，宋文军于2006年6月3日向大华公司提出解除劳动合同申请并于同日手书《退股申请》，提出“本人要求全额退股，年终盈利与亏损与我无关”，该《退股申请》应视为其真实意思表示。大华公司于2006年8月28日退还其全额股金款2万元，并于2007年1月8日召开股东大会审议通过了宋文军等三位股东的退股申请，大华公司基于宋文军的退股申请，依照公司章程的规定回购宋文军的股权，程序并无不当。另外，《公司法》所规定的抽逃出资专指公司股东抽逃其对于公司出资的行为，公司不能构成抽逃出资的主体，宋文军的这一再审申请理由不能成立。综上，裁定驳回再审申请人宋文军的再审申请。

（二）最高人民法院公报案例及典型案例

007. 股权让与担保人作为实际股东，有权请求变更股权登记至其名下[①]

昆明哦客商贸有限公司、熊志民与李长友等股东资格确认纠纷案

裁判摘要

名为股权转让，但转让各方资金往来表现为借贷关系，存在以债务清偿为股权返还条件、转让后受让方未接手公司管理、表达了担保意思等不享有股东权利特征的，应当认定为股权让与担保，股权让与担保权人仅为名义股东，不实际享有股东权利。股权让与担保人请求确认自己享有的股权的，应予支持。在清偿完被担保的债务前，股权让与担保人请求变更股权登记至其名下的，不予支持。

人民法院在处理股权让与担保纠纷案件时，应注意审查相关合同的具体约定，准确认定当事人的真实意思表示，充分尊重当事人的意思自治；注意参照质押担保的法律要件准确认定股权让与担保，是否移交公司经营权并非必要要件；注意在涉及移交公司经营权的案件中，综合考虑担保权人的投资和经营贡献、市场行情等因素，运用利益平衡原则妥善处理因经营损益、股权价值变动等引发的纠纷。

原告：熊志民。

原告：昆明哦客商贸有限公司，住所地：云南省昆明市盘龙区昆明园博

① 参见《最高人民法院公报》2022年第6期。

印象旅游文化城。

法定代表人：付坤，该公司总经理。

被告：余晓平。

被告：徐颖。

第三人：李长友。

原告熊志民、昆明哦客商贸有限公司（以下简称哦客公司）因与被告余晓平、徐颖、第三人李长友发生股东资格确认纠纷，向江西省景德镇市中级人民法院提起诉讼。

原告熊志民、哦客公司诉称：2014年11月，原告熊志民、哦客公司向被告余晓平、徐颖借款800万元用于鸿荣公司项目中。该借款到期后，不能如期还款，余晓平、徐颖于是提出还可以继续借款，但要求将景德镇市鸿荣房地产开发有限公司（以下简称鸿荣公司）股权过户给余晓平、徐颖作为借款担保。2014年12月2日，熊志民、哦客公司分别与余晓平、徐颖签订了《股权转让协议》，并办理股权过户登记。此后，熊志民、哦客公司仍然行使公司股东权利，余晓平、徐颖也从未支付任何股权转让款。此后，余晓平、徐颖又向熊志民提供借款6529.4万元。熊志民为上述借款先后出具了33份借条，并出具了利息承诺书，且上述借款全部用于鸿荣公司项目中。余晓平、徐颖背后的实际控制人为第三人李长友。现鸿荣公司被强行霸占，请求确认其股权并办理工商变更登记至原告名下。

被告余晓平、徐颖辩称：案涉7329.4万元款项虽然都出具了借条，但实际上1000万元为股权转让款、2287.2万元为前期投资补偿款、160万元为熊志民的报酬、3882.2万元为项目投资款。《股权转让协议》是双方真实意思表示，徐颖、余晓平支付了转让价款，办理了工商变更登记，实际取得股权。

第三人李长友辩称：同意被告余晓平、徐颖的意见。

江西省景德镇市中级人民法院一审查明：

鸿荣公司由原告哦客公司和熊志民共同出资设立，注册资本为1000万元人民币。哦客公司出资认缴额人民币 510 万元，占股比 51%。熊志民出资认缴额人民币 490 万元，占股比 49%。2014 年 12 月 2 日，熊志民与被告余晓平签订了一份《股权转让协议》，该协议约定：熊志民将其持有的鸿荣公司 49%的股权转让给余晓平，转让价为 490 万元。同日，哦客公司与被告徐颖签订了一份《股权转让协议》，该协议约定：哦客公司将其持有的鸿荣公司 51%的股权转让给徐颖，转让价为 510 万元。2014 年 12 月 23 日，办理了鸿荣公司股东变更登记，法定代表人变更为徐颖。同时鸿荣公司将公章移交给了徐颖、余晓平。2011 年 11 月 3 日至 2015 年 8 月 14 日，李长友、徐颖、余晓平、冯晓萍、李爱珍、闵冬香、张湾等向昌江综合农贸批发市场、刘红梅、尧标华、鸿荣公司、抚州市临川房屋建筑工程公司等汇款，金额合计 7329.4 万元。

江西省景德镇市中级人民法院一审认为：

原告熊志民、哦客公司与被告徐颖、余晓平签订的《股权转让协议》是当事人的真实意思表示，不违反法律、行政法规的强制性规定，属有效合同，双方办理了股权变更登记，股权转让行为发生法律效力。股权让与担保是指债务人或者第三人为担保债务的履行，将其股权转移至债权人名下并完成变更登记，在债务人不履行到期债务时，债权人可就股权享有优先受偿权的一种担保方式。担保主体及内容必须有明确具体的约定，否则不构成担保的意思表示。诉讼中李长友、徐颖、余晓平否认双方存在借款关系，熊志民、哦客公司又未提供有效证据，证明双方有股权让与担保的意思表示，熊志民提供的录音证据，仅能证明双方进行磋商，但并未明确双方权利义务关系，不能作为定案依据。双方签订《股权转让协议》并办理了股权变更登记，徐颖、余晓平也支付了合同对价，现熊志民、哦客公司请求确认双方为让与担保法律关系，要求返还股权，证据不足，不予支持。徐颖、余晓平、李长友主张其支付了 7329.4 万元，其中 1000 万元是徐颖、余晓平支付的股权转让款，另有 2287.2 万元是对熊志民前期投资款的补偿，160 万元是返聘熊志民的报酬，其余款项是李长友、徐颖、余晓平支付“创想天地”工程项目的投资款。双方均认可以上款项 7329.4 万元，已经投入“创想天地”工程。熊志民、哦客公司主张其对“创想天地”工程项目投入近 1 亿元，7329.4 万元系其向李长友等人的借款。徐颖、余晓平、李长友主张除已经支付的 7329.4 万元，后续工程还投入了大量资金，有凭据可查。各方均主张对“创想天地”项目进行了资金投入，是否形成其他法律关系，因超出本案审理范围，当事人可另行主张权利。熊志民、哦客公司的诉讼请求不能成立。

据此，江西省景德镇市中级人民法院依据《中华人民共和国合同法》第八条、第四十四条、第六十条，《中华人民共和国民事诉讼法》第一百三十四条、第一百四十二条之规定，于 2019 年 12 月 24 日判决：

驳回原告熊志民、哦客公司的诉讼请求。

熊志民、哦客公司不服一审判决，向江西省高级人民法院上诉称：1. 上诉人与被上诉人之间 7329.4 万元款项系民间借贷，双方并不存在真实的股权转让行为，一审未认定双方系民间借贷的事实是错误的。2. 上诉人与被上诉人之间形成的是让与担保法律关系。一审法院仅截取部分事实，仅以“担保主体及内容必须有明确具体的约定，否则不构成担保的意思表示”为由，否定上诉人与被上诉人之间形成的让与担保的法律关系，臆断双方形成股权转让的事实，系查明事实不清，其以股权转让纠纷审理本案，适用法律错误。3. 一审判决驳回上诉人的诉讼请求，违背了公平公正的基本原则，侵害了上诉人的合法权益，保护了被上诉人的不法利益。上诉人以 5108 万元从原股东购买了鸿荣公司全部股权，并在取得鸿荣公司后又先后投入了 1 亿多资金，现在正常经营，具有 3 亿多元的项目资产，被上诉人通过以借款的方式，诱使上诉人将股权让与给被上诉人，意图以 1000 万元获得上诉人所持有的价值 3 亿多资产的鸿荣公司，其行为实质上是违法的“套路贷”行为，一审判决驳回上诉人的诉讼请求，使得被上诉人仅以 1000 万元就取得了价值 3 亿多元的鸿荣公司全部股权，违背了人民法院审判活动应遵循公平正义的基本原则，损害了上诉人的合法权益。

余晓平、徐颖答辩称：1. 上诉人并未提供支持其与被上诉人之间存在将鸿荣公司股权过户给被上诉人作为借款担保的约定的客观证据。2. 借条的存在不等于当事人之间法律关系的内容就是民间借贷。在法庭质证时，被上诉人并未否定上诉人出具过借条，但实质内容是股权转让款、投资补偿款和委托代付工程费用。3. 上诉人关于其与被上诉人之间的股权转让就是让与担保的主张，没有任何事实和法律依据。以公司股权提供担保的，只有一种法定形式，即股权质押。股权质押与股权转让是两种性质完全不同的民事法律行为，股权转让发生股东或股份的变更，股权质押不发生股东或股份的变更，二者不可兼容。4. 上诉人上诉称鸿荣公司仍由其"控制、管理、投资经营"，与客观事实完全不符。股权转让完成后，鸿荣公司建设的"创想天地"项目已由被上诉人全面接管，并持续投资建设至今。5. 上诉人在股权转让前对"创想天地"项目的投资已获得足额补偿，该项目的建设成果全部源自于被上诉人的投入。

江西省高级人民法院经二审审理，确认了一审查明的事实。

另查明，本案纠纷涉及资金 7329.4 万元，均制作了借条，33 张借条均分别注明用于工程款、还货款、交付保证金、鸿荣公司日常开支、测绘费、规费、广告费、装修费等用途。

鸿荣公司股权变更后，上诉人熊志民仍继续负责该公司日常经营管理直至 2015 年 8 月。

2014 年 12 月 22 日至 2019 年 4 月 14 日，当事人围绕本案诉争的款项往来、股权过户、鸿荣公司经营以及纠纷解决进行过多次沟通，上诉人熊志民提供了 22 份录音，被上诉人徐颖、李长友对录音的真实性予以认可。

二审还查明，被上诉人徐颖与李长友为同居关系，被上诉人余晓平为李长友前妻姐夫。

本案的争议焦点为：1. 案涉《股权转让协议》的性质应如何认定；2. 上

诉人熊志民、哦客公司关于确认其股权并办理工商变更登记的请求是否成立。

江西省高级人民法院二审认为：

一、关于案涉《股权转让协议》性质的问题

股权让与担保是债务人或第三人（让与担保人）为担保债务人的债务，将公司股权让与债权人或第三人（让与担保权人），债务清偿后，股权应转回让与担保人，债务未适当履行时，让与担保权人可以就该股权优先受偿的一种担保形式。从形式上说，股权让与担保和股权转让都具有股权变更的外观，具有一定的相似性。但股权让与担保目的是为债务提供担保，并非转让股权，让与担保权人受让的股权并不是完整的权利，实际权利内容不得超出担保之目的，其只是名义上的股东。虽然本案被上诉人徐颖、余晓平受让了股份并办理了工商变更登记，具有享有股权的外观，但结合当事人之间的债权债务关系和真实意思表示，案涉《股权转让协议》在性质上应认定为股权让与担保。

第一，股权转让各方存在债权债务关系。本案纠纷涉及资金 7329.4 万元，均制作了借条。被上诉人称，有借条不等于借贷关系，其实质内容是股权转让款、投资补偿款和委托代付工程费用等。但其在外观上均表现为借条，且借条注明用途均与工程建设有关，未注明股权转让款、前期投资补偿款、报酬以及项目投资款等事项，上诉人与被上诉人沟通的录音文件中也从未提到过上述事项，反而是反复提到借款和还款的问题，被上诉人亦未能提供其他证据证明案涉款项有上述用途。且被上诉人未能举证股权转让款和前期投资补偿款如何确定，所称给熊志明的返聘报酬支付方式前后矛盾，购买股权后全部采用熊志明向其借款方式支付公司运营款项亦与常理不符。因此，案涉资金应当根据借条记载认定为借款。

第二，股权转让各方具有担保的意思表示，而没有真实转让股权的意思表示。1. 从股权转让各方的沟通情况看。首先，让与方多次表示以股权担保，而没有表示出让股权的意思；受让方也多次表示不要股权。其次，案涉股权约定了返还条件，即还清借款本息便归还股权。最后，纠纷发生后，股权转让各方还在商谈股权合作和买断股权的问题，说明并未实际买断鸿荣公司股权。但是，双方最终没有达成一致，鸿荣公司的股权因而也并未发生实际转让。2. 从《股权转让协议》的实际履行情况看。首先，鸿荣公司经营的账目以及工程证照并未实际移交，被上诉人也未提供证据证明约定了要移交。其次，被上诉人承认公司移交后一直到 2015 年 8 月之前都是熊志民负责经营管理。虽然被上诉人主张熊志民为其返聘，但其并未与熊志民签订返聘协议，二审庭审时承认并未给熊志民发出过经营指令，其声称给熊志民的报酬也缺乏证据证明，也未提供社保等其他可以证明存在雇佣关系的证据，因此其关于返聘熊志民的主张不能成立。综合以上情况，《股权转让协议》签订并办理工商变更登记后，一直到 2015 年 8 月之前，受让方并未实际接手公司经营管理，这也与股权实际转让相矛盾。

综合以上分析，本案《股权转让协议》的真实意思并非转让股权，而是为债务提供担保，应当认定为股权让与担保。

二、关于上诉人熊志民、哦客公司确认其股权并办理工商变更登记的请求是否成立的问题

关于上诉人熊志民、哦客公司确认其股权的问题。首先，真实权利人应当得到保护。据前分析，熊志民、哦客公司签订《股权转让协议》，并将股权登记至徐颖、余晓平名下，其真实意思是股权让与担保，而非股权真正转让。虽然工商部门登记的股东为徐颖、余晓平，但工商登记是一种公示行为，为证权效力，股权是否转让应当以当事人真实意思和事实为基础。因此，徐颖、余晓平仅系名义股东，而非实际股东，其享有的权利不应超过以股权设定担保这一目的。熊志民、哦客公司的股东权利并未丧失，对其真实享有的权利应予确认。且从本案实际情况来看，熊志民、哦客公司在 2015 年 8 月以后不能对公司进行经营管理，已经出现了名义股东通过担保剥夺实际股东经营管理自由的现象，也影响到实际股东以鸿荣公司开发的“创想天地”项目

销售款来归还借款。因此，应当确认熊志民、哦客公司为鸿荣公司真实股东。其次，确认熊志民、哦客公司为真实股东不损害被上诉人享有的担保权利。从本案来看，股权已经登记在被上诉人名下，上诉人与被上诉人在沟通过程中也就被上诉人掌握鸿荣公司公章、账户达成一致，被上诉人有充分的途径保护自身的担保权利，确认熊志民、哦客公司为真实股东并不影响其基于让与担保而受到的保障。最后，被上诉人在2015年8月以后的投资亦不影响上诉人的权利。被上诉人称，其在2015年8月以后，以股东身份对“创想天地”项目进行了大量投资，因而应当享有股权。但是，股权转让必须以当事人的合意为基础，被上诉人单方以何种意图进行工程的后续建设，与其是否享有股东权利没有关联性。被上诉人并不是鸿荣公司真实股东，其投资亦未得到真实股东的授权、确认，其资金投入有待与上诉人清算确认后另行主张权利。综上，应当确认熊志民享有鸿荣公司49%的股权、哦客公司享有鸿荣公司51%的股权。

关于办理工商变更登记的问题。股权让与担保是基于当事人合意而设立，其权利义务内容依据当事人意思而确定。虽然余晓平、徐颖只是名义股东，但上诉人与被上诉人签订《股权转让协议》，并登记股权至余晓平、徐颖名下，从而设定让与担保，是双方的真实意思表示，且不违反强制性法律规定，该约定对双方具有约束力。同时，从当事人沟通情况看，双方已约定将案涉债务清偿完毕，才能将股权登记变更回上诉人名下。而上诉人并未清偿完毕案涉债务，将股权变更回上诉人名下的条件尚未成就。如此时将股权变更回上诉人名下，则会导致被上诉人的债权失去基于股权让与担保而受到的保障。因此，对上诉人办理工商变更登记的请求不予支持。

综上，上诉人的上诉请求部分成立，应予支持。一审判决认定事实不清，适用法律错误，应予纠正。江西省高级人民法院依照《中华人民共和国合同法》第六十条第一款，《中华人民共和国民事诉讼法》第六十五条第一款、第一百七十条第一款第二项之规定，于2020年5月28日判决：

一、撤销江西省景德镇市中级人民法院（2019）赣02民初85号民事判决；

二、确认熊志民享有景德镇市鸿荣房地产开发有限公司49%的股权，昆明哦客商贸有限公司享有景德镇市鸿荣房地产开发有限公司51%的股权；

三、驳回熊志民、昆明哦客商贸有限公司其他诉讼请求。

本判决为终审判决。

008. 未经股东会决议虚假增资，虽已工商登记，仍应认定为无效[①]

黄伟忠诉陈强庆等股东资格确认案

裁判摘要

未经公司有效的股东会决议通过，他人虚假向公司增资以“稀释”公司原有股东股份，该行为损害原有股东的合法权益，即使该出资行为已被工商行政机关备案登记，仍应认定为无效，公司原有股东股权比例应保持不变。

原告：黄伟忠。

被告：陈强庆。

被告：陈琳。

被告：张洋。

被告：顾惠平。

被告：上海新宝建筑安装工程有限公司，住所地：上海市宝山区。

① 参见《最高人民法院公报》2015年第5期。

法定代表人：张洋，该公司董事长。

被告：王秀英。

被告：江苏恩纳斯重工机械有限公司，住所地：江苏省太仓市浮桥镇民营工业区。

法定代表人：王雷鸣，该公司董事长。

原告黄伟忠因与被告陈强庆、陈琳、张洋、顾惠平、上海新宝建筑安装工程有限公司（以下简称新宝公司）、王秀英、江苏恩纳斯重工机械有限公司（以下简称江苏恩纳斯公司）发生股东资格纠纷，向上海市虹口区人民法院提起诉讼。

原告黄伟忠诉称：2004年4月，黄伟忠与被告陈强庆等共同设立了太仓宏冠钢结构制品有限公司（以下简称宏冠公司），注册资本为400万元，其中黄伟忠出资80万元，持股20%。嗣后，宏冠公司全体股东委托陈强庆办理公司股权转让之事，受让方江苏恩纳斯公司应将相应的股权转让款转账至陈强庆的个人账户后，陈强庆却迟迟未将相应款项付给原告，故原告以委托合同纠纷为由诉至法院，在诉讼中陈强庆等才告知原告公司增资及股权比例调整之事，原告的股权比例已经被调整为5.33%。2011年5月24日，经查询宏冠公司工商登记资料，原告发现所谓的增资情况。但此前原告对所谓增资事宜完全不知情，也从未在有关增资的股东会决议上签过字。并且新宝公司所谓的向宏冠公司投资的1100万元在验资后即转走，公司从未进行过实际增资。此外，受让方在收购宏冠公司股权时，受让价格也没有考虑所有增资的部分。因此，宏冠公司的增资行为是虚构和无效的。故请求确认黄伟忠在2004年4月1日宏冠公司设立之日起至2009年6月6日股权转让期间持有宏冠公司20%的股权（具体持股期间由法院根据相关证据材料认定）。

被告陈强庆、陈琳、张洋、顾惠平辩称：宏冠公司设立后，根据当地政府的政策规定，公司如从事土地开发业务，其注册资本应达到1500万元，所以2006年9月，宏冠公司经过股东会决议吸收新宝公司作为股东进行增资，原告对此知悉。即使原告对股东会决议不知情，但是2009年6月宏冠公司股权转让给江苏恩纳斯公司时，原告应当对公司增资是知情的，因此原告的诉请超过诉讼时效。关于增资的1100万元，虽然该款项在宏冠公司增资后就转给新宝公司，但款项性质发生变化，系属于新宝公司向宏冠公司的借款。

被告新宝公司辩称： 宏冠公司设立时，原告并没有实际出资，而是由新宝公司借款80万元给其的。新宝公司为入股宏冠公司专门召开新宝公司股东会，原告当时作为新宝公司的股东也在其决议上签字。

被告王秀英辩称： 同意原告的意见。宏冠公司设立后，其一直持有公司10%的股权，此后公司的股权结构没有发生过变化，其从未知晓公司增资之事，也没有参加过有关增资的股东会，更未在所谓的股东会决议上签字。

被告江苏恩纳斯公司辩称： 作为股权受让方，受让人已经按照转让合同及股权转让确认书的要求足额支付股权转让款。

上海市虹口区人民法院一审查明：

2004年4月21日，原告黄伟忠与被告陈强庆、陈琳、张洋、顾惠平、王秀英共同设立了宏冠公司，注册资本为400万元，其中：张洋出资120万元，持股30%；黄伟忠、顾惠平各出资80万元，各持股20%；陈琳、陈强庆、王秀英各出资40万元，各持股10%。

2006年10月20日，苏州市太仓工商行政管理局根据宏冠公司的申请，将宏冠公司登记的注册资本由400万元变更登记为1500万元，同时将股东及持股比例变更登记为：张洋出资120万元，持股8.00%；黄伟忠、顾惠平各出资80万元，各持股5.33%；陈琳、陈强庆、王秀英各出资40万元，各持股2.67%；新宝公司出资1100万元，持股73.33%。申请上述变更登记的主要依据为落款日期均为2006年10月16日的《太仓宏冠钢结构制品有限公司章程》《太仓宏冠钢结构制品有限公司股东会决议》。其中章程内容的主要变更为：宏冠公司的注册资本由原来的400万元增加至1500万元；增加新宝公司为股东，等等。股东会决议载明的主要内容为：同意修改后的公司章程；

增加公司注册资本，由原来的400万元增加到1500万元，新宝公司增加投资1100万元，等等。

一审审理中，被告新宝公司等出示了落款日期为2006年9月26日的《上海新宝建筑安装工程有限公司股东大会决议》及落款日期为2006年9月28日的《太仓宏冠钢结构制品有限公司章程》，分别载明“2006年9月26日在上海新宝建筑安装工程有限公司会议室召开全体股东大会。经全体股东讨论同意以现金人民币1100万元入股太仓宏冠钢结构制品有限公司”“2006年9月28日在太仓宏冠钢结构制品有限公司筹备处会议室召开了全体股东会议，全体股东均表示同意上海新宝建筑安装工程有限公司入股”。

2009年5月21日，被告陈强庆作为宏冠公司股东代表与苏州恩纳斯公司签订股权转让合同，苏州恩纳斯公司以8248500元的价格受让了宏冠公司的全部股权，受让方苏州恩纳斯公司暂定为一个公司，在正式办理股权转让前提供最终的股东名单。2009年6月24日，苏州市太仓工商行政管理局出具《公司准予变更登记通知书》，载明：江苏恩纳斯公司原股东已由原告黄伟忠、被告陈强庆、陈琳、张洋、顾惠平、王秀英、新宝公司变更为苏州恩纳斯公司、南通远华贸易有限公司，上述变更事项已经工商备案，等等。

庭审中，由于原告黄伟忠及被告王秀英均否认上述公司章程和股东会决议的真实性，为此，被告新宝公司提出申请，要求对2006年9月26日的新宝公司的股东大会决议及2006年9月28日宏冠公司的股东会决议上“黄伟忠”的字迹是否系黄伟忠的笔迹进行鉴定。经鉴定，鉴定意见为，上述两份决议上“黄伟忠”的签名字迹与对比样本上的“黄伟忠”签名字迹不是同一人书写形成。

另查明，根据宏冠公司章程的规定，公司增加注册资本，应由公司股东会作出决议，并经代表三分之二以上表决权的股东通过。被告新宝公司用于所谓增资宏冠公司的1100万元，于2006年10月18日完成验资后，就以“借款”的形式归还给新宝公司。

本案一审的争议焦点是：宏冠公司是否进行了合法有效的增资以及对原告黄伟忠持股比例的影响。

上海市虹口区人民法院一审认为：在原告黄伟忠没有依公司章程对其股权作出处分的前提下，除非宏冠公司进行了合法的增资，否则原告的持股比例不应当降低。新宝公司等被告辩称宏冠公司曾于 2006 年 10 月 20 日完成增资 1100 万元，并为此提供了所谓股东会的决议，但在原告及被告王秀英否认的情况下，新宝公司等被告却没有提供足以证明该些书面材料系真实的证据材料。相反，有关“黄伟忠”的笔迹鉴定意见却进一步证实了黄伟忠并没有在相关股东会决议上签名的事实。由此可推知，黄伟忠、陈强庆、陈琳、张洋、顾惠平、王秀英作为宏冠公司的前股东未就宏冠公司增资 1100 万元事宜召开过股东会。在未召开股东会的情况下，所谓宏冠公司增资 1100 万元的行为，违反了宏冠公司的章程及法律的规定，是无效的行为。此外，从结果上来看，宏冠公司用于所谓增资的 1100 万元，在完成验资后，就以“借款”的形式归还给新宝公司，此种情形不能认定新宝公司已经履行了出资的义务。因此法院认定，宏冠公司并未在 2006 年 10 月 20 日完成实质上增资，宏冠公司以增资为名，降低原告的持股比例，侵犯了原告的合法权益。

综上，上海市虹口区人民法院依据《中华人民共和国公司法》第三十八条第一款第七项，《中华人民共和国民事诉讼法》第六十四条第一款、第一百三十条，《最高人民法院关于民事诉讼证据的若干规定》第二条之规定，于 2012 年 12 月 31 日判决如下：

确认原告黄伟忠自 2004 年 4 月 21 日起至 2009 年 6 月 24 日止期间持有太仓宏冠钢结构制品有限公司（已变更名称为江苏恩纳斯重工机械有限公司）20%的股权。

新宝公司不服一审判决，向上海市第二中级人民法院提出上诉。上诉人提出，黄伟忠明知其未出资，而是借用了新宝公司的资金与他人共同注册成立了宏冠公司。当时黄伟忠为新宝公司股东，并担任经理一职。宏冠公司注册完毕后，注册资金归还给了新宝公司，且宏冠公司未实际经营。在注册登记的股东及案外人的筹资下，拟购买工业园区土地。因当地政策限制，宏冠公司需增资后方能购买。黄伟忠陈述其也出资购买土地，显然其对需要增资是明知的。黄伟忠在股权转让过程中全权委托他人办理，现其以未在相关增资文件中签名来否认其知情显然不符合常理。

上海市第二中级人民法院经二审，确认了一审查明的事实。

上海市第二中级人民法院二审认为：宏冠公司系被上诉人黄伟忠与一审被告陈强庆、陈琳、张洋、顾惠平、王秀英共同出资设立，设立时原告依法持有宏冠公司20%股权。在黄伟忠没有对其股权作出处分的前提下，除非宏冠公司进行了合法的增资，否则原告的持股比例不应当降低。宏冠公司的章程明确约定公司增资应由股东会作出决议。现经过笔迹鉴定，宏冠公司和新宝公司的股东会决议上均非黄伟忠本人签名，不能依据书面的股东会决议来认定黄伟忠知道增资的情况。出资买地与公司增资之间不具有必然的关联性。因此，在没有证据证明黄伟忠明知且在股东会上签名同意宏冠公司增资至1500万元的情况下，对宏冠公司设立时的股东内部而言，该增资行为无效，且对于黄伟忠没有法律约束力，不应以工商变更登记后的1500万元注册资本金额来降低黄伟忠在宏冠公司的持股比例，而仍旧应当依照20%的股权比例在股东内部进行股权分配。原审适用法律正确，审判程序合法，判决黄伟忠自设立后至股权转让前持有宏冠公司20%的股权并无不当。

综上，上海市第二中级人民法院依照《中华人民共和国民事诉讼法》第一百七十条第一款第（一）项之规定，于2013年4月11日判决如下：

驳回上诉，维持原判。

本判决为终审判决。

009. 对外商投资负面清单外的准入类领域，外籍隐名股东要求显名的，无需再征得外商投资企业主管机关的同意[①]

基本案情：美国公民 Carson 与我国公民张某、程某约定在我国境内设立一家贸易公司。按照当时我国法律的规定，外国自然人不能与国内自然人成立合资公司，三人遂签订了《股份协议书》，约定以张某、程某名义成立纽鑫达公司。后 Carson 诉请确认张某名下部分纽鑫达公司股权系其所有，纽鑫达公司配合将该部分股权变更登记到 Carson 名下。

裁判结果：上海市浦东新区人民法院经审理认为，根据《中华人民共和国外商投资法》的规定，外籍隐名股东显名的审查标准应符合以下三项条件：1. 实际投资者已实际投资；2. 名义股东以外的其他股东半数以上同意；3. 对外商投资负面清单内的限制类领域，人民法院及当事人在诉讼期间将实际投资者变更为股东，应征得外商投资企业主管机关的同意；对负面清单外的准入类领域，无需再征得外商投资企业主管机关的同意。Carson 的诉讼请求符合法律规定，故判决支持其诉请。纽鑫达公司不服，提起上诉。上海市第一中级人民法院二审判决驳回上诉，维持原判。

典型意义

《中华人民共和国外商投资法》对外资实施准入前国民待遇加负面清单管理制度，同时放开了对国内自然人与外国投资者共同成立外商投资企业的限制。上述变化对外籍隐名股东要求显名的司法审查标准产生了重大影响。本案一、二审法院根据外商投资法关于外资市场准入的规定，及时

① 《人民法院服务保障自由贸易试验区建设典型案例》（最高人民法院 2022 年 2 月 28 日发布），二、Carson 与纽鑫达公司股东资格确认纠纷案，载最高人民法院网站，https：//www. court. gov. cn/zixun-xiangqing-347701. html，最后访问日期：2023 年 6 月 20 日。

调整相应审查标准，依法保护外国投资者权益，有利于打造自由贸易试验区法治化营商环境。

010. 虽然相关投资行为发生在《中华人民共和国外商投资法》实施之前，但是外商投资企业不属于“负面清单”管理范围的，不需要征得外商投资审批机关同意才生效①

基本案情：如皋市金鼎置业有限公司（以下简称金鼎公司）为有限责任公司（台港澳与内地合资），经营范围为房地产开发。2013 年，金鼎公司召开股东会，形成《金鼎公司股东会议纪要》，对金鼎公司实际股东及股权进行确认，即金鼎公司工商登记在叶宏滨和大地公司名下股权的实际股东及股权比例为：叶宏滨占股 52.5%、吴良好占股 20%……。叶宏滨同意将登记在其名下的金鼎公司股权，依照会议确认的比例分别转让给吴良好等实际股东。因叶宏滨、金鼎公司未办理股权变更登记，吴良好提起诉讼，要求叶宏滨将金鼎公司 20%股权变更登记至其名下。

裁判结果：江苏省南通市中级人民法院一审认为，叶宏滨与吴良好之间的股权转让行为有效。金鼎公司系合资企业，虽然根据修订前的《中华人民共和国中外合资经营企业法》规定，金鼎公司的股权变更需报经审批机关批准后方才生效，但修订后的《中华人民共和国中外合资经营企业法》规定，举办合营企业不涉及国家规定实施准入特别管理措施的，适用备案管理。涉案合资企业不在负面清单内，故案涉股权变更仅需向有关部门备案即可，并非经审批机关批准后才生效，叶宏滨、金鼎公司应当将叶宏滨持有的股权变

① 《人民法院助力全国统一大市场建设典型案例》（最高人民法院 2022 年 7 月 25 日发布），四、如皋市金鼎置业有限公司、叶宏滨与吴良好等股东资格确认纠纷案，载最高人民法院网站，https：//www.court.gov.cn/zixun-xiangqing-367251.html，最后访问日期：2023 年 6 月 18 日。

更到吴良好名下。叶宏滨和金鼎公司不服一审判决，提起上诉。江苏省高级人民法院二审认为，虽然《金鼎公司股东会议纪要》形成于《中华人民共和国外商投资法》实施之前，但是金鼎公司并不属于外商投资负面清单的管理范围。在全体股东已确认吴良好的实际出资人身份，且约定叶宏滨配合办理变更登记的情形下，叶宏滨、金鼎公司应当将叶宏滨持有的股权变更到吴良好名下，故判决驳回上诉，维持原判。

典型意义

本案参照适用《中华人民共和国外商投资法》有关“准入前国民待遇加负面清单管理”的规定，以及有关对负面清单以外的领域“按照内外资一致的原则实施管理”的规定，明确以下规则：虽然相关投资行为发生在《中华人民共和国外商投资法》实施之前，但是外商投资企业不属于“负面清单”管理范围的，人民法院应当依照“给予国民待遇”和“内外资一致”原则，不需要征得外商投资审批机关同意才生效。本案对于统一外商投资相关法律适用，平等保护投资者合法权益，促进优化投资环境，具有积极作用。

（三）裁判依据

《中华人民共和国民法典》

第一百二十五条 民事主体依法享有股权和其他投资性权利。

《中华人民共和国公司法》

第三十一条 有限责任公司成立后，应当向股东签发出资证明书。

出资证明书应当载明下列事项：

（一）公司名称；

（二）公司成立日期；

（三）公司注册资本；

（四）股东的姓名或者名称、缴纳的出资额和出资日期；

（五）出资证明书的编号和核发日期。

出资证明书由公司盖章。

第三十二条 有限责任公司应当置备股东名册，记载下列事项：

（一）股东的姓名或者名称及住所；

（二）股东的出资额；

（三）出资证明书编号。

记载于股东名册的股东，可以依股东名册主张行使股东权利。

公司应当将股东的姓名或者名称向公司登记机关登记；登记事项发生变更的，应当办理变更登记。未经登记或者变更登记的，不得对抗第三人。

第七十三条 依照本法第七十一条、第七十二条转让股权后，公司应当注销原股东的出资证明书，向新股东签发出资证明书，并相应修改公司章程和股东名册中有关股东及其出资额的记载。对公司章程的该项修改不需再由股东会表决。

第一百二十九条 公司发行的股票，可以为记名股票，也可以为无记名股票。

公司向发起人、法人发行的股票，应当为记名股票，并应当记载该发起人、法人的名称或者姓名，不得另立户名或者以代表人姓名记名。

第一百三十条 公司发行记名股票的，应当置备股东名册，记载下列事项：

（一）股东的姓名或者名称及住所；

（二）各股东所持股份数；

（三）各股东所持股票的编号；

（四）各股东取得股份的日期。

发行无记名股票的，公司应当记载其股票数量、编号及发行日期。

第一百三十九条 记名股票，由股东以背书方式或者法律、行政法规规定的其他方式转让；转让后由公司将受让人的姓名或者名称及住所记载于股东名册。

股东大会召开前二十日内或者公司决定分配股利的基准日前五日内，不得进行前款规定的股东名册的变更登记。但是，法律对上市公司股东名册变更登记另有规定的，从其规定。

第一百四十条 无记名股票的转让，由股东将该股票交付给受让人后即发生转让的效力。

《最高人民法院关于适用〈中华人民共和国公司法〉若干问题的规定（三）》

第二十一条 当事人向人民法院起诉请求确认其股东资格的，应当以公司为被告，与案件争议股权有利害关系的人作为第三人参加诉讼。

第二十二条 当事人之间对股权归属发生争议，一方请求人民法院确认其享有股权的，应当证明以下事实之一：

（一）已经依法向公司出资或者认缴出资，且不违反法律法规强制性规定；

（二）已经受让或者以其他形式继受公司股权，且不违反法律法规强制性规定。

第二十三条 当事人依法履行出资义务或者依法继受取得股权后，公司未根据公司法第三十一条、第三十二条的规定签发出资证明书、记载于股东名册并办理公司登记机关登记，当事人请求公司履行上述义务的，人民法院应予支持。

二、请求变更公司登记纠纷

（一）最高人民法院公报案例及典型案例

011. 有限公司股东会免除公司法定代表人职务的，应依法办理工商变更登记[①]

韦统兵与新疆宝塔房地产开发有限公司等请求变更公司登记纠纷案

裁判摘要

法定代表人是对外代表公司从事民事活动的公司负责人，法定代表人登记依法具有公示效力。就公司内部而言，公司与法定代表人之间为委托法律关系，法定代表人代表权的基础是公司的授权，自公司任命时取得至免除任命时终止。公司权力机关依公司章程规定免去法定代表人的职务后，法定代表人的代表权即为终止。

有限责任公司股东会依据章程规定免除公司法定代表人职务的，公司执行机关应当执行公司决议，依法办理公司法定代表人工商变更登记。

① 参见《最高人民法院公报》2022年第12期。

最高人民法院民事判决书

【（2022）最高法民再94号】

再审申请人（一审原告、二审上诉人）：韦统兵。

委托诉讼代理人：雷建华，新疆元正盛业律师事务所律师。

被申请人（一审被告、二审被上诉人）：新疆宝塔房地产开发有限公司，住所地：新疆维吾尔自治区伊犁州奎屯市毓秀里一团结北街28幢。

法定代表人：韦统兵，该公司董事长。

被申请人（一审被告、二审被上诉人）：新疆宝塔投资控股有限公司，住所地：新疆维吾尔自治区乌鲁木齐市高新区（新市区）昆明路238号1栋2层201室。

法定代表人：铁斌，该公司董事长。

被申请人（一审被告、二审被上诉人）：新疆嘉鸿投资有限公司，住所地：新疆维吾尔自治区乌鲁木齐市天山区文艺路恒福大厦A栋22楼1号。

法定代表人：崔凤，该公司总经理。

再审申请人韦统兵因与被申请人新疆宝塔房地产开发有限公司（以下简称宝塔房地产公司）、新疆宝塔投资控股有限公司（以下简称宝塔投资公司）、新疆嘉鸿投资有限公司（以下简称嘉鸿公司）请求变更公司登记纠纷一案，不服宁夏回族自治区高级人民法院（2021）宁民终82号民事判决，向本院申请再审。本院于2021年12月17日作出（2021）最高法民申7049号民事裁定，提审本案。本院依法组成合议庭，开庭审理了本案。再审申请人韦统兵以及其委托诉讼代理人雷建华到庭参加诉讼。被申请人宝塔房地产公司、宝塔投资公司经本院合法传唤无正当理由未到庭参加诉讼，被申请人嘉鸿公司书面表示其不参加诉讼。本案现已审理终结。

韦统兵再审请求：1. 依法撤销宁夏回族自治区高级人民法院（2021）宁民终82号民事判决，改判宝塔房地产公司为韦统兵办理公司法定代表人工商变更登记，并由宝塔投资公司、嘉鸿公司予以配合。2. 由宝塔房地产公司、宝塔投资公司、嘉鸿公司承担再审费用。事实和理由：（一）韦统兵与宝塔房地产公司之间已不存在劳动关系，已丧失继续担任宝塔房地产公司法定代表人的基础和条件。2017年7月18日，宝塔石化集团有限公司（以下简称宝塔石化集团）总裁办下发宝总发〔2017〕63号《关于干部免职的决定》，免去韦统兵在宝塔房地产公司董事长、法定代表人及宝塔石化集团的一切职务。同年7月20日，宝塔房地产公司控股股东宝塔投资公司通知韦统兵免职事宜，并告知该免职决定已经通知嘉鸿公司，嘉鸿公司接受并同意免职决定。故韦统兵自2017年7月18日即已解除了与宝塔房地产公司关于担任法定代表人任职的委托，且事实上韦统兵自被免职后，已经被停止在宝塔石化集团和宝塔房地产公司的全部职务和工作，亦未再领取宝塔石化集团任何报酬，与宝塔房地产公司不存在任何关联。根据《中华人民共和国公司法》的规定，公司法定代表人依法应由董事长、执行董事或者经理担任，也就是说自然人成为公司的法定代表人，应当与公司之间存在实质性的利益关联，该种利益关联是其担任公司法定代表人的前提和由来。因此，韦统兵已经丧失了作为宝塔房地产公司法定代表人的法律基础和基本条件。宝塔房地产公司理应为韦统兵办理法定代表人变更登记。宝塔房地产公司在对韦统兵作出免职决定，韦统兵离开公司并解除双方劳动关系的情况下，怠于和拒绝为韦统兵变更法定代表人登记，损害了韦统兵的权益。（二）宝塔房地产公司的股东就免除韦统兵董事长、法定代表人职务达成合意，已经产生股东会决议的法律效果。宝塔石化集团下发《关于干部免职的决定》后，宝塔投资公司通知了嘉鸿公司，嘉鸿公司同意，本案二审审理中嘉鸿公司向法院提交的答辩意见也证实上述事实。因宝塔投资公司拖延及后期被整体接管致未能完成韦统兵法定代表人变更登记，韦统兵也无法获得宝塔房地产公司内部的股东会决议。但结合宝塔投资公司出具的《免职通知书》和嘉鸿公司提交的答辩意见，事实上宝塔房地产公司的两股东已就免除韦统兵法定代表人的职务达成一致意见，产生股东会决议的法律效力，故依法应当认定免除韦统兵法定代表人是两股东共同意思表示。（三）韦统兵已穷尽公司内部的救济手段。韦统兵被免职后，因其与公司无投资关系，再没有继续为宝塔石化集团工作，作为离职人员其无法通过召集股东会等公司自治途径对法定代表人变更事项进行决议，并提供相应的证据材料，且公司章程中也不涉及有关法定代表人变更登记的规定。此种情形下，韦统兵向宝塔石化集团和宝塔房地产公司提出变更登记的请求，但该诉求被置之不理，韦统兵被迫继续“挂名”宝塔房地产法定代表人，已经严重损害其利益，故诉至法院，请求依法保护其权益。

嘉鸿公司提交书面意见称，认可韦统兵起诉的有关事实，也同意公司给韦统兵办理工商变更登记。

韦统兵向一审法院起诉请求：1. 依法判令宝塔房地产公司办理公司法定代表人工商变更登记，并由宝塔投资公司、嘉鸿公司予以配合；2. 由宝塔房地产公司、宝塔投资公司、嘉鸿公司承担本案诉讼费用、邮寄送达费等其他相关费用。

一审法院认定事实：宝塔房地产公司于2013年3月26日成立，注册资本2000万元，宝塔投资公司和嘉鸿公司为其股东，其中宝塔投资公司认缴出资1900万元，嘉鸿公司认缴出资100万元，韦统兵担任宝塔房地产公司的董事长及法定代表人。宝塔投资公司成立于2012年12月6日，系由宝塔投资控股有限公司控股法人独资。

一审法院判决：驳回韦统兵的诉讼请求。一审案件受理费100元，公告费560元，均由韦统兵负担。

韦统兵不服一审判决，上诉请求：1. 依法撤销（2019）宁01民初3717号民事判决，改判宝塔房地产公司限期办理公司法定代表人工商变更登记，宝塔投资公司、嘉鸿公司予以配合；2. 一审、二审诉讼费由宝塔房地产公司、宝塔投资公司、嘉鸿公司承担。

二审期间，韦统兵提交了2017年7月18日宝塔石化集团总裁办下发的宝总发〔2017〕63号《关于干部免职的决定》、2017年7月20日宝塔投资公司出具的《免职通知书》原件。

宝塔房地产公司、宝塔投资公司、嘉鸿公司二审未到庭参加诉讼。

二审查明的案件事实与一审一致。

二审法院认为，当事人对自己提出的诉讼请求所依据的事实，应当提供证据加以证明。《中华人民共和国公司法》第十三条规定："公司法定代表人依照公司章程的规定，由董事长、执行董事或者经理担任，并依法登记。公司法定代表人变更，应当办理变更登记。"本案中，韦统兵未提交宝塔房地产公司的公司章程，不能证明该公司对于法定代表人任免的规定，也未提交宝塔房地产公司作出决议或决定将公司法定代表人进行变更登记的有效证据，宝塔投资公司、嘉鸿公司未拒绝办理变更登记，韦统兵的诉求不符合《中华人民共和国公司法》的相关规定。综上认为韦统兵的上诉请求不能成立，应予驳回；一审判决认定事实清楚，适用法律正确，应予维持。依照《中华人民共和国民事诉讼法》（2017年修正）第一百七十条第一款第一项之规定，判决：驳回上诉，维持原判。二审案件受理费100元，由韦统兵负担。

再审中，韦统兵提交落款时间为2013年3月25日、2017年8月17日的两份《新疆宝塔房地产开发有限公司章程》，拟证明按照《中华人民共和国公司法》第十三条及公司章程第二十六条规定，韦统兵已经被免去公司董事长和法定代表人身份，已不符合继续担任法定代表人的规定，宝塔房地产公司有义务履行法定代表人工商变更登记。

经审查，上述两份公司章程加盖有新疆维吾尔自治区市场监督管理局登记档案查询专用章，本院确认该两份公司章程属实。

本院再审查明，2013年3月25日，工商备案的《新疆宝塔房地产开发有限公司章程》第十三条规定："股东会由全体股东组成，是公司的权力机构，行使下列职权：……（二）选举和更换非由职工代表担任的董事、监事，决定有关董事、监事的报酬事项……"第十九条规定："公司设董事会，成员为5人，由新疆宝塔投资控股有限公司委派3名，由新疆嘉鸿投资有限公司委派2名。董事任期3年，连选可以连任。董事会设董事长1人，由董事会选举产生。董事长任期3年，任期届满，连选可以连任。董事会对股东会负责，行使下列职权：……（二）执行股东会的决议……”第二十六条规定：“董事长为公司的法定代表人”。宝塔房地产公司2017年8月17日的公司章程与2013年3月25日的公司章程上述内容基本一致。

另查明，2017年7月20日，宝塔投资公司出具的《免职通知书》载明：“韦统兵：根据宝塔石化集团宝总发〔2017〕63号总裁办文件，本公司现通知你，免去你在新疆宝塔房地产开发有限公司董事长、法定代表人职务，同时免去你在新疆宝塔石化运输公司总经理职务。本公司作为新疆宝塔房地产开发有限公司的控股股东，有权决定该公司董事长、法定代表人任免。本公司已将对你的免职决定通知另一股东新疆嘉鸿投资有限公司，该公司未提出异议。本通知自发出之日生效。”

再审还查明，宝塔石化集团系列金融案件正在诉讼中。宝塔投资公司、宝塔房地产公司均系宝塔石化集团下属公司。

再审审理中，本院联系宝塔石化集团，并向其发出函件，告知本案韦统兵诉讼事宜，建议宝塔石化集团协调处理韦统兵的相关诉求。宝塔石化集团收到本院函件后未予答复。

本院再审查明的其余事实与原一、二审一致。

本院再审认为，根据《最高人民法院关于适用〈中华人民共和国民法典〉时间效力的若干规定》第一条第二款关于“民法典施行前的法律事实引起的民事纠纷案件，适用当时的法律、司法解释的规定，但是法律、司法解释另有规定的除外”的规定，本案诉争事实发生在《中华人民共和国民法典》施行前，故依法应适用当时的法律、司法解释的规定。本案的争议问题是宝塔房地产公司应否为韦统兵办理公司法定代表人工商变更登记。

根据本案查明的事实，本院认为，宝塔房地产公司应当为韦统兵办理公司法定代表人工商变更登记，理由如下：

（一）宝塔房地产公司已经终止与韦统兵之间的法定代表人委托关系，韦统兵已经不具有代表公司的法律基础

法定代表人是对外代表公司意志的机关之一，登记的法定代表人依法具有公示效力，但就公司内部而言，公司和法定代表人之间为委托法律关系，法定代表人行使代表人职权的基础为公司权力机关的授权，公司权力机关终止授权则法定代表人对外代表公司从事民事活动的职权终止，公司依法应当及时办理工商变更登记。

本案中，《新疆宝塔房地产开发有限公司章程》第十三条规定，宝塔房地产公司股东会是公司的权力机构，有权选举和更换董事。第十九条规定，董事会董事由股东委派，董事会对股东会负责，执行股东会决议，董事长由董事会选举产生。第二十六条规定，董事长为公司法定代表人。2013 年 3 月 26 日，宝塔房地产公司成立，韦统兵是宝塔房地产公司股东宝塔投资公司委派的董事，依据公司章程经董事会选举为董事长，依据章程担任公司法定代表人，并办理了工商登记。因此，韦统兵系受公司权力机关委托担任公司法定代表人。

2017 年 7 月 18 日，宝塔石化集团下发《关于干部免职的决定》，免除韦统兵宝塔房地产公司董事长、法定代表人职务。2017 年 7 月 20 日，宝塔投资公司依据宝塔石化集团上述干部免职决定，向韦统兵发出《免职通知书》，免去韦统兵公司董事长、法定代表人职务。该《免职通知书》还载明："本公司作为新疆宝塔房地产开发有限公司的控股股东，有权决定该公司董事长、法定代表人任免。本公司已将对你的免职决定通知另一股东新疆嘉鸿投资有限公司，该公司未提出异议。本通知自发出之日生效。"韦统兵被免职后，未在该公司工作，也未从公司领取报酬。本案诉讼中，嘉鸿公司明确其知晓并同意公司决定，因此，可以认定宝塔房地产公司两股东已经就韦统兵免职作出股东会决议并通知了韦统兵，该决议符合宝塔房地产公司章程规定，不违

反法律规定，依法产生法律效力，双方的委托关系终止，韦统兵已经不享有公司法定代表人的职责。依据《中华人民共和国公司法》第十三条规定："公司法定代表人依照公司章程的规定，由董事长、执行董事或者经理担任，并依法登记。公司法定代表人变更，应当办理变更登记。"宝塔房地产公司应当依法办理法定代表人变更登记。

（二）宝塔房地产公司怠于履行义务，对韦统兵的权益造成了损害，依法应当办理法定代表人变更登记

按照原国家工商行政管理局制定的《企业法定代表人登记管理规定》（1999年修正）第六条："企业法人申请办理法定代表人变更登记，应当向原企业登记机关提交下列文件：（一）对企业原法定代表人的免职文件；（二）对企业新任法定代表人的任职文件；（三）由原法定代表人或者拟任法定代表人签署的变更登记申请书。"以及第七条"有限责任公司或者股份有限公司更换法定代表人需要由股东会、股东大会或者董事会召开会议作出决议……"之规定，宝塔房地产公司只需提交申请书以及对原法定代表人的免职文件、新法定代表人的任职文件，以及股东会、股东大会或者董事会召开会议作出决议即可自行办理工商变更登记。本案中，韦统兵被免职后，其个人不具有办理法定代表人变更登记的主体资格，宝塔房地产公司亦不依法向公司注册地工商局提交变更申请以及相关文件，导致韦统兵在被免职后仍然对外登记公示为公司法定代表人，在宝塔房地产公司相关诉讼中被限制高消费等，已经给韦统兵的生活造成实际影响，侵害了其合法权益。除提起本案诉讼外，韦统兵已无其他救济途径，故韦统兵请求宝塔房地产公司办理工商变更登记，依法有据，应予支持。至于本案判决作出后，宝塔房地产公司是否再选任新的法定代表人，属于公司自治范畴，本案不予处理。

综上，原一、二审判决以宝塔房地产公司未形成决议等为由驳回韦统兵的诉讼请求有误，本院依法予以纠正。

另外，宝塔投资公司、嘉鸿公司仅是宝塔房地产公司的股东，且其已经

就免除韦统兵法定代表人作出决议，依法也非办理变更登记的义务主体，韦统兵请求该两公司办理或协助办理法定代表人工商变更登记，依据不足，不予支持。

综上所述，韦统兵的再审请求部分成立。依照《中华人民共和国公司法》第十三条，《中华人民共和国民事诉讼法》第二百一十四条第一款、第一百七十七条第一款第二项规定，判决如下：

一、撤销宁夏回族自治区高级人民法院（2021）宁民终82号民事判决、宁夏回族自治区银川市中级人民法院（2019）宁01民初3717号民事判决；

二、新疆宝塔房地产开发有限公司于本判决生效之日起三十日内为韦统兵办理公司法定代表人变更登记；

三、驳回韦统兵的其他诉讼请求。

一审案件受理费100元，公告费560元，二审案件受理费100元，均由新疆宝塔房地产开发有限公司负担。

本判决为终审判决。

（二）地方法院典型案例

012. 原法定代表人离任后请求公司及时办理法定代表人变更登记的，人民法院应予支持①

案情简介：2017年6月，向某受让重庆某养老服务有限公司（以下简称某公司）股份，并在工商行政管理机关登记为法定代表人。2019年1月，向

① 《2020年重庆法院商事审判十大典型案例》（2021年5月11日发布），四、原法定代表人离任后，请求公司及时办理法定代表人工商变更登记的，人民法院应予支持——向某诉重庆某养老服务有限公司等请求变更公司登记案，载重庆法院网，http：//cqgy.cqfygzfw.gov.cn/article/detail/2021/05/id/6037611.shtml，最后访问日期：2023年6月25日。

某将持有的全部股份转让给高某，并办理了公章及营业执照移交手续和股东工商变更登记。向某离任后，多次请求某公司和高某办理法定代表人工商变更登记，但某公司、高某一直未予办理。向某遂向云阳县法院起诉，请求某公司、高某办理法定代表人工商变更登记。

云阳县法院一审判决，责令某公司、高某办理法定代表人工商变更登记。高某不服一审判决，提起上诉。重庆二中院二审判决，责令某公司办理法定代表人工商变更登记，驳回向某要求高某办理法定代表人工商变更登记的诉讼请求。

典型意义

公司法定代表人是依照公司章程的规定，代表公司从事民事活动的负责人，由董事长、执行董事或者经理担任，并依法登记。公司法定代表人变更的，应当及时办理变更登记。原则上，法定代表人的任职及离任属于公司内部治理范围，司法应保持谦抑不宜干涉。但原法定代表人离任后穷尽公司内部救济手段，公司仍怠于办理法定代表人工商变更登记，可能对公司以及原法定代表人的民事权益造成不利影响，原法定代表人可以请求司法予以救济。该案判决同时还明确了公司为履行办理工商变更登记的义务主体，对公司依法及时办理工商登记起到了良好的规范引导作用。

013. 请求辞去监事职务被拒，可请求法院涤除监事登记[①]

案情简介：旅游公司于2010年注册登记成立。戴某非该公司员工或股东，出于情面登记为公司监事，但一直未实际行使过监事职权，亦未在旅游

① 《2020-2021年江苏法院公司审判典型案例》（2022年9月29日发布），五、戴某诉旅游公司请求变更公司登记纠纷案，载江苏法院网，https：//www. jsfy. gov. cn/article/94380. html，最后访问日期：2023年6月17日。

公司领取过报酬。后戴某因入职新公司，要求旅游公司免除其监事职务。但旅游公司因经营不善，陷入停业状态，未能召开股东会变更监事。后戴某诉至法院，请求旅游公司赴市场监督管理部门办理涤除戴某作为公司监事的登记事项。

裁判结果：法院经审理认为，戴某与旅游公司之间系委任关系，戴某有权解除该委任关系。旅游公司不予办理戴某监事身份变更登记手续，也会给戴某带来因登记为公司监事所涉及的法律风险，故判决支持戴某的诉讼请求。

典型意义

监事变更属于公司内部治理范畴，但当监事通过内部途径仍然无法获得救济时，应当赋予其通过诉讼程序获得救济的权利。监事与公司之间构成委任关系，监事有权要求公司解除该委任关系，不实际行使权利义务的监事对于公司也无实际意义。需要注意的是，公司法定代表人、董事和监事承担着法律及公司章程规定的义务，违反义务的，也将承担相应责任。因此，选择担任公司法定代表人、董事或监事之前，应当充分了解相关权利、义务和责任，谨慎作出判断，切勿盲目行动。

014. 对被冒名登记为公司股东知情，不可主张撤销公司登记[①]

基本案情：2016 年 7 月，付某、案外人范某委托案外人张某向原工商行政管理局保税区分局申请设立某国际贸易公司，并提交了《公司登记（备案）申请书》等一系列申请材料，上述材料中均有股东签字及身份证复印件

① 《山东法院优化营商环境行政诉讼典型案例》（2021 年 4 月 14 日发布），付某诉某市行政审批服务局公司设立行政登记案，载山东法院网，http：//www.sdcourt.gov.cn/nwglpt/_2343835/_2532828/7000907/index.html，最后访问日期：2023 年 6 月 15 日。

证明。其中，法定代表人信息显示范某为该公司法定代表人，董事、监事、经理信息显示付某为公司监事，公司股东（发起人）出资信息显示出资人为范某、付某，出资比例分别为49%、51%。原市工商行政管理局受理后，核准了某国际贸易公司的设立登记，并颁发了营业执照。付某不服提起诉讼。

审理结果：青岛市中级人民法院经审理认为：《最高人民法院关于审理公司登记行政案件若干问题的座谈会纪要》明确，“公司法定代表人、股东等以申请材料不是其本人签字或者盖章为由，请求确认登记行为违法或者撤销登记行为的，人民法院原则上应按照本条第一款规定处理，但能够证明原告此前已明知该情况却未提出异议，并在此基础上从事过相关管理和经营活动的，人民法院对原告的诉讼请求一般不予支持”。对于付某对第三人公司设立之事是否知情、付某是否被冒名登记为公司股东应进行综合判断。其一，法院对第三人公司法定代表人范某的询问笔录中，范某陈述了“胡某（朋友介绍的）和宋某（我的同学+朋友）找到我和付某说想注册公司，要求我们两人顶名成立公司，要借用我们的身份证……后来公司注册成功……”付某对该询问笔录也予以认可。故不能排除付某对此知情并同意出借身份证以其名义设立公司的可能性。其二，付某在本次诉讼中提交的身份证与涉案公司登记申请材料中的身份证复印件内容完全一致，且其庭审中自认其身份证未曾丢失，亦对其身份是如何被冒用未能作出合理说明。其三，公司设立申请材料中“付某”签名是否系其本人所签并不能等同于付某对公司设立之事是否同意、是否知情。某市原工商行政管理局作出涉案公司设立登记的行政行为认定事实清楚，适用法律正确，程序合法。遂判决驳回付某的诉讼请求。

典型意义

依法维护市场经营秩序的稳定性

当前，当事人诉请撤销公司登记类案件频发，在依法保护当事人合法权益的同时，应审慎处理相关争议，以维护市场经营秩序的稳定。一般情况下，行政机关收到公司申请登记材料后，经审查认为符合《公司登记管理条例》的相关规定，在法定期限内予以登记的行为应得到司法的保障。当事人虽主张被冒用身份，但如有证据证明其对登记事项知情或事后曾予追认，则不应撤销公司登记。本案对于提高市场准入便利化程度，降低制度性交易成本，优化营商环境具有典型意义。

（三）裁判依据

《中华人民共和国民法典》

第六十五条 法人的实际情况与登记的事项不一致的，不得对抗善意相对人。

《中华人民共和国公司法》

第三十二条 有限责任公司应当置备股东名册，记载下列事项：

（一）股东的姓名或者名称及住所；

（二）股东的出资额；

（三）出资证明书编号。

记载于股东名册的股东，可以依股东名册主张行使股东权利。

公司应当将股东的姓名或者名称向公司登记机关登记；登记事项发生变更的，应当办理变更登记。未经登记或者变更登记的，不得对抗第三人。

第一百三十六条 公司发行新股募足股款后，必须向公司登记机关办理变更登记，并公告。

《最高人民法院关于适用〈中华人民共和国公司法〉若干问题的规定（三）》

第二十七条 股权转让后尚未向公司登记机关办理变更登记，原股东将仍登记于其名下的股权转让、质押或者以其他方式处分，受让股东以其对于股权享有实际权利为由，请求认定处分股权行为无效的，人民法院可以参照民法典第三百一十一条的规定处理。

原股东处分股权造成受让股东损失，受让股东请求原股东承担赔偿责任、对于未及时办理变更登记有过错的董事、高级管理人员或者实际控制人承担相应责任的，人民法院应予支持；受让股东对于未及时办理变更登记也有过错的，可以适当减轻上述董事、高级管理人员或者实际控制人的责任。

第二十八条 冒用他人名义出资并将该他人作为股东在公司登记机关登记的，冒名登记行为人应当承担相应责任；公司、其他股东或者公司债权人以未履行出资义务为由，请求被冒名登记为股东的承担补足出资责任或者对公司债务不能清偿部分的赔偿责任的，人民法院不予支持。

三、股东出资纠纷

（一）最高人民法院公报案例及典型案例

015. 因公司代表权而产生的外部争议应以工商登记为准，而公司与股东之间因法定代表人任免产生的争议为内部争议，应以有效的股东会任免决议为准①

大拇指环保科技集团（福建）有限公司与中华环保科技集团有限公司股东出资纠纷案

裁判摘要

按照《中华人民共和国涉外民事关系法律适用法》第十四条第一款的规定，我国外商投资企业与其外国投资者之间的出资义务等事项，应当适用中华人民共和国法律；外国投资者的司法管理人和清盘人的民事权利能力及民事行为能力等事项，应当适用该外国投资者登记地的法律。

《中华人民共和国公司法》第十三条规定，公司法定代表人变更应当办理变更登记。对法定代表人变更事项进行登记，其意义在于向社会公示公司意志代表权的基本状态。工商登记的法定代表人对外具有公示效力，

① 参见《最高人民法院公报》2014年第8期。

如果涉及公司以外的第三人因公司代表权而产生的外部争议，应以工商登记为准。而对于公司与股东之间因法定代表人任免产生的内部争议，则应以有效的股东会任免决议为准，并在公司内部产生法定代表人变更的法律效果。

最高人民法院民事裁定书

【（2014）民四终字第20号】

上诉人（原审被告）：中华环保科技集团有限公司（SINO-ENVIRONMENT TECHNOLOGY GROUP LIMITED）。住所地：新加坡共和国新加坡莱佛士坊一号10楼62室（One Raffles Palace #10-62，Sin-gapore，048616）。

代表人：Hamish Alexander Christie，该公司清盘人。

委托代理人：丹平原，北京市正见永申律师事务所律师。

委托代理人：邓慧琼，北京市正见永申律师事务所律师。

被上诉人（原审原告）：大拇指环保科技集团（福建）有限公司。住所地：中华人民共和国福建省福州市鼓楼区工业路611号福建火炬高新技术创业园主楼。

法定代表人：洪臻，该公司董事长。

委托代理人：邓志煌，福建知信衡律师事务所律师。

委托代理人：夏小莉，福建知信衡律师事务所律师。

上诉人中华环保科技集团有限公司（以下简称环保科技公司）因与被上诉人大拇指环保科技集团（福建）有限公司（以下简称大拇指公司）股东出资纠纷一案，不服福建省高级人民法院（以下简称福建高院）于2013年12月18日作出的（2013）闽民初字第43号民事判决，向本院提起上诉。本院受理后，依法组成合议庭于2014年6月11日公开开庭对本案进行了审理，环保科技公司的委托代理人丹平原、邓慧琼，大拇指公司的委托代理人邓志煌、夏小莉到庭参加诉讼。本案现已审理终结。

大拇指公司于2012年4月27日向福州市中级人民法院（以下简称福州中院）起诉称：大拇指公司系由注册于新加坡的环保科技公司在中国设立的外商独资企业，于2000年6月30日取得营业执照，注册资本为1.3亿元人民币（以下币种同）。2008年6月30日，大拇指公司经批准注册资本增至3.8亿元，增资部分分期至2010年8月3日缴清。至2009年5月19日，实收注册资本为185221300元，此后环保科技公司未再缴纳。2010年8月18日，大拇指公司向福州中院提起另案诉讼，要求环保科技公司先行支付增资款4900万元，该案判决生效后，环保科技公司于2011年10月31日支付了49395110.4元，至此，环保科技公司实际缴付的出资额为234616431.4元，仍欠缴增资款45383568.6元。据此，请求判令环保科技公司履行股东出资义务，缴付增资款4500万元。福州中院受理后，环保科技公司提出管辖权异议，福州中院裁定驳回其异议，环保科技公司不服，提起上诉，福建高院作出（2013）闽民终字第357号民事裁定，本案由该院管辖。

福建高院经审理查明：

大拇指公司于2004年经福建省人民政府商外资字（2004）0009号文件批准，取得了《中华人民共和国外商投资企业批准证书》，企业类型为外国法人独资的有限责任公司。该公司自成立始，公司的名称、住所、法定代表人、股东名称、投资总额与注册资本等进行了数次变更。2005年9月起至今，该公司股东为环保科技公司。2012年12月18日，大拇指公司的法定代表人变更登记为洪臻。

2008年6月30日，福建省对外贸易经济合作厅作出闽外经贸资（2008）251号《关于大拇指环保科技集团（福建）有限公司增加投资的批复》，同意大拇指公司投资总额由2.3亿元增至5亿元，注册资本由1.3亿元增至3.8亿元，增资部分应按公司修订章程规定的期限到资，并核准了大拇指公司就上述变更事项签订的《补充章程》。《补充章程》就增资款及缴纳时间载明：增资部分全部由环保科技公司以等值外汇现金投入，首期缴付不低于20%的新增注册资本，余额在变更营业执照签发之日起两年内缴清。

2008年7月16日，环保科技公司向大拇指公司缴纳了首期增资款50560381元；2009年5月19日，环保科技公司向大拇指公司缴纳了第二期增资款4660940元，至此，大拇指公司实收注册资本为185221300元。2010年8月18日，大拇指公司向福州中院提起另案诉讼，请求判令环保科技公司先行支付增资款4900万元，福州中院判决支持了大拇指公司的诉讼请求，环保科技公司不服提起上诉后，福建高院于2011年8月31日作出（2011）闽民终字第446号（以下简称446号案）民事判决，驳回上诉，维持原判。环保科技公司于2011年10月31日按照生效判决支付了增资款49395110.4元。大拇指公司于2012年3月12日办理了营业执照变更登记，变更后，大拇指公司的注册资本为3.8亿元，实收资本234616431.4元。至2013年7月25日，环保科技公司对大拇指公司尚有145383568.6元的出资款未到位。

2012年5月31日，福州中院根据大拇指公司的申请，作出（2012）榕民初字第252-1号民事裁定，对环保科技公司的银行存款4500万元进行了保全。2013年11月22日，福建高院应大拇指公司的请求，作出（2013）闽民初字第43-1号民事裁定，继续保全环保科技公司名下总价值不超过4500万元的财产。

该院另查明：

环保科技公司于2001年在新加坡注册成立，公司类别为有限股份上市公司。2010年6月4日，新加坡高等法院作出法庭命令，应环保科技公司的申请，裁定环保科技公司进入司法管理程序，委任Se- shadri Raiogpalan先生和余明缘（Ee Meng Yen Angela）女士为环保科技公司的共同及个别司法管理人，主管公司的日常事务、业务及财产，以便对公司进行整顿或者保留其全部或部分业务以便公司可持续经营，及（或）取得比解散企业更有利的企业资产变现等。

2012年3月1日，新加坡高等法院作出法庭命令，根据环保科技公司的司法管理人Seshadri Raiogpalan和余明缘的申请，裁定将2010年6月4日作出的司法管理命令延期至2012年5月2日，批准Se- shadri Rajogpalan和余明缘辞任环保科技公司的司法管理人之职，并委任Hamish Alexander Christie自本命令之日起担任环保科技公司的司法管理人，其中包含了继续进行由前司法管理人在原诉传票中提起的任何诉讼或法律程序等。

环保科技公司在446号案提供的新加坡腾福律师事务所对新加坡公司法所规定的司法管理制度的《法律意见》表明：1. 新加坡公司法所规定的司法管理程序系有关人士向新加坡高等法院提出申请以将一家公司置于司法管理程序。设计司法管理制度的目的是使那些无法按时偿还到期债务的公司获得一定的喘息空间，以便其在该制度的监管下获得一定的机会以重新恢复其财务实力或者更好地实现其资产的价值，而不是直接被置于清盘情形。2. 如果新加坡高等法院认为公司确实已经或者将要无法偿还到期债务，且发布有关法庭命令将有机会使得如下三个目的中的一个或者多个得到实现，那么高等法院会针对有关公司发布司法管理命令，使公司存续，或者使公司的部分或全部业务持续经营；根据新加坡公司法而许可有关公司与其债权人达成妥协方案；或与清盘相比较，有关公司资产的价值能够得到更好的实现。3. 当法庭发布司法管理的命令且在该命令持续有效的期间，不得通过决议或者命令的方式使得公司进行清盘。

2012年5月16日，环保科技公司向福州中院起诉大拇指公司、田垣、陈斌和潘成土与公司有关的纠纷，提出了确认环保科技公司任免大拇指公司董事、监事、法定代表人的决议合法有效等诉讼请求。福州中院就该案已于2013年9月17日作出（2012）榕民初字第268号（以下简称268号案）一审判决：一、确认环保科技公司于2012年3月30日作出的《书面决议》和《任免书》有效；二、大拇指公司应于判决生效之日起十日内办理法定代表人、董事长、董事的变更登记和备案手续，将大拇指公司的法定代表人、董事长变更为保国武（Cosimo Borrelli），董事变更为保国武、徐丽雯、宋宽；三、驳回环保科技公司的其他诉讼请求。

2013年5月7日，环保科技公司向福州市鼓楼区人民法院（以下简称鼓楼区法院）起诉福建省工商行政管理局和大拇指公司，请求撤销大拇指公司法定代表人由田垣变更为洪臻的行为及相关行政登记，案号为（2013）鼓行初字第167号（以下简称167号案）。鼓楼区法院于2014年3月20日裁定中止诉讼，理由是该案需以（2012）榕民初字第268号案的审理结果为依据。

2013年6月26日，环保科技公司向福州中院起诉孙江榕、洪臻，请求判令两人就擅自将大拇指公司法定代表人由田垣变更为洪臻等行为停止侵权、赔礼道歉、消除影响和赔偿损失，案号为（2013）榕民初字第753号（以下简称753号案）。

2012年11月28日和2013年7月10日，保国武以环保科技公司法定代表人名义分别向福建省工商行政管理局、福州市鼓楼区对外贸易经济合作局递交《关于大拇指环保科技集团（福建）有限公司减资事宜的申请》。

2013年12月5日，环保科技公司向鼓楼区法院起诉福州市鼓楼区对外贸易经济合作局不履行行政批准法定职责，该案已由鼓楼区法院受理。

福建高院认为：

本案是股东出资纠纷，环保科技公司是在新加坡注册成立的外国法人，故本案为涉外民商事案件。本案纠纷发生地在福州市，根据《最高人民法院关于涉外民商事案件诉讼管辖若干问题的规定》第一条第五项、第三条第一项的规定及福建高院《关于全省法院涉外民商事案件诉讼管辖若干问题的规定》，该院对本案有管辖权。关于本案的法律适用，主要涉及两个方面，一是环保科技公司的民事权利能力及民事行为能力事项，环保科技公司系在新加坡登记的法人，根据《中华人民共和国涉外民事关系法律适用法》第十四条第一款“法人及其分支机构的民事权利能力、民事行为能力、组织机构、股东权利义务等事项，适用登记地法律”的规定，应适用新加坡法律；二是大拇指公司系在中国注册的外商独资企业，属于中国法人，环保科技公司作为大拇指公司的唯一股东，对大拇指公司行使包含出资在内的相关权利义务应适用中国法律。

一、关于大拇指公司起诉的意思表示是否真实的问题

大拇指公司系中国法人，其起诉状及其委托律师参加诉讼的授权委托书均加盖了该公司的公章，环保科技公司对大拇指公司公章的真实性没有提出异议，仅以环保科技公司作为唯一股东已经就大拇指公司包括法定代表人、董事在内的管理层进行更换，新任的大拇指公司“法定代表人”向法庭作出撤诉的意思表示，因大拇指公司实际控制人拒不交出公章，导致新“法定代表人”无法就撤诉申请盖章等为由，否定大拇指公司提起本案诉讼的意思表示。该院认为，在适用中国法律的前提下，工商登记的信息具有公示公信的效力。认定大拇指公司的法定代表人仍应以工商登记为准，在无证据证明保国武被登记为大拇指公司的法定代表人前，其代表大拇指公司作出撤诉的意思表示不具有法律效力，故不予认可。大拇指公司提起诉讼的目的在于请求其唯一股东履行增资所确定的出资义务，环保科技公司不予主动履行，反而向有关部门提出减资申请，以抵销大拇指公司的请求，环保科技公司与大拇指公司显然存在利益冲突。在此情况下，大拇指公司起诉主张权利，起诉状及授权委托书盖有公司公章，并不违反中国法律规定，亦不能就此否认大拇指公司提起本案诉讼系真实意思。因此，环保科技公司关于大拇指公司起诉没有法律效力的抗辩主张不成立，不予采纳。

二、关于本案是否违反“一事不再理”原则的问题

2008年6月30日福建省对外贸易经济合作厅闽外经贸资（2008）251号批复对大拇指公司增资的申请予以核准后，增资财产权利归属于大拇指公司。在没有证据显示大拇指公司未就增资款项全额、一次性提出请求将损害该公司及其债权人利益的情况下，大拇指公司作为独立法人，有独立的民事权利能力，有权在可增资范围内合法、善意地主张民事权利，自主决定诉讼金额。

大拇指公司虽于2010年8月18日起诉提出4900万元的出资请求，且经生效的民事判决支持该诉讼请求，但其在本案另行提起的4500万元的出资请求，据以起诉的事实基础即未到位的增资款数额已经改变，并且4900万元的诉讼请求与本案4500万元的诉讼请求，分属于上述批复项下的增资款的不同组成部分，前者不能替代或涵盖后者。因此，本案大拇指公司的起诉不违反“一事不再理”原则。

三、关于本案是否应中止审理的问题

环保科技公司主张本案应中止诉讼，主要理由是本案的审理需要以前述268号案、167号案、753号案的审理结果为依据，环保科技公司还主张本案审理应等待环保科技公司通过大拇指公司名义申请减资的结果。一审庭审后，环保科技公司补充提交了其起诉福州市鼓楼区对外贸易经济合作局不履行行政批准法定职责，请求行政机关立即履行大拇指公司减资行政初审法定职责的诉讼资料作为证据，坚持主张本案诉讼应中止。该院认为，环保科技公司在上述四个案件中的诉讼请求，前三个案件请求指向的是大拇指公司董事、监事、法定代表人委派、变更登记及是否有侵权行为等事项，与环保科技公司的减资请求无直接、实质的关联；第四个案件是环保科技公司起诉减资审批机关不作为的行政诉讼，请求是责令行政机关立即履行减资的行政初审法定职责，并非要求行政机关履行减资审批手续。即使环保科技公司的诉讼请求获得支持，行政机关履行的也只是初审的法定职责，并不必然引起大拇指公司减资申请得以核准的结果。换言之，大拇指公司的减资申请仍需行政机关依法审查后决定是否核准。目前，在没有证据显示行政机关已经就大拇指公司减资事项作出有效核准的情况下，福建省对外贸易经济合作厅于2008年6月30日作出的闽外经贸资（2008）251号批复仍具有法律效力，应以此作为定案的依据。因此，环保科技公司提出的四个诉讼案件，其结果如何并不当然影响本案环保科技公司的出资义务，亦不影响本案出资纠纷的审理。本案的审理也无须等待环保科技公司通过大拇指公司名义申请减资的结果。本案不具有《中华人民共和国民事诉讼法》第一百五十条规定的中止诉讼的情形，对环保科技公司中止本案诉讼的抗辩主张不予支持。

四、关于本案的出资责任问题

环保科技公司系新加坡法人，在中国境内设立外商独资企业大拇指公司，其作为股东对大拇指公司的出资应适用中国法律。大拇指公司于2008年经报外商投资企业审批机关福建省对外贸易经济合作厅批准增资，增资的程序合法有效，环保科技公司应遵守中国法律按时、足额履行对大拇指公司的出资义务。根据查明的事实，环保科技公司对大拇指公司尚有145383568.6元的出资款未到位。环保科技公司未履行股东足额缴纳出资的法定义务，侵害了大拇指公司的法人财产权，大拇指公司有权要求环保科技公司履行出资义务，补足出资。就环保科技公司出资不足金额，大拇指公司在本案中仅主张环保科技公司缴纳4500万元，并不违反法律规定，应予支持。

综上，该院依照《中华人民共和国公司法》第二十八条第一款、第一百七十九条第一款、第二百一十八条，《中华人民共和国外资企业法》第四条第二款，《中华人民共和国外资企业法实施细则》第二十二条及《最高人民法院关于适用〈中华人民共和国公司法〉若干问题的规定（三）》第十三条第一款之规定，判决：环保科技公司应于判决生效之日起十日内向大拇指公司缴纳出资款4500万元。一审案件受理费266800元、财产保全费5000元由环保科技公司负担。

环保科技公司不服原审判决，向本院提起上诉称：一、保国武为大拇指公司合法的现任董事长。大拇指公司的起诉状和授权委托书是无权人员盗用公司公章而为，未经合法的法定代表人同意，不能代表大拇指公司的真实意思，起诉无效。保国武签署的撤诉申请是大拇指公司的真实意思，应予准许。二、本案处理需要以其他案件的审理结果和减资申请的结果为依据，故本案应当中止审理，在查明相关事实后再恢复审理。三、大拇指公司再次请求环保科技公司履行出资义务，此次起诉构成重复起诉，违反了“一事不再理”

原则，应当驳回其起诉。四、因孙江榕等大拇指公司的实际控制人恶意阻挠，导致减资申请未获准许，但减资是环保科技公司的真实意思，大拇指公司作为环保科技公司的全资子公司应服从母公司的减资决议，其阻挠行为侵犯了中国公司法赋予股东的相关权利。故请求撤销原判，驳回大拇指公司的起诉或准许保国武代表大拇指公司撤回起诉；如不能支持前述请求，则中止审理本案或驳回大拇指公司的全部诉讼请求。

大拇指公司答辩称：一、工商登记载明的大拇指公司法定代表人洪臻有权代表大拇指公司提起本案诉讼。按照中国现行法律规定，大拇指公司新任的法定代表人须经合法登记后，方可行使法定代表人职权，环保科技公司司法管理人任命的所谓法定代表人保国武未依法进行变更登记，故不能行使法定代表人职权，亦无权申请撤诉。二、大拇指公司在环保科技公司前次出资之后，根据经营需要与公司章程，再行要求环保科技公司履行出资义务，不违反法律规定，故本案诉讼不违反"一事不再理"原则。三、环保科技公司提出的中止诉讼的理由不能成立，本案不应中止审理，反而应尽快审理以保护大拇指公司的合法财产权。四、环保科技公司的减资申请应履行相应的核准程序，在未获得核准前，环保科技公司仍应履行其法定的出资义务。故请求驳回上诉，维持原判。

二审庭审中，本案双方当事人对原审查明的事实明确表示没有异议，本院予以确认。

本院另查明：2011年1月20日，环保科技公司的司法管理人作出书面决议，将大拇指公司的法定代表人田垣变更为何昱均（Ho Yuk Kwan），将董事田垣、潘成土、陈斌变更为Seshadri Rajagopalan、余明缘、何昱均。2012年3月30日，环保科技公司的司法管理人再次作出书面决议和任免书，免去何昱均大拇指公司董事长及法定代表人职务，委派保国武为大拇指公司董事长和法定代表人，免去Seshadri Ra- iagopalan、余明缘、何昱均三人的大拇指公司董事职务，委派保国武、徐丽雯、宋宽三人为大拇指公司董事，任期均为三年。

2013年1月11日，新加坡高等法院作出ORC 336/2013清盘令，任命Hamish Alexander Christie等三人为环保科技公司的共同及个别清盘人。清盘令规定，清盘人被授权行使《新加坡公司法》272（1）（a）至272（1）（e）中规定的任何权力。

《新加坡公司法》227G（2）规定，在司法管理命令生效期间内，由本法或公司组织章程大纲或组织章程细则赋予董事的所有权力及赋予董事的所有职责，均由司法管理人而非董事行使及履行，但本款并未规定司法管理人须召开任何公司会议。

《新加坡公司法》272（2）（a）规定，清盘人可以公司名义代表公司提起或抗辩任何诉讼或其他法律程序。

本院另查明的上述事实所对应的证据已经在一审庭审时进行质证，原审法院进行了确认，但并未作为查明的事实予以认定。

本院还查明：Hamish Alexander Christie在担任环保科技公司司法管理人其间，于2012年7月19日签署授权委托书，委托丹平原、邓慧琼律师作为环保科技公司的委托代理人参加本案一审、二审、执行等所有程序。

二审庭审时，大拇指公司对环保科技公司的诉讼代表权及委托代理人资格提出了异议，认为清盘人权力仅限于法院清盘令授权范围，并不包括《新加坡公司法》272（2）（a）规定的权力，故清盘人无权代表环保科技公司参加本案诉讼。

本院经审理认为：

本案为涉外股东出资纠纷。根据《中华人民共和国涉外民事关系法律适用法》第十四条第一款“法人及其分支机构的民事权利能力、民事行为能力、组织机构、股东权利义务等事项，适用登记地法律”的规定，环保科技公司的司法管理人和清盘人的民事权利能力及民事行为能力等事项，应当适用环保科技公司的登记地即新加坡法律；大拇指公司提起本案诉讼的意思表示是否真实以及股东出资义务等事项，应当适用中国法律。

根据本案双方当事人的上诉及答辩意见并经双方当事人共同确认，本案二审审理的争议焦点为：一、双方当事人的诉讼代表权以及代理人的代理资格是否有效；二、本案是否应当中止审理；三、大拇指公司提起本案诉讼的意思表示是否真实，即工商登记的法定代表人与股东任命的法定代表人谁能代表大拇指公司的意志；四、本案是否违反“一事不再理”原则；五、环保科技公司是否应当履行出资义务。

一、关于本案双方当事人的诉讼代表权以及代理人的代理资格是否有效的问题

《中华人民共和国民事诉讼法》第四十八条第二款规定，“法人由其法定代表人进行诉讼”。环保科技公司系新加坡法人，其已经按照新加坡法律先后进入司法管理以及清盘程序，环保科技公司的司法管理人以及清盘人是否有权代表公司参加本案诉讼，应当按照新加坡法律的有关规定进行认定。根据《新加坡公司法》227G（2）以及272（2）（a）的规定，环保科技公司的司法管理人以及清盘人均有权代表公司进行相关诉讼，亦有权委托代理人参加诉讼。因此，大拇指公司就环保科技公司诉讼代表权及其代理人资格提出的异议不能成立。

大拇指公司系中国法人，其提供了中国工商行政管理机关登记的法定代表人的身份证明，并提供了加盖大拇指公司公章的授权委托书，符合中国民事诉讼法的有关规定，大拇指公司的代理人有权参加本案诉讼。环保科技公司就大拇指公司的代理人资格提出的异议亦不能成立。

二、关于本案是否应当中止审理的问题

环保科技公司在本案一审受理后另行提起了数个关联诉讼，虽然部分案件涉及大拇指公司法定代表人是否适格的问题，但本案的争议焦点之一就是工商登记的法定代表人与股东任命的法定代表人谁能代表大拇指公司意志的问题。鉴于环保科技公司在本案中已经就该问题提出了实质性抗辩，本案审

理范围当然包括大拇指公司法定代表人是否适格的问题，本案应当对该问题作出认定，无须以其他案件的审理结果为依据。因此，本案不存在中国民事诉讼法规定的中止审理的情形，环保科技公司关于本案应中止审理的上诉理由不能成立，对其该项主张不予支持。

三、关于大拇指公司提起本案诉讼的意思表示是否真实的问题

大拇指公司是环保科技公司在中国境内设立的外商独资企业，按照2005年修订的《中华人民共和国公司法》和《中华人民共和国外资企业法》及其实施细则的有关规定，大拇指公司属于一人公司，其内部组织机构包括董事和法定代表人的任免权均由其唯一股东环保科技公司享有。

环保科技公司进入司法管理程序后，司法管理人作出了变更大拇指公司董事及法定代表人的任免决议。根据《新加坡公司法》227G的相关规定，在司法管理期间，公司董事基于公司法及公司章程而获得的权力及职责均由司法管理人行使及履行。因此，本案中应当对环保科技公司的司法管理人作出的上述决议予以认可。

根据《中华人民共和国公司法》第四十七条第二项的规定，公司董事会作为股东会的执行机关，有义务执行股东会或公司唯一股东的决议。大拇指公司董事会应当根据其唯一股东环保科技公司的决议，办理董事及法定代表人的变更登记。由于大拇指公司董事会未执行股东决议，造成了工商登记的法定代表人与股东任命的法定代表人不一致的情形，进而引发了争议。

《中华人民共和国公司法》第十三条规定，公司法定代表人变更应当办理变更登记。本院认为，法律规定对法定代表人变更事项进行登记，其意义在于向社会公示公司意志代表权的基本状态。工商登记的法定代表人对外具有公示效力，如果涉及公司以外的第三人因公司代表权而产生的外部争议，应以工商登记为准。而对于公司与股东之间因法定代表人任免产生的内部争议，则应以有效的股东会任免决议为准，并在公司内部产生法定代表人变更的法律效果。因此，环保科技公司作为大拇指公司的唯一股东，其作出的任

命大拇指公司法定代表人的决议对大拇指公司具有拘束力。

本案起诉时，环保科技公司已经对大拇指公司的法定代表人进行了更换，其新任命的大拇指公司法定代表人明确表示反对大拇指公司提起本案诉讼。因此，本案起诉不能代表大拇指公司的真实意思，应予驳回。环保科技公司关于本案诉讼的提起并非大拇指公司真实意思的上诉理由成立。

鉴于大拇指公司的起诉应予驳回，对于保国武代表大拇指公司申请撤诉是否应予准许、本案是否违反“一事不再理”原则以及环保科技公司是否应当履行出资义务等问题，均无需再行审理。

综上所述，环保科技公司的上诉理由成立，对其上诉请求本院予以支持。原审判决适用法律错误，应予撤销。本院依照《中华人民共和国民事诉讼法》第一百七十条第一款第二项，《最高人民法院关于适用〈中华人民共和国民事诉讼法〉若干问题的意见》第一百八十六条之规定，裁定如下：

一、撤销福建省高级人民法院（2013）闽民初字第43号民事判决；

二、驳回大拇指环保科技集团（福建）有限公司的起诉。

一审案件受理费266800元，退回大拇指环保科技集团（福建）有限公司，财产保全费5000元，由大拇指环保科技集团（福建）有限公司负担；二审案件受理费266800元，退回中华环保科技集团有限公司。

本裁定为终审裁定。

016. 股权让与担保的受让人并非真正意义上的股东，对转让人出资不足部分不承担连带缴纳义务①

裁判要旨

债务人或第三人与债权人订立的合同名为股权转让，实为股权让与担保，应当以当事人的真实意思表示确定双方的权利义务关系。虽然股权已办理变更登记并记载于受让人名下，由于该股权受让人并非真正意义上的股东，他人亦不能以发起人股东未全面履行出资义务为由，主张名义上的股权受让人对转让人出资不足部分承担连带缴纳义务。

相关法条

《中华人民共和国民法典》第一百四十六条（本案适用的是2017年10月1日起施行《中华人民共和国民法总则》第一百四十六条）

《中华人民共和国企业破产法》第三十五条

《最高人民法院关于适用〈中华人民共和国公司法〉若干问题的规定（三）》第十三条第一款、第三款

基本案情：滁州市众鑫包装有限公司（以下简称众鑫公司）于2014年1月15日登记成立，注册资本为3000万元，股东赵某某认缴出资额1650万元、持股比例为55%，股东郑某某认缴出资额1350万元、持股比例为45%，二人认缴出资方式均为货币，实缴出资额均为0元，出资时间均为两年内。

① 《人民法院高质量服务保障长三角一体化发展典型案例》（最高人民法院推动长三角一体化发展司法工作小组办公室、上海市高级人民法院、江苏省高级人民法院、浙江省高级人民法院、安徽省高级人民法院2023年5月22日发布）十、滁州市众鑫包装有限公司与赵某某等追收未缴出资纠纷案，载最高人民法院网站，https：//www. court. gov. cn/zixun/xiangqing/400542. html，最后访问日期：2023年6月28日。

2014年3月18日至7月31日，滁州市中盛小额贷款有限公司（以下简称中盛小贷公司）先后借给众鑫公司1650万元。为担保该债权的履行，2014年11月12日，赵某某、郑某某作为甲方，中盛小贷公司作为乙方签订《内部股权转让协议》，约定甲方将其持有众鑫公司的1650万元股权（占股55%）转让给乙方，转让后，赵某某占股24.75%，郑某某占股20.25%。该合同约定，乙方为支持众鑫公司项目建设，双方签订了全部股权质押借款合同，乙方按照约定投入了借款1650万元，甲方考虑乙方借款风险，以不收取乙方转让金的方式转让55%股权给乙方作为借款风险保障；股权转让后乙方持有的55%股权不参与甲方收益、不承担甲方的任何风险。后众鑫公司修改了章程，该章程第五条载明全体股东于2034年11月12日前缴足注册资本。

为履行上述协议，2014年11月17日，赵某某、郑某某与张某某签订《股权转让协议》，约定赵某某、郑某某将其持有的众鑫公司的55%的股权转让给张某某，并办理工商变更登记。

2014年12月17日，赵某某、郑某某与安徽省天享肥业有限责任公司（以下简称天享公司）签订《股权转让协议》，约定赵某某、郑某某将其持有的众鑫公司45%股权转让予天享公司，天享公司承诺在赵某某、郑某某还清欠款及为赵某某、郑某某担保的贷款本息后将股权全部归还给原股东等内容。股东会决议同意此次股权转让，后办理工商变更登记。

2015年6月13日，天享公司、赵某某、郑某某、众鑫公司共同向中盛小贷公司出具《承诺书》，承诺众鑫公司债权、债务不包括从中盛小贷公司借款的1650万元；之前众鑫公司对中盛小贷公司的相关承诺仍有效，如企业重组、转让等须优先偿还该笔借款本息；张某某持有的众鑫公司55%股权是对中盛小贷公司债权的保全。

2015年12月22日，众鑫公司因办理土地使用权的需要形成股东会决议。同年12月30日，赵某某、郑某某与张某某、天享公司分别签订《股权转让协议》并办理工商变更登记，将登记在张某某及天享公司名下的股权变更给原股东赵某某、郑某某。

2016年1月16日，赵某某、郑某某分别与张某某、天享公司签订《股权转让协议》，约定赵某某、郑某某将其持有的众鑫公司55%股权转让予张某某，将45%股权转让予天享公司等内容。股东会决议同意此次股权转让，后办理工商变更登记。

2017年9月19日，安徽省滁州市南谯区人民法院裁定受理众鑫公司破产清算案，指定安徽苏滁律师事务所作为管理人。经审计，众鑫公司实缴注册资本为0元；在应付款清查明细表载明，天享公司享有债权7674552.81元，不包括担保债权5438989.60元；资产负债审计调整表载明短期借款36296584.30元。管理人遂代表众鑫公司提起诉讼，请求判令：1. 赵某某、郑某某分别补缴出资1650万元、1350万元，并互负连带责任；2. 张某某、中盛小贷公司对第一项诉讼请求中的1650万元承担连带责任；3. 天享公司对第一项诉讼请求中的1350万元承担连带责任。

裁判结果：安徽省滁州市南谯区人民法院于2019年1月31日作出（2018）皖1103民初2331号民事判决：一、赵某某于本判决生效后十日内向滁州市众鑫包装有限公司支付出资1650万元；张某某对其中907.5万元承担连带清偿责任，安徽省天享肥业有限责任公司对其中742.5万元承担连带清偿责任；二、郑某某于本判决生效后十日内向滁州市众鑫包装有限公司支付出资1350万元；张某某对其中742.5万元承担连带清偿责任，安徽省天享肥业有限责任公司对其中607.5万元承担连带清偿责任；三、驳回滁州市众鑫包装有限公司其他诉讼请求。宣判后，天享公司提出上诉。安徽省滁州市中级人民法院于2019年12月30日作出（2019）皖11民终3138号民事判决：一、撤销安徽省滁州市南谯区人民法院（2018）皖1103民初2331号民事判决；二、赵某某于本判决生效后十日内向滁州市众鑫包装有限公司补缴出资1650万元，郑某某于本判决生效后十日内向滁州市众鑫包装有限公司补缴出资1350万元；赵某某、郑某某对上述3000万元出资款互负连带责任；三、驳回滁州市众鑫包装有限公司的其他诉讼请求。

裁判理由：法院生效判决认为，（一）两份《股权转让协议》，名为股权转让，实为股权让与担保。股权转让协议是当事人以转让股权为目的而达成的关于出让人交付股权并收取价金，受让人支付价金获得股权的意思表示。股权让与担保是指债务人或者第三人与债权人订立合同，约定将股权形式上转让至债权人名下，债务人到期清偿债务，债权人将该股权返还给债务人或第三人，债务人到期未清偿债务，债权人可以对股权进行拍卖、变卖、折价偿还债权的一种非典型担保。股权让与担保尽管外观上的股权过户登记与设定担保的真实意思表示不一致，但股权变更登记只是债权人保全自己权利的手段，应根据真实意思表示认定股权让与担保中的权利人享有的是有担保的债权，而非股权。本案中，赵某某、郑某某与中盛小贷公司、张某某、天享公司签订《内部股权转让协议》《股权转让协议》，约定将其持有的众鑫公司的股权转让给中盛小贷公司、张某某。从《内部股权转让协议》约定来看，股权受让人不用支付股权转让金，不参与公司收益分配，不承担任何风险，且承诺在赵某某、郑某某还清借款本息后，把所持有的55%股权无偿转给赵某某、郑某某。中盛小贷公司指派张某某为55%股权持有人。赵某某、郑某某与天享公司于2014年12月17日签订的《股权转让协议》也明确约定，天享公司承诺在赵某某、郑某某还清欠款及为赵某某、郑某某担保的贷款本息后将股权全部归还给赵某某、郑某某。从上述约定看，股权转让是双方当事人虚假的意思表示，而真实的意思表示则是以股权转让的方式为其之间的债权债务提供担保，即股权让与担保，该股权让与担保合同不存在违反法律、行政法规强制性规定的情形，合法有效，因此，应当以当事人的真实意思表示确定双方之间实际的权利义务关系。张某某、天享公司虽登记为众鑫公司股东，但实质上并不享有股东权利，不参与经营管理，也不参与利润分配，仅处于担保权人的地位。张某某系代中盛小贷公司持股，实际债权人为中盛小贷公司。

（二）股东应当按期足额缴纳公司章程中规定的各自所认缴的出资额。根据众鑫公司章程规定，赵某某、郑某某作为公司设立发起人股东，分别认缴出资额1650万元、1350万元，应在2034年11月12日前缴足。然而，至一审法院裁定受理众鑫公司破产清算案时，经审计，众鑫公司实收资本账面数为0元，赵某某、郑某某均未履行出资义务。根据《企业破产法》第三十五条的规定，其二人认缴资本的期限依法应加速到期。依照《最高人民法院关于适用〈中华人民共和国公司法〉若干问题的规定（三）》第十三条第一款、第三款之规定，其二人应当缴纳所认缴的出资额，并负连带责任。众鑫公司诉请赵某某、郑某某连带履行出资3000万元义务，符合法律规定，应当支持。众鑫公司主张张某某、中盛小贷公司对其中的1650万元承担连带责任、天享公司对其中的1350万元承担连带责任。因中盛小贷公司、天享公司是以受让股权的形式为其债权提供担保，张某某、天享公司只是名义股东，不是真正意义上的股权受让人，不享有股东权利，故其不应承担股东责任。

017. 股东未届出资期限而转让公司股权的，符合出资加速到期条件时，应就出资不足对公司债务承担连带责任[①]

2017年5、6月间，青岛某鑫公司（供方）与常州某仑机械制造有限公司（需方）签订了两份机器设备购销合同。常州某仑公司支付了定金，青岛某鑫公司将设备安排托运，常州某仑公司于当年7月接收设备后，青岛某鑫公司安排人员对设备进行了安装、调试。2017年9月29日，常州某仑公司的

① 《2020年全国法院十大商事案例》（最高人民法院2021年2月10日发布），二、股东未届出资期限而转让公司股权的，符合出资加速到期条件时，应就出资不足对公司债务承担连带责任——上诉人许某勤、常州市某舜机械制造有限公司、周某茹与被上诉人青岛某鑫机械有限公司加工合同纠纷案，载最高人民法院微信公众号，https：//mp. weixin. qq. com/s/rR-cumhR8MDzEBasKJ4W7Q，最后访问日期：2023年6月17日。

股东周某茹、庄某芬、某舜公司、常州市某瑞电梯部件制造有限公司分别将其在常州某仑公司的全部认缴出资额90万元、60万元、90万元、60万元（出资均未实缴）无偿转让给许某勤，许某勤成为常州某仑公司唯一股东和法定代表人，常州某仑公司变更为自然人独资的有限责任公司。同年11月6日，常州某仑公司注册资本由300万元增加至1000万元。2018年5月15日，许某勤申请注销常州某仑公司，常州市武进区行政审批局于2019年7月3日对该公司予以注销。截至青岛某鑫公司起诉，常州某仑公司尚欠设备款245360元未付。山东省平度市人民法院判令许某勤向青岛某鑫公司支付设备款及违约金共计355932.8元，某舜公司在90万元范围内承担连带清偿责任，周某茹在90万元范围内承担连带清偿责任。一审宣判后，许某勤、某舜公司、周某茹以设备存在质量问题为由，故许某勤无需支付货款及其违约金，某舜公司、周某茹以股权转让之时出资并未到期等为由提起上诉，青岛中院驳回上诉，维持原判。

（二）地方法院典型案例

018. 已具备破产原因但不申请破产，股东出资加速到期[①]

案情简介：科技公司欠付贸易公司货款23.6万元，因科技公司未能及时付款，贸易公司向法院申请强制执行，因未发现科技公司有可供执行的财产，法院于2021年2月20日裁定终结本次执行程序。

科技公司有4名股东，田某认缴10万元，持股0.5%；张某认缴100万元，持股5%；姜某认缴590万元，持股29.5%；顾问公司认缴1300万元，

---

① 《2020–2021年江苏法院公司审判典型案例》（2022年9月29日发布），七、贸易公司诉田某、张某、姜某等股东出资纠纷案，载江苏法院网，https://www.jsfy.gov.cn/article/94380.html，最后访问日期：2023年6月17日。

持股65%，4股东实缴出资均为0元，但出资期限均未届至。

2021年7月14日，贸易公司起诉，请求判令田某、张某、姜某、顾问公司在各自未出资本金范围内对科技公司不能清偿的债务243622元及利息承担补充清偿责任。

裁判结果：法院认为，公司作为被执行人的案件，人民法院穷尽执行措施无财产可供执行，已具备破产原因，但不申请破产的，债权人有权以公司不能清偿到期债务为由，请求未届出资期限的股东在未出资范围内对公司不能清偿的债务承担补充赔偿责任。故贸易公司有权要求科技公司股东田某、张某、姜某、顾问公司出资期限加速到期。

典型意义

在资本认缴制下，有限责任公司股东虽然对于认缴资本存在期限利益，但出资义务并未免除，公司股东仍负有充实资本以保证公司具备对外偿债能力的义务，公司认缴出资额越高，股东承担风险越大。因此，投资者应理性对待资本认缴制，在设立公司时，结合公司的经营范围、发展规划以及股东自身的经济状况和抗风险能力等，合理设置注册资本和认缴期限。

019. 股东会对瑕疵出资等事项已经作出有效决议，在不损害公司、债权人、股东利益的情况下，司法审判对公司自治范围内的决议应当予以尊重①

基本案情：2015年8月27日新能源公司登记成立，股东为：中鑫公司、

① 《河南省高级人民法院2021年度十大商事暨涉企典型案例》（2022年4月19日发布），一、郑州投资控股有限公司、郑州日产汽车有限公司与袁某某、中鑫融资租赁有限公司、郑州比克电池有限公司、郑州新能源乘用车运营有限公司股东出资纠纷案——瑕疵出资股东责任及司法介入公司自治的边界，载豫法阳光微信公众号，https：//mp. weixin. qq. com/s/Zcg6BUHuKixeAkLIS9tTDw，最后访问日期：2023年6月30日。

投资公司、日产公司、比克公司，认缴出资额及比例分别为：6500万元占比65%、1500万元占比15%、1500万元占比15%、500万元占比5%。中鑫公司于2015年12月31日实缴货币出资额1839.224857万元，比克公司实缴出资额为0元，投资公司、日产公司投资到位。袁某某等六人与中鑫公司漯河分公司民间借贷纠纷一案，经漯河法院的审判及执行，将中鑫公司在新能源公司的实缴出资额作价抵偿其欠袁某某等六人的债务，袁某某等人据此成为新能源公司新增自然人股东，并于2018年3月5日完成股权变更登记。

2017年8月14日，新能源公司召开股东会，形成决议：(1)中鑫公司出资不足部分应于2018年5月13日前全部到账，比克公司的出资2017年8月31日到账，如逾期不履行，新能源公司不再另行催告缴纳、不再另行召开股东会，中鑫公司按照实际出资额享有股东权利，未出资部分配合股权转让，解除比克公司的股东资格，不再享有股东权利，并配合办理股权转让或减资手续并承担相应违约责任等。后投资公司从2018年4月起陆续以中鑫公司、比克公司未履行出资义务为由，向法院提起诉讼要求解除比克公司股东资格，中鑫公司按出资额享有股东权利等。法院先后裁判，判令中鑫公司向投资公司支付4660.775143万元违约金；解除比克公司股东资格，配合办理减资及股东变更登记手续并支付违约金50万元等。本案中，袁某某起诉要求1. 判令中鑫公司向新能源公司缴纳出资款4660.775143万元人民币并支付逾期利息；2. 比克公司向新能源公司缴纳出资款500万元人民币并支付逾期利息；3. 判令投资公司和日产公司作为发起人对中鑫公司和比克公司的出资义务承担连带清偿责任等。

裁判结果：郑州市中级人民法院于2021年1月18日作出（2020）豫01民初1203号民事判决书，判决：一、被告中鑫融资租赁有限公司于本判决生效后十日内向第三人郑州新能源乘用车运营有限公司缴纳出资4660.775143万元；二、被告郑州投资控股有限公司、郑州日产汽车有限公司对判决第一项中鑫融资租赁有限公司的出资义务承担连带责任；郑州投资控股有限公司、郑州日产汽车有限公司承担责任后，有权向中鑫融资租赁有限公司追偿；

三、驳回原告袁某某的其他诉讼请求。投资公司、日产公司不服一审判决，提出上诉。河南省高级人民法院于 2021 年 12 月 21 日作出（2021）豫民终 370 号民事判决，判决：一、撤销河南省郑州市中级人民法院（2020）豫 01 民初 1203 号民事判决；二、驳回袁某某的诉讼请求。

裁判理由：生效裁判认为：召开股东会或股东大会、董事会会议，就公司经营发展事项作出决议，是公司治理的重要方式，通常情况下，在不损害公司、债权人、股东利益的情况下，司法审判对公司自治范围内的决议应当予以尊重，不应过分介入。本案中，首先，2017 年 8 月 14 日，新能源公司的股东会已经对中鑫公司出资不足、比克公司未出资作出了相应的决议。该股东会决议系新能源公司股东会全体股东协商一致所作出，系真实意思表示，内容亦不违反法律、行政法规的强制性规定，合法有效。依据股东会决议精神，作为发起人股东的投资公司对未出资的比克公司提起诉讼要求解除其股东资格，并获得生效判决支持，比克公司也表示愿意履行生效判决确定的义务。同时，投资公司也积极帮助中鑫公司寻求股权受让人，择机转让股权，新能源公司 2017 年股东会决议得到了履行，作为新能源公司发起人股东的各方都为股东会决议的履行作出了充分努力，履行了职责。在没有证据证明新能源公司股东会决议损害公司、债权人、股东利益的情况下，司法应尊重新能源公司通过内部自解决问题所作的努力、形成的决议，不应过分介入本案新能源公司内部自治事宜，故一审判决判决中鑫公司继续出资，投资公司、日产公司对出资不足部分承担连带责任，未能正确把握公司自治与司法介入的界限，裁决不当。

其次，执行法院在执行中鑫公司实缴部分股权前，对案涉股权价值进行了评估，在该评估报告中已明确说明中鑫公司欠缴出资情况，故袁某某在其在向执行法院表示愿意以中鑫公司实缴部分出资股份折抵债务时，已对新能源公司的资产、负债、经营情况、股东出资情况有着充分的了解，在其已经经过公司登记机关登记成为公司股东，提起本案诉讼，该请求既违背了新能源公司2017年股东会决议，又违反了民事活动的公平原则及诚实信用原则，其诉讼请求不应当得到支持。最后，本案系公司内部之间的股东纠纷，不涉及公司外部债权人，不影响新能源公司债权人依照《最高人民法院关于适用〈中华人民共和国公司法〉若干问题的规定（三）》第十三条的规定，向未履行或者未全面履行出资义务的股东主张权利。原审查明事实清楚，但适用法律不当，判决撤销一审判决，驳回袁某某的诉讼请求。

典型意义

公司是市场经济的基石，是一种具有风险性的商业组织体，出于风险防范的需要，公司法对发起人和股东设定了严格的出资要求，并赋予了债权人、其他股东等追缴出资的权利。但是在复杂的商业实践中也会出现继受者明知股权存在出资瑕疵仍然同意交易的情况，此时受让股东的权利是受到一定限制的，既有因知情同意而产生的风险自担，也面临公司决议的特别约束，这都是市场主体自治的体现。

本案中，公司股东会根据各股东出资情况，公司经营发展的前景，在充分协商的基础上所作出的对股东出资瑕疵处理的公司决议，只要不损害公司、债权人、股东利益，司法就应尊重这种公司通过自治解决问题所作的努力，不应过分介入。继受股东在对目标公司的资产、负债、经营情况、发起人股东出资情况进行了充分的了解的基础上，通过司法拍卖继受瑕疵出资股东实缴部分出资成为新股东，上述股东会决议对其同样具有约束力，其在变更为公司股东后，要求瑕疵出资股东履行出资义务，发起人承担连带责任，该请求既违背了公司股东会决议，又违反了民事活动的公平及诚实信用原则，其诉讼请求不应当得到支持。本案裁判既坚持了公司的资本充实原则，又坚守了公司自治与司法裁判权的行使的边界，同时，又以商业伦理为出发点维护商事交易中的公平正义，在维护企业合法利益的同时，又彰显了社会公共利益，较好地抑制了当下一定程度存在的利用司法制造案件、牟取不当利益的不良风气。

（三）裁判依据

《中华人民共和国民法典》

第一百二十五条 民事主体依法享有股权和其他投资性权利。

《中华人民共和国公司法》

第二十六条 有限责任公司的注册资本为在公司登记机关登记的全体股东认缴的出资额。

法律、行政法规以及国务院决定对有限责任公司注册资本实缴、注册资本最低限额另有规定的，从其规定。

第二十七条 股东可以用货币出资，也可以用实物、知识产权、土地使用权等可以用货币估价并可以依法转让的非货币财产作价出资；但是，法律、行政法规规定不得作为出资的财产除外。

对作为出资的非货币财产应当评估作价，核实财产，不得高估或者低估作价。法律、行政法规对评估作价有规定的，从其规定。

第二十八条 股东应当按期足额缴纳公司章程中规定的各自所认缴的出资额。股东以货币出资的，应当将货币出资足额存入有限责任公司在银行开设的账户；以非货币财产出资的，应当依法办理其财产权的转移手续。

股东不按照前款规定缴纳出资的，除应当向公司足额缴纳外，还应当向已按期足额缴纳出资的股东承担违约责任。

第二十九条 股东认足公司章程规定的出资后，由全体股东指定的代表或者共同委托的代理人向公司登记机关报送公司登记申请书、公司章程等文件，申请设立登记。

第三十条 有限责任公司成立后，发现作为设立公司出资的非货币财产的实际价额显著低于公司章程所定价额的，应当由交付该出资的股东补足其差额；公司设立时的其他股东承担连带责任。

第三十五条 公司成立后，股东不得抽逃出资。

第八十条 股份有限公司采取发起设立方式设立的，注册资本为在公司登记机关登记的全体发起人认购的股本总额。在发起人认购的股份缴足前，不得向他人募集股份。

股份有限公司采取募集方式设立的，注册资本为在公司登记机关登记的实收股本总额。

法律、行政法规以及国务院决定对股份有限公司注册资本实缴、注册资本最低限额另有规定的，从其规定。

第八十一条 股份有限公司章程应当载明下列事项：

……

（四）公司股份总数、每股金额和注册资本；

（五）发起人的姓名或者名称、认购的股份数、出资方式和出资时间；

……

第八十二条 发起人的出资方式，适用本法第二十七条的规定。

第八十三条 以发起设立方式设立股份有限公司的，发起人应当书面认足公司章程规定其认购的股份，并按照公司章程规定缴纳出资。以非货币财产出资的，应当依法办理其财产权的转移手续。

发起人不依照前款规定缴纳出资的，应当按照发起人协议承担违约责任。

发起人认足公司章程规定的出资后，应当选举董事会和监事会，由董事会向公司登记机关报送公司章程以及法律、行政法规规定的其他文件，申请设立登记。

第八十四条 以募集设立方式设立股份有限公司的，发起人认购的股份不得少于公司股份总数的百分之三十五；但是，法律、行政法规另有规定的，从其规定。

第九十一条 发起人、认股人缴纳股款或者交付抵作股款的出资后，除未按期募足股份、发起人未按期召开创立大会或者创立大会决议不设立公司的情形外，不得抽回其股本。

第九十三条 股份有限公司成立后，发起人未按照公司章程的规定缴足出资的，应当补缴；其他发起人承担连带责任。

股份有限公司成立后，发现作为设立公司出资的非货币财产的实际价额显著低于公司章程所定价额的，应当由交付该出资的发起人补足其差额；其他发起人承担连带责任。

第一百九十九条 公司的发起人、股东虚假出资，未交付或者未按期交付作为出资的货币或者非货币财产的，由公司登记机关责令改正，处以虚假出资金额百分之五以上百分之十五以下的罚款。

第二百条 公司的发起人、股东在公司成立后，抽逃其出资的，由公司登记机关责令改正，处以所抽逃出资金额百分之五以上百分之十五以下的罚款。

《最高人民法院关于适用〈中华人民共和国公司法〉若干问题的规定（三）》

第七条 出资人以不享有处分权的财产出资，当事人之间对于出资行为效力产生争议的，人民法院可以参照民法典第三百一十一条的规定予以认定。

以贪污、受贿、侵占、挪用等违法犯罪所得的货币出资后取得股权的，对违法犯罪行为予以追究、处罚时，应当采取拍卖或者变卖的方式处置其股权。

第八条 出资人以划拨土地使用权出资，或者以设定权利负担的土地使用权出资，公司、其他股东或者公司债权人主张认定出资人未履行出资义务的，人民法院应当责令当事人在指定的合理期间内办理土地变更手续或者解除权利负担；逾期未办理或者未解除的，人民法院应当认定出资人未依法全面履行出资义务。

第九条 出资人以非货币财产出资，未依法评估作价，公司、其他股东或者公司债权人请求认定出资人未履行出资义务的，人民法院应当委托具有合法资格的评估机构对该财产评估作价。评估确定的价额显著低于公司章程所定价额的，人民法院应当认定出资人未依法全面履行出资义务。

第十条 出资人以房屋、土地使用权或者需要办理权属登记的知识产权等财产出资，已经交付公司使用但未办理权属变更手续，公司、其他股东或者公司债权人主张认定出资人未履行出资义务的，人民法院应当责令当事人在指定的合理期间内办理权属变更手续；在前述期间内办理了权属变更手续的，人民法院应当认定其已经履行了出资义务；出资人主张自其实际交付财产给公司使用时享有相应股东权利的，人民法院应予支持。

出资人以前款规定的财产出资，已经办理权属变更手续但未交付给公司使用，公司或者其他股东主张其向公司交付、并在实际交付之前不享有相应股东权利的，人民法院应予支持。

第十一条 出资人以其他公司股权出资，符合下列条件的，人民法院应当认定出资人已履行出资义务：

（一）出资的股权由出资人合法持有并依法可以转让；

（二）出资的股权无权利瑕疵或者权利负担；

（三）出资人已履行关于股权转让的法定手续；

（四）出资的股权已依法进行了价值评估。

股权出资不符合前款第（一）、（二）、（三）项的规定，公司、其他股东或者公司债权人请求认定出资人未履行出资义务的，人民法院应当责令该出资人在指定的合理期间内采取补正措施，以符合上述条件；逾期未补正的，人民法院应当认定其未依法全面履行出资义务。

股权出资不符合本条第一款第（四）项的规定，公司、其他股东或者公司债权人请求认定出资人未履行出资义务的，人民法院应当按照本规定第九条的规定处理。

第十二条 公司成立后，公司、股东或者公司债权人以相关股东的行为符合下列情形之一且损害公司权益为由，请求认定该股东抽逃出资的，人民法院应予支持：

（一）制作虚假财务会计报表虚增利润进行分配；

（二）通过虚构债权债务关系将其出资转出；

（三）利用关联交易将出资转出；

（四）其他未经法定程序将出资抽回的行为。

第十三条 股东未履行或者未全面履行出资义务，公司或者其他股东请求其向公司依法全面履行出资义务的，人民法院应予支持。

公司债权人请求未履行或者未全面履行出资义务的股东在未出资本息范围内对公司债务不能清偿的部分承担补充赔偿责任的，人民法院应予支持；未履行或者未全面履行出资义务的股东已经承担上述责任，其他债权人提出相同请求的，人民法院不予支持。

股东在公司设立时未履行或者未全面履行出资义务，依照本条第一款或者第二款提起诉讼的原告，请求公司的发起人与被告股东承担连带责任的，人民法院应予支持；公司的发起人承担责任后，可以向被告股东追偿。

股东在公司增资时未履行或者未全面履行出资义务，依照本条第一款或者第二款提起诉讼的原告，请求未尽公司法第一百四十七条第一款规定的义务而使出资未缴足的董事、高级管理人员承担相应责任的，人民法院应予支持；董事、高级管理人员承担责任后，可以向被告股东追偿。

第十四条 股东抽逃出资，公司或者其他股东请求其向公司返还出资本息、协助抽逃出资的其他股东、董事、高级管理人员或者实际控制人对此承担连带责任的，人民法院应予支持。

公司债权人请求抽逃出资的股东在抽逃出资本息范围内对公司债务不能清偿的部分承担补充赔偿责任、协助抽逃出资的其他股东、董事、高级管理人员或者实际控制人对此承担连带责任的，人民法院应予支持；抽逃出资的股东已经承担上述责任，其他债权人提出相同请求的，人民法院不予支持。

第十五条 出资人以符合法定条件的非货币财产出资后，因市场变化或者其他客观因素导致出资财产贬值，公司、其他股东或者公司债权人请求该出资人承担补足出资责任的，人民法院不予支持。但是，当事人另有约定的除外。

第十六条 股东未履行或者未全面履行出资义务或者抽逃出资，公司根据公司章程或者股东会决议对其利润分配请求权、新股优先认购权、剩余财产分配请求权等股东权利作出相应的合理限制，该股东请求认定该限制无效的，人民法院不予支持。

第十七条 有限责任公司的股东未履行出资义务或者抽逃全部出资，经公司催告缴纳或者返还，其在合理期间内仍未缴纳或者返还出资，公司以股东会决议解除该股东的股东资格，该股东请求确认该解除行为无效的，人民法院不予支持。

在前款规定的情形下，人民法院在判决时应当释明，公司应当及时办理法定减资程序或者由其他股东或者第三人缴纳相应的出资。在办理法定减资程序或者其他股东或者第三人缴纳相应的出资之前，公司债权人依照本规定第十三条或者第十四条请求相关当事人承担相应责任的，人民法院应予支持。

第十八条 有限责任公司的股东未履行或者未全面履行出资义务即转让股权，受让人对此知道或者应当知道，公司请求该股东履行出资义务、受让人对此承担连带责任的，人民法院应予支持；公司债权人依照本规定第十三条第二款向该股东提起诉讼，同时请求前述受让人对此承担连带责任的，人民法院应予支持。

受让人根据前款规定承担责任后，向该未履行或者未全面履行出资义务的股东追偿的，人民法院应予支持。但是，当事人另有约定的除外。

第十九条 公司股东未履行或者未全面履行出资义务或者抽逃出资，公司或者其他股东请求其向公司全面履行出资义务或者返还出资，被告股东以诉讼时效为由进行抗辩的，人民法院不予支持。

公司债权人的债权未过诉讼时效期间，其依照本规定第十三条第二款、第十四条第二款的规定请求未履行或者未全面履行出资义务或者抽逃出资的股东承担赔偿责任，被告股东以出资义务或者返还出资义务超过诉讼时效期间为由进行抗辩的，人民法院不予支持。

《全国法院民商事审判工作会议纪要》

6.**【股东出资应否加速到期】** 在注册资本认缴制下，股东依法享有期限利益。债权人以公司不能清偿到期债务为由，请求未届出资期限的股东在未出资范围内对公司不能清偿的债务承担补充赔偿责任的，人民法院不予支持。但是，下列情形除外：

（1）公司作为被执行人的案件，人民法院穷尽执行措施无财产可供执行，已具备破产原因，但不申请破产的；

（2）在公司债务产生后，公司股东（大）会决议或以其他方式延长股东出资期限的。

7.**【表决权能否受限】**股东认缴的出资未届履行期限，对未缴纳部分的出资是否享有以及如何行使表决权等问题，应当根据公司章程来确定。公司章程没有规定的，应当按照认缴出资的比例确定。如果股东（大）会作出不按认缴出资比例而按实际出资比例或者其他标准确定表决权的决议，股东请求确认决议无效的，人民法院应当审查该决议是否符合修改公司章程所要求的表决程序，即必须经代表三分之二以上表决权的股东通过。符合的，人民法院不予支持；反之，则依法予以支持。

四、股东知情权纠纷

（一）最高人民法院公报案例及典型案例

020. 营利性民办学校举办者主张行使知情权的，可以类推适用公司法规定①

上海佳华企业发展有限公司诉上海佳华教育进修学院股东知情权纠纷案

裁判摘要

民办学校的举办者可以自主选择设立非营利性或者营利性民办学校。营利性民办学校举办者主张行使知情权的，人民法院可以类推适用公司法相关规定。

原告：上海佳华企业发展有限公司，住所地：上海市奉贤区海湾镇场中路。

法定代表人：方于芬，该公司董事长。

被告：上海佳华教育进修学院，住所地：上海市奉贤区五四公路。

法定代表人：唐秀凤，该学院副院长。

① 参见《最高人民法院公报》2019年第2期。

原告上海佳华企业发展有限公司（以下简称佳华公司）因与被告上海佳华教育进修学院（以下简称佳华学院）发生股东知情权纠纷，向上海市奉贤区人民法院提起诉讼。

原告佳华公司诉称，2010年3月25日，其出资设立了被告佳华学院，占100%的出资份额。2012年9月，佳华公司与唐秀凤、赵明友、王文洪订立《资产、开办资金转让暨共同办学合同》，就设立上海佳华机动车驾驶培训基地、转让及交换出资股份等事宜达成协议。2012年10月15日，佳华学院董事会通过《董事会决议》，约定唐秀凤等人持有佳华学院90%的出资份额、佳华公司持有佳华学院10%的出资份额。后因唐秀凤等人擅自终止上海佳华机动车驾驶培训基地的申办等，双方发生纠纷。佳华公司遂向上海市浦东新区人民法院提起诉讼，后法院判决确认佳华公司持有佳华学院50%的出资份额。佳华公司于2015年11月中旬发函给佳华学院要求提供财务、董事会会议决议、监事会会议决议等材料，但佳华学院至今未回复。故佳华公司依据《中华人民共和国民法通则》、章程的约定诉讼来院，要求判令：1. 佳华学院提供自2010年4月成立至今的章程（含章程修正案）、董事会会议决议、监事会会议决议和财务会计报告（包括但不限于资产负债表、损益表、财务状况变动表、财务状况说明表、利润分配表、纳税申报表）供佳华公司查阅、复制；2. 佳华学院提供自2010年4月成立至今的会计账簿（含总账、各自明细账、往来账、现金日记账、银行日记账、固定资产卡片明细表、原始凭证、银行对账单交易明细等）供佳华公司查阅。

被告佳华学院辩称：不同意原告佳华公司的诉请。佳华公司的诉请没有法律依据。佳华学院是根据《中华人民共和国民办教育促进法》登记设立的民办非企业单位，是非营利性的社会组织，不属于民法通则规定的四种法人组织，因此佳华学院的组织、活动、管理均不受公司法的调整。

上海市奉贤区人民法院一审查明：

2010年4月，原告佳华公司出资设立了被告佳华学院，占100%的出资份额。2012年9月，佳华公司与唐秀凤、赵明友、王文洪订立《资产、开办资金转让暨共同办学合同》，就设立上海佳华机动车驾驶培训基地、转让及交换出资股份等事宜达成协议。2012年10月15日，佳华学院董事会通过《董事会决议》，约定唐秀凤等人持有佳华学院90%的出资份额、佳华公司持有佳华学院10%的出资份额。后因上海佳华机动车驾驶培训基地终止申办等，双方发生纠纷。佳华公司遂向上海市浦东新区人民法院提起诉讼，2015年6月24日上海市浦东新区人民法院作出（2015）浦民二（商）初字第62号判决，确认佳华公司共持有佳华学院50%的出资份额，上述判决已生效。2015年11月中旬，佳华公司发函给佳华学院要求提供财务、董事会会议决议、监事会会议决议等材料，因佳华学院未回复，故佳华公司诉讼来院。

另查明，被告佳华学院系法人型民办非企业单位，发证机关为上海市奉贤区民政局、业务主管单位为上海市奉贤区教育局。2010年4月9日，佳华学院章程约定“学院实行董事会领导下的院长负责制，决策机构是董事会”等。

上海市奉贤区人民法院一审认为：

当事人对自己提出的主张有责任提供证据。被告佳华学院系法人型民办非企业单位，非公司法调整的范畴，且学院章程也未约定举办者享有查阅、复制董事会决议、财务会计报告、会计账簿等权利。故原告佳华公司提出的诉请，没有相应的章程约定及法律依据，难以支持。

据此，上海市奉贤区人民法院依照《中华人民共和国民事诉讼法》第六十四条第一款的规定，于2016年3月18日作出判决：驳回原告佳华公司的诉讼请求。

佳华公司不服一审判决，向上海市第一中级人民法院提起上诉称：1. 一审判决在认定事实上存在问题。一审未认定2010年4月9日被上诉人佳华学院章程第十七条第一款第（二）项关于举办者享有“参与学院的办学和管理活动”权利的事实，而知情权是举办者参与学院的办学和管理活动的基础，否则根本无法行使参与办学和管理的权利。2. 一审认定佳华学院系“法人型民办非企业单位，非公司法调整的范畴”，该定性不当。虽然佳华学院系“法人型民办非企业单位”，但一审并未提出佳华公司作为举办者不能行使知情权的法律依据。《中华人民共和国民办教育促进法》并无举办者不能行使知情权的禁止性规定。佳华公司作为举办者，在知情权方面理应享有相应的权利。故请求二审法院查明事实，依法撤销原判，改判支持佳华公司的一审全部诉讼请求。

被上诉人佳华学院辩称：不同意上诉人佳华公司的上诉请求。佳华公司对佳华学院主张行使知情权没有法律依据，佳华学院仅受《中华人民共和国民办教育促进法》及其实施条例的调整，不受《中华人民共和国公司法》调整，佳华公司对佳华学院不享有知情权。在佳华学院章程中也找不到其主张行使知情权的依据。2010 年 4 月 9 日佳华学院的章程已经失效，即使举办者享有“参与学院的办学和管理活动”的权利，也无法得出举办者享有查阅、复制董事会决议、监事会决议、财务会计报告、会计账簿等权利的结论。举办者对民办学校要行使知情权必须有法律的明文规定，而《中华人民共和国民办教育促进法》及其实施条例没有相关规定，举办者就没有权利主张行使知情权。一审判决认定事实清楚，适用法律正确，故请求二审法院依法驳回上诉，维持原判。

上海市第一中级人民法院二审认为：

本案的二审争议焦点是：上诉人佳华公司是否有权查阅、复制被上诉人佳华学院的章程、董事会会议决议、监事会会议决议和财务会计报告及查阅会计账簿。解决该争议焦点的关键在于厘清以下三个子问题：

第一，关于民办学校举办者的合法权益所指向的具体内容。

上诉人佳华公司认为，知情权是举办者参与学院的办学和管理活动的基础，否则根本无法行使参与办学和管理的权利。作为举办者，佳华公司在知情权方面理应享有相应的权利。被上诉人佳华学院主张，佳华公司不享有知情权，即使举办者享有“参与学院的办学和管理活动”的权利，也无法得出举办者享有查阅、复制董事会决议、监事会决议、财务会计报告、会计账簿等权利的结论。法院认为，国家保障民办学校举办者的合法权益，该合法权益应当包括知情权。理由如下：首先，公民、法人的合法的民事权益受法律保护，任何组织和个人不得侵犯。《中华人民共和国民办教育促进法》第五条第二款规定，国家保障民办学校举办者、校长、教职工和受教育者的合法权益。合法权益是指符合法律规定的权利和利益，诚然，单从文义上尚难以确定合法权益是否包含知情权，需要结合其他法律解释的方法进行探求。其次，对于民事主体的合法权益，侵权责任法列举了包括生命权、健康权、姓名权、名誉权、荣誉权、肖像权、隐私权、婚姻自主权、监护权、所有权、用益物权、担保物权、著作权、专利权、商标专用权、发现权、股权、继承权等在内的人身、财产权益；《中华人民共和国公司法》则规定了股东享有包括知情权在内的各种权利，《中华人民共和国合伙企业法》亦规定合伙人对合伙企业享有会计账簿等财务资料的查阅权。前述各种权利均归属于法律所要保护的合法权益。故从整个法律体系构架加以阐释，举办者作为民办学校的出资人，享有的合法权益应当包括了解和掌握学校办学和管理活动等重要信息的权利，该权利是举办者依法取得合理回报、参与重大决策和选择管理者等权利的重要基础。最后，虽然《中华人民共和国民办教育促进法》未规定该等权利，但从逻辑上推论，举办者的合法权益，未脱离民事权利范畴，理应包含知情权。学校章程、董事会会议决议、监事会会议决议及财务会计报告和会计账簿等资料是记录和反映学校的组织与活动、资产与财务管理等内容的重要载体。举办者只有在获取学校办学和管理活动信息的基础上，才可能参与学校的重大决策及行使监督权。因此，举办者要求查阅、复制民办学校的章程、董事会会议决议、监事会会议决议和财务会计报告及查阅会计账簿的权利均为知情权所涵盖，应当予以保护。

第二，关于民办学校举办者享有知情权的法律依据问题。

上诉人佳华公司认为，《中华人民共和国民办教育促进法》并无举办者不能行使知情权的禁止性规定。被上诉人佳华学院则主张，《中华人民共和国民办教育促进法》及其实施条例没有相关规定，举办者就没有权利主张行使知情权。举办者享有知情权，符合对法的价值判断。理由如下：首先，“没有无义务的权利，也没有无权利的义务。”《中华人民共和国民办教育促进法实施条例》第八条第一款规定：“民办学校的举办者应当按时、足额履行出资义务。民办学校存续期间，举办者不得抽逃出资，不得挪用办学经费。”举办者在履行出资义务，让渡其财产所有权的同时，应当享有对应的权利，知情权则是举办者行使其他权利的基础。《中华人民共和国民办教育促进法》第五十一条规定：“民办学校在扣除办学成本、预留发展基金以及按照国家有关规定提取其他的必需的费用后，出资人可以从办学结余中取得合理回报。取得合理回报的具体办法由国务院规定。”《中华人民共和国民办教育促进法实施条例》第四十四条第一款规定：“出资人根据民办学校章程的规定要求取得合理回报的，可以在每个会计年度结束时，从民办学校的办学结余中按一定比例取得回报。”佳华学院章程第二十五条亦规定：“出资人要求取得合理回报。”举办者作为出资人的合理回报的实现离不开知情权的保障。其次，举办者享有知情权，有助于参与举办民办学校的公办学校履行国有资产监管职责。《中华人民共和国民办教育促进法实施条例》第六条第二款规定，参与举办民办学校的公办学校依法享有举办者权益，依法履行国有资产的管理义务，防止国有资产流失。换言之，公办学校亦可以是民办学校的举办者，其享有的权益应当无异于其他举办者，知情权亦是公办学校履行国有资产监管职责的重要保障。最后，举办者享有知情权，符合《中华人民共和国民办教育促进法》的立法宗旨。《中华人民共和国民办教育促进法》总则第三条第二款规定，国家对民办教育实行积极鼓励、大力支持、正确引导、依法管理的方针；第五条第二款规定，国家保障民办学校举办者、校长、教职工和受教育者的合法权益。总则是概括地表述，贯穿于法律始终的立法思想、价值取向、基本原则等一般性、原则性与抽象性的内容，总则部分的立法规定对解释民办学校举办者的合法权益具有指导性作用。因此，保障举办者的基本知情权，准许举办者了解民办学校的教育和管理活动、查阅财务会计报告或会计账簿，是鼓励举办者进入民办教育领域，促进民办教育健康发展的应有之义。

第三，关于民办学校举办者知情权的行使问题。

《中华人民共和国民办教育促进法》对于举办者知情权的行使未直接加以规定，但鉴于本案的主要特征与公司法规定的股东知情权类似，可类推适用公司法的相关规定。理由如下：首先，举办者的知情权缺少法律规定，但不代表其不享有该权利。“合法权益”本身是一个不确定概念，系对社会生活现象进行了高度概括和抽象，从而使其具有较大的包容性。未设之规定，非立法有意的不规定，探求法律规范意旨，应积极地设定知情权的规定，落实对举办者合法权益的保护。其次，民办学校具有法人资格，可参照适用公司法的有关规定。民办学校属于法人型民办非企业单位，其不以营利为目的，并不等于不营利，虽然在创立依据和创立程序上有别于受公司法调整的通常意义上的公司，但在具有法人资格和具有营利性质这些实质方面二者并无不同。法律规定举办者可以在学校章程中规定要求合理回报，该回报具有财产性特征，直接或间接与财产相关，表明举办者在出资后将享有财产性权益。《中华人民共和国民办教育促进法》对民办学校做了营利性和非营利性的区分，明确营利性民办学校的办学结余和剩余财产依照公司法的规定分配。综合考量佳华学院的业务范围、组织机构、办学层次、办学形式及内部管理体制，援引与其性质相类似的公司法相关规定，以为适用，并无不可。最后，“相类似之案件，应为相同之处理”。司法实践中对于民办学校举办者出资份额的转让，参照适用公司法；法人型民办非企业单位的破产清算，参照适用企业破产法等规定。对此，“举轻以明重”，上诉人佳华公司作为被上诉人佳华学院的举办者，在知情权方面享有与公司股东同等或类似的权利，本案可参照公司法之相关规定处理民办学校举办者所主张权利的行使。

上海市第一中级人民法院认为，我国公司法规定，股东有权查阅、复制公司章程、股东会会议记录、董事会会议决议、监事会会议决议、公司财务会计报告。股东可以要求查阅公司会计账簿。股东要求查阅公司会计账簿的，应当向公司提出书面请求，说明目的。公司有合理根据认为股东查阅会计账簿有不正当目的，可能损害公司合法利益的，可以拒绝提供查阅，并应当自股东提出书面请求之日起十五日内书面答复股东并说明理由。在本案中，上诉人佳华公司作为被上诉人佳华学院的举办者，要求查阅、复制佳华学院自2010年4月成立至今的章程（含章程修正案）、董事会会议决议、监事会会议决议和财务会计报告（包括但不限于资产负债表、损益表、财务状况变动表、财务状况说明表、利润分配表、纳税申报表），有相应法律依据，予以支持。至于佳华公司要求查阅自2010年4月成立至今的会计账簿（含总账、各自明细账、往来账、现金日记账、银行日记账、固定资产卡片明细表、原始凭证、银行对账单交易明细等）的诉讼请求，因佳华公司向佳华学院提出书面请求并说明了理由，其要求查阅会计账簿的诉讼请求，有相应法律依据，予以支持。佳华学院的抗辩意见，不予采纳。

综上所述，上诉人佳华公司的上诉请求，有相应事实与法律依据，法院予以支持。原审判决认定事实清楚，但适用法律错误，依法予以纠正。据此，上海市第一中级人民法院依照《中华人民共和国民法通则》第五条，《中华人民共和国民办教育促进法》第五条第二款、第五十一条，《中华人民共和国民办教育促进法实施条例》第九条，《中华人民共和国民事诉讼法》第一百七十条第一款第（二）项之规定，于2016年7月7日作出判决：

一、撤销上海市奉贤区人民法院（2016）沪0120民初511号民事判决；

二、被上诉人上海佳华教育进修学院于本判决生效之日起十日内提供自2010年4月成立至本判决生效日止的章程（含章程修正案）、董事会会议决议、监事会会议决议和财务会计报告（包括但不限于资产负债表、损益表、财务状况变动表、财务状况说明表、利润分配表、纳税申报表）供上诉人上海佳华企业发展有限公司查阅、复制；

三、被上诉人上海佳华教育进修学院于本判决生效之日起十日内提供自2010年4月成立至本判决生效日止的会计账簿（含总账、各自明细账、往来账、现金日记账、银行日记账、固定资产卡片明细表、原始凭证、银行对账单交易明细等）供上诉人上海佳华企业发展有限公司查阅。

本判决为终审判决。

021. 股东知情权是股东固有的、法定的基础性权利，无合理根据证明股东具有不正当目的，不应限制其行使[①]

李淑君、吴湘、孙杰、王国兴诉江苏佳德置业发展有限公司股东知情权纠纷案

裁判摘要

股东知情权是指股东享有了解和掌握公司经营管理等重要信息的权利，是股东依法行使资产收益、参与重大决策和选择管理者等权利的重要基础。账簿查阅权是股东知情权的重要内容。《中华人民共和国公司法》第三十四条第二款规定："股东可以要求查阅公司会计账簿。股东要求查阅公司会计账簿的，应当向公司提出书面请求，说明目的。公司有合理根据认为股东查阅会计账簿有不正当目的，可能损害公司合法利益的，可以拒绝提供查阅，并应当自股东提出书面请求之日起十五日内书面答复股东并说明理由。公司拒绝提供查阅的，股东可以请求人民法院要求公司提供查阅。"

股东要求查阅公司会计账簿，但公司怀疑股东查阅会计账簿的目的是为公司涉及的其他案件的对方当事人收集证据，并以此为由拒绝提供查阅的，不属于上述规定中股东具有不正当目的、可能损害公司合法利益的情形。

① 参见《最高人民法院公报》2011年第8期。

原告：李淑君。

原告：吴湘。

原告：孙杰。

原告：王国兴。

被告：江苏佳德置业发展有限公司，住所地：江苏省宿迁市幸福南路。

法定代表人：施允生，该公司董事长。

原告李淑君、吴湘、孙杰、王国兴因与被告江苏佳德置业发展有限公司（以下简称佳德公司）发生股东知情权纠纷，向江苏省宿迁市宿城区人民法院提起诉讼。

原告李淑君、吴湘、孙杰、王国兴诉称：四人为被告佳德公司合法股东。因佳德公司在经营形势大好的情况下却拖欠大量债务，四人作为股东对佳德公司情况无法知悉，故依法要求行使股东知情权，了解公司的实际情况，但佳德公司对此非法阻挠，严重侵犯了四人作为股东的合法权益。请求判令四人对佳德公司依法行使知情权，查阅、复制佳德公司的会计账簿、议事录、契约书、通信、纳税申报书等（含会计原始凭证、传票、电传、书信、电话记录、电文等）所有公司资料。

被告佳德公司辩称：佳德公司从未不同意四原告查阅、复制公司章程、股东会会议记录和财务会计报告，但鉴于四原告具有不正当目的，请求驳回其要求查阅、复制佳德公司会计账簿的诉讼请求。

江苏省宿迁市宿城区人民法院一审查明：

被告佳德公司是成立于2003年10月15日的从事房地产开发的有限责任公司。截至2004年8月7日，该公司的股东持股情况为：施允生460万元、王国兴250万元、张育林160万元、孙杰65万元、吴湘65万元。2007年9月7日，张育林将其持有的全部股份转让给李淑君。

2009年4月8日，四原告向被告佳德公司递交申请书，称："申请人李淑君、吴湘、孙杰、王国兴作为江苏佳德置业发展有限公司（以下简称公司）

股东，对公司经营现状一无所知。公司经营至今没有发过一次红利，并对外拖欠大量债务，使四申请人的股东权益受到了严重侵害。四申请人为了解公司实际情况，维护自己合法权益，现依据《中华人民共和国公司法》（以下简称《公司法》），依法行使股东对公司的知情权。现四申请人准备于2009年4月23日前，在公司住所地依据公司法的规定查阅或复制公司的所有资料（含公司所有会计账簿、原始凭证、契约、通信、传票、通知等），特对公司提出书面申请。望公司准备好所有资料，以书面形式答复四申请人的委托代理人江苏联创伟业律师事务所方昉律师。申请人：王国兴、孙杰、吴湘、张育林（代）。”

2009年4月20日，被告佳德公司函复四原告：“本公司已于2009年4月8日收到……《申请书》以及《授权委托书》。对于《申请书》以及《授权委托书》中所述事项，因涉及较多法律问题，我公司已授权委托江苏世纪同仁律师事务所王凡律师、万巍律师，代表我公司依法予以处理。请你直接与王凡、万巍律师联系。”

被告佳德公司复函之前，2009年4月14日，四原告已诉至法院，并提出上述诉求。同日，法院受理该案。2009年4月27日，法院向佳德公司送达应诉材料。

另查明：被告佳德公司和广厦建设集团有限责任公司（以下简称广厦公司）于2005年5月26日签订《宿迁市“颐景华庭”住宅工程建设工程施工合同》，广厦公司派驻管理工程的项目经理为张育林。2009年2月18日，广厦公司以佳德公司拖欠其19954940.05元工程款为由，向宿迁仲裁委员会提请裁决。

本案的一审争议焦点是：一、四原告行使知情权的范围是否有法律依据，二、四原告要求查阅、复制公司会计账簿是否具有不正当目的。

宿迁市宿城区人民法院一审认为：

《公司法》第三十四条规定：“股东有权查阅、复制公司章程、股东会会议记录、董事会会议决议、监事会会议决议和财务会计报告。股东可以要求查阅公司会计账簿……”因此，除会计账簿及用于制作会计账簿的相关原始凭证外，四原告的诉讼请求已超出法律规定的股东行使知情权的范围，对超出范围的部分不予审理。

根据《公司法》第三十四条第二款的规定，股东可以要求查阅公司会计账簿。股东要求查阅公司会计账簿的，应当向公司提出书面请求，说明目的。公司有合理根据认为股东查阅会计账簿有不正当目的，可能损害公司合法利益的，可以拒绝提供查阅，并应当自股东提出书面请求之日起 15 日内答复股东并说明理由。公司拒绝提供查阅的，股东可以请求人民法院要求公司提供查阅。该条规定明确股东对公司会计账簿行使知情权的范围仅为查阅，且不能有不正当目的。但被告佳德公司原股东张育林现为“颐景华庭”工程承包人广厦公司派驻管理工程的项目经理，因佳德公司和广厦公司之间涉及巨额工程款的仲裁案件未决，与佳德公司之间存在重大利害关系。申请书和四原告的民事起诉状及授权委托书上均有张育林签字，四原告对此不能作出合理解释，证明张育林与本案知情权纠纷的发生具有直接的关联性，也证明四原告在诉讼前后与张育林之间一直保持密切交往，其提起知情权诉讼程序不能排除受人利用，为公司的重大利害关系人刺探公司秘密，进而图谋自己或第三人的不正当利益的重大嫌疑。

固然股东调查公司的财务状况是其正当权利，然而一方面，从被告佳德公司的工商登记材料来看，四原告声称“对公司经营现状一无所知”显然不属实；另一方面即便四原告查阅会计账簿具有了解公司经营状况的正当目的，但同时四原告的查阅很可能具有放任损害公司正当利益的主观故意，而目前正在审理的佳德公司的仲裁案件，标的额巨大，对比四股东的知情权，在二者发生冲突时，两者相害取其轻，应优先保护公司的权益。四原告可以在仲裁案件结案后或者在证明已经排除查阅会计账簿与张育林的关联性之后，再行主张自己对会计账簿的知情权。

此外，《公司法》第三十四条第二款规定了股东提起知情权诉讼的前置程序，即股东必须有证据证明公司在其提出书面请求并说明目的后，公司明确拒绝其查询会计账簿，或在法定的期间内（15 日）未予答复，方能提起知情权诉讼。具体到本案而言，四原告在 2009 年 4 月 8 日递交公司的《申请书》中称“四申请人准备于 2009 年 4 月 23 日前”至公司行使知情权，但 2009 年 4 月 14 日四原告即至法院起诉，期间仅 6 天的时间，因此，四原告的起诉不符合法定的前置要件。

综上所述，四原告要求行使知情权不仅超出法定范围，且其关于查阅会计账簿的起诉违反法定前置程序，同时被告佳德公司有合理根据表明四原告行使该权利可能损害公司合法利益，故对四原告的诉讼请求不予支持。据此，宿迁市宿城区人民法院依照《中华人民共和国民事诉讼法》第一百二十八条、《公司法》第三十四条之规定，于 2009 年 7 月 28 日判决：

驳回原告李淑君、吴湘、孙杰、王国兴的诉讼请求。

案件受理费减半收取 40 元，由四原告负担。

李淑君、吴湘、孙杰、王国兴不服一审判决，向江苏省宿迁市中级人民法院提起上诉，请求撤销一审判决，判令四上诉人依法查阅或复制被上诉人佳德公司的所有资料（含公司所有会计账簿、原始凭证、契约、通信、传票、通知等)。其主要理由是：

第一，一审判决认定四上诉人的诉讼请求超出法律规定的股东行使知情权的范围是错误的。1. 一审法院没有明确“相关原始凭证”的具体内容。2. 会计账簿必须全面、真实、客观、合法，才能真实反映公司资产经营状况。股东行使知情权不是只知道一个数额，而是要知道这些数额的真实性。因此上诉人请求查阅公司的全部资料没有超出法律规定的范围。

第二，一审判决认定四上诉人提起知情权诉讼具有不正当目的及可能存在放任损害公司正当利益的主观故意，无合法合理根据。1. 被上诉人佳德公司对外拖欠巨额债务，房产销售巨额资金不知去向，从未分过红利，股东会和董事会无法正常召开等等，上诉人对此存在怀疑并要求行使股东知情权目的完全正当。2. 一审判决仅通过张育林在申请书及授权委托书上签名、而张育林是广厦公司项目经理、广厦公司和佳德公司正在进行关于工程款的仲裁，就认定四上诉人具有不正当目的或可能具有放任损害公司正当利益的主观故意，没有充分证据证明，只是法官的主观臆想，不能成为剥夺股东最基本权利的理由。3. 上诉人在一审庭审中明确说明，因李淑君不能及时赶回南京，故临时紧急委托张育林代其签署相关文件，对张育林签名一事作了充分合理的解释。李淑君虽委托他人签字，但行使知情权的主体只能是其个人。且张育林只是受李淑君一人委托，并不是四上诉人共同委托，一审也没有证据证明四上诉人和张育林有紧密联系。4. 广厦公司和佳德公司目前虽是利益冲突方，但不存在竞争关系。工程款是依据工程承包合同和工程资料，严格依照法律规定进行审计决算的，四上诉人行使知情权而需要查阅的公司资料即使泄露出去也不可能使得施工方因此多获取利益。5. 一审判决认定四上诉人可以在仲裁案件结案后或者在证明已经排除查阅会计账簿与张育林的关联性之后再行主张自己对会计账簿的知情权。但仲裁案件结案是不确定的概念，一审判决也没有明确指出与张育林关联性指的是什么。要求上诉人举证证明排除以上关联性违反了民事诉讼的举证规则，应由被上诉人举证证明和张育林有关联性且会损害公司利益。6. 一审判决通过工商登记资料认定上诉人对公司经营状况知悉，从而成为剥夺上诉人知情权的理由之一。但工商登记资料是公司对社会公众应尽的披露义务，不能以此认定股东知悉公司的经营状况。

第三，一审法院把诉讼前置程序和公司法规定的股东行使知情权的内部程序混为一谈。《公司法》第三十四条规定的是股东在公司内部行使知情权要经过的程序和期限。“15 天”是规定公司对股东应当履行答复义务的期限。被上诉人佳德公司在一审法院开庭审理之日已经超过 15 天没有作出任何答复，依照一审法院的说法，是否要上诉人撤诉再行起诉。如是诉讼前置程序，则在立案阶段应作出不予受理的裁定，在审判阶段也应作出驳回起诉的裁定，而不是作出实体审理并作出实体判决。

被上诉人佳德公司答辩称，一审判决认定事实清楚，适用法律正确，请求驳回上诉，维持原判。其理由是：

第一，关于股东行使知情权的范围，一审判决认定正确。本案中，不论四上诉人申请书所要求查阅、复制的内容还是民事起诉状所诉请查阅、复制的内容和范围均不符合法律规定。1. 申请书及诉状中均有张育林签名，而张育林早已不是公司股东，无权行使知情权。2. 根据《公司法》及司法解释规定，股东可以要求查阅、复制的资料包括公司章程、股东会议记录、董事会会议决议、监事会会议决议和财务会计报告。但是法律和司法解释并未规定可以复制会计账簿及相关原始凭证，也未规定可以查阅并复制"契约、通信、传票、通知"以及"议事录、契约书、通信、纳税申报书"等公司"所有资料"。3. 四上诉人在起诉状中声称要查阅、复制的是"会计原始凭证"，而不是所谓其他凭证。据此，一审判决认定"除会计账簿及用于制作会计账簿的相关原始凭证外，原告的诉讼请求已超出法律规定的股东行使知情权的范围"正确。4. 被上诉人佳德公司已全面履行配合股东行使知情权的法定义务，向四上诉人提交了公司重大经营事项有关的必要资料，足以说明佳德公司自成立至今有关经营数据的真实性、合法性、合理性。

第二，一审判决认定四上诉人行使知情权具有不正当目的，认定事实清楚，适用法律正确。1. 四上诉人行使知情权无正当理由，被上诉人佳德公司在经营中遇到的银行拍卖土地、房产被保全等问题均是四上诉人配合张育林不正当目的而损害公司合法利益的后果。2. 张育林与广厦公司具有一致的利益关系，与佳德公司具有对立的利益关系。张育林在四上诉人的申请书及诉状中提出"查阅并复制佳德公司所有资料"的要求显然是为广厦公司服务，意在收集对佳德公司不利的证据。四上诉人在明知的情况下仍配合并放任张育林签字、起诉，目的明显不正当。3. 四上诉人对诉状中出现张育林签名的解释缺乏事实依据。知情权诉讼具有特定身份性，任何人均不得代替股东行使这一权利。4. 仲裁案中，张育林方面罔顾事实，提出了超额的诉讼主张。为证明其合法性，便穷尽一切方式收集有力证据。5. 佳德公司已提交充分证据证明四上诉人具有不正当目的，则举证责任已转移至四上诉人。若四上诉人不能举证排除其查阅会计账簿与张育林的关联性，只要仲裁案件未结案，其就不能查阅公司会计账簿。6. 佳德公司已向四上诉人提交了公司全部工商设立、变更、年检登记文件及审计报告，全面履行了配合股东行使知情权的法定义务。

第三，关于诉讼前置程序。1. 佳德公司不存在“拒绝提供查阅”的情形，在一审中还向四上诉人提供了公司经营过程中形成的重要资料。因此，四上诉人无权依据公司法请求人民法院要求公司提供查阅。2. 四上诉人在申请书中将 2009 年 4 月 23 日设定为佳德公司承诺的最后期限，而其起诉时尚处于其设定的承诺期限内，佳德公司 4 月 17 日还向四上诉人发出通知书，特别提示了有关事项。据此，四上诉人的起诉不符合法律规定的条件，相关主张不具备法定成立要件，一审判决将其驳回并无不当。

江苏省宿迁市中级人民法院经二审，确认了一审查明的事实。

本案的二审争议焦点是：一、四上诉人提起知情权诉讼是否符合法律规定的前置条件；二、四上诉人要求行使知情权是否具有不正当目的；三、四上诉人主张行使知情权的范围是否符合法律规定。

宿迁市中级人民法院二审认为：

关于四上诉人起诉要求行使知情权是否符合公司法规定的前置条件。股东知情权是指法律赋予股东通过查阅公司的财务会计报告、会计账簿等有关公司经营、管理、决策的相关资料，实现了解公司的经营状况和监督公司高管人员活动的权利。股东知情权分为查阅权、检查人选任请求权和质询权。本案中，四上诉人诉请的性质为查阅权。

《公司法》第三十四条第二款规定：“股东可以要求查阅公司会计账簿。股东要求查阅公司会计账簿的，应当向公司提出书面请求，说明目的。公司有合理根据认为股东查阅会计账簿有不正当目的，可能损害公司合法利益的，可以拒绝提供查阅，并应当自股东提出书面请求之日起十五日内书面答复股东并说明理由。公司拒绝提供查阅的，股东可以请求人民法院要求公司提供查阅。”依据上述法律规定，股东提起账簿查阅权诉讼的前置条件是股东向公司提出了查阅的书面请求且公司拒绝提供查阅。这一前置条件设定的目的在于既保障股东在其查阅权受侵犯时有相应的救济途径，也防止股东滥用诉权，维护公司正常的经营。本案中，四上诉人于2009年4月8日向佳德公司提出要求查阅或复制公司的所有资料（含公司会计账簿、原始凭证、契约、通信、传票、通知等）以了解公司实际财务状况的书面请求，虽然4月14日四上诉人至一审法院起诉时佳德公司尚未作出书面回复，但佳德公司在4月20日的复函中并未对四上诉人的申请事项予以准许，且在庭审答辩中亦明确表明拒绝四上诉人查阅、复制申请书及诉状中所列明的各项资料。至此，四上诉人有理由认为其查阅权受到侵犯进而寻求相应的法律救济途径，此时不宜再以四上诉人起诉时十五天答复期未满而裁定驳回其起诉，而应对本案做出实体处理，以免增加当事人不必要的讼累。

关于四上诉人要求行使知情权是否具有不正当目的。由于股东的知情权涉及股东和公司之间的利益冲突，在保护股东利益的同时也应适当照顾公司的利益，使双方利益衡平，故知情权的行使应当符合一定的条件并受有一定的限制。本案中，四上诉人向被上诉人佳德公司提出书面请求说明其行使知情权的目的是了解公司实际经营现状，显属其作为有限责任公司股东应享有的知情权。佳德公司以四上诉人具有不正当目的为由拒绝其查阅，则应对四上诉人是否具有不正当目的并可能损害其合法利益承担举证责任。

被上诉人佳德公司认为四上诉人查阅会计账簿的目的是收集并向广厦公司提供工程款纠纷仲裁一案中对佳德公司不利的证据，损害佳德公司及其他股东的合法利益，其主要证据是四上诉人提交的申请书、诉状及授权委托书中均有张育林代李淑君签名，而张育林的身份系广厦公司派驻佳德公司工程的项目经理，且直接参与了广厦公司与佳德公司的仲裁一案。佳德公司所举证据不足以证明四上诉人查阅公司会计账簿具有不正当的目的，且可能损害佳德公司合法利益。理由如下：1. 因李淑君的股份系受让自张育林，故其临时委托张育林代为签名也在情理之中。其后李淑君本人在诉状及授权委托书上亲自签名，表明提起知情权诉讼系其真实意思表示。张育林之前受李淑君委托在诉状及授权委托书中代为签名，其法律效力及法律后果应由李淑君承担，张育林本身不是本案主张行使知情权的主体，并非如佳德公司所主张的系代替李淑君行使知情权。最终能够实际行使知情权的也只能是佳德公司股东李淑君，而非张育林。2. 四上诉人合计持有佳德公司54%的股权，其与佳德公司的利益从根本上是一致的。佳德公司如在与广厦公司仲裁一案中失利，客观上将对四上诉人的股东收益权造成不利影响。且提起本案诉讼的系上诉人李淑君、吴湘、孙杰、王国兴四名股东，而非李淑君一名股东，佳德公司仅以张育林代李淑君签名，而认为四上诉人提起本案诉讼的目的在于为其利益冲突方广厦公司收集仲裁一案的不利证据，显然依据不足。3. 佳德公司主张四上诉人在查阅公司会计账簿后可能会为广厦公司收集到直接导致佳德公司在仲裁一案中多支付工程款的相关证据，但未明确证据的具体指向。法院认为，《公司法》第三十四条规定的公司拒绝查阅权所保护的是公司的合法利益，而不是一切利益。基于诚实信用原则，案件当事人理应对法庭或仲裁庭如实陈述，并按法庭或仲裁庭要求提供自己掌握的真实证据，以拒不出示不利于己的证据为手段而获得不当利益为法律所禁止。如佳德公司持有在仲裁一案中应当提供而未提供的相关证据，则不能认定股东查阅公司账簿可能损害其合法利益。综上，股东知情权是股东固有的、法定的基础性权利，无合理根据证明股东具有不正当目的，则不应限制其行使。佳德公司拒绝四上诉人对公司会计账簿行使查阅权的理由和依据不足，不予采信。

关于四上诉人主张行使知情权的范围是否符合法律规定。四上诉人请求查阅、复制被上诉人佳德公司的会计账簿、议事录、契约书、通信、纳税申报书等（含会计原始凭证、传票、电传、书信、电话记录、电文等）所有公司资料。被上诉人佳德公司辩称其已向四上诉人提交了自公司成立起的全部工商设立、变更、年检登记文件及审计报告等资料，履行了配合股东行使知情权的法定义务。对此，法院认为，股东知情权是股东享有对公司经营管理等重要情况或信息真实了解和掌握的权利，是股东依法行使资产收益、参与重大决策和选择管理者等权利的基础性权利。从立法价值取向上看，其关键在于保护中小股东合法权益。《公司法》第三十四条第二款规定，“股东可以要求查阅公司会计账簿”。账簿查阅权是股东知情权的重要内容。股东对公司经营状况的知悉，最重要的内容之一就是通过查阅公司账簿了解公司财务状况。《中华人民共和国会计法》第九条规定：“各单位必须根据实际发生的经济业务事项进行会计核算，填制会计凭证，登记会计帐簿，编制财务会计报告。”第十四条规定：“会计凭证包括原始凭证和记帐凭证。办理本法第十条所列的各项经济业务事务，必须填制或者取得原始凭证并及时送交会计机构……记帐凭证应当根据经过审核的原始凭证及有关资料编制。”第十五条第一款规定，“会计帐簿登记，必须以经过审核的会计凭证为依据，并符合有关法律、行政法规和国家统一的会计制度的规定”。因此，公司的具体经营活动只有通过查阅原始凭证才能知晓，不查阅原始凭证，中小股东可能无法准确了解公司真正的经营状况。根据会计准则，相关契约等有关资料也是编制记账凭证的依据，应当作为原始凭证的附件入账备查。据此，四上诉人查阅权行使的范围应当包括会计账簿（含总账、明细账、日记账和其他辅助性账簿）和会计凭证（含记账凭证、相关原始凭证及作为原始凭证附件入账备查的有关资料）。对于四上诉人要求查阅其他公司资料的诉请，因超出了《公司法》第三十四条规定的股东行使知情权的查阅范围，不予支持。关于查阅时间和地点，公司法赋予股东知情权的目的和价值在于保障股东权利的充分行使，但这一权利的行使也应在权利平衡的机制下进行，即对于经营效率、经营秩序等公司权益未形成不利影响。因此，四上诉人查阅的应当是和其欲知情的事项相互关联的材料，而并非对公司财务的全面审计，故查阅应当在公司正常的业务时间内且不超过10个工作日，查阅的方便地点应在佳德公司。

关于四上诉人要求复制被上诉人佳德公司会计账簿及其他公司资料的诉讼请求，法院认为，公司法赋予了股东获知公司运营状况、经营信息的权利，但同时也规定了股东行使知情权的范围。《公司法》第三十四条第一款将股东有权复制的文件限定于公司章程、股东会会议记录、董事会会议决议、监事会会议决议和财务会计报告。第二款仅规定股东可以要求查阅公司财务会计账簿，但并未规定可以复制，而佳德公司章程亦无相关规定，因此四上诉人要求复制佳德公司会计账簿及其他公司资料的诉讼请求既无法律上的规定，又超出了公司章程的约定，不予支持。

综上，一审判决认定四上诉人行使股东知情权具有不正当的错误，导致实体处理不当，依法应予纠正。江苏省宿迁市中级人民法院依照《公司法》第三十四条、《中华人民共和国民事诉讼法》第一百五十三条第一款第（三）项之规定，于2010年1月6日判决：

一、撤销宿迁市宿城区人民法院（2009）宿城民二初字第00448号民事判决；

二、被上诉人佳德公司于本判决生效之日起10日内提供自公司成立以来的公司会计账簿（含总账、明细账、日记账、其他辅助性账簿）和会计凭证（含记账凭证、相关原始凭证及作为原始凭证附件入账备查的有关资料）供上诉人李淑君、吴湘、孙杰、王国兴查阅。上述材料由四上诉人在佳德公司正常营业时间内查阅，查阅时间不得超过10个工作日；

三、驳回上诉人李淑君、吴湘、孙杰、王国兴的其他诉讼请求。

一审案件受理费40元、二审案件受理费80元，合计120元，由被上诉人佳德公司承担。

本判决为终审判决。

022. 公司原股东要求查阅或复制其持股期间的公司特定文件，应证明其持股期间合法权益受到损害[①]

2012年10月，中汇公司因签订《投资入股协议书》认购持有周口银行5500万股股份，取得股东地位。2014年7月，因改革重组，中汇公司持有的周口银行股份折股为中原银行股份6435万余股。2014年12月，中原银行成立。2015年4月的中原银行2014年度股东大会审议通过，将2014年末可分配利润50132930.25元进行现金分红。2016年2月，中汇公司收到中原银行支付分红534283.59元。2015年2月10日，中汇公司将其在中原银行的股份转让给河南省豫南高速投资有限公司，约定中汇公司在中原银行股权的相应收益计算至2014年12月31日。中原银行上市时公开发布的财务资料中显示的中原银行2014年度净利润比其《2014年度利润分配方案》中显示的净利润高出一亿多元。中汇公司遂主张其获得的收益与中原银行的盈利严重不符，中原银行取得巨额净利润不向股东分配损害了其合法权益，向一审法院起诉请求查阅、复制持股期间相应的公司章程、股东大会会议记录、会计账簿等特定文件材料；补足分红差额及其他收益3000万元及利息。

该案经过了四次审理，二审法院为河南高院。第一次一审，裁定驳回中汇公司的起诉。二审裁定指令一审法院审理。第二次一审，判决中原银行提供中汇公司持股期间的周口银行和中原银行的公司章程、股东大会会议记录、财务会计报告等供中汇公司查阅、复制；中原银行提供中汇公司持股期间的周口银行和中原银行的会计账簿供中汇公司查阅。二审改判驳回中汇公司的

① 《2020年全国法院十大商事案例》（最高人民法院2021年2月10日发布），三、公司原股东要求查阅或复制其持股期间的公司特定文件，应证明其持股期间合法权益受到损害——河南中汇实业集团有限公司诉中原银行股份有限公司股东知情权、公司盈余分配纠纷案，载最高人民法院微信公众号，https://mp.weixin.qq.com/s/rR-cumhR8MDzEBasKJ4W7Q，最后访问日期：2023年6月17日。

诉讼请求。

根据《最高人民法院关于适用〈中华人民共和国公司法〉若干问题的规定（四）》第七条第二款规定，公司原股东起诉请求查阅或者复制公司特定文件材料的，人民法院应当驳回起诉，但原告有初步证据证明在持股期间其合法权益受到损害，请求依法查阅或者复制其持股期间的公司特定文件材料的除外。本案二审法院在审理中仔细审查了一审原告实质利益是否受损的证据之后，认为其利益并无受损的事实，从而未支持其诉讼请求。

（二）地方法院典型案例

023. 未按章程规定向外国股东提供月度管理报告和季度报告，侵犯股东知情权[①]

案情简介：荷兰注册登记的某食品配料中国企业有限公司（以下简称某公司）持有烟台某利果胶股份有限公司（以下简称某利公司）18.95%的股份，根据《中华人民共和国公司法》第九十七条以及《烟台某利果胶股份有限公司修订之章程》第一百二十一条的规定，某利公司应在各日历月及各会计季度结束后12个工作日内按照某公司的要求提供为某公司合并报表之目的的月度管理报告和季度报告。自2017年1月起，某利公司提供给某公司的月度管理报告相比于此前年度所提供的月度管理报告均存在明显的重大缺漏。某公司于2017年8月份收到某利公司财务负责人的消息，声称自2017年7月起某利公司不再向其提供月度管理报告和季度报告。某公司主张某利公司的上述行为侵犯了其股东知情权，故诉至法院，要求判令某利公司按要求提供

① 《山东高院发布服务“一带一路”和“上合示范区”典型案例》（2019年8月22日发布），四、某食品配料中国企业有限公司诉烟台某利果胶股份有限公司股东知情权纠纷案，载山东法院网，http：//www. sdcourt. gov. cn/nwglpt/_ 2343835/_ 2532828/5523574/index. html，最后访问日期：2023年6月18日。

月度管理报告。

裁判结果：烟台市中级人民法院一审认为，根据《中华人民共和国涉外民事关系法律适用法》第十四条第一款之规定，原告某公司行使股东知情权为公司的股东权利义务事项，被告某利公司登记地在中华人民共和国山东省烟台市，故本案纠纷适用中华人民共和国法律。根据《中华人民共和国公司法》第九十七条规定以及《烟台某利果胶股份有限公司修订章程》第一百二十一条规定，除基于当地要求的财务报表以外，某利公司还将按照某公司的要求在各日历月及各会计季度结束后的12个工作日内向其提供月度管理报告，以及为某公司合并报表之目的的季度报告。故某公司作为某利公司之股东，有权依照《中华人民共和国公司法》及公司章程之规定要求某利公司每月向其提供相关财务会计报告。

某利公司不服，提起上诉，山东省高级人民法院二审审理后，维持了一审判决。

典型意义

本案系股东知情权纠纷，某公司为荷兰注册的一家企业，荷兰属于“一带一路”到达的终端国家之一。随着“一带一路”建设的进一步推进，投资贸易便利化水平进一步提升，更多的外国投资进入我国企业，保障投资人的股东知情权尤为重要。本案的审理依据我国合同法和某利公司章程，判令某利公司按公司章程要求向某公司提供月度管理报告，充分保障了外国投资人股东知情权，有助于吸引外商投资，以推动经济增长。

（三）裁判依据

《中华人民共和国民法典》

第一百二十五条　民事主体依法享有股权和其他投资性权利。

《中华人民共和国公司法》

第三十三条 股东有权查阅、复制公司章程、股东会会议记录、董事会会议决议、监事会会议决议和财务会计报告。

股东可以要求查阅公司会计账簿。股东要求查阅公司会计账簿的，应当向公司提出书面请求，说明目的。公司有合理根据认为股东查阅会计账簿有不正当目的，可能损害公司合法利益的，可以拒绝提供查阅，并应当自股东提出书面请求之日起十五日内书面答复股东并说明理由。公司拒绝提供查阅的，股东可以请求人民法院要求公司提供查阅。

第九十六条 股份有限公司应当将公司章程、股东名册、公司债券存根、股东大会会议记录、董事会会议记录、监事会会议记录、财务会计报告置备于本公司。

第九十七条 股东有权查阅公司章程、股东名册、公司债券存根、股东大会会议记录、董事会会议决议、监事会会议决议、财务会计报告，对公司的经营提出建议或者质询。

第一百一十六条 公司应当定期向股东披露董事、监事、高级管理人员从公司获得报酬的情况。

第一百六十五条 有限责任公司应当依照公司章程规定的期限将财务会计报告送交各股东。

股份有限公司的财务会计报告应当在召开股东大会年会的二十日前置备于本公司，供股东查阅；公开发行股票的股份有限公司必须公告其财务会计报告。

《最高人民法院关于适用〈中华人民共和国公司法〉若干问题的规定（四）》

第七条 股东依据公司法第三十三条、第九十七条或者公司章程的规定，起诉请求查阅或者复制公司特定文件材料的，人民法院应当依法予以受理。

公司有证据证明前款规定的原告在起诉时不具有公司股东资格的，人民法院应当驳回起诉，但原告有初步证据证明在持股期间其合法权益受到损害，请求依法查阅或者复制其持股期间的公司特定文件材料的除外。

第八条 有限责任公司有证据证明股东存在下列情形之一的，人民法院应当认定股东有公司法第三十三条第二款规定的“不正当目的”：

（一）股东自营或者为他人经营与公司主营业务有实质性竞争关系业务的，但公司章程另有规定或者全体股东另有约定的除外；

（二）股东为了向他人通报有关信息查阅公司会计账簿，可能损害公司合法利益的；

（三）股东在向公司提出查阅请求之日前的三年内，曾通过查阅公司会计账簿，向他人通报有关信息损害公司合法利益的；

（四）股东有不正当目的的其他情形。

第九条 公司章程、股东之间的协议等实质性剥夺股东依据公司法第三十三条、第九十七条规定查阅或者复制公司文件材料的权利，公司以此为由拒绝股东查阅或者复制的，人民法院不予支持。

第十条 人民法院审理股东请求查阅或者复制公司特定文件材料的案件，对原告诉讼请求予以支持的，应当在判决中明确查阅或者复制公司特定文件材料的时间、地点和特定文件材料的名录。

股东依据人民法院生效判决查阅公司文件材料的，在该股东在场的情况下，可以由会计师、律师等依法或者依据执业行为规范负有保密义务的中介机构执业人员辅助进行。

第十一条 股东行使知情权后泄露公司商业秘密导致公司合法利益受到损害，公司请求该股东赔偿相关损失的，人民法院应当予以支持。

根据本规定第十条辅助股东查阅公司文件材料的会计师、律师等泄露公司商业秘密导致公司合法利益受到损害，公司请求其赔偿相关损失的，人民法院应当予以支持。

第十二条 公司董事、高级管理人员等未依法履行职责，导致公司未依法制作或者保存公司法第三十三条、第九十七条规定的公司文件材料，给股东造成损失，股东依法请求负有相应责任的公司董事、高级管理人员承担民事赔偿责任的，人民法院应当予以支持。

五、请求公司收购股份纠纷

（一）最高人民法院公报案例及典型案例

024. 典型意义股东非因自身过错未能参加股东会，但对公司转让主要财产明确提出反对意见的，可主张股东回购请求权[①]

袁朝晖与长江置业（湖南）发展有限公司请求公司收购股份纠纷案

裁判摘要

根据《中华人民共和国公司法》第七十四条之规定，对股东会决议转让公司主要财产投反对票的股东有权请求公司以合理价格回购其股权。非因自身过错未能参加股东会的股东，虽未对股东会决议投反对票，但对公司转让主要财产明确提出反对意见的，其请求公司以公平价格收购其股权，法院应予支持。

最高人民法院民事裁定书

【（2014）民申字第2154号】

再审申请人（一审被告、二审上诉人）：长江置业（湖南）发展有限

① 参见《最高人民法院公报》2016年第1期。

公司。

法定代表人：沈良，该公司总经理。

委托代理人：罗声，该公司员工。

委托代理人：郭彩红，该公司员工。

被申请人（一审原告、二审上诉人）：袁朝晖。

委托代理人：钟鸣，北京市中伦文德律师事务所律师。

委托代理人：袁啸，湖南元端律师事务所律师。

再审申请人长江置业（湖南）发展有限公司（以下简称长江置业公司）因与被申请人袁朝晖请求公司收购股份纠纷一案，不服湖南省高级人民法院（2013）湘高法民二终字第91号民事判决，向本院申请再审。本院依法组成合议庭对本案进行了审查，现已审查终结。

长江置业公司申请再审称：一、长江置业公司提交《09年第4次股东会议纪要》、《2010年临时股东会决议》、公安机关出具的《说明》等六组新的证据，足以推翻原判决。二、原审判决认为袁朝晖有权要求长江置业公司回购股权，并依据《审计报告》确定股价，缺乏证据证明。三、袁朝晖提交的长江置业公司原财务人员杨凯、刘丹、严淑君三人出具的《证明》系伪造，不应作为认定事实的依据。四、袁朝晖逾期提交的证据材料均未经质证，法院不应采信。五、长江置业公司的财务档案被法院采取保全措施，长江置业公司无法自行收集，书面申请人民法院调查收集，人民法院未调查收集错误。六、原审判决适用《中华人民共和国公司法》（以下简称《公司法》）第七十五条（2013年修订后的《公司法》为第七十四条，以下均统一表述为“第七十四条”），认为袁朝晖有权行使股份回购请求权，适用法律错误。七、本案一审法官存在违法情形，应当回避而没有回避。八、沈良、钟继光作为公司财产共有权人，应当参加诉讼未参加诉讼。九、袁朝晖的诉讼请求为：请求判决长江置业公司根据《公司法》之规定收购袁朝晖20%的股权，二审判决认为袁朝晖的请求符合《公司法》和《公司章程》的规定，超出袁朝晖的诉讼请求。长江置业公司依据《中华人民共和国民事诉讼法》第二百条第一项、第二项、第三项、第四项、第五项、第六项、第七项、第八项、第十一项之规定申请再审。

袁朝晖提交答辩意见称：长江置业公司的再审申请缺乏事实与法律依据，请求予以驳回。

本院认为：一、关于袁朝晖是否有权请求长江置业公司回购股权的问题。2010年3月5日，长江置业公司形成股东会决议，明确由沈良、钟继光、袁朝晖三位股东共同主持工作，确认全部财务收支、经营活动和开支、对外经济行为必须通过申报并经全体股东共同联合批签才可执行，对重大资产转让要求以股东决议批准方式执行。但是，根据长江置业公司与袁朝晖的往来函件，在实行联合审批办公制度之后，长江置业公司对案涉二期资产进行了销售，该资产转让从定价到转让，均未取得股东袁朝晖的同意，也未通知其参加股东会。根据《公司法》第七十四条之规定，对股东会决议转让公司主要财产投反对票的股东有权请求公司以合理价格回购其股权。本案从形式上看，袁朝晖未参加股东会，未通过投反对票的方式表达对股东会决议的异议。但是，《公司法》第七十四条的立法精神在于保护异议股东的合法权益，之所以对投反对票作出规定，意在要求异议股东将反对意见向其他股东明示。本案中袁朝晖未被通知参加股东会，无从了解股东会决议，并针对股东会决议投反对票，况且，袁朝晖在2010年8月19日申请召开临时股东会时，明确表示反对二期资产转让，要求立即停止转让上述资产，长江置业公司驳回了袁朝晖的申请，并继续对二期资产进行转让，已经侵犯了袁朝晖的股东权益。因此，二审法院依照《公司法》第七十四条之规定，认定袁朝晖有权请求长江置业公司以公平价格收购其股权，并无不当。

同时，长江置业公司《公司章程》中规定，股东权利受到公司侵犯，股东可书面请求公司限期停止侵权活动，并补偿因被侵权导致的经济损失。如公司经法院或公司登记机关证实：公司未在所要求的期限内终止侵权活动，被侵权的股东可根据自己的意愿退股，其所拥有的股份由其他股东协议摊派或按持股比例由其他股东认购。本案中，长江置业公司在没有通知袁朝晖参与股东会的情况下，于2010年5月31日作出股东会决议，取消了袁朝晖的一切经费开支，长江置业公司和其股东会没有保障袁朝晖作为股东应享有的决策权和知情权，侵犯了袁朝晖的股东权益，符合长江置业公司《公司章程》所约定的“股东权利受到公司侵犯”的情形。因此，袁朝晖有权根据《公司章程》的规定，请求公司以回购股权的方式让其退出公司。

从本案实际处理效果看，长江置业公司股东之间因利益纠纷产生多次诉讼，有限公司人合性已不复存在，通过让股东袁朝晖退出公司的方式，有利于尽快解决公司股东之间的矛盾和冲突，从而保障公司利益和各股东利益。如果长江置业公司有证据证明袁朝晖存在侵占公司资产的行为，可以另行主张。综上，袁朝晖请求长江置业公司收购其20%股权符合《公司法》和长江置业公司《公司章程》的规定。长江置业公司提交的《2009年第4次股东会议纪要》、《2010年临时股东会决议》、长沙市公安局岳麓分局经济犯罪侦查大队出具的《说明》、湖南省高级人民法院（2014）民二终字第29号民事裁定书以及股东钟继光、沈良的往来函件等证据材料，均不能构成推翻二审判决的新证据，本院不予采信。

二、关于股权回购价格应如何确定的问题。长江置业公司在二审中提交了九组证据，拟证明《审计报告》中长江置业公司净资产的结论可据此调整，二审法院组织双方当事人对该九组证据进行了质证。经审查，上述证据所证明的款项均已纳入审计范围，不能达到长江置业公司所要证明的目的，不属于《审计报告》第五项“如出现新的证据或资料，由法院经过司法程序查证属实后，可据实调整审计结果”的情形。

三、关于本案是否存在审判人员应当回避未予回避的情形。经向双方当事人核实，长江置业公司所称审判人员违规会见当事人，系一审法院审判人员组织双方当事人在长江置业公司调查取证时，长江置业公司工作人员利用监控设备录制的调查场景，并不存在审判人员私下会见一方当事人的情况。长江置业公司并无证据证明审判人员存在法律规定的其他回避情形，一审法院对其回避申请未予准许，并无不当。

四、关于本案是否存在认定事实的主要证据未经质证的问题。一审审理期间，为查明案件事实，一审法院在举证期限届满后，要求袁朝晖在原有证据基础上，继续提供相关补充证据，以证明股权价值，根据《最高人民法院关于适用〈关于民事诉讼证据的若干规定〉中有关举证时限规定的通知》第一条之规定，举证期限届满后，针对某一特定事实或特定证据或者基于特定原因，人民法院可以根据案件的具体情况，酌情指定当事人提供证据或者反证的期限，该期限不受“不得少于三十日”的限制。一审法院对双方当事人提交的全部证据均组织了质证，长江置业公司对相关证据不予质证是对其诉讼权利的放弃，并不影响证据已经庭审质证的效力。

五、关于本案是否存在原审法院应当调取证据而未予调取的情形。本案双方当事人向法院提交了多份证据材料，法院均予以接收并组织质证。为了案件审理，一审法院到长沙市房产信息中心调取了案涉项目的全部销售资料，与双方当事人、审计部门到长江置业公司调取了财务资料，并将上述证据甄别对比，纳入审计范围。长江置业公司在二审中申请法院调取已经保全的证据，缺乏依据，二审法院未予准许并无不当。

六、关于原审判决是否超出袁朝晖诉讼请求的问题。袁朝晖诉请长江置业公司回购其持有的20%股权，一审法院亦作出由长江置业公司以合理价格回购上述股权的判决，并未超出诉讼请求。至于依据《公司法》的规定或《公司章程》约定系判决依据，并非诉讼请求。何况，袁朝晖在起诉书正文部分明确提出根据《公司法》第七十四条以及《公司章程》的约定提出诉请，并非仅依据《公司法》提出诉讼请求。长江置业公司认为原审判决超出诉讼请求的主张，本院不予支持。

七、关于钟继光、沈良是否应当参加诉讼的问题。本案系异议股东与公司协商不成，异议股东向公司提出退股请求的诉讼，原告被告明确。其他股东对于异议股东所持股权既无独立请求，也无法律上的利害关系，并非必须参加诉讼的当事人，原审法院未予追加并无不当。

至于长江置业公司称一审法院存在违规中止审理和延长审限的情形，缺乏证据证明，且不属《中华人民共和国民事诉讼法》规定的再审申请事由，本院不予支持。

综上，长江置业公司的再审申请不符合《中华人民共和国民事诉讼法》第二百条第（一）项、第（二）项、第（三）项、第（四）项、第（五）项、第（六）项、第（七）项、第（八）项、第（十一）项之规定的情形。本院依照《中华人民共和国民事诉讼法》第二百零四条之规定，裁定如下：

驳回长江置业（湖南）发展有限公司的再审申请。

（二）地方法院典型案例

025. 抽逃出资股东的股东权利受到相应限制，要求公司回购其股权的诉讼请求不应得到支持①

典型意义

股东履行出资义务应当有明确的意思表示，并非所有进入公司的资金都可主张为出资。基于商事关系的复杂性，进入公司的资金，除股东履行出资外，亦有可能系货款的支付或出借资金等。因此，股东的股权性投资或出资性质的款项进入公司后转化为公司的注册资本，应具有明确的投资或补足出资的意思表示。为免争议，应在转账支付时明确备注出资款项的

① 《青岛市中级人民法院公司类纠纷审判典型案例（2022年）》（2022年7月5日发布），三、黄某诉某道公司请求公司收购股份纠纷，载青岛市中级人民法院网站，http：//ytzy. sdcourt. gov. cn/qdzy/spgk66/sszy16/spzdyj/dxxal/8611329/index. html，最后访问日期：2023年6月18日。

性质为股权出资款并要求公司出具相应的投资款收款凭证、要求公司向其出具出资证明书、要求公司在财务会计账目中明确记载，否则款项性质处于不确定的状态，易发生纠纷。

基本案情：2007年2月，某道公司注册资本从100万元增加到500万元，由新股东黄某认缴出资100万元，持股比例为20%。黄某出资的100万元在验资后第二天即全部抽逃。后黄某主张某道公司在未通知黄某的情况下，于章程规定的营业期限届满前作出股东会决议修改公司章程使某道公司长期存续，黄某对该决议不同意，起诉要求判令某道公司以3000万元回购其股份。某道公司抗辩称黄某抽逃全部出资，不具有股东资格，无权要求某道公司回购其股份。黄某对抽逃出资无异议，但主张其已全部补足，双方就黄某或其实际控制的关联公司往来款项是否属于补足出资款的性质各执一词。

裁判要旨：法院经审理认为，黄某具有某道公司股东资格，但其要求某道公司回购股份的权利则应取决于黄某是否实际出资，即在抽逃出资后是否又补足出资。黄某提交转账凭证或备注为货款，或未备注款项用途，并无明确的股权性出资或投资的意思表示。在公司财务会计凭证中亦未作为出资款项予以记载。且黄某亦陈述其多次给公司资金应急，公司使用后又将资金返还。即黄某向公司支付的款项可以返还或取回，与注册资本一经进入公司则不得抽逃的资本维持原则和资本确定原则相悖。且黄某与公司存在大量的资金往来，最终的往来款项是公司向黄某转出的资金总额远远大于黄某向公司转入的总额。因此，无法证明黄某在抽逃全部出资后补缴过出资。故黄某股东权利的行使也应受到相应限制，因其股东权利受到相应限制，其要求某道公司回购其股权的诉讼请求不应得到支持，判决驳回其要求公司回购股份的诉讼请求。

（三）裁判依据

《中华人民共和国民法典》

第一百二十五条 民事主体依法享有股权和其他投资性权利。

《中华人民共和国公司法》

第七十四条 有下列情形之一的，对股东会该项决议投反对票的股东可以请求公司按照合理的价格收购其股权：

（一）公司连续五年不向股东分配利润，而公司该五年连续盈利，并且符合本法规定的分配利润条件的；

（二）公司合并、分立、转让主要财产的；

（三）公司章程规定的营业期限届满或者章程规定的其他解散事由出现，股东会会议通过决议修改章程使公司存续的。

自股东会会议决议通过之日起六十日内，股东与公司不能达成股权收购协议的，股东可以自股东会会议决议通过之日起九十日内向人民法院提起诉讼。

第一百四十二条 公司不得收购本公司股份。但是，有下列情形之一的除外：

（一）减少公司注册资本；

（二）与持有本公司股份的其他公司合并；

（三）将股份用于员工持股计划或者股权激励；

（四）股东因对股东大会作出的公司合并、分立决议持异议，要求公司收购其股份；

（五）将股份用于转换上市公司发行的可转换为股票的公司债券；

（六）上市公司为维护公司价值及股东权益所必需。

公司因前款第（一）项、第（二）项规定的情形收购本公司股份的，应当经股东大会决议；公司因前款第（三）项、第（五）项、第（六）项规定的情形收购本公司股份的，可以依照公司章程的规定或者股东大会的授权，经三分之二以上董事出席的董事会会议决议。

公司依照本条第一款规定收购本公司股份后，属于第（一）项情形的，应当自收购之日起十日内注销；属于第（二）项、第（四）项情形的，应当在六个月内转让或者注销；属于第（三）项、第（五）项、第（六）项情形的，公司合计持有的本公司股份数不得超过本公司已发行股份总额的百分之十，并应当在三年内转让或者注销。

上市公司收购本公司股份的，应当依照《中华人民共和国证券法》的规定履行信息披露义务。上市公司因本条第一款第（三）项、第（五）项、第（六）项规定的情形收购本公司股份的，应当通过公开的集中交易方式进行。

公司不得接受本公司的股票作为质押权的标的。

六、股权转让纠纷

（一）最高人民法院公报案例及典型案例

026. 仅转让公司股权而不导致矿业权主体的变更，不属于矿业权转让，转让合同无需主管部门审批①

大宗集团有限公司、宗锡晋与淮北圣火矿业有限公司、淮北圣火房地产开发有限责任公司、涡阳圣火房地产开发有限公司股权转让纠纷案

裁判摘要

矿业权与股权是两种不同的民事权利，如果仅转让公司股权而不导致矿业权主体的变更，则不属于矿业权转让，转让合同无需地质矿产主管部门审批，在不违反法律、行政法规强制性规定的情况下，应认定合同合法有效。迟延履行生效合同约定义务的当事人以迟延履行期间国家政策变化为由主张情势变更的，不予支持。

① 参见《最高人民法院公报》2016年第6期。

最高人民法院民事判决书

【（2015）民二终字第236号】

上诉人（一审被告）：淮北圣火矿业有限公司。住所地：安徽省淮北市烈火区古饶镇。

法定代表人：张功民，该公司董事长。

委托代理人：许梅，北京市天元律师事务所律师。

委托代理人：王择，北京市天元律师事务所实习律师。

上诉人（一审被告）：淮北圣火房地产开发有限责任公司。住所地：安徽省淮北市孟山中路5幢401室。

法定代表人：张功民，该公司董事长。

委托代理人：朱晓东，北京市天元律师事务所律师。

委托代理人：王择，北京市天元律师事务所实习律师。

上诉人（一审被告）：涡阳圣火房地产开发有限公司。住所地：安徽省涡阳县乐行路南侧河畔铭城小区项目部。

法定代表人：张功民，该公司董事长。

委托代理人：朱晓东，北京市天元律师事务所律师。

委托代理人：王择，北京市天元律师事务所实习律师。

被上诉人（一审原告）：大宗集团有限公司。住所地：山东省滕州市张汪镇大宗村。

法定代表人：宗成乐，该公司董事长。

委托代理人：李长慧，山东慧远律师事务所律师。

委托代理人：於向平，辽宁竞业律师事务所律师。

被上诉人（一审原告）：宗锡晋。

委托代理人：李长慧，山东慧远律师事务所律师。

委托代理人：於向平，辽宁竞业律师事务所律师。

上诉人淮北圣火矿业有限公司（以下简称圣火矿业公司）、淮北圣火房地产开发有限责任公司（以下简称淮北房地产公司）、涡阳圣火房地产开发有限公司（以下简称涡阳房地产公司）因与被上诉人大宗集团有限公司（以下简称大宗公司）、宗锡晋股权转让纠纷一案，不服山东省高级人民法院(2014)鲁商初字第72号民事判决，向本院提起上诉。本院依法组成合议庭，公开开庭进行了审理。上诉人圣火矿业公司的委托代理人许梅、王择，上诉人淮北房地产公司、涡阳房地产公司的委托代理人朱晓东、王择，被上诉人大宗公司、宗锡晋的委托代理人李长慧、於向平，到庭参加诉讼。本案现已审理终结。

一审法院查明：2013年3月24日，大宗公司、宗锡晋为甲方，圣火矿业公司为乙方签订《股权转让协议》。协议内容：甲方共同合法持有宿州宗圣矿业有限公司（以下简称宿州宗圣公司）和淮北宗圣矿业有限公司（以下简称淮北宗圣公司）各44%股权（其中大宗公司各40%，宗锡晋各4%）。乙方系两个公司的股东之一，具有受让两个公司股权的合法权利，愿意受让甲方转让的两个公司股权。经双方协商一致，达成协议。一、甲方同意将持有的两个公司各44%的股权转让给乙方，转让价款为人民币6.5亿元（大写：陆亿伍仟万元）。二、股权转让款支付时间和方式：1. 2014年7月31日前，乙方向甲方支付股权转让款人民币壹亿元；2. 2015年3月31日前，乙方向甲方支付股权转让款人民币壹亿元；3. 2015年6月30日前，乙方向甲方支付股权转让款人民币壹亿元；4. 2015年9月30日前，乙方向甲方支付股权转让款人民币壹亿元；5. 2015年12月31日前，乙方向甲方支付股权转让款人民币贰亿伍仟万元。甲乙双方均同意上述股权转让款向甲方中的大宗公司支付，甲方内部关于股权转让款的分配由甲方自行处理。三、本协议项下全部股权转让款支付完毕后五个工作日内，甲方将持有的两个公司各44%的股权一次性转让给乙方，并协助乙方完成工商变更登记手续。四、关于两个公司资产、物品等财产的特别约定。1. 无论与两个公司拥有的骑路孙煤炭资源、张油坊煤炭资源、梁花园煤炭资源（以下简称三处煤炭资源）相关的探矿许可证或采矿许可证是否作废、到期或失效，乙方均无条件的履行本协议约定的所有条款。2. 与两个公司相关的各种证照、印章、权证双方共管，甲乙双方将召开两个公司股东会研究共管方式，任何一方使用前述物品必须征得对方同意。3. 在本协议约定的付款时间内，如果乙方联系第三方购买两个公司股权或两个公司名下的三处煤炭资源相关的探矿权或采矿权，股权转让款、探矿权或采矿权转让款不明显低于市场价格，且乙方同意股权转让款、探矿权或采矿权转让款中的70%优先用于支付本协议约定的乙方尚未支付的股权转让款，甲方须无条件配合前述权利的转让工作。甲乙双方与前述权利的购买方协商关于甲方投入骑路孙煤炭资源的前期费用由购买方承担事宜。五、违约责任。1. 本协议一经生效，双方必须自觉履行，任何一方违约需承担尚未支付的股权转让款总额20%的违约金，除此之外，违约方需承担以下本条第二款和第三款违约责任。2. 如果甲方违反上述任何一项条款约定，甲方应无条件退还乙方已经支付的股权转让款，并且无偿将持有的两个公司股权转让给乙方。3. 如果乙方违反上述任何一项条款约定，乙方应将其持有的两个公司的股权无偿转让给甲方，并不得要求甲方退还其已向甲方支付的股权转让款。六、甲乙双方经协商一致，可以变更或解除本协议，经协商变更或解除本协议的，双方应另签订变更或解除协议书。甲乙双方本协议签订前签订的协议与本协议内容有冲突的以本协议为准，甲乙双方之前向对方出具的承诺、委托书等文件作废。七、甲方依法承担股权转让过程中应当承担的所有税款，乙方承担股权转让过程中的工商变更登记费用。八、因履行本协议导致的任何争议或纠纷，甲乙双方应友好协商解决，如协商不成的，向大宗公司所在地人民法院起诉。九、本协议经甲乙双方签字或盖章后生效。十、本协议一式六份，甲乙双方各持两份。甲方大宗公司、宗锡晋，乙方圣火矿业公司在协议上盖章签字。

协议签订后，圣火矿业公司依协议约定应当于2014年7月31日前支付第一期股权转让款1亿元，但圣火矿业公司未按期履行付款义务。2014年7月31日，圣火矿业公司向大宗公司出具2千万元的违约金欠条。欠条载明："今欠大宗集团有限公司款2000万元，该笔欠款并保证于2014年8月30日一次性付清。注：该违约金系大宗公司与圣火矿业公司在2013年3月24日签订的第一笔探矿权转让金1亿元所造成的违约金款。"2014年9月5日、9日、11日、12日，圣火矿业公司分四笔共计支付大宗公司违约金1000万元，之后再未支付款项。

一审另查明：2007年7月28日，圣火矿业公司与大宗公司签订《合作经营合同》，约定双方共同注册成立淮北宗圣公司，圣火矿业公司将三处煤炭资源的探矿权转让给淮北宗圣公司，享有公司56%的股权；大宗公司按合作项目的建矿设计承担建矿投资，包括井下工程、地面工程及矿用道路、供电线路、水井和供水管道所需费用，负责办理合作开发经营项目的立项核准工作，承担项目的可行性报告、矿井设计、环评及征地费用，享有公司44%的股权。2007年12月15日，圣火矿业公司与大宗公司签订《合作经营合同》，约定上述三座煤矿的立项核准、可行性报告、矿井设计、环评工作由圣火矿业公司负责办理，如有困难时，大宗公司予以积极协助办理。

2011年9月18日和9月30日，安徽省志远科技咨询有限责任公司对三处煤炭资源井田煤炭勘探探矿权作出评估报告书，三处煤炭资源评估价值共计37.9亿元。2012年12月3日，淮北宗圣公司和宿州宗圣公司作出股东会决议，全权授权宗成乐与皖北矿业集团有限公司洽谈三处煤炭资源开发事宜，开发方式包括股权合作开发或者将三座煤矿全部资源有偿转让给皖北矿业集团有限公司开发。2013年3月24日淮北宗圣公司和宿州宗圣公司作出股东会决议，改为委托张全贤完成寻找和选择股权受让方、评估、谈判和协商等工作。2013年6月28日，淮北矿业（集团）有限责任公司在给淮北市人民政府的《关于合作情况的说明函》中表示其与圣火矿业公司共同合作开发矿产资源，恳请市政府给予相关工作支持。

2014年10月12日《国家能源局关于调控煤炭总量优化产业布局的指导意见》[国能煤炭（2014）454号，以下简称《指导意见》]第三条优化新建项目布局要求：按照“控制东部、稳定中部、发展西部”的总体要求，依据煤炭资源禀赋、市场区位、环境容量等因素确定煤炭产业发展格局。今后一段时间，东部地区原则上不再新建煤矿项目。

一审还查明：2014年10月31日，淮北房地产公司、涡阳房地产公司出具承诺书，载明“2013年3月24日大宗集团有限公司与淮北圣火矿业有限公司签订的股权转让协议所欠款项，具体内容和金额按原合同的约定履行。淮北圣火房地产开发有限责任公司和涡阳圣火房地产开发有限公司承诺：房产销售款首先按合同约定偿还大宗集团有限公司的到期债权。特此承诺。”

圣火矿业公司系张功民、张海燕等4人于2001年1月12日出资设立，淮北房地产公司系张功民、张杰于2006年6月26日出资设立，涡阳房地产公司系圣火矿业公司于2014年4月24日出资设立。大宗公司认为三个公司相互关联并人格混同，经一审法院要求，大宗公司未在规定时间内提交三公司混同的相关证据。

上述事实有股权转让协议、违约金欠条、违约金支付凭证、承诺书、合作经营合同、《指导意见》、庭审笔录等在卷为证。

大宗公司、宗锡晋向一审法院起诉，请求：1. 判令圣火矿业公司支付股权转让款1亿元及违约金1000万元；2. 淮北房地产公司、涡阳房地产公司对上述债务承担连带付款责任；3. 诉讼费用由圣火矿业公司承担。

一审法院认为，本案的争议焦点为：一、本案是否符合情势变更原则，协议应否解除；二、涉案股权转让协议的效力，协议能否继续履行；三、继续履行时，淮北房地产公司、涡阳房地产公司的责任承担问题。

关于焦点一，即本案是否属情势变更问题。该院认为，《最高人民法院关于适用〈中华人民共和国合同法〉若干问题的解释（二）》第二十六条规定，“合同成立以后客观情况发生了当事人在订立合同时无法预见的、非不可抗力造成的不属于商业风险的重大变化，继续履行合同对于一方当事人明显不公平或者不能实现合同目的，当事人请求人民法院变更或者解除合同的，人民法院应当根据公平原则，并结合案件的实际情况确定是否变更或者解除”。所谓情势，是指客观情况，具体泛指一切与合同有关的客观事实。变更是指合同赖以成立的环境或基础发生异常之变动。在确认时，应当注意正确判断是情势变更还是商业风险，需要依案情从可预见性、归责性以及产生后果等方面进行分析。本案中，淮北宗圣公司成立于2007年，涉案三处煤炭资源一直申请办理采矿权手续或立项核准，直到2014年10月12日《指导意见》出台之前，也未获得批准，并且该意见规定，只是在今后一段时间内东部地区原则上不再新建煤矿项目。因此，政策原因并非造成合作开发项目得不到核准的唯一原因。另，作为双方合作成立的公司，双方应共享收益、共担风险，公司股权转让后，转让款应按股东持股比例分配。本案中，圣火矿业公司先行受让了大宗公司、宗锡晋持有的合作公司股权，该做法本身存在着将来转让不能的商业风险，该风险圣火矿业公司应当能够预见。同时，双方2013年3月签订的《股权转让协议》第四条也约定，无论与两个公司拥有的骑路孙煤炭资源、张油坊煤炭资源、梁花园煤炭资源相关的探矿许可证或采矿许可证是否作废、到期或失效，圣火矿业公司均无条件的履行本协议约定的所有条款。综上，可以认定圣火矿业公司对可能存在的风险能够预见。另外考虑到大宗公司诉请的第一笔股权转让款到期时，《指导意见》尚未出台，对该笔股权转让款，可以确认不符合情势变更原则，故对圣火矿业公司以情势变更原则解除合同的抗辩，应不予采信。至于大宗公司是否对淮北宗圣公司有抽逃出资的情况，并不影响本案股权转让合同的目的，故对圣火矿业公司关于标的物质量不符合质量要求而解除合同的抗辩，亦不予采信。大宗公司如果存在抽逃出资的情形，淮北宗圣公司有权要求股东补足出资。

关于焦点二，涉案股权转让协议的效力问题，协议能否继续履行。该院认为，2013年3月24日，大宗公司、宗锡晋与圣火矿业公司签订的《股权转让协议》，系双方真实意思表示，且不违反法律、行政法规的禁止性规定，该协议应当认定合法有效。双方签订的股权转让协议中约定，大宗公司、宗锡晋将合法持有宿州宗圣公司和淮北宗圣公司各44%的股权全部转让给圣火矿业公司，圣火矿业公司支付转让款项。因此，双方系股权转让的法律关系。圣火矿业公司主张本案系转让探矿权，因未经审批合同未生效，对该主张，不予支持。另，依据协议约定，2014年7月31日前，圣火矿业公司向大宗公司、宗锡晋支付股权转让款人民币壹亿元，但圣火矿业公司未履行支付义务，在2014年7月31日，圣火矿业公司向大宗公司出具2000万元的违约金欠条，并于2014年9月5日、9日、11日、12日分四笔共计支付违约金1000万元。由于股权转让协议合法有效，大宗公司、宗锡晋要求圣火矿业公司继续履行，支付已到期应给付的股权转让款1亿元及尚未支付的违约金1000万元的主张，予以支持。另，圣火矿业公司抗辩不再继续履行协议，应按协议约定的违约责任处理。因本案大宗公司、宗锡晋诉求是继续履行原协议，故圣火矿业公司的抗辩理由不能成立，不予采信。

关于焦点三，淮北房地产公司、涡阳房地产公司应承担何种责任。本案中，淮北房地产公司和涡阳房地产公司向大宗公司出具《承诺书》，承诺以房产销售款首先按合同约定偿还大宗公司的到期债权，并在保证人处盖有公章。该院认为，该承诺书系淮北房地产公司、涡阳房地产公司的真实意思表示，其承诺并不违反法律、行政法规的禁止性规定，理应按承诺履行其相应义务。大宗公司要求淮北房地产公司、涡阳房地产公司承担连带责任没有法律依据，但淮北房地产公司、涡阳房地产公司应在其公司的房产销售款中对圣火矿业公司的债务承担共同还款责任。

综上，一审法院依照《中华人民共和国合同法》第四十四条、第六十条、第一百零七条，《中华人民共和国民事诉讼法》第六十四条、第一百三十二条的规定，判决：

一、圣火矿业公司自本判决生效之日十日内向大宗公司、宗锡晋支付股

权转让款1亿元及违约金1000万元;

二、淮北房地产公司、涡阳房地产公司在其公司的房产销售款范围内对上述债务承担共同还款责任;

三、驳回大宗公司、宗锡晋的其他诉讼请求。

如果未按本判决指定的期间履行给付金钱义务,应当依照《中华人民共和国民事诉讼法》第二百五十三条之规定,加倍支付迟延履行期间的债务利息。一审案件受理费591800元、诉讼保全费5000元,共计596800元,由圣火矿业公司负担。

圣火矿业公司不服一审判决,向本院提起上诉称:(一)一审判决认定本案不属于情势变更存在错误。1. 政策变化是导致无法办理采矿权证的核心原因。圣火矿业公司与大宗公司于2007年7月28日签订《合作经营合同》后,即将三处煤炭资源的探矿权转让给淮北宗圣公司和宿州宗圣公司。此后多年间没有成功办理采矿权证,正是因为宗成乐一直没有兑现办理采矿权证和相应建矿手续的承诺。《指导意见》虽然只是使用了"今后一段时间,东部地区原则上不再新建煤矿项目"的表述,但实际操作中新建煤矿项目已经确定不可能实现。正是因为《指导意见》,使得办理采矿权证已成为不可能,基于此,也不会再有任何第三方愿意受让探矿权。如果签订《股权转让协议》时《指导意见》已经存在,那么圣火矿业公司自然不会签订《股权转让协议》。因此,正是由于《指导意见》的出台,使得《股权转让协议》赖以存在的客观情况发生了变化。2. 本案发生的情形不是商业风险,也无法预见。"转让不能"并不是本案发生的风险,《指导意见》才是本案发生的风险。《股权转让协议》实际以股权转让的形式,使得圣火矿业公司获得三处煤炭资源探矿权的全部控制,在未出台《指导意见》的情况下,圣火矿业公司可以自行办理采矿权证,也可以与其他方进行合作,或者再进行转让。即便没有第三方愿意通过受让股权的方式获得三处煤炭资源探矿权,圣火矿业公司仍然可以自行完成对三处煤炭资源的开发。但正是由于《指导意见》的出台，使得三处煤炭资源的探矿权证已经失去价值，圣火矿业公司无法实现自行对三处煤炭资源的开发，也无法与其他方进行合作或者再进行转让，圣火矿业公司拟通过受让股权方式获得三处煤炭资源的探矿权证并进而完成建矿、实现生产的合同目的已经不能实现。3. 三处煤炭资源的探矿权证不存在作废、到期或失效的情形。一审判决认为，《股权转让协议》第四条约定，无论与两个公司拥有的三处煤炭资源相关的探矿许可证或采矿许可证是否作废、到期或失效，圣火矿业公司均无条件的履行本协议约定的所有条款。因此，可以认定圣火矿业公司对可能存在的风险能够预见。一审判决适用该条约定并以此认为圣火矿业公司对可能存在的风险能够预见是错误的。三处煤炭资源探矿权证“到期或失效”的含义，在现行法律中并没有直接的规定，根据有关法规，应理解为在探矿权证到期后由于未延续而过期失效。《指导意见》与上述情形并无关系，《指导意见》的出台并没有导致三处煤炭资源的探矿权证作废、到期或失效。因此，一审判决认定圣火矿业公司能够预见《指导意见》出台的风险也是不能成立的。4. 一审判决对第一笔股权转让款认定不符合情势变更原则存在错误。情势变更原则应对整个合同进行适用，并不能以某些义务到期或者未到期来区别适用情势变更原则。如果认定属于情势变更，其效果是变更或者解除合同。如果解除合同，根据《股权转让协议》的履行情况和合同性质，当然可以恢复原状，第一笔股权转让款自然也应当恢复原状。此外，在《指导意见》出台之前，事实上国家对于新建煤矿已经逐渐收紧。因此，圣火矿业公司出于对政策的担心，未在 2014 年 7 月 31 日前支付第一笔股权转让款。一审判决仅以《指导意见》的出台时间来认定第一笔股权转让款不适用情势变更原则是不符合事实的。如果继续履行合同，则对圣火矿业公司显失公平，由于情势变更，《股权转让协议》应予解除，圣火矿业公司无需再向大宗公司支付任何款项。（二）一审判决认为大宗公司抽逃出资的行为不影响股权转让合同的目的存在错误。一审判决既然已经认为《股权转让协议》是股权转让法律关系，并非转让探矿权，那么大宗公司抽逃出资的行为必然影响股权转让合同的目的。如果存在抽逃出资，股权本身存在瑕疵，作为买卖合同最重要的买卖标的物质量存在瑕疵，大宗公司当然应该承担相应违约责任。但是，一审判决对此事实并未审理。对圣火矿业公司关于调取淮北宗圣公司会计账簿及凭证的申请也未予以处理，而是在未查明事实的情况下径行作出判决。综上，一审判决在查明事实和法律适用上均存在错误。圣火矿业公司上诉请求：1. 撤销一审判决；2. 驳回大宗公司和宗锡晋的全部诉讼请求；3. 本案全部诉讼费用由大宗公司和宗锡晋承担。

淮北房地产公司、涡阳房地产公司不服一审判决，向本院提起上诉称：（一）大宗公司、宗锡晋的起诉理由均不成立，应当驳回其诉讼请求。1. 本案中淮北房地产公司、涡阳房地产公司承诺的仅仅是以将来房产销售款偿还大宗公司的债权，而非以其自有全部财产偿还大宗公司的债权。因此，《承诺书》的内容与保证的性质明显不同，并不构成保证。2. 淮北房地产公司、涡阳房地产公司与圣火矿业公司之间不存在人格混同，大宗公司、宗锡晋并未举证证明。3. 淮北房地产公司、涡阳房地产公司从未承诺承担连带责任。《承诺书》中没有任何“连带”字样或类似词语，对此，一审判决也采相同认定，并未认可大宗公司、宗锡晋在起诉时主张的担保责任性质和连带责任性质，按理应当直接驳回其诉讼请求。（二）一审法院判非所请。根据前述理由可见，大宗公司、宗锡晋起诉时的主张是“担保责任”“连带责任”，从未主张在“公司的房产销售款范围内”承担“共同还款责任”。然而一审法院从未向双方当事人提示过其可能判决承担其他种类的责任，却作出了超出诉请范围的判决，明显存在错误。（三）一审判决履行内容不明确，无法作为执行依据，应当撤销。《承诺书》属于附条件的债务承担：第一，附偿债财产的限定条件。第二，附偿债期限的限定条件。因此，在获得房产销售款前，大宗公司不能要求偿还债权。由于未来是否销售房屋不确定，因此债务清偿的条件何时成就也不确定。鉴于《承诺书》约定的该项义务属于附条件的债务，在条件未成就时该债务并不具备清偿条件。但是，在一审审理中对本案债务履行的条件是否具备，即“房产销售款”是否已经取得，未予查明。因为本案房产是否销售，具有不确定性，不可避免将未来债务是否清偿的实体判断推给执行法官处理，这将严重违背“审执分离”的民事诉讼法律原则。淮北房地产公司、涡阳房地产公司上诉请求：1. 撤销一审判决第一项、第二项；2. 改判驳回大宗公司、宗锡晋的诉讼请求；3. 由大宗公司、宗锡晋承担本案全部诉讼费用。

大宗公司、宗锡晋答辩称：（一）本案《股权转让协议》合法有效，圣火矿业公司应当继续履行。1. 圣火矿业公司称《股权转让协议》是转让探矿权没有事实依据，大宗公司、宗锡晋并非探矿权人，转让的只是公司股权，违约金欠条所称转让探矿权只是圣火矿业公司的单方认识。圣火矿业公司没有履行约定义务，应承担违约责任。2.《股权转让协议》签订后，圣火矿业公司完全控制了两个公司，并支付了部分违约金。淮北宗圣公司成立时，圣火矿业公司没有出资，大宗公司出资后将部分资金又用于了经营，有淮北宗圣公司法定代表人李秀芳签章，而圣火矿业公司法定代表人是李秀芳的儿子，应推定其明知。如果圣火矿业公司认为《股权转让协议》签订时意思表示不真实，也超过了法定的一年除斥期间。(二)《股权转让协议》签订后，国家相关政策的变化并不符合情势变更原则。《股权转让协议》第四条第一款的约定很明确，说明导致三处煤炭资源探矿权许可证和采矿权许可证作废或失效的国家政策变化已经在双方预见范围内，而且约定即使出现上述情形，圣火矿业公司也不能要求解除或变更协议，应无条件的履行合同。圣火矿业公司作为矿业企业，对于该行业可能发生的各种风险，包括自然条件、社会事件及国家政策的变化对企业经营可能带来的风险更是应当预见到。在我国经济区划中，安徽省属于中部而不是东部，《指导意见》不适用于本案。之后，圣火矿业公司出具了欠条和承诺书，并支付了部分违约金，说明其对于《股权转让协议》的约定是清楚的。（三）淮北房地产公司、涡阳房地产公司应在其房产销售款范围内对圣火矿业公司的债务承担共同还款责任。《承诺书》

明确表示以其房产销售款优先偿还大宗公司到期债权。一审法院判决淮北房地产公司、涡阳房地产公司承担共同还款责任，虽与大宗公司主张的连带责任不同，但没有实质区别，不存在判非所请。淮北房地产公司、涡阳房地产公司认为其承担的是附条件的付款责任，房屋是否销售不明确，无法执行的理由不能成立，法院在其恶意不销售房屋的情况下，完全可以拍卖其房产清偿债务。（四）根本不存在大宗公司抽逃淮北宗圣公司出资的问题。圣火矿业公司完全控制了两个公司，已经实现了合同目的，其法定代表人系淮北宗圣公司法定代表人的儿子，对公司股权是否存在瑕疵应明知。圣火矿业公司在安徽省睢县人民法院就此提起了诉讼，说明可以另案解决，对本案没有影响。

二审中，圣火矿业公司提交了四份新证据：第一份证据，2013年10月2日《国务院办公厅关于进一步加强煤矿安全生产工作的意见》，拟证明本案三处煤矿无法新建，已经没有任何价值。第二份证据，《关于安徽省宿州市骑路孙井田煤炭勘查报告矿产资源储量评审备案证明》，拟证明该煤矿属于煤与瓦斯突出矿井。第三份证据，《安徽省宿州市骑路孙井田煤炭勘探报告》，拟证明该处煤炭资源属于煤与瓦斯突出矿井。第四份证据，《关于安徽省淮北煤田张油坊井田煤炭勘探报告矿产资源储量评审备案证明》，拟证明该处煤炭资源属于煤与瓦斯突出矿井。淮北房地产公司、涡阳房地产公司质证意见是认可证据的真实性和圣火矿业公司的陈述。大宗公司、宗锡晋质证意见是：对四份证据的真实性没有异议。其中第一份证据，30万吨和90万吨煤与瓦斯突出矿井不包括本数，对本案不适用；第二份、第三份证据没有意见；第四份证据的表述只是一种推断，不能作为结论。大宗公司、宗锡晋认为该四份证据不能证明发生情势变更，假设出现国家政策的原因导致不能扩建，对此双方当事人已经在股权转让协议中做了明确约定，对此早有预见，不能达到证明目的。

大宗公司、宗锡晋提交了三份新证据：第一份证据，《中共中央、国务院关于促进中部地区崛起的若干意见》［中发（2006）10号］，拟证明安徽省在经济区划上不属于东部地区。第二份证据，2007年7月28日的《合作经营合同》，拟证明双方对由国家政策导致无法建矿的风险有预见。第三份证据，2013年淮北矿业（集团）有限责任公司致淮北市人民政府《关于合作情况的说明函》，拟证明圣火矿业公司提出股权转让是基于其欲与淮北矿业（集团）有限责任公司合作。圣火矿业公司质证意见是：对三份证据真实性没有异议。其中第一份证据并非针对矿产资源事项所发，与本案无关，安徽省人民政府在2014年3月28日就发布通知，明确了煤与瓦斯突出矿井不得新建；第二份证据已经被2013年的股权转让协议代替，而且该协议中也说明发生政策变化时双方要平摊费用；第三份证据一审中已经提交，引用该证据起不到证明作用，该证据也无法说明谁主动提出转让。淮北房地产公司、涡阳房地产公司质证意见是：对第一份证据真实性有异议，安徽省按东部处理，不批新建煤矿；第二份证据说明双方平均分摊前期费用，我们认可按照2007年协议处理，就不需要支付6.5亿元了；对第三份证据真实性认可，但因为安徽省不批新建矿井，导致采矿证办不下来，发生了情势变更。

庭后，大宗公司提交了其对淮北宗圣公司的部分投资明细及相关收据、证明等凭证，合计款项2829448元。圣火矿业公司、淮北房地产公司、涡阳房地产公司提交书面质证意见：1. 关于《机动车销售统一发票》和《中华人民共和国税收通用完税证》。该车辆未登记在淮北宗圣公司名下，也从未使用过该车辆，整个购车流程均是大宗公司操控。2. 关于《证明》、杨宿城身份证复印件、房租付款凭证2张。付款凭证是宿州宗圣公司支付了该款项，付款时间也与租赁期间不一致。3. 关于测绘费发票2张，淮北宗圣公司从未开展具体业务，不应当发生任何测绘费。综上，对大宗公司的证据不予认可，大宗公司不能证明实际对淮北宗圣公司有投资。

对以上证据，本院综合认定如下：圣火矿业公司、大宗公司和宗锡晋各自提交的第一份证据属于国务院颁发的规范性文件，本院依法作为认定本案事实的参考依据；圣火矿业公司提交的其他三份证据，由于各方当事人对其真实性均无异议，本院予以采信；大宗公司、宗锡晋按新证据提交的第二、三份证据在一审过程中已经提交并经过质证，不属于新的证据。对大宗公司提交的其对淮北宗圣公司的部分投资明细及收据、证明等凭证，由于圣火矿业公司、淮北房地产公司、涡阳房地产公司均不予认可，与本案的关联性亦无法确认，本院对该部分证据在本案中不予采信。

二审查明的其他事实与一审查明的事实一致。

本院认为，本案的争议焦点为：（一）一审判决认定第一笔股权转让款不符合情势变更原则是否有误；（二）一审判决认定《股权转让协议》有效是否有误、协议是否应继续履行；（三）一审判决淮北房地产公司、涡阳房地产公司在房产销售款范围内对圣火矿业公司债务承担共同还款责任是否有误；（四）如果存在抽逃出资的情形，是否影响本案的审理。

（一）关于一审判决认定第一笔转让款不符合情势变更原则是否有误的问题

《最高人民法院关于适用〈中华人民共和国合同法〉若干问题的解释（二）》第二十六条规定，"合同成立以后客观情况发生了当事人在订立合同时无法预见的、非不可抗力造成的不属于商业风险的重大变化，继续履行合同对于一方当事人明显不公平或者不能实现合同目的，当事人请求人民法院变更或者解除合同的，人民法院应当根据公平原则，并结合案件的实际情况确定是否变更或者解除"。是否属于所谓情势变更还是商业风险，需要参照合同约定，并从可预见性、归责性以及产生后果等方面进行分析。本案中，淮北宗圣公司成立于2007年，涉案三处煤炭资源一直申请办理采矿权手续或立项核准，直到2014年10月12日《指导意见》之前，也未获得批准，并且该意见规定，只是在今后一段时间内东部地区原则上不再新建煤矿项目，且安徽省是否属于该《指导意见》所确定的东部地区尚需进一步论证。因此，政策原因并非是造成合作开发项目得不到核准的唯一原因。

案涉《股权转让协议》第四条约定，无论与淮北宗圣公司、宿州宗圣公司拥有的三处煤炭资源相关的探矿许可证或采矿许可证是否作废、到期或失效，圣火矿业公司均无条件的履行本协议约定的所有条款；第二条约定，2014年7月31日前，圣火矿业公司向大宗公司支付第一笔股权转让款。圣火矿业公司对此并无异议，且在第一笔转让款期满不能支付的情况下向大宗公司出具了2000万元的违约金欠条并实际履行1000万元，而《指导意见》出台时间是在2014年10月12日，故对该笔股权转让款，一审判决认定不符合情势变更原则，有事实依据。圣火矿业公司以情势变更原则不应履行支付第一笔股权转让款的抗辩，本院不予采信。

（二）关于一审判决认定股权转让协议有效、协议是否应继续履行的问题

2013年3月24日，大宗公司、宗锡晋与圣火矿业公司签订的《股权转让协议》，系双方真实意思表示，且不违反法律、行政法规的禁止性规定，一审判决认定该协议合法有效并无不当。双方在协议中约定，大宗公司、宗锡晋将合法持有宿州宗圣公司和淮北宗圣公司各44%的股权全部转让给圣火矿业公司，圣火矿业公司支付转让款项。三处煤炭资源的探矿权许可证和采矿权许可证始终在两个目标公司名下，不存在变更、审批的问题。《股权转让协议》签订后，圣火矿业公司也实际控制了两个目标公司，实现了合同目的。因此，双方系股权转让的法律关系，圣火矿业公司主张本案系转让探矿权，因未经审批合同未生效，对该主张，本院不予支持。

鉴于大宗公司、宗锡晋的一审诉讼请求只是请求判令圣火矿业公司支付第一期股权转让款及违约金，并无请求进一步继续履行案涉协议的诉求，故尽管一审判决中有“由于股权转让协议合法有效，大宗公司、宗锡晋要求圣火矿业公司继续履行，支付已到期应给付的股权转让款1亿元及尚未支付的违约金1000万元的主张，本院予以支持”等相关表述，但仍然是基于大宗公司、宗锡晋请求支付第一笔股权转让款及违约金的诉求，而对于案涉《股权

转让协议》是否应进一步继续履行，需要当事人以积极的行为进行主张。圣火矿业公司主张本案符合情势变更原则，协议不应再继续履行，但由于案涉第一笔股权转让款的支付不符合情势变更原则，圣火矿业公司针对第一笔股权转让款项支付的抗辩不能成立。至于案涉《股权转让协议》是否应进一步继续履行、是否应予解除的问题，由于大宗公司、宗锡晋在一审中并没有主张，圣火矿业公司亦未提出反诉，故该部分事项已经超出了本案二审的审理范围，本院不予审理。

（三）关于一审判决淮北房地产公司、涡阳房地产公司在房产销售款范围内对圣火矿业公司债务承担共同还款责任是否有误的问题

本案中，淮北房地产公司和涡阳房地产公司向大宗公司出具《承诺书》，承诺以房产销售款首先按合同约定偿还大宗公司的到期债权，并在保证人处盖有公章。本院认为，该承诺书系淮北房地产公司、涡阳房地产公司的真实意思表示，其承诺并不违反法律、行政法规的禁止性规定，理应按照承诺履行其相应义务。大宗公司起诉淮北房地产公司、涡阳房地产公司的实质是请求两房地产公司基于承诺函的约定承担相应的法律责任，一审法院经审查认定淮北房地产公司、涡阳房地产公司不构成连带保证责任，但应在其房产销售款中对圣火矿业公司的债务承担共同还款责任，一审判决实质上并未加重其民事责任，本院予以维持。淮北房地产公司、涡阳房地产公司的房产是否销售，相关部门均有登记，税务部门也有凭证，不存在不确定性问题，也不存在无法执行的情况。淮北房地产公司、涡阳房地产公司的该主张没有事实和法律依据，本院不予支持。

（四）关于如果存在抽逃出资的情形，是否影响本案的审理的问题

一审判决认为，大宗公司如果存在对淮北宗圣公司抽逃出资的情形，淮北宗圣公司有权要求股东补足出资。圣火矿业公司二审中提交证据证明其已针对大宗公司抽逃出资问题向安徽省睢县人民法院提起了诉讼，可以证明其权利尚有救济渠道，故圣火矿业公司请求中止本案审理没有法律依据，本院

不予支持。

综上，圣火矿业公司、淮北房地产公司、涡阳房地产公司的上诉请求不能成立，一审判决认定事实清楚，适用法律正确，应予维持。依照《中华人民共和国民事诉讼法》第一百七十条第一款第一项之规定，判决如下：

驳回上诉，维持原判。

二审案件受理费591800元，由上诉人淮北圣火矿业有限公司、淮北圣火房地产开发有限责任公司、涡阳圣火房地产开发有限公司共同负担。

本判决为终审判决。

027. 产权交易所不具有处置法律纠纷的职能，无权对股东是否享有优先购买权等作出法律意义上的认定①

中静实业（集团）有限公司诉上海电力实业有限公司等股权转让纠纷案

裁判摘要

虽然国有产权转让应当进产权交易所进行公开交易，但因产权交易所并不具有判断交易一方是否丧失优先购买权这类法律事项的权利，在法律无明文规定且股东未明示放弃优先购买权的情况下，享有优先购买权的股东未进场交易，并不能根据交易所自行制定的“未进场则视为放弃优先购买权”的交易规则，得出其优先购买权已经丧失的结论。

原告：中静实业（集团）有限公司，住所地：上海市罗城路。

法定代表人：高央，该公司董事长。

① 参见《最高人民法院公报》2016年第5期。

被告：上海电力实业有限公司，住所地：上海市宁波路。

法定代表人：徐景国，该公司总经理。

被告：中国水利电力物资有限公司，住所地：北京市西城区复兴门外大街。

法定代表人：郑文元，该公司董事长。

第三人：上海新能源环保工程有限公司，住所地：上海市江西中路。

法定代表人：朱开情，该公司董事长。

第三人：上海联合产权交易所，住所地：上海市广东路。

法定代表人：蔡敏勇，该公司总裁。

原告中静实业（集团）有限公司（以下简称中静公司）因与被告上海电力实业有限公司（以下简称电力公司）、被告中国水利电力物资有限公司（以下简称水利公司）、第三人上海新能源环保工程有限公司（以下简称新能源公司）、第三人上海联合产权交易所（以下简称产交所）发生股权转让纠纷，向上海市黄浦区人民法院提起诉讼。

原告中静公司诉称：其和被告电力公司为第三人新能源公司股东，两公司分别持股38.2%、61.8%。2012年6月1日，电力公司未经中静公司同意擅自将其持有的股份在产交所挂牌交易，中静公司于7月2日向第三人产交所提出异议，明确表示保留优先购买权，要求暂停交易重新进行信息披露，但电力公司为避免中静公司行使优先购买权，在被告水利公司未缴纳保证金情况下于7月3日与水利公司签订了产权交易合同，而且整个交易是在中静公司异议审查期间完成的，产交所于7月6日才向中静公司送达交易不予中止决定通知书。中静公司认为，电力公司擅自转让股份侵害了其股东优先购买权，水利公司和产交所以中静公司未进场交易为由认定中静公司放弃优先购买权没有法律依据，故请求判令：中静公司对电力公司与水利公司转让的新能源公司的61.8%股权享有优先购买权，并以转让价人民币48691000元（以下币种均为人民币）行使该优先购买权。审理中，中静公司表示愿意接受电力公司、水利公司签订转让合同的条件。

被告电力公司辩称：对外转让股权由第三人新能源公司2012年2月15日的股东会决议通过，原告中静公司亦表示同意。电力公司属集体所有制企业，按相关法律规定其股权转让须进产权交易所挂牌交易，中静公司收到挂牌交易通知后未至产交所行权，等于放弃了优先购买权的行使，故其诉讼请求不能成立。

被告水利公司辩称：原告中静公司怠于到第三人产交所行权，已经放弃了优先购买权的行使。水利公司与被告电力公司的股权交易过程合法公平公正，且水利公司已经支付股权转让款并完成了股权转让的附随条件，其善意第三人的合法权利应当得到法律保护。故不同意中静公司的诉讼请求。

第三人新能源公司发表意见认为：第三人产交所的交易过程合法，被告水利公司已经取得新能源公司的股东资格。

第三人产交所发表意见认为：交易所完全遵循交易规则，项目信息披露真实、准确、完整。原告中静公司在挂牌截止的最后一天仅以被告电力公司提交材料存在重大遗漏和权属存在争议为由要求暂停交易，经核实其所述不实，被告水利公司取得股权合法有效。国资法规定国有资产转让应在产权交易场所公开进行，中静公司行使优先购买权的前提条件是“在同等条件下”，既包括程序上的同等也包括实体上的同等，国有产权交易的程序是交易主体应当进场交易，中静公司拒绝进场交易，视为其放弃了优先购买权，否则有违同等条件中程序同等的规定。

上海市黄浦区人民法院一审查明：

第三人新能源公司成立于1999年3月16日，股东原为上海电力实业总公司（后更名为电力公司）、上海工业投资（集团）有限公司、上海环保工程成套有限公司、中国中静能源投资有限公司（以下简称中静能源），各方持股分别为45%、10%、6.8%、38.2%。

2010年2月10日，被告电力公司和中静能源签订《关于新能源公司之增资及股权调整框架协议》(以下简称框架协议),约定:双方共同收购上海工业投资(集团)有限公司、上海环保工程成套有限公司的股份,使得电力公司和中静能源股权占比分别为51%和49%;中静能源尽快将其持有的38.2%股权转让给中静公司,使新能源公司变更为内资公司。

2010年5月,原告中静公司取代中静能源成为第三人新能源公司股东。8月6日,被告电力公司与中静公司签订补充协议书,约定:由电力公司先行出资受让上海工业投资(集团)有限公司和上海环保工程成套有限公司的股权计16.8%,电力公司与中静公司在新能源公司的股权占比分别为61.8%、38.2%;电力公司受让股权后,在同样条件下将新能源公司10.8%的股权转让给中静公司,或在增资过程中,由双方针对具体情况将股权比例调整为电力公司占51%,中静公司占49%,并最终根据框架协议的规定,将双方股权比例调整为各占50%。12月1日,第三人产交所出具电力公司受让上海工业投资(集团)有限公司和上海环保工程成套有限公司持有新能源公司16.8%股权的产权交易凭证。

2012年2月15日,第三人新能源公司通过股东会决议,内容为:1. 同意电力公司转让其所持61.8%股权,转让价以评估价为依据;2. 中静公司不放弃优先购买权;3. 股权转让相关手续由双方按法定程序办理;4. 股权转让后,相应修改公司章程及股东出资额记载;5. 委托上海沪港金茂会计师事务所有限公司、上海东州资产评估有限公司进行财务审计和资产评估;6. 转让评估基准日为2011年12月31日。

2012年5月25日,第三人新能源公司将股权公开转让材料报送第三人产交所。6月1日,产交所公告新能源公司61.8%股权转让的信息:挂牌期为2012年6月1日至7月2日;“标的企业股权结构”一栏载明老股东未放弃行使优先购买权;“交易条件”为挂牌价格48691000元,一次性付款,继续履行原标的公司员工的劳动合同,支持标的企业长远发展,促进标的公司业绩增长;意向受让方应在确认资格后3个工作日内向产交所支付保证金1400万元，否则视为放弃受让资格；若挂牌期满只征集到一个符合条件的意向受让方，则采用协议方式成交，保证金充作股权转让款；若征集到两个或两个以上符合条件的意向受让方，则采取竞价方式确定受让人；意向受让方在产交所出具产权交易凭证后1个工作日内须代标的公司偿还其对转让方的3500万元债务。标的公司其他股东拟参与受让的，应在产权转让信息公告期间向产交所提出受让申请，并在竞价现场同等条件下优先行使购买权，否则视为放弃受让。

被告电力公司通过手机短信、特快专递、公证等方式通知了原告中静公司相关的挂牌信息。

7月2日，原告中静公司向产交所发函称，根据框架协议及补充协议，系争转让股权信息披露遗漏、权属存在争议，以及中静公司享有优先购买权，请求第三人产交所暂停挂牌交易，重新披露信息。

7月3日，被告水利公司与被告电力公司签订产权交易合同，内容为：合同交易的标的为电力公司持有的新能源公司61.8%股权；合同标的产权价值及双方交易价款为48691000元；价款（包括保证金）在签订合同后5个工作日内一次性支付；新标的公司须继续履行原标的公司员工的劳动合同；在第三人产交所出具交易凭证后1个工作日内，水利公司须代第三人新能源公司偿还其对电力公司的3500万元的债务，一次性付到电力公司指定账户等。次日，产交所出具产权交易凭证，水利公司亦履行了股权转让款以及债务承担的合同义务。同日，产交所发出不予中止交易决定书给原告中静公司称，经审核，股权转让程序符合产权交易相关规定，故决定不同意中静公司的申请。9月11日，新能源公司向水利公司出具出资证明书，并将其列入公司股东名册，但未能办理工商登记变更。

上海市黄浦区人民法院一审认为：

首先，股东优先购买权是公司法赋予股东的法定权利，《中华人民共和国公司法》仅在第七十三条规定了法院强制执行程序中，优先购买权股东被通知后法定期间内不行权，视为放弃优先购买权，《中华人民共和国公司法》及司法解释并未规定其他情形的失权程序；其次，根据《最高人民法院关于贯彻执行〈中华人民共和国民法通则〉若干问题的意见（试行）》的规定，不作为的默示效果只有在法律有规定或者当事人双方有约定的情况下，才可视为意思表示；最后，产交所作为依法设立的产权交易平台，法律并未赋予其判断交易标的是否存在权属争议和交易一方是否丧失优先购买权这类法律事项的权利。

综上，在法律无明文规定，且原告中静公司未明示放弃优先购买权的情况下，中静公司未进场交易并不能得出其优先购买权已丧失的结论。从商事交易的角度来说，商事交易尽管要遵循效率导向，也要兼顾交易主体利益的保护。并且，优先购买权股东未进场交易，第三人产交所亦可通知其在一定期限内作出是否接受最后形成的价格的意思表示，不到场并不必然影响交易的效率。若片面强调优先权股东不到场交易则丧失优先购买权，无疑突出了对产交所利益和善意第三人利益的保护，而弱化了对优先购买权股东利益的保护，必将导致利益的失衡。

原告中静公司在股权交易前提出了异议，第三人产交所应及时答复。参照《企业国有产权交易操作规则》的相关规定，信息公告期间出现影响交易活动正常进行的情形，或者有关当事人提出中止信息公告书面申请和有关材料后，产权交易机构可以作出中止信息公告的决定。对于提出异议的优先购买权股东而言，其在未被产交所及时答复异议前不知交易是否如期进行，因而不到场，不能视为其放弃受让。故在中静公司未明确放弃优先购买权的情况下，被告电力公司与水利公司的股权转让合同不生效。

由于对优先购买权的行使除《中华人民共和国公司法》规定的“同等条件”外，法律尚无具体规定，司法实践中亦无参考先例。考虑到第三人新能源公司目前的实际状况，同时为防止股东优先购买权的滥用，即确权后不行权，导致保护优先购买权成空文或对股权出让人和受让人的利益造成损害，因此，需要确定股东的优先购买权的行权期限、行权方式。参照《中华人民共和国公司法》第七十三条的规定，法院认为，可以要求原告中静公司在确权生效后 20 日内行权，否则视为放弃行权。只有中静公司放弃行权，被告电力公司与水利公司的股权转让合同才生效。关于行权方式，中静公司应按照国有资产转让的规定办理。综上所述，中静公司主张其对电力公司与水利公司转让的新能源公司的 61.8%股权享有优先购买权并要求行权的诉讼请求，于法有据，予以支持，其行权内容、条件应与电力公司、水利公司之间签订的产权交易合同相同。

据此，上海市黄浦区人民法院依照《中华人民共和国公司法》第七十二条第三款、第七十三条，《中华人民共和国企业国有资产法》第五十四条第二款，《最高人民法院关于贯彻执行〈中华人民共和国民法通则〉若干问题的意见（试行）》第六十六条之规定，于 2014 年 9 月 25 日判决如下：

原告中静实业（集团）有限公司对被告上海电力实业有限公司与被告中国水利电力物资有限公司转让的第三人上海新能源环保工程有限公司的股权享有优先购买权；原告中静实业（集团）有限公司应当在本判决生效之日起二十日内行使优先购买权，否则视为放弃；原告中静实业（集团）有限公司优先购买权的行使内容、条件，与被告上海电力实业有限公司和被告中国水利电力物资有限公司签订的产权交易合同相同。

一审宣判后，电力公司、水利公司均不服，向上海市第二中级人民法院提出上诉。

上诉人电力公司上诉称：被上诉人中静公司未在规定期限内进场交易积极行使股东优先购买权，故其已丧失该项权利；中静公司在涉案股权于产交所挂牌公告期届满最后一日提出的暂停交易的理由违反诚实信用原则，不应得到法律保护。基于此，电力公司认为一审判决有误，请求撤销原判，依法改判驳回中静公司的全部原审诉讼请求。

上诉人水利公司上诉称：一审法院在没有法律规定的情况下，自行创设失权程序，存在逻辑缺陷，并且存在适用法律错误的情况；本案不存在电力公司或者水利公司侵害被上诉人中静公司股东优先购买权的事实，而是中静公司恶意阻挠正常的股权交易。原审判决一味强调保护股东优先购买权，却损害了正常的交易秩序以及公平原则。基于此，水利公司亦认为原审判决有误，请求撤销原判，依法改判驳回中静公司的全部原审诉讼请求。

上诉人电力公司和水利公司相互间对于对方的上诉请求和事实理由表示认同。

被上诉人中静公司辩称：本案实质即上诉人电力公司侵害了中静公司的股东优先购买权。电力公司自始至终未将拟转让的对象等股权转让的具体情况通知中静公司；中静公司已经在挂牌公告期间内向产交所提出了异议，要求产交所暂停挂牌交易，故中静公司并未丧失股东优先购买权。反而是产交所收到中静公司的申请后，未及时予以答复，仍然促成电力公司和水利公司完成交易，明显侵害了中静公司的股东优先购买权。中静公司认可一审判决。

一审第三人新能源公司及一审第三人产交所均认可上诉人电力公司及上诉人水利公司的上诉请求。

上海市第二中级人民法院经二审，确认了一审查明的事实。

上海市第二中级人民法院二审认为：

本案的争议焦点为：被上诉人中静公司是否已经丧失了涉案股权的股东优先购买权。

法院认为，中静公司并未丧失涉案股权的股东优先购买权。

第一，考虑到有限公司的人合性特征，《中华人民共和国公司法》等相关法律法规规定了股东向股东以外的人转让股权的，应当向其他股东充分履行通知义务。其他股东在同等条件下享有优先购买权。此处所涉通知的内容，应当包括拟转让的股权数量、价格、履行方式、拟受让人的有关情况等多项主要的转让条件。结合本案，首先，在上诉人电力公司于一审第三人新能源公司股东会议中表示了股权转让的意愿后，被上诉人中静公司已明确表示不放弃优先购买权。其次，电力公司确定将股权转让给上诉人水利公司后，也并未将明确的拟受让人的情况告知中静公司。故而对于中静公司及时、合法的行权造成了障碍。而权利的放弃需要明示，故不能当然地认定中静公司已经放弃或者丧失了该股东优先购买权。

第二，被上诉人中静公司在一审第三人产交所的挂牌公告期内向产交所提出了异议，并明确提出了股东优先购买权的问题，要求产交所暂停挂牌交易。但产交所未予及时反馈，而仍然促成上诉人电力公司与水利公司达成交易，并在交易完成之后，方通知中静公司不予暂停交易，该做法明显欠妥。需要说明的是，产交所的性质为经市政府批准设立，不以盈利为目的，仅为产权交易提供场所设施和市场服务，并按照规定收取服务费的事业法人。基于此，产交所并非司法机构，并不具有处置法律纠纷的职能，其无权对于中静公司是否享有优先购买权等作出法律意义上的认定。故当中静公司作为新能源公司的股东在挂牌公告期内向产交所提出异议时，产交所即应当暂停挂牌交易，待新能源公司股东之间的纠纷依法解决后方恢复交易才更为合理、妥当。故其不应擅自判断标的公司其余股东提出的异议成立与否，其设定的交易规则也不应与法律规定相矛盾和冲突。

综上所述，一审认定事实清楚，判决并无不当。据此，上海市第二中级人民法院依照《中华人民共和国民事诉讼法》第一百七十条第一款第（一）项之规定，于 2015 年 4 月 22 日判决如下：

驳回上诉，维持原判。

本判决为终审判决。

028. 股权转让股东明知公司法定代表人越权担保，公司不承担担保责任[①]

嘉茂公司股东登记为彭辉、陈云川及案外人孙长江、肖茂雄，陈云川为公司法定代表人。2015年7月20日，彭辉、陈云川、孙长江、肖茂雄、嘉茂公司签订《股权转让协议书》，约定彭辉将其占嘉茂公司42%的股份以人民币4000万元的价格全部转让给陈云川、孙长江、肖茂雄，并对具体转让事宜进行了约定。2017年4月19日，彭辉与陈云川、嘉茂公司签订《补充协议书》，约定嘉茂公司自愿对陈云川所欠彭辉的全部股权转让款本息承担连带给付责任。后因陈云川未按约定支付股权转让款，彭辉向湖南省株洲市中级人民法院提起诉讼，请求判令陈云川支付股权转让款及利息暂合计2648.9199万元，嘉茂公司承担连带给付责任。湖南省高级人民法院二审认为，彭辉作为转让股东明知公司股权状况，未提供证据证明其有理由相信该行为已经公司股东会决议同意，其自身存在明显过错，不属于善意相对人，判决嘉茂公司不承担连带给付责任。

公司法定代表人未经授权擅自为他人提供担保的，构成越权代表，在判断越权代表行为的效力时，人民法院应当区分订立合同时债权人是否善意，分别认定合同效力：债权人为善意的，则合同应当有效；反之则应当认定合同无效。而债权人善意的标准就是债权人是否对决议进行了形式审查。本案中，彭辉和陈云川都是嘉茂公司股东，同时该公司还有其他两位股东。彭辉要求嘉茂公司对陈云川应支付其的股权转让款进行担保，属于公司为股东担

① 《2019年度人民法院十大商事案件》（最高人民法院2020年1月18日发布），二、公司为股东之间股权转让款支付提供担保无效案——彭辉诉陈云川、湖南嘉茂房地产开发有限公司股权转让纠纷案，载最高人民法院网，https：//www.court.gov.cn/zixun-xiangqing-217951.html，最后访问日期：2023年6月15日。

保，必须经公司股东会同意，然而公司并没有召开股东会，这显然违反了《中华人民共和国公司法》第十六条第二款的规定。由于彭辉明知没有召开股东会，也明知陈云川是越权对公司进行担保，此种情形下，陈云川虽然形式上是公司的法定代表人，但该越权代表行为不应当对公司发生效力，公司也不应当对该行为承担法律责任。

（二）地方法院典型案例

029.《股权转让协议》中已经披露债务金额，对实际执行中超出的金额原股东不承担责任[①]

基本案情：2010 年 3 月 23 日，王某与刘某签署《股权转让协议》，刘某将其持有的某房地产公司百分之百的股权转让给王某，股权对价为 1.4 亿元。该转让价不包括协议附件未予列明的任何未披露债务，对于未披露债务，刘某应承担偿还责任。协议附件 1 列明了房地产公司转让资产负债清单，披露了房地产公司对外所负的三笔债务情况，共计 3150 万元。附件 3 约定保留剩余股权转让款 3200 万，如股权出让方未能清偿上述款项，导致不能如期办理土地证，王某可以用剩余股权转让款直接清偿。《股权转让协议》签订后，王某按约支付了 9800 万元股权转让款。房地产公司所负三笔债务在 2018 年通过强制执行程序履行本金、利息等共计 1.1 亿余元。王某起诉要求刘某承担源于上述三项债务产生的执行款。

裁判要旨：法院经审理认为，王某与刘某签订的《股权转让协议》中对于房地产公司的债务情况，包括基础合同关系、债权人、债务金额 3150 万元

① 《青岛市中级人民法院公司类纠纷审判典型案例（2022 年）》（2022 年 7 月 5 日发布），八、王某诉刘某股权转让纠纷，载青岛市中级人民法院网站，http：//ytzy. sdcourt. gov. cn/qdzy/spgk66/sszy16/spzdyj/dxxal/8611329/index. html，最后访问日期：2023 年 6 月 18 日。

等已作出披露，还约定为保障股权受让方权益，保留剩余股权转让款 3200 万以保障王某的合法权益。王某主张的实际履行金额 1 亿多元，远远大于三项已披露债务的总和 3150 万元，在签订涉案《股权转让协议》时，公司对外负债金额及债权人具体明确，不存在公司在后续经营过程中无法清偿债务的障碍，后续实际执行的债务金额远远大于股权转让时明确约定的债务金额并非刘某原因。并且股权转让时刘某承诺保留剩余股权转让款 3200 万未支付，以保留剩余股权转让款的方式处理所涉已披露债务。王某起诉要求刘某承担源于上述三项债务产生的执行款依据不足，不予支持。

典型意义

股权转让协议实质上是一种特殊标的的买卖合同，转让方披露信息的真实性，对受让方达成投资决策、判断股权价值至关重要，因此在股权转让协议中应该明确约定转让方的披露义务及违约责任。一方面，可以帮助受让方对受让股权正确估值；另一方面，能够避免转让方承担因未如实披露信息导致的责任不明。通常对于公司资产、业务、合同、负债、劳动关系、涉诉情况、关联交易等可能严重影响股权价值判断的事项均应予以明确约定。本案中，王某与刘某签订的《股权转让协议》中对于目标公司涉及的债权人、基础合同关系、债务金额等均已作出披露，还约定了以保留部分股权转让款的方式处理债务。纠纷发生时，便于人民法院根据协议约定厘清责任，转让方避免因股权转让协议约定不明而背负巨额债务。

030. 股权让与担保应为非典型担保形式，而非股权转让，不能据此请求对方支付股权转让款[①]

基本案情：某投资公司系第三人化工公司的股东，持股32.49%。第三人化工公司资金短缺，为引进某投资控股集团进行投资，让某投资公司以其在公司的全部股权32.49%（其中5.32%已质押给银行）进行担保。第三人某化工公司与某投资控股集团签订了《借款协议》。某投资公司与某投资控股集团同时签订了《股权转让协议》及《股权回购协议》等。因某投资公司的小部分股权已质押给他人并办理了质押登记，该套协议到工商机关办理过户手续时受到限制。为向工商机关办理过户手续，各方就未质押的部分27.17%股权又签订了一整套协议，包括《借款协议》《股权转让协议》《股权回购协议》，并进行了工商登记。在目标公司经营困难时，某投资公司就以在工商机关登记的协议中《借款合同》未履行，《股权回购协议》未履行，实际股权已转让给投资控股集团为由，诉至法院，请求某投资控股集团支付其股权转让款，并赔偿损失。

裁判要旨：法院经审理认为，所谓股权让与担保应为非典型性的担保形式，债务人或者第三人与债权人订立合同，约定将股权转让至债权人名下，债务人到期清偿债务，债权人将该股权返还给债务人或第三人，债务人到期没有清偿债务，债权人可以对股权拍卖、变卖、折价偿还债权。具体到本案，债务人应系本案第三人某化工公司，债权人系某投资控股集团，某投资公司系担保人，某投资公司与某投资控股集团虽然签订了股权转让协议，但双方的真实意思表示应为让与担保，而非股权转让。法院认为，某投资公司主张

① 《青岛市中级人民法院公司类纠纷审判典型案例（2022年）》（2022年7月5日发布），九、某投资公司诉某投资控股集团、第三人某化工公司等股权转让纠纷，载青岛市中级人民法院网站，http://ytzy.sdcourt.gov.cn/qdzy/spgk66/sszy16/spzdyj/dxxal/8611329/index.html，最后访问日期：2023年6月18日。

本案系股权转让纠纷，要求某投资控股集团支付股权转让款及赔偿损失的诉讼请求不成立，应予驳回。

典型意义

让与担保系新型的、非典型的担保形式，为公司的融资提供了新的便利，同时也带来了风险。以股权质押进行的让与担保含有股权转让的形式，更容易引起歧义和纠纷。本案中，某投资控股集团设计了非常完美的《股权转让协议》《股权回购协议》《借款协议》等，也均履行了股东会、董事会的批准、优先权的放弃等决议。因为有部分股权存在质押，为办理工商机关的变更登记，设计了两套协议，但未明确应以哪套协议为准，留下了漏洞，形成了诉讼。

（三）裁判依据

《中华人民共和国民法典》

第一百二十五条 民事主体依法享有股权和其他投资性权利。

《中华人民共和国公司法》

第七十一条 有限责任公司的股东之间可以相互转让其全部或者部分股权。

股东向股东以外的人转让股权，应当经其他股东过半数同意。股东应就其股权转让事项书面通知其他股东征求同意，其他股东自接到书面通知之日起满三十日未答复的，视为同意转让。其他股东半数以上不同意转让的，不同意的股东应当购买该转让的股权；不购买的，视为同意转让。

经股东同意转让的股权，在同等条件下，其他股东有优先购买权。两个以上股东主张行使优先购买权的，协商确定各自的购买比例；协商不成的，按照转让时各自的出资比例行使优先购买权。

公司章程对股权转让另有规定的，从其规定。

第七十二条 人民法院依照法律规定的强制执行程序转让股东的股权时，应当通知公司及全体股东，其他股东在同等条件下有优先购买权。其他股东自人民法院通知之日起满二十日不行使优先购买权的，视为放弃优先购买权。

第七十五条 自然人股东死亡后，其合法继承人可以继承股东资格；但是，公司章程另有规定的除外。

第一百三十八条 股东转让其股份，应当在依法设立的证券交易场所进行或者按照国务院规定的其他方式进行。

第一百三十九条 记名股票，由股东以背书方式或者法律、行政法规规定的其他方式转让；转让后由公司将受让人的姓名或者名称及住所记载于股东名册。

股东大会召开前二十日内或者公司决定分配股利的基准日前五日内，不得进行前款规定的股东名册的变更登记。但是，法律对上市公司股东名册变更登记另有规定的，从其规定。

第一百四十条 无记名股票的转让，由股东将该股票交付给受让人后即发生转让的效力。

第一百四十一条 发起人持有的本公司股份，自公司成立之日起一年内不得转让。公司公开发行股份前已发行的股份，自公司股票在证券交易所上市交易之日起一年内不得转让。

公司董事、监事、高级管理人员应当向公司申报所持有的本公司的股份及其变动情况，在任职期间每年转让的股份不得超过其所持有本公司股份总数的百分之二十五；所持本公司股份自公司股票上市交易之日起一年内不得转让。上述人员离职后半年内，不得转让其所持有的本公司股份。公司章程可以对公司董事、监事、高级管理人员转让其所持有的本公司股份作出其他限制性规定。

第一百四十四条 上市公司的股票，依照有关法律、行政法规及证券交易所交易规则上市交易。

《最高人民法院关于适用〈中华人民共和国公司法〉若干问题的规定（四）》

第十六条 有限责任公司的自然人股东因继承发生变化时，其他股东主张依据公司法第七十一条第三款规定行使优先购买权的，人民法院不予支持，但公司章程另有规定或者全体股东另有约定的除外。

第十七条 有限责任公司的股东向股东以外的人转让股权，应就其股权转让事项以书面或者其他能够确认收悉的合理方式通知其他股东征求同意。其他股东半数以上不同意转让，不同意的股东不购买的，人民法院应当认定视为同意转让。

经股东同意转让的股权，其他股东主张转让股东应当向其以书面或者其他能够确认收悉的合理方式通知转让股权的同等条件的，人民法院应当予以支持。

经股东同意转让的股权，在同等条件下，转让股东以外的其他股东主张优先购买的，人民法院应当予以支持，但转让股东依据本规定第二十条放弃转让的除外。

第十八条 人民法院在判断是否符合公司法第七十一条第三款及本规定所称的“同等条件”时，应当考虑转让股权的数量、价格、支付方式及期限等因素。

第十九条 有限责任公司的股东主张优先购买转让股权的，应当在收到通知后，在公司章程规定的行使期间内提出购买请求。公司章程没有规定行使期间或者规定不明确的，以通知确定的期间为准，通知确定的期间短于三十日或者未明确行使期间的，行使期间为三十日。

第二十条 有限责任公司的转让股东，在其他股东主张优先购买后又不同意转让股权的，对其他股东优先购买的主张，人民法院不予支持，但公司章程另有规定或者全体股东另有约定的除外。其他股东主张转让股东赔偿其损失合理的，人民法院应当予以支持。

第二十一条 有限责任公司的股东向股东以外的人转让股权，未就其股权转让事项征求其他股东意见，或者以欺诈、恶意串通等手段，损害其他股东优先购买权，其他股东主张按照同等条件购买该转让股权的，人民法院应当予以支持，但其他股东自知道或者应当知道行使优先购买权的同等条件之日起三十日内没有主张，或者自股权变更登记之日起超过一年的除外。

前款规定的其他股东仅提出确认股权转让合同及股权变动效力等请求，未同时主张按照同等条件购买转让股权的，人民法院不予支持，但其他股东非因自身原因导致无法行使优先购买权，请求损害赔偿的除外。

股东以外的股权受让人，因股东行使优先购买权而不能实现合同目的的，可以依法请求转让股东承担相应民事责任。

第二十二条 通过拍卖向股东以外的人转让有限责任公司股权的，适用公司法第七十一条第二款、第三款或者第七十二条规定的“书面通知”“通知”“同等条件”时，根据相关法律、司法解释确定。

在依法设立的产权交易场所转让有限责任公司国有股权的，适用公司法第七十一条第二款、第三款或者第七十二条规定的“书面通知”“通知”“同等条件”时，可以参照产权交易场所的交易规则。

《全国法院民商事审判工作会议纪要》

8. **【有限责任公司的股权变动】** 当事人之间转让有限责任公司股权，受让人以其姓名或者名称已记载于股东名册为由主张其已经取得股权的，人民法院依法予以支持，但法律、行政法规规定应当办理批准手续生效的股权转让除外。未向公司登记机关办理股权变更登记的，不得对抗善意相对人。

9. **【侵犯优先购买权的股权转让合同的效力】** 审判实践中，部分人民法院对公司法司法解释（四）第21条规定的理解存在偏差，往往以保护其他股东的优先购买权为由认定股权转让合同无效。准确理解该条规定，既要注意保护其他股东的优先购买权，也要注意保护股东以外的股权受让人的合法权益，正确认定有限责任公司的股东与股东以外的股权受让人订立的股权转让合同的效力。一方面，其他股东依法享有优先购买权，在其主张按照股权转让合同约定的同等条件购买股权的情况下，应当支持其诉讼请求，除非出现该条第 1 款规定的情形。另一方面，为保护股东以外的股权受让人的合法权益，股权转让合同如无其他影响合同效力的事由，应当认定有效。其他股东行使优先购买权的，虽然股东以外的股权受让人关于继续履行股权转让合同的请求不能得到支持，但不影响其依约请求转让股东承担相应的违约责任。

第三部分　公司经营纠纷

一、公司决议纠纷

（一）最高人民法院指导案例

031. 董事会解聘总经理职务的决议所依据的事实是否属实，不属于司法审查范围①

李建军诉上海佳动力环保科技有限公司公司决议撤销纠纷案

（最高人民法院审判委员会讨论通过　2012年9月18日发布）

关键词：民事/公司决议撤销/司法审查范围

裁判要点

人民法院在审理公司决议撤销纠纷案件中应当审查：会议召集程序、表决方式是否违反法律、行政法规或者公司章程，以及决议内容是否违反公司章程。在未违反上述规定的前提下，解聘总经理职务的决议所依据的事实是否属实，理由是否成立，不属于司法审查范围。

相关法条

《中华人民共和国公司法》第二十二条第二款

基本案情：原告李建军诉称：被告上海佳动力环保科技有限公司（以下

① 最高人民法院指导案例10号。

简称佳动力公司）免除其总经理职务的决议所依据的事实和理由不成立，且董事会的召集程序、表决方式及决议内容均违反了公司法的规定，请求法院依法撤销该董事会决议。

被告佳动力公司辩称：董事会的召集程序、表决方式及决议内容均符合法律和章程的规定，故董事会决议有效。

法院经审理查明：原告李建军系被告佳动力公司的股东，并担任总经理。佳动力公司股权结构为：葛永乐持股40%，李建军持股46%，王泰胜持股14%。三位股东共同组成董事会，由葛永乐担任董事长，另两人为董事。公司章程规定：董事会行使包括聘任或者解聘公司经理等职权；董事会须由三分之二以上的董事出席方才有效；董事会对所议事项作出的决定应由占全体股东三分之二以上的董事表决通过方才有效。2009年7月18日，佳动力公司董事长葛永乐召集并主持董事会，三位董事均出席，会议形成了“鉴于总经理李建军不经董事会同意私自动用公司资金在二级市场炒股，造成巨大损失，现免去其总经理职务，即日生效”等内容的决议。该决议由葛永乐、王泰胜及监事签名，李建军未在该决议上签名。

裁判结果：上海市黄浦区人民法院于2010年2月5日作出（2009）黄民二（商）初字第4569号民事判决：撤销被告佳动力公司于2009年7月18日形成的董事会决议。宣判后，佳动力公司提出上诉。上海市第二中级人民法院于2010年6月4日作出（2010）沪二中民四（商）终字第436号民事判决：一、撤销上海市黄浦区人民法院（2009）黄民二（商）初字第4569号民事判决；二、驳回李建军的诉讼请求。

裁判理由：法院生效裁判认为：根据《中华人民共和国公司法》第二十二条第二款的规定，董事会决议可撤销的事由包括：一、召集程序违反法律、行政法规或公司章程；二、表决方式违反法律、行政法规或公司章程；三、决议内容违反公司章程。从召集程序看，佳动力公司于2009年7月18日召开的董事会由董事长葛永乐召集，三位董事均出席董事会，该次董事会的召集程序未违反法律、行政法规或公司章程的规定。从表决方式看，根据佳动力公司章程规定，对所议事项作出的决定应由占全体股东三分之二以上的董事表决通过方才有效，上述董事会决议由三位股东（兼董事）中的两名表决通过，故在表决方式上未违反法律、行政法规或公司章程的规定。从决议内容看，佳动力公司章程规定董事会有权解聘公司经理，董事会决议内容中“总经理李建军不经董事会同意私自动用公司资金在二级市场炒股，造成巨大损失”的陈述，仅是董事会解聘李建军总经理职务的原因，而解聘李建军总经理职务的决议内容本身并不违反公司章程。

董事会决议解聘李建军总经理职务的原因如果不存在，并不必然导致董事会决议撤销。首先，公司法尊重公司自治，公司内部法律关系原则上由公司自治机制调整，司法机关原则上不介入公司内部事务；其次，佳动力公司的章程中未对董事会解聘公司经理的职权作出限制，并未规定董事会解聘公司经理必须有一定原因，该章程内容未违反公司法的强制性规定，应认定为有效，因此佳动力公司董事会可以行使公司章程赋予的权力作出解聘公司经理的决定。故法院应当尊重公司自治，无需审查佳动力公司董事会解聘公司经理的原因是否存在，即无需审查决议所依据的事实是否属实，理由是否成立。综上，原告李建军请求撤销董事会决议的诉讼请求不成立，依法予以驳回。

（二）最高人民法院公报案例及典型案例

032. 公司股东均为虚假出资或抽逃全部出资，股东会议解除特定股东的股东资格的除名决议无效[①]

刘美芳诉常州凯瑞化学科技有限公司等公司决议效力确认纠纷案

裁判摘要

有限责任公司的股东未履行出资义务或者抽逃全部出资，经公司催告缴纳或者返还，在合理期间内仍未缴纳或者返还出资的，公司可以股东会决议解除其股东资格。但如公司股东均为虚假出资或抽逃全部出资，部分股东通过股东会决议解除特定股东的股东资格，由于该部分股东本身亦非诚信守约股东，其行使除名表决权丧失合法性基础，该除名决议应认定为无效。

原告：刘美芳。

被告：常州凯瑞化学科技有限公司。

第三人：洪强。

第三人：洪安刚。

原告刘美芳因与被告常州凯瑞化学科技有限公司（以下简称凯瑞公司）、第三人洪强、洪安刚发生公司决议效力确认纠纷，向江苏省常州市钟楼区人民法院提起诉讼。

原告刘美芳诉称：2017年11月20日，被告凯瑞公司的股东洪强和洪安

① 参见《最高人民法院公报》2023年第2期。

刚召开股东会议，以原告抽逃全部出资，经催告在合理期限内仍然未偿还为由，决议解除原告在凯瑞公司的股东资格，在作出决议之后未告知原告，直到2017年12月21日（原告与被告知情权诉讼开庭前一天），凯瑞公司以该决议已解除原告股东资格为由进行答辩，原告由此得知该股东会决议内容。该解除原告股东资格的股东会决议因违反法律规定而无效。首先，凯瑞公司设立时包括原告在内的所有股东已于2009年7月7日实际缴纳了公司注册资金51万元，并由常州方正会计师事务所有限公司出具验资报告；2015年2月6日，凯瑞公司增资至300万元并修正公司章程，增资后原告实际出资135万元，现已缴足。凯瑞公司章程实际规定的认缴期限为2018年12月31日，原告也不存在属于法律规定的抽逃注册资本的情形。其次，凯瑞公司认为原告抽逃全部注册资本、侵占公司财产没有事实根据和法律依据。凯瑞公司虽已以损害公司利益责任纠纷将原告起诉至法院，但至今未有生效判决对凯瑞公司所称的所谓转移款项进行定性。原告在该案中提供的《其他应付款明细账》足以证明原告不是抽逃注册资本或侵占公司财产，而是凯瑞公司归还给原告个人的借款，凯瑞公司是知情和认可的，且已记录在账册。因此，从凯瑞公司的银行账户转走并不必然意味着注册资金被抽逃或公司财产被侵占。请求判令：1. 确认凯瑞公司于2017年11月20日作出的解除原告股东资格的股东会决议无效；2. 本案的诉讼费用由凯瑞公司承担。

被告凯瑞公司辩称：本案原告刘美芳作为公司股东，在公司正常经营期间抽逃全部出资及侵占部分公司资产事实清楚，证据充分，凯瑞公司的股东即本案第三人洪强、洪安刚为维护自身合法权益及公司的正常运营，在2017年11月20日作出的解除原告股东资格的股东会决议合法有效，请求法院依法驳回原告诉请。

第三人洪强、洪安刚辩称，同被告凯瑞公司答辩意见。

江苏省常州市钟楼区人民法院一审查明：

被告凯瑞公司成立于2009年7月10日，经营范围为危险化学品批发，化学助剂的研发、技术转让及技术服务；非危险化学品化工原料及产品的销售；自营或代理各类商品及技术的进出口业务（国家限定企业经营或禁止进出口的商品及技术除外），（依法须经批准的项目，经相关部门批准后方可开展经营活动）。凯瑞公司于2015年2月修正的公司章程载明：凯瑞公司注册资本为300万元，股东包括刘美芳、洪安刚及洪强，其中刘美芳及洪强各出资135万元，洪安刚出资30万元，其中刘美芳出资22.95万元于2009年7月7日到位，112.05万元于2018年12月30日之前（增资）到位。

原告刘美芳与第三人洪强原系夫妻关系。2016年3月，刘美芳起诉洪强离婚纠纷一案经一审法院受理。刘美芳在起诉状中称“2016年2月双方矛盾进一步激化，被告突然将凯瑞公司经营所需公章、财务章等全部拿走，为了防止凯瑞公司账户资金被被告转走，原告将凯瑞公司的大部分账户资金转存在自己的账户中以保障资金安全”。

2017年9月21日，一审法院立案受理了凯瑞公司诉刘美芳、常州诺威尔化学科技有限公司（以下简称诺威尔公司）损害公司利益责任纠纷一案，即（2017）苏0404民初5248号案件。在该案中，凯瑞公司要求刘美芳返还2951420.9元，并支付利息，诺威尔公司对其中1095000元承担连带责任。在该案审理中，凯瑞公司明确其主张返还的2951420.9元包括两部分，即刘美芳抽逃的全部出资135万元及侵占的公司款项1601420.9元。在凯瑞公司起诉后，刘美芳未向凯瑞公司返还款项。同年10月31日，凯瑞公司书面通知刘美芳召开2017年度临时股东会，会议时间定于2017年11月20日下午3点，会议内容为审议关于股东刘美芳抽逃全部出资并在公司通知后的合理期限内仍未归还，对其进行股东除名表决。同年11月7日，刘美芳回函称此次临时股东会所需审议的会议内容违反法律规定，缺乏依据。同年11月20日，凯瑞公司召开股东会并作出股东会决议，参会股东有洪强、洪安刚，股东会决议载明，鉴于股东刘美芳在公司经营过程中存在利用职务之便抽逃全部出资及侵占公司财产的行为，并经公司催告在合理期限内仍然未偿还，参与股东会成员一致表决同意解除刘美芳股东资格，公司后期协助相关变更登记手续。

另查明，同年11月6日，原告刘美芳向被告凯瑞公司发出查阅函一份，要求查阅凯瑞公司自2009年至2017年前三个季度的会计财务报告及会计账簿、原始会计凭证。2017年12月5日，刘美芳诉至一审法院，要求行使股东知情权，查阅凯瑞公司相关财务凭证等资料，一审法院于2017年12月22日作出（2017）苏0404民初6534号民事裁定，驳回刘美芳起诉。在该案审理中，凯瑞公司明确鉴于刘美芳股东资格已被解除，故凯瑞公司在（2017）苏0404民初5248号案件中变更诉讼请求，不再主张刘美芳返还出资135万元。

江苏省常州市钟楼区人民法院一审认为：

依据相关法律规定，有限责任公司的股东未履行出资义务或抽逃全部出资，经公司催告缴纳或者返还，其在合理期间内仍未缴纳或者返还出资，公司以股东会决议解除该股东的股东资格，该股东请求确认该解除行为无效的，人民法院不予支持。2016年3月，刘美芳起诉洪强离婚纠纷一案经一审法院受理。刘美芳在2016年3月离婚案件起诉状中自称“2016年2月其将凯瑞公司的大部分账户资金转存在自己的账户中以保障资金安全”，凯瑞公司在2017年9月起诉要求刘美芳返还资金2951420.9元，其中包括刘美芳全部出资135万元，该起诉行为系凯瑞公司向刘美芳发出的催告，但刘美芳未在合理期限内返还出资，故凯瑞公司向刘美芳发出了召开股东会通知书，履行了通知义务，并按期召开股东会作出决议，该决议内容不违反法律规定。刘美芳要求确认决议无效于法无据，不予支持。

据此，江苏省常州市钟楼区人民法院依照《最高人民法院关于适用〈中华人民共和国公司法〉若干问题的规定（三）》第十七条规定，于2018年3月7日判决如下：

驳回原告刘美芳的诉讼请求。

本案案件受理费减半收取40元，由原告刘美芳负担。

刘美芳不服一审判决，向江苏省常州市中级人民法院提起上诉称：一、一审仅凭刘美芳的原代理人在（2016）苏0404民初1221号一案庭审中所作的陈述，未核查凯瑞公司的会计账簿、会计凭证，就认定刘美芳自认抽逃了全部出资135万元，并依据《最高人民法院关于适用〈中华人民共和国公司法〉若干问题的规定（三）》第十七条的规定驳回了刘美芳要求确认股东会决议无效的诉请，属认定事实和适用法律错误。1. 凯瑞公司聘请的常州金信会计咨询服务有限公司会计提供给刘美芳的2015年1月至2016年12月的《其他应付款明细账》，足以证明涉案款项系凯瑞公司归还给刘美芳个人的借款，并已记录在公司账册。该款项的转移行为是凯瑞公司的行为而非刘美芳的个人行为，仅凭银行流水账不能反映款项的真实性质。2. 刘美芳的原代理人在（2016）苏0404民初1221号一案中的陈述并非刘美芳本人的意见，凯瑞公司账册记载更能反映本案事实。为查明案件事实，请求二审法院依法责令凯瑞公司提供其自2009年7月10日成立以来至今的全部会计账簿及原始会计凭证、财务会计报告。二、一审认定事实不全面。刘美芳与洪强、洪安刚均未缴纳出资，故不存在刘美芳抽逃出资的事实，且洪强、洪安刚无权作出决议免除刘美芳的股东资格。三、凯瑞公司的财务账分为五个部分：1. 常州金信会计咨询服务有限公司会计制作的对外公开账目；2. 洪安刚在农行常州钟楼开发区支行账号尾号为6070的往来、在农行永红支行账号尾号为3519的往来；3. 刘美芳在农行常州钟楼支行账号尾号为1679、5911的往来；4. 洪强在农行都市桃源支行账号尾号为4416的往来、HQ开头微信号上的往来，上述几个账号使用区别在于所有需要开票的往来基本都是从常州金信会计咨询服务有限公司账上走的。凯瑞公司将公司款项打入刘美芳的上述账户，该款项仍属于公司，同时也存在将公司款项打入洪安刚和洪强上述账户中的情形。例如，在刘美芳与洪强的离婚诉讼中，洪强所付刘美芳的105万元即来源于公司的账户。综上，恳请二审法院查明事实，依法改判支持刘美芳的全部诉讼请求。

被上诉人凯瑞公司辩称：一审判决认定事实清楚，证据充分，请求二审法院予以维持。退一步讲，即便目前公司的三位股东第二期增资部分尚未到期，不能适用《最高人民法院关于适用〈中华人民共和国公司法〉若干问题的规定（三）》第十七条的规定，上诉人刘美芳亦应在该出资期限内出资，即2018年12月30日后公司将继续对刘美芳进行催缴。如果刘美芳认为其仍具有股东身份，就应承担缴款义务。

一审第三人洪强、洪安刚辩称，同意被上诉人凯瑞公司上述意见。

江苏省常州市中级人民法院经二审，确认了一审查明的事实。

另查明，被上诉人凯瑞公司2015年2月的公司章程记载的内容与实际情况并不完全相符。凯瑞公司成立时的注册资本为人民币51万元，一审第三人洪强与上诉人刘美芳分别出资22.95万元，一审第三人洪安刚出资5.1万元，但均未实际出资。2015年2月凯瑞公司注册资本增至300万元，洪强与刘美芳各增资112.05万元，洪安刚增资24.9万元，均应于2018年12月30日前增资到位。

江苏省常州市中级人民法院二审认为：

本案的争议焦点为：案涉股东除名决议的效力应如何认定。

法院认为，案涉股东除名决议的作出和内容于法无据，于实不符，应属无效。一方面，结合除名权的法理基础和功能分析，公司是股东之间、股东与公司以及公司与政府之间达成的契约结合体，因此股东之间的关系自当受该契约的约束。在公司的存续过程中，股东始终应恪守出资义务的全面实际履行，否则构成对其他守约股东合理期待的破坏，进而构成对公司契约的违反。一旦股东未履行出资义务或抽逃全部出资，基于该违约行为已严重危害公司的经营和其他股东的共同利益，背离了契约订立的目的和初衷，故公司法赋予守约股东解除彼此间的合同，让违约股东退出公司的权利。这既体现了法律对违约方的惩罚和制裁，又彰显了对守约方的救济和保护。由此可见，合同“解除权”仅在守约方手中，违约方并不享有解除（合同或股东资格）

的权利。本案中，被上诉人凯瑞公司的所有股东在公司成立时存在通谋的故意，全部虚假出资，恶意侵害公司与债权人之权益。但就股东内部而言，没有所谓的合法权益与利益受损之说，也就谈不上权利救济，否则有悖于权利与义务相一致、公平诚信等法律原则。即一审第三人洪强、洪安刚无权通过召开股东会的形式，决议解除上诉人刘美芳的股东资格，除名决议的启动主体明显不合法。另一方面，从虚假出资和抽逃出资的区别来看，前者是指股东未履行或者未全部履行出资义务，后者则是股东在履行出资义务之后，又将其出资取回。案涉股东除名决议认定刘美芳抽逃全部出资，事实上凯瑞公司包括刘美芳在内的所有股东在公司设立时均未履行出资义务，属于虚假出资，故该决议认定的内容亦有违客观事实。

综上，上诉人刘美芳关于一审第三人洪强、洪安刚无权作出除名决议的上诉理由成立，应予支持。一审法院认定事实不清，适用法律错误，予以纠正。江苏省常州市中级人民法院依照《中华人民共和国公司法》第二十二条，《中华人民共和国民事诉讼法》第一百七十条第一款第二项的规定，于2018年8月2日判决如下：

一、撤销江苏省常州市钟楼区人民法院（2018）苏0404民初515号民事判决；

二、常州凯瑞化学科技有限公司于2017年11月20日作出的解除刘美芳股东资格的股东会决议无效。

一审案件受理费40元，二审案件受理费80元，均由凯瑞公司负担。

本判决为终审判决。

033. 公司股东滥用控股地位，以多数决方式通过修改出资期限的决议无效①

姚锦城与鸿大（上海）投资管理有限公司、章歌等公司决议纠纷案

裁判摘要

有限责任公司章程或股东出资协议确定的公司注册资本出资期限系股东之间达成的合意。除法律规定或存在其他合理性、紧迫性事由需要修改出资期限的情形外，股东会会议作出修改出资期限的决议应经全体股东一致通过。公司股东滥用控股地位，以多数决方式通过修改出资期限决议，损害其他股东期限权益，其他股东请求确认该项决议无效的，人民法院应予支持。

原告：姚锦城。

被告：鸿大（上海）投资管理有限公司，住所地：上海市虹口区中山北一路。

法定代表人：章歌，该公司执行董事。

第三人：章歌。

第三人：蓝雪球。

第三人：何植松。

原告姚锦城因与被告鸿大（上海）投资管理有限公司（以下简称鸿大公司），第三人章歌、蓝雪球、何植松发生公司决议纠纷，向上海市虹口区人民

① 参见《最高人民法院公报》2021年第3期。

法院提起诉讼。

原告姚锦城诉称：2017年7月17日，姚锦城和第三人何植松、蓝雪球在第三人章歌以开展特斯拉代理项目的邀请下，通过受让章歌和案外人马某某的股权成为被告鸿大公司股东。同日，鸿大公司修改公司章程为：鸿大公司注册资本增加至1000万元，章歌认缴出资700万元、持鸿大公司70%股权，姚锦城认缴出资150万元、持鸿大公司15%股权，何植松、蓝雪球各认缴出资75万元、各持鸿大公司7.5%股权。2018年7月10日，特斯拉公司工厂落户上海的新闻刊出，鸿大公司拟发展的唯一项目中止。因此，姚锦城认为所谓特斯拉项目根本不存在。2018年10月30日，鸿大公司和三个第三人在明知姚锦城实际居住地、手机号码、微信号码等有效联系方式的情况下，却仅通过向姚锦城早已出售多年的房屋地址快递寄送鸿大公司股东会通知，该邮件由他人签收，未送达姚锦城。2018年11月18日，三个第三人在刻意隐瞒姚锦城的前提下召开鸿大公司2018年第一次临时股东会（以下简称临时股东会），私自强行通过修改公司章程，将原章程约定的认缴时间从2037年7月1日提前至2018年12月1日，并免除姚锦城监事职务、限制姚锦城股东权利。股东会召开后鸿大公司及三个第三人亦未在合理期间内告知姚锦城结果。此后，鸿大公司提起（2019）沪0109民初5509号案件（以下简称5509号案件）诉讼，该案于2018年12月10日进入诉前调解、2019年1月4日第一次法院谈话时鸿大公司均刻意隐瞒上述事实，直到在作出临时股东会决议60日后才在5509号案件中将上述决议提交法院。故姚锦城于2019年2月25日收到法院转寄的鸿大公司补充证据才得知上述事实。鸿大公司自成立至今无持续经营业务，在特斯拉项目失败后，鸿大公司无维持公司运营的必要需要提前缴纳出资。鸿大公司修改章程后股东出资期限仅有12天，在其他股东未出资到位且鸿大公司无实际运营的情况下，该提前出资要求不合理。综上，三个第三人恶意提前股东实缴出资期限，是滥用股东权利，损害姚锦城作为股东的利益，故根据《中华人民共和国公司法》（以下简称《公司法》）第二十条第一款、第二十二条第一款规定，临时股东会决议中第二项决议通过章程修正案应当认定为无效；第三项决议系基于第二项决议作出，因第二项决议无效，故第三项决议的依据不存在，鸿大公司无权限制姚锦城的股东知情权。综上，姚锦城诉至法院，要求判令确认鸿大公司于2018年11月18日作出的临时股东会决议无效。

被告鸿大公司辩称，不同意原告姚锦城的诉请。不存在鸿大公司、三个第三人恶意不告诉姚锦城的情形，鸿大公司通过向姚锦城快递送达的方式已经尽到通知义务，不存在故意规避的情况。姚锦城没有告知过鸿大公司其更换地址，三个第三人亦没有向姚锦城进行通知的义务。鸿大公司所形成的股东会决议无程序性问题，且至姚锦城起诉已经超过60日。姚锦城所引用的《公司法》第二十条与股东会决议无效无关。涉案临时股东会决议全部内容均为有效；即使如果第二项决议无效，第三项决议与第二项决议无关联性、相互独立，第三项决议依然有效。

第三人章歌、蓝雪球、何植松述称，2018年10月30日，被告鸿大公司通过快递向原告姚锦城发送临时股东会通知，详细载明会议召开的时间、地点、议案等内容。会议通知快递单上注明姚锦城身份证地址与手机号。上述程序经过相关公证处予以公证。经查询上述快递已被姚锦城签收。三个第三人均不清楚姚锦城所称其已出售身份证地址的房产并另居他处。因姚锦城已严重失信于鸿大公司与三个第三人，故未采取电话、微信等方式通知姚锦城。2018年11月18日，鸿大公司召开股东会，三个第三人作为股东参加，并一致作出了将出资时间变更为2018年12月1日等决议内容。上述股东会依法有效。

上海市虹口区人民法院一审查明：

2017年7月17日，被告鸿大公司形成新的公司章程，载明：第四条鸿大公司注册资本1000万元；第五条章歌出资700万元、姚锦城出资150万元、蓝雪球、何植松各出资75万元，出资时间均为2037年7月1日；第九条股东会会议应当于会议召开十五日以前通知全体股东；第十一条……股东会会议由股东按照出资比例行使表决权；股东会会议作出修改公司章程、增加或者减少注册资本的决议，以及公司合并、分立、解散或者变更公司形式的决议，必须经代表全体股东三分之二以上表决权的股东通过。原告姚锦城及三个第三人在上述章程后签名。此后，在公司登记机关备案材料显示，姚锦城和三个第三人成为鸿大公司股东，姚锦城持股15%、第三人何植松持股7.5%、第三人章歌持股70%、第三人蓝雪球持股7.5%。

2018年10月30日，被告鸿大公司向原告姚锦城发送快递，快递单载明：内件品名为鸿大公司2018年临时股东会通知，寄送的地址为上海市南汇区康桥镇秀沿路某弄某号。上述快递于次日被签收，快递记载签收人为他人收。鸿大公司临时股东会通知载明：召开会议时间为2018年11月18日下午2时，会议地点为上海市世纪大道某号10楼，会议审议事项为：更换并选举新的监事；修改公司章程；限制部分未履行出资义务股东的股东权利；授权公司就敦促未履行出资义务的股东缴付出资事项采取必要措施。

2018年11月18日，被告鸿大公司形成临时股东会决议，载明：应到会股东4人，实际到会股东为三个第三人，占总股数的85%，原告姚锦城收到股东会通知后未出席股东会，也未委托其他人出席股东会，会议由执行董事主持，到会股东一致同意形成决议如下：1. 选举何植松为公司监事，免除姚锦城的公司监事职务；2. 通过章程修正案；3. 姚锦城未按照约定缴付出资款700万元，且在鸿大公司多次催缴的情况下仍拒不履行出资义务，股东会决定限制姚锦城的一切股东权利（包括但不限于收益分配权、表决权、知情权等），直至姚锦城履行全部出资义务之日止；4. 采取一切必要措施要求姚锦城履行出资义务（包括但不限于向姚锦城发送催款函、委托律师代表鸿大公司向姚锦城提起诉讼或仲裁等）；三个第三人合计持有鸿大公司85%的股权，代表的表决权超过三分之二，以上决议内容符合《公司法》及公司章程的规定，合法有效。临时股东会决议第二项决议所涉章程修正案，载明如下内容：

将鸿大公司公司章程第五条姚锦城及三个第三人作为鸿大公司股东的出资时间2037年7月1日修改为出资时间2018年12月1日；并增加以下内容：若公司股东之间或股东与公司之间就出资时间另有约定，无论这等出资约定的具体时间在本章程或章程修正案签署之前还是签署之后，则股东的出资时间以该出资约定为准，但出资约定的最晚期限不得超过2018年12月1日；股东逾期未缴纳出资额的，应当按照同期人民银行公布的一年期贷款利息向公司支付逾期利息；股东溢价投资入股的金额超过其认缴的注册资本部分，应当计入公司的资本公积金。上述章程修正案落款处由第三人章歌作为鸿大公司法定代表人签名，落款时间为2018年11月18日。

另查明，自2011年2月10日开始，上海市康桥镇秀沿路某弄某号的权利人系案外人俞某某、李某。

被告鸿大公司存放于公司登记机关内档材料中原告姚锦城的身份证有效期为2007年9月2日至2027年9月2日，该身份证载明姚锦城住址为上海市南汇区康桥镇秀沿路某弄某号。姚锦城现身份证有效期为2011年10月29日至2031年10月29日，该身份证载明的姚锦城住址为上海市浦东新区花木路某弄某号。

上海市虹口区人民法院一审认为：

原告姚锦城诉请所针对的被告鸿大公司于2018年11月18日作出的临时股东会决议共有四项决议内容。根据姚锦城陈述及提供的证据材料分析，姚锦城要求确认无效的决议内容主要为第二项、第三项决议。关于第二项决议，一审法院认为，参与涉案股东会决议表决的股东为三个第三人，其中第三人章歌持鸿大公司70%的股权并系鸿大公司法定代表人，三个第三人共计持有鸿大公司85%的股权，根据鸿大公司章程，可以通过涉及鸿大公司重大事项的任何决议。但涉案第二项决议内容涉及将鸿大公司原章程中规定的股东出资时间从2037年7月1日提前至2018年12月1日，而该决议形成时间为2018年11月18日，即鸿大公司要求各个股东完成注册资本的缴纳期限从20

年左右缩减于半个月不到的时间内，却未对要求提前缴纳出资的紧迫性等作出说明，不具有合理性；要求自然人于短期内完成100余万元的筹措，亦不符合常理。综上，出资期限提前涉及股东基本利益，不能通过多数决的方式予以提前，故涉案临时股东会决议中第二项决议无效。对于第三项决议，第三项决议作出的限制姚锦城的股东权利系基于姚锦城未按约定缴付700万元，该笔款项与第二项决议中所涉及的注册资本出资的含义、款项金额均不相同，故姚锦城要求基于第二项决议确认第三项决议无效缺乏相应依据，且姚锦城亦未提供其他证据证明第三项决议无效，姚锦城应对此承担举证不能的法律后果。对于鸿大公司于2018年11月18日的临时股东会决议中除第二项、第三项决议外其他内容，姚锦城未举证证明该等内容无效，且姚锦城在审理中亦明确其诉请临时股东会决议无效实际仅针对第二项、第三项决议，综上，一审法院认为，2018年11月18日鸿大公司临时股东会决议中仅第二项决议无效，其他内容均有效。本案三个第三人经法院传票传唤，无正当理由拒不到庭，不影响本案的正常审理。

综上，上海市虹口区人民法院依照《中华人民共和国公司法》第二十条第一款、第二十二条第一款，《中华人民共和国民事诉讼法》第六十四条第一款，《最高人民法院关于适用〈中华人民共和国民事诉讼法〉的解释》第九十条、第二百四十条规定，于2019年6月28日作出判决：

一、确认被告鸿大（上海）投资管理有限公司于2018年11月18日作出的2018年第一次临时股东会决议中的第二项决议“通过章程修正案”无效；

二、驳回原告姚锦城的其他诉讼请求。

一审宣判后，鸿大公司不服，向上海市第二中级人民法院提起上诉。

鸿大公司上诉称：一审判决确认鸿大公司2018年11月18日作出的临时股东会决议第二项无效，属于适用法律错误。首先，《公司法》规定，修改公司章程、增加或减少注册资本等事项的决议须经代表全体股东2/3以上表决权的股东通过。股东出资期限如需经过全体股东一致同意方能修改，实际上赋予任何股东一票否决权，该观点并无法律和章程依据。修改出资期限与公司增资、减资、合并、分立、解散等均属于公司及股东重大利益事项，其中增资、减资及解散公司对股东利益更为密切，高于出资期限的重要性，如果解散公司也需经过全体股东一致同意，则公司可能永远无法解散。其次，本案不应适用《公司法》第二十条第一款、第二十二条第一款规定，临时股东会决议并未违反任何法律、行政法规，鸿大公司股东也未滥用股东权利、侵害公司或其他股东权利。且本案章歌、姚锦城、蓝雪球、何值松、鸿大公司于 2017 年 6 月 27 日签订了《合作协议书》，约定姚锦城应于 2017 年 6 月 30 日前履行出资义务，故本案不属于要求股东提前出资的情形。鸿大公司 2017 年 7 月 17 日形成的章程与《合作协议书》，系一般约定与特殊约定的关系，应优先适用《合作协议书》的特殊约定。临时股东会决议将公司章程记载的出资期限修改为 2018 年 12 月 1 日，并未早于《合作协议书》约定的 2017 年 6 月 30 日，且何值松、蓝雪球等均已按照《合作协议书》的约定实际出资到位，仅姚锦城一人在 2037 年 7 月 1 日才出资，将导致《合作协议书》的根本目的无法实现。此外，股东出资是否存在紧迫性、合理性不影响股东会决议的效力。综上，本案临时股东会决议修改公司章程记载的出资期限应当适用资本多数决规则，具有正当性，并未损害姚锦城的利益，且股东会召集、表决程序均合法，该股东会决议合法有效。故此，请求撤销一审判决第一项，改判驳回姚锦城全部诉讼请求。

被上诉人姚锦城答辩称，不同意上诉人鸿大公司上诉请求。本案鸿大公司其他股东利用资本多数决规则修改章程关于出资期限的规定，是对资本多数决的滥用。出资期限的提前或修改，需经全体股东一致同意。公司资本认缴制的核心是赋予公司自治及股东相应的出资期限利益。出资期限的修改决议不同于公司增资、减资、分立、合并及解散等情形，后者决议中股东固有权利均未改变。出资期限虽系公司章程记载的事项，但是涉及股东自身权利及出资期限利益，不能以多数决的方式进行修改而强迫不同意修改的股东接受。否则，对于其他小股东来说，认缴制度实际将不存在。一审法院适用法律正确，一审判决合法合理。本案表面上系修改公司章程的股东会决议，实质系章歌、何值松、蓝雪球等股东通过修改公司章程剥夺其他小股东的出资期限利益，限制了姚锦城的合法权益。且对方号称其他股东已按照《合作协议书》出资700万元，但其资金用途和使用情况不清，相关资产负债表显示未有出资变动，也未有其他股东出资及资本公积金注入，现单独要求姚锦城出资不合理。且2017年6月27日《合作协议书》明确载明其仅是初步法律文件，效力待定。而嗣后2017年7月，鸿大公司形成新的章程并完成股东变更且进行了工商变更登记，姚锦城已正式成为工商登记的鸿大公司股东，故各方的履行方式已经发生了重大改变。一审判决认定事实清楚，适用法律正确，请求二审驳回上诉，维持原判。

一审第三人章歌、蓝雪球、何植松未到庭应诉，亦未陈述意见。

上海市第二中级人民法院经二审，确认了一审查明的事实。

另查明，2017年6月27日，章歌（甲方）、姚锦城（乙方）、蓝雪球（丙方）、何值松（丁方）、鸿大公司（戊方）共同签订《合作协议书》，约定：一、基于戊方将取得代理Tesla在中国大陆设立外商投资企业事宜的授权的预期，乙方、丙方、丁方愿意溢价投资入股戊方。其中乙方拟出资700万元，占增资后戊方15%的股份；丙方、丁方拟各出资350万元，各占增资后戊方7.5%的股份……二、1. 乙方、丙方、丁方应在本协议签署后的三日内将各自认缴的出资额全部实缴至戊方……九、本协议系各方合作的初步法律文件，未来将可根据具体情况适时修改、调整、细化、充实……章歌、姚锦城、蓝雪球、何值松、鸿大公司均在该协议上签字或盖章。

上诉人鸿大公司工商登记信息显示：2017年7月21日，鸿大公司股东变更为：章歌、姚锦城、蓝雪球、何值松。

上海市第二中级人民法院二审认为：

本案争议焦点为：1. 上诉人鸿大公司2017年7月17日章程是否系对

《合作协议书》约定的股东出资作出了变更；2. 本案修改股东出资期限是否适用资本多数决规则；3. 鸿大公司是否存在亟需股东提前出资的正当理由。

关于争议焦点一。根据2017年6月27日《合作协议书》约定，被上诉人姚锦城拟出资额为700万元，且应在协议签署后的三日内全部实缴至上诉人鸿大公司。而2017年7月17日，鸿大公司形成新的章程，明确章歌认缴出资700万元，姚锦城认缴出资150万元，蓝雪球、何值松各认缴出资75万元，实缴时间均为2037年7月1日。可见，鸿大公司在姚锦城并未按照《合作协议书》约定时间实缴出资的情况下，仍将其列为公司股东，明确股东出资时间为2037年7月1日。并且，2017年7月21日，鸿大公司进行了相应工商变更登记，将姚锦城正式登记为公司股东。故此，从各方实际履行来看，姚锦城作为鸿大公司股东的出资时间已变更至2037年7月1日。此外，《合作协议书》亦明确载明，其仅是各方合作的初步法律文件，“未来将可根据具体情况适时修改、调整、细化、充实”。由此，鸿大公司将姚锦城的出资时间调整至2037年7月1日，亦符合《合作协议书》之约定，且并不违反法律规定，合法有效。本案临时股东会决议第二项通过章程修正案将股东出资时间从2037年7月1日修改为2018年12月1日，显然属于要求股东姚锦城提前出资的情形。因此，鸿大公司关于本案并非要求股东提前出资而是按照《合作协议书》要求姚锦城出资的主张，与事实不符，不能成立。

关于争议焦点二。根据《公司法》相关规定，修改公司章程须经代表全体股东2/3以上表决权的股东通过。本案临时股东会决议第二项系通过修改公司章程将股东出资时间从2037年7月1日修改为2018年12月1日，其实质系将公司股东的出资期限提前。而修改股东出资期限，涉及公司各股东的出资期限利益，并非一般的修改公司章程事项，不能适用资本多数决规则。理由如下：

第一，我国实行公司资本认缴制，除法律另有规定外，《公司法》第二十八条规定，“股东应当按期足额缴纳公司章程中规定的各自所认缴的出资额”，即法律赋予公司股东出资期限利益，允许公司各股东按照章程规定的出资期限缴纳出资。股东的出资期限利益，是公司资本认缴制的核心要义，系公司各股东的法定权利，如允许公司股东会以多数决的方式决议修改出资期限，则占资本多数的股东可随时随意修改出资期限，从而剥夺其他中小股东的合法权益。

第二，修改股东出资期限直接影响各股东的根本权利，其性质不同于公司增资、减资、解散等事项。后者决议事项一般与公司直接相关，但并不直接影响公司股东之固有权利。如增资过程中，不同意增资的股东，其已认缴或已实缴部分的权益并未改变，仅可能因增资而被稀释股份比例。而修改股东出资期限直接关系到公司各股东的切身利益。如允许适用资本多数决，不同意提前出资的股东将可能因未提前出资而被剥夺或限制股东权益，直接影响股东根本利益。因此，修改股东出资期限不能简单等同于公司增资、减资、解散等事项，亦不能简单地适用资本多数决规则。

第三，股东出资期限系公司设立或股东加入公司成为股东时，公司各股东之间形成的一致合意，股东按期出资虽系各股东对公司的义务，但本质上属于各股东之间的一致约定，而非公司经营管理事项。法律允许公司自治，但需以不侵犯他人合法权益为前提。公司经营过程中，如有法律规定的情形需要各股东提前出资或加速到期，系源于法律规定，而不能以资本多数决的方式，以多数股东意志变更各股东之间形成的一致意思表示。故此，本案修改股东出资期限不应适用资本多数决规则。

关于争议焦点三。一般债权具有平等性，但司法实践中，具有优先性质的公司债权在一定条件下可以要求公司股东提前出资或加速到期。比如，公司拖欠员工工资而形成的劳动债权，在公司无资产可供执行的情况下，可以要求公司股东提前出资或加速到期以承担相应的法律责任。而本案并不属于该种情形。本案当事人对上诉人鸿大公司是否继续经营持不同意见，且双方均确认《合作协议书》的合作目的已无法实现，目前也并无证据证明存在需要公司股东提前出资的必要性及正当理由，因此，一审判决认定本案要求股东提前出资不具有合理性且不符合常理，并无不当。章歌、何值松、蓝雪球等股东形成的临时股东会决议，剥夺了被上诉人姚锦城作为公司股东的出资期限利益，限制了姚锦城的合法权益。一审判决确认该项决议无效，于法有据，予以认可。

综上，上诉人鸿大公司的上诉请求不能成立，应予驳回；一审判决认定事实清楚，判决并无不当，应予维持。上海市第二中级人民法院依照《中华人民共和国公司法》第二十八条、第三十七条，《中华人民共和国民事诉讼法》第一百七十条第一款第一项之规定，于2019年10月11日作出判决：

驳回上诉，维持原判。

本判决为终审判决。

034. 中外合资经营企业的董事会对于合营一方根据法律规定委派和撤换董事之事项所作的记录性文件，不构成公司法意义上的董事会决议，不能成为确认公司决议无效之诉的对象①

许明宏诉泉州南明置业有限公司、林树哲与公司有关的纠纷案

裁判摘要

一、人民法院应当根据《中华人民共和国公司法》、《最高人民法院关于适用〈中华人民共和国公司法〉若干问题的规定（四）》以及《中华人民共和国民事诉讼法》的规定审查提起确认公司决议无效之诉的当事人是否为适格原告。对于在起诉时已经不具有公司股东资格和董事、监事职务

① 参见《最高人民法院公报》2019年第7期。

的当事人提起的确认公司决议无效之诉，人民法院应当依据《中华人民共和国民事诉讼法》第一百一十九条的规定审查其是否符合与案件有直接利害关系等起诉条件。

二、公司法意义上的董事会决议，是董事会根据法律或者公司章程规定的权限和表决程序，就审议事项经表决形成的反映董事会商业判断和独立意志的决议文件。中外合资经营企业的董事会对于合营一方根据法律规定委派和撤换董事之事项所作的记录性文件，不构成公司法意义上的董事会决议，亦不能成为确认公司决议无效之诉的对象。

中华人民共和国最高人民法院民事裁定书

【（2017）最高法民终18号】

上诉人（原审原告）：许明宏（曾用名许明良），男，1959年6月9日出生，香港特别行政区居民，住香港特别行政区。

委托诉讼代理人：姚晓敏，北京市兰台律师事务所律师。

委托诉讼代理人：刘晓旭，北京市兰台律师事务所律师。

被上诉人（原审被告）：泉州南明置业有限公司，住所地：福建省泉州市丰泽区泉山路水上乐园。

法定代表人：林树哲，该公司董事长。

委托诉讼代理人：王云英，福建新世通律师事务所律师。

委托诉讼代理人：李皓，北京市天同（南京）律师事务所律师。

被上诉人（原审被告）：林树哲，男，1948年9月18日出生，香港特别行政区居民，住香港特别行政区。

委托诉讼代理人：彭卿，北京市天同律师事务所律师。

委托诉讼代理人：林庚，国浩律师（福州）事务所律师。

上诉人许明宏因与被上诉人泉州南明置业有限公司（以下简称泉州南明

公司)、林树哲与公司有关的纠纷一案，不服福建省高级人民法院（2015）闽民初字第123号民事裁定，向本院提起上诉。本院依法组成合议庭，公开开庭审理了本案。上诉人许明宏的委托诉讼代理人姚晓敏、刘晓旭，被上诉人泉州南明公司的委托诉讼代理人王云英、李皓，被上诉人林树哲的委托诉讼代理人彭卿、林庚到庭参加诉讼。本案现已审理终结。

许明宏上诉请求：撤销一审裁定，指令福建省高级人民法院审理本案。事实和理由：（一）一审裁定认定事实错误。1. 一审裁定关于许明宏等六方投资人对香港南明置业有限公司（以下简称香港南明公司）注资，出资完成后所形成的财产应当归香港南明公司所有的事实认定错误。一审法院未调查香港南明公司收到许明宏等六方投资人投资款项后如何处理的相关事实，在未查清六方投资人所投资金是入了香港南明公司资产，还是六方投资人仅将香港南明公司作为投资通道以该公司名义投资的情况下，即作出前述认定，显得草率。2. 一审裁定关于即便许明宏完成出资后也只是泉州南明公司的实际控制人而非实际投资人的事实认定错误。公司的实际控制人往往和实际投资人一致，二者并非互相矛盾的概念。（二）一审裁定适用法律错误。1. 本案业已查清许明宏实际出资的事实，且许明宏也提交证据证明其签名被伪造，确属与本案存在诸多利害关系，一审裁定以主体不适格为由适用《中华人民共和国民事诉讼法》（以下简称《民事诉讼法》）第一百一十九条的规定驳回许明宏起诉，不符合《中华人民共和国公司法》（以下简称《公司法》）第二十二条第一款的规定。2. 一审裁定为处理程序事宜之驳回起诉裁定，在得出裁定结论所依据的必要事实范畴之外，就该案件很多实体问题也作了认定，明显超出裁定职责范畴，亦对当事人的实体权利造成了不当影响甚或侵害。

泉州南明公司辩称，许明宏的上诉理由均不能成立，一审裁定认定事实清楚，适用法律正确，应予维持。（一）许明宏明确其诉请的权利基础系“作为实际投资人出资设立了泉州南明公司”，但其未能证明出资情况。即便许明宏对香港南明公司确有出资，基于法人独立人格，其出资后形成的财产也应归香港南明公司所有。许明宏并不具备泉州南明公司股东资格，其出资也不能作为行使本案请求权的依据。至于香港南明公司收到投资款后如何处理，与本案无关。（二）一审裁定认定许明宏提起本案诉讼系主张股东权益，许明宏对此未提出异议。本案许明宏并无证据证明其委托香港南明公司进行投资，即使许明宏系实际出资人，根据《最高人民法院关于审理外商投资企业纠纷案件若干问题的规定（一）》（以下简称《外商投资司法解释（一）》）的规定，其也不具备提起本案诉讼的权利。（三）许明宏的诉请需以特定身份为前提，其所称“与本案存在诸多利害关系”不能补正其主体资格，其权利行使缺乏法律依据。案涉董事会决议内容属于公司内部治理事项，即使许明宏认为与其存在利害关系，也应与委派其作为董事的股东另行解决。同理，关于投资收益，也应由其与香港南明公司另行解决，不得径行向泉州南明公司直接行权。（四）许明宏主张一审裁定在实体认定上“超出裁定职责范畴”，既无事实依据，也不属于正当的上诉理由。（五）许明宏在案涉董事会决议产生15年后起诉要求确认决议无效，明知法律对实际投资人行权路径规定明确仍坚持提起本案诉讼，并在一审中提出证据保全、笔迹鉴定、财务审计等申请，存在滥用诉权倾向。

林树哲辩称，一审裁定认定事实清楚，适用法律准确，许明宏各项上诉理由均不能成立。（一）许明宏所提董事会决议效力确认及公司盈余分配诉请分属确认之诉和给付之诉，两诉法律关系不同，且无事实和法律上的牵连，不属于可以合并审理的共同诉讼，许明宏在一案中主张缺乏法律依据，应驳回其起诉。（二）林树哲仅系泉州南明公司法定代表人，不是案涉董事会决议的利害关系人，也不在泉州南明公司享受股东权益。本案纠纷与林树哲无关，许明宏起诉林树哲显属恶意，应驳回其对林树哲的起诉。其他意见同泉州南明公司答辩意见。

许明宏向一审法院起诉请求：1. 确认泉州南明公司2000年8月9日的

《泉州南明娱乐有限公司董事会决议》无效；2. 判令泉州南明公司、林树哲连带赔偿许明宏经济损失暂计人民币9000万元（最终金额以人民法院委托有关机构审计或评估的金额为准）；3. 本案诉讼费、保全费等全部费用均由泉州南明公司、林树哲共同承担。

一审法院认定事实：一、1993年1月12日，香港南明公司在香港注册成立。股东为许明棋、杨连嘉，各占1股。2006年11月28日，许明棋将其名下的1股转让给徐伟福。

二、1995年12月29·日，泉州南明娱乐有限公司成立。公司注册资本为人民币2000万元，投资总额人民币2500万元。其中，泉州市鲤城区地产开发公司（以下简称鲤城公司）出资人民币480万元，占24%的股份；泉州市北峰对外加工装配有限公司（以下简称北峰公司）出资人民币120万元，占6%的股份；香港南明公司出资人民币1400万元，占70%的股份。公司章程第四章第十七条规定，合营公司设董事会，董事会是合营公司的最高权力机构；第十八条规定了董事会的职权范围；第十九条规定，董事会由八名董事组成，其中甲方（鲤城公司）委派二名，乙方（北峰公司）委派二名，丙方（香港南明公司）委派四名，董事任期为四年，可以连任。第二十一条规定，甲、乙、丙方在委派和更换董事人选时，应书面通知董事会。

三、1996年10月4日，香港南明公司召开董事会，形成《香港南明置业有限公司第一次董事会记录》。该记录载明，香港南方纺织有限公司、许明良、刘三煌、林文龙、黄朝阳、戴新民六方合作组成香港南明公司。其中，香港南方纺织有限公司占股50%，许明良、刘三煌、林文龙、黄朝阳、戴新民各占股10%；公司集资港币2500万元，按各自股份比例出资。同时约定集资日期如下：1. 1996年10月10日，香港南方纺织有限公司须投入500万元港币，许明良、刘三煌等五人须各投入100万元港币。2. 1996年12月31日，香港南方纺织有限公司须投入500万元港币，许明良、刘三煌等五人须各投入100万元港币。3. 1997年3月31日，香港南方纺织有限公司须投入250万元港币，许明良、刘三煌等五人须各投入50万元港币。林树哲、徐伟福、杨连嘉、许明良均在该董事会记录上签字。

四、1997年3月14日，泉州泉联审计事务所就泉州南明娱乐有限公司实收资本验证事项出具《报告书》载明：香港南明公司于1996年10月汇入港币3999850元，折人民币4285839元；于1997年1月两次汇入港币4999700元，折人民币5353679元；合计人民币9639518元。1998年3月9日，泉州泉联审计事务所再次就泉州南明娱乐有限公司实收资本验证事项出具《报告书》，就该次验资事项载明：1997年5月5日外商汇入港币3000000元，折人民币3214200元，两次投入资本共计人民币12853718元。

五、2003年12月2日，鲤城公司、北峰公司分别将各自名下持有的泉州南明娱乐有限公司股权全部转让给香港南明公司。自此，泉州南明娱乐有限公司变更为外商独资企业。2007年1月29日，泉州南明娱乐有限公司名称变更为泉州南明置业有限公司。

六、在香港特别行政区高等法院原讼法庭受理的商业案件2013年第8宗原告许明棋诉被告林树哲、南益实业（集团）有限公司、香港南明公司、杨连嘉、徐伟福、好运商业管理有限公司、上海展天国际物流有限公司一案中，香港南明公司提交的辩护词中提及："6.……在1993年1月12日左右，南明置业有限公司于香港成立，作为水上乐园的投资媒介。杨先生（杨连嘉）代表集团持有南明之1份公司股。至于原告（许明棋），经许氏幼弟同意，则被提议持有南明之另1份公司股份［但是林先生（林树哲）并不了解原告与许氏兄弟间的内部利益分配或家产分配，许氏兄弟也未向林先生披露任何相关信息，或请求林先生参与相关事宜（如有）］……18. 原告（许明棋）于1996年11月5日支付（或使他人支付）100万港币分期付款的第1期（于1996年10月10日到期）。原告于1997年3月6日支付（或使他人支付）100万元港币分期付款的第2期（于1996年12月31日到期）。但是原告后来未能在规定的1997年3月31日或其他到期日前支付（或使他人支付）50万元港币的最后一笔分期付款款项。”

七、许明宏，原名许明良，于2003年3月11日改名为许明宏。

一审法院认为，本案许明宏的诉请第一项为请求确认董事会决议无效，第二项虽表述为请求泉州南明公司、林树哲赔偿经济损失，但实质上是基于其是公司实际投资人的主张请求按照出资比例分配公司盈余，两项诉求均属于主张股东权益，本案的案由应当确定为与公司有关的纠纷。因许明宏、林树哲均系香港特别行政区居民，本案系涉港民商事纠纷，应参照涉外案件适用集中管辖的规定。各方当事人在诉讼过程中均援引中华人民共和国内地法律且未对法律适用问题提出异议，应确认中华人民共和国内地法律为本案准据法。

关于许明宏的诉讼主体资格问题，本案许明宏主张其作为实际投资人出资设立了泉州南明公司，泉州南明公司、林树哲认为许明宏的两项诉请均是股东才有资格提起的权利请求，但许明宏并非泉州南明公司的股东，因此不是本案的适格原告。一审法院认为，（一）从许明宏提交的《兴业银行香港分行汇款凭证》来看，并未体现该200万元款项系许明宏所支付，且许明宏主张另有50万元是现金支付，亦未能提供任何证据。香港南明公司在香港诉讼的辩护词中虽认可了先后收到200万元港币，但认为是许明棋支付的。从《香港南明置业有限公司第一次董事会记录》分析，仅体现了香港南方纺织有限公司、许明良、刘三煌、林文龙、黄朝阳、戴新民约定共同出资港币2500万元组成香港南明公司，该份董事会记录只能说明六方投资人约定对香港南明公司的注资情况，并未体现六方投资人的实际投资情况。许明宏主张其出资250万元港币，依据不足。（二）许明宏主张《香港南明置业有限公司第一次董事会记录》是六方投资人对泉州南明公司投资事宜的约定，泉州南明公司的港方注册资金实缴时间、款项总额与董事会记录的约定高度吻合，许明宏是泉州南明公司的实际投资人。但根据《公司法》第三条的规定，公司法人资格独立，香港南明公司作为依法设立的公司，在财产、责任方面与其发起人、董事和成员等截然分离，具有独立的法律地位，也应当以自己的名义享有民事权利和承担民事义务。即便许明宏支付了250万元港币，但其完成出资后所形成的财产应当归香港南明公司所有，香港南明公司、北峰公司、鲤城公司才是泉州南明公司的登记股东和出资方。（三）《香港南明置业有限公司第一次董事会记录》体现的六方投资人本身均非香港南明公司的登记股东，只是通过约定向香港南明公司投资，再由香港南明公司投资设立泉州南明公司的方式，间接控制泉州南明公司权益，即便前述六方投资人按照约定实际完成了出资，也是共同作为泉州南明公司的实际控制人，而非泉州南明公司的隐名投资者，不应认定为委托投资，不属于《外商投资司法解释（一）》第十四条规定的"当事人之间约定一方实际投资、另一方作为外商投资企业名义股东"的委托他人代持股的情形。

综上，一审法院认为，许明宏主张其为泉州南明公司的实际投资人，依据不足，而其并非泉州南明公司的股东，不能行使泉州南明公司的股东才享有的财产及其他权益，不是本案的适格原告。因本案尚未就许明宏的诉求进行实体审查，许明宏申请证人出庭作证所涉事项亦不影响本案诉讼主体资格的判断，故对于其调查取证、笔迹鉴定、委托审计、证人出庭作证等申请，亦不予支持。该院依照《中华人民共和国民事诉讼法》第一百一十九条、第一百五十四条第一款第三项，《最高人民法院关于适用〈中华人民共和国民事诉讼法〉的解释》（以下简称《民事诉讼法司法解释》）第二百零八条第三款的规定，裁定驳回许明宏的起诉，一审预收案件受理费491800元予以退还。

本院经审理查明：一、2000年8月9日，香港南明公司出具《委派书》记载："原南明娱乐有限公司董事长：林树哲先生及港方董事：许明良、郭文强先生因工作调动及身体原因，不再担任南明娱乐有限公司董事。现委派王明德先生担任南明娱乐有限公司董事长；委派刘三煌先生、万碧松先生为南明娱乐有限公司港方董事。原董事吴长谋先生保持不变。"

二、2000年8月9日《泉州南明娱乐有限公司董事会决议》载明："泉州南明娱乐有限公司董事会成员林树哲、郭文强、许明良（原文为许明扬）、杨乌锡、万象新、吴群德、张招贤因工作调动或身体原因不再担任公司董事。经董事会研究决定更换董事人员如下：王明德（港方董事，任董事长），刘三煌（港方董事，任总经理），万碧松（港方董事），颜呈灿（中方董事），杨少川（中方董事），郑跃欣（中方董事），郭晓阳（中方董事），原港方董事总经理吴长谋先生不再担任总经理，但仍担任董事一职。特此决议。"董事会成员落款处有林树哲、杨乌锡、万象新、吴长谋、许明良签名。许明宏主张此处"许明良"的签名系被伪造。

三、泉州南明公司章程第四章第十八条规定："董事会决定合营公司的一切重大事宜。其职权主要如下：（1）决定和批准总经理提出的重要报告：（如生产规划、年度营业报告、资金、供款等）；（2）批准年度财务报表、收支预算、年度利润分配方案；（3）通过公司的重要规章制度；（4）决定设立分支机构；（5）修改公司规章；（6）讨论决定合营公司停产、终止或与另一个经济组织合并；（7）决定聘用总经理、会计师等高级职员；（8）负责合营公司终止和期限满时的清算工作；（9）其他应由董事会决定的重大事宜。"

除前述事实外，一审裁定查明的事实属实，本院予以确认。

本院认为，一、关于本案纠纷适用的准据法问题。许明宏、林树哲为中华人民共和国香港特别行政区居民，其在中华人民共和国内地起诉、应诉，且在诉讼过程中均援引中华人民共和国内地法律进行主张和抗辩，故一审法院关于本案系涉港民商事纠纷，应参照涉外案件的程序进行审理，本案准据法为中华人民共和国内地法律的认定，符合《最高人民法院关于适用〈中华人民共和国涉外民事关系法律适用法〉若干问题的解释（一）》第十九条和第八条第二款的规定，本院予以维持。

二、关于本案两项诉请可否一并审理的问题。本案中，许明宏以泉州南明公司2000年8月9日《泉州南明娱乐有限公司董事会决议》解除其董事职务违反法律规定、剥夺其分配投资收益等权利为由，向一审法院提起诉讼，请求确认案涉董事会决议无效，并要求泉州南明公司及林树哲连带赔偿其相当于投资收益的经济损失。该两项诉讼请求依据的法律关系虽然不同，但均系基于许明宏认为其系泉州南明公司实际投资人、其投资权益被不当侵夺这一相同的事实背景。《民事诉讼法司法解释》第二百二十一条规定："基于同一事实发生的纠纷，当事人分别向同一人民法院起诉的，人民法院可以合并审理。"一审法院根据许明宏向泉州南明公司、林树哲主张权利系基于同一事实的情形，认定许明宏提出的两项诉讼请求均系与公司有关的纠纷且一并予以审理，于法有据，本院予以维持。被上诉人林树哲关于许明宏在本案中的两项诉讼请求分属不同的法律关系、不应合并审理的诉讼理由不能成立，本院不予支持。

三、关于许明宏是否为本案的适格原告问题。《最高人民法院关于适用〈中华人民共和国公司法〉若干问题的规定（四）》（以下简称《公司法司法解释（四）》）第一条规定，公司股东、董事、监事等请求确认股东会或者股东大会、董事会决议无效或者不成立的，人民法院应当依法予以受理。该规定将确认公司决议无效之诉的原告明确列举为公司股东、董事、监事等，同时要求"人民法院应当依法予以受理"。根据《民事诉讼法》第一百一十九条第一项和《民事诉讼法司法解释》第二百零八条第三款之规定，提起诉讼的原告必须"是与本案有直接利害关系的公民、法人和其他组织"，人民法院在立案后发现原告的起诉不符合起诉条件的，应当裁定驳回起诉。据此，对于公司股东、董事、监事等提起的公司决议无效之诉，人民法院既要适用《公司法》及其司法解释的规定，亦应依据《民事诉讼法》及其司法解释审查原告是否"与本案有直接利害关系"。同理，提起公司盈余分配诉讼的原告，亦应当具有股东身份，或者与公司盈余分配有其他直接利害关系。因此，一审法院在本案受理后，依法审查许明宏与本案是否具有直接的利害关系，并以此判定许明宏是否具有提起本案两项诉讼请求的原告资格，适用法律正确。

（一）关于许明宏是否为案涉董事会决议无效之诉的适格原告问题。本案中，许明宏系以 2000 年 8 月 9 日《泉州南明娱乐有限公司董事会决议》违法解除其董事职务为由请求确认该董事会决议无效。根据查明的事实，案涉董事会决议作出时，泉州南明公司为中外合资经营企业。《中华人民共和国中外合资经营企业法》第六条规定，合营企业设董事会，其人数组成由合营各方协商，在合同、章程中确定，并由合营各方委派和撤换；董事会的职权是按合营企业章程规定，讨论决定合营企业的一切重大问题。根据泉州南明公司章程第四章第十九条、第二十一条的规定，董事会由八名董事组成，其中鲤城公司委派二名，北峰公司委派二名，香港南明公司委派四名；三方在委派和更换董事人选时，应书面通知董事会。据此，泉州南明公司的董事系由合营各方委派和撤换。作为合营方，香港南明公司可以委派许明宏为泉州南明公司的董事，也可以单方解除许明宏的董事职务。故自香港南明公司 2000 年 8 月 9 日包含解除许明宏董事职务内容的《委派书》到达泉州南明公司时起，许明宏即不再具有泉州南明公司董事职务。案涉董事会决议中虽然包含了许明宏不再担任董事职务的内容，但其依据是股东香港南明公司关于免除许明宏董事职务的通知，所体现的只是合营企业股东的意志，并非泉州南明公司董事会的意志。因此，该部分内容仅系泉州南明公司董事会对既有法律事实的记载。根据《公司法》的规定，董事会作为公司经营决策机构，可以根据法律或者公司章程规定的权限和表决程序，就其审议事项经表决后形成董事会决议，但该决议应当反映董事会的商业判断和独立意志。由此，《公司法司法解释（四）》第一条规定可以由公司股东、董事、监事等请求确认无效的决议，并不包括本案所涉不体现董事会意志的记录性文件。故案涉上述文件中涉及许明宏不再担任泉州南明公司董事职务的部分，虽然有董事会决议之名，但其并不能构成公司法意义上的董事会决议。综上，案涉董事会决议并非许明宏丧失泉州南明公司董事职务的原因，无论该董事会决议上“许明良”签名是否系伪造，均不影响香港南明公司解除其董事职务的效力。许明宏关于其是案涉董事会决议无效之诉适格原告的上诉理由不能成立。一审裁定关于许明宏与案涉董事会决议间不具有直接的利害关系、并非本案适格原告的认定正确，本院予以维持。

（二）关于许明宏与泉州南明公司的盈余分配之间是否存在直接利害关系的问题。许明宏并非泉州南明公司的股东，其于本案系以泉州南明公司实际投资人身份，请求按照出资比例分配公司盈余。公司法上的实际投资人，是以出名股东的名义在该出名股东出资义务范围内投入资金、实物等并最终享有投资权益的民事主体。根据《最高人民法院关于适用〈中华人民共和国公司法〉若干问题的规定（三）》（以下简称《公司法司法解释（三）》）第二十四条第一款和《外商投资司法解释（一）》第十五条第一款的规定，作为实际投资人的投资者，需与名义股东之间订立以名义投资人为名义股东、由实际投资人投资并享有投资权益的合同。据此，许明宏提出的有关其系泉州南明公司实际投资人的主张能否成立，需要审查其于本案提供的证据能否证明其与香港南明公司间就香港南明公司作为名义股东、许明宏作为实际投资人形成了委托投资合同关系。香港南明公司于1993年1月12日在香港注册成立，注册股东为许明棋、杨连嘉，各占1股。据许明宏一审举示的1996年10月4日《香港南明置业有限公司第一次董事会记录》记载，由许明宏与刘三煌、林文龙、黄朝阳、戴新民及香港南方纺织有限公司六方，按照各自股份比例集资港币2500万元，合作组成香港南明公司。就许明宏等六方集资的目的是否专门用于香港南明公司履行对泉州南明公司的出资义务一节，该董事会决议中并无明确的记载，但从各方约定共同集资港币2500万元的数额来看，显然大于香港南明公司对泉州南明公司负有的认缴出资义务即人民币1400万元。本案现有证据并不能证明许明宏等六方与香港南明公司之间存在以香港南明公司作为名义股东向泉州南明公司进行投资的委托投资关系这一待证事实，故许明宏以其出资实际用于泉州南明公司这一嗣后事实为由主张其系该公司的实际投资人，缺乏事实和法律依据，本院不予采信。与此同时，实际投资人不是外商投资企业的股东，法律所保护的仅是实际投资人基于与名义股东之间的合同安排而享有的投资权益，并非股东所能享有的全部权益。因此，《公司法司法解释（三）》第二十四条第二款、《外商投资司法解释（一）》第十五条第二款均强调，实际投资人获取投资权益的实现方式，是依据其与名义股东之间的合同关系向名义股东进行主张。《外商投资司法解释（一）》第十七条规定，“实际投资者根据其与外商投资企业名义股东的约定，直接向外商投资企业请求分配利润或者行使其他股东权利的，人民法院不予支持”。可见，即便许明宏所持的其与香港南明公司存在名为“投资通道”的委托投资关系进而成为泉州南明公司实际投资人的主张成立，其亦不能直接向泉州南明公司主张投资权益。由上，一审裁定关于许明宏并非泉州南明公司的实际投资人，其与泉州南明公司的盈余分配不具有直接利害关系的认定正确，本院予以维持。顺予指出，《公司法》第二百一十六条规定，“实际控制人，是指虽不是公司的股东，但通过投资关系、协议或者其他安排，能够实际支配公司行为的人。”一审法院在未审查泉州南明公司的控制权归属的情况下，作出许明宏等六方投资人共同出资作为泉州南明公司实际控制人的认定，事实依据不足，本院予以纠正。

四、关于许明宏与林树哲之间是否具有直接利害关系的问题。如前所述，许明宏并非案涉董事会决议无效之诉的适格原告，林树哲作为泉州南明公司的董事长在案涉董事会决议上签字的行为，系履行职责的职务行为，依法不能产生对许明宏的个人责任。加之许明宏与泉州南明公司之间不存在直接的利害关系，并非请求盈余分配诉讼的适格原告，林树哲作为泉州南明公司的法定代表人当然亦非本案的适格被告。故一审法院驳回许明宏对林树哲的起诉的处理结果正确，本院予以维持。

五、关于本案其他相关问题的处置。依照《香港南明置业有限公司第一次董事会记录》记载的内容，许明宏与其他五方投资人合作组成香港南明公司并按照各自股份比例出资，该董事会记录亦记载了六方的股份比例及集资款项的投入日期。且许明宏在本案诉讼中主张，六方投资人依其与香港南明公司间的约定对外进行投资。故许明宏系与其他五方投资人之间，六方投资人系与香港南明公司之间形成了相应的法律关系。许明宏应基于其与其他五方投资人的约定及六方投资人与香港南明公司间的约定主张并行使相应的权利。由于许明宏在香港特别行政区的投资情况，并不影响本案对许明宏是否具备原告主体资格的判断，本院对于许明宏与其他五方投资人之间、六方投资人与香港南明公司之间法律关系的性质不予审理。同理，一审法院于本案审查认定许明宏与香港南明公司间是否存在资金往来、资金往来具体数额、该资金是否系对香港南明公司的直接投资等事实亦无必要，本院对一审裁定有关上述内容的认定不予确认。许明宏可在另行主张权利时一并请求受案法院予以审查认定。此外，因本案无需就许明宏的诉请进行实体审查，许明宏一审申请证人出庭作证所涉事项并不影响本案诉讼主体资格的判断，一审法院对其调查取证、笔迹鉴定、委托审计、证人出庭作证等申请不予支持，并无不当；许明宏二审中提出的调查取证及委托鉴定申请，本院亦不予准许。对于许明宏二审提交的相关证据，即使予以采信也不能证明其具有原告资格，本院于本案不予认定。

综上，许明宏的上诉请求不能成立，一审裁定认定相关事实清楚、适用法律正确。依照《中华人民共和国民事诉讼法》第一百七十条第一款第一项、第一百七十一条规定，裁定如下：

驳回上诉，维持原裁定。

本裁定为终审裁定。

035. 股东会任命的职工代表监事非本公司职工或任命程序违反公司法规定的，该部分决议内容无效[①]

上海保翔冷藏有限公司诉上海长翔冷藏物流有限公司公司决议效力确认纠纷案

裁判摘要

有限责任公司监事会中的职工代表监事应当具有该公司职工的身份，职工代表监事的产生方式应符合《中华人民共和国公司法》第五十一条规定的职工民主选举产生的程序，并符合该条规定的代表比例。公司股东会作出任命职工代表监事的决议，如果该被任命监事并非本公司职工，或该被任命监事的产生程序、代表比例违反《中华人民共和国公司法》第五十一条规定的，该部分决议内容应属无效。

原告：上海保翔冷藏有限公司，住所地：上海市宝山区虎林路。

法定代表人：翁菱穗，该公司执行董事。

被告：上海长翔冷藏物流有限公司，住所地：上海市宝山区虎林路。

法定代表人：翁菱穗，该公司董事长。

第三人：上海江阳水产品批发交易市场经营管理有限公司，住所地：上海市宝山区泰和路。

法定代表人：徐根福，该公司执行董事。

第三人：魏仁礼。

第三人：魏满鸿。

---

① 参见《最高人民法院公报》2019年第11期。

第三人：徐根福。

第三人：孔凌志。

原告上海保翔冷藏有限公司（以下简称保翔公司）因与被告上海长翔冷藏物流有限公司（以下简称长翔公司）发生公司决议效力确认纠纷，向上海市宝山区人民法院提起诉讼。

原告保翔公司诉称：2014年1月，原告通过向第三人上海江阳水产品批发交易市场经营管理有限公司（以下简称江阳公司）受让部分股权，成为被告长翔公司的股东，原告和第三人各持有长翔公司50%股权。2014年4月，长翔公司召开临时股东会议并形成一份股东会决议（系争股东会决议），该股东会决议第二项决定设立监事会，任命徐根福、孔凌志为股东代表监事，任命魏仁礼为职工代表监事，免去魏满鸿的监事职务。因原告入股长翔公司前，对江阳公司、长翔公司人员组成不了解，后原告发现魏仁礼为江阳公司法定代表人，非长翔公司员工，没有资格成为长翔公司的职工代表监事。原告认为，系争股东会决议中关于监事任免的内容以及表决程序均违反了公司法关于职工代表监事的相关规定，魏仁礼不能担任长翔公司的职工代表监事，故诉请判令：确认被告长翔公司于2014年4月通过的股东会决议关于公司监事会组成的决议条款无效。

被告长翔公司辩称：选举魏仁礼为职工代表监事的决议是通过合法程序形成的，且经过工商部门备案，故请求驳回原告保翔公司的诉讼请求。

第三人江阳公司、第三人魏仁礼、第三人徐根福共同述称：魏仁礼长期担任长翔公司法定代表人，直至2013年才卸任，但仍然负责长翔公司的一些事务。魏仁礼于2014年4月被选为长翔公司职工代表监事是通过程序选举产生的，且通过系争股东会决议的确认。魏仁礼退休后被长翔公司返聘，与长翔公司之间仍具有聘用关系，符合公司法中关于职工监事的身份规定。故系争股东会决议有效，要求驳回原告保翔公司的诉讼请求。

第三人魏满鸿述称：其对系争股东会决议免除其监事职务是认可的。

第三人孔凌志述称： 其受原告保翔公司委托到长翔公司担任监事，原告主张的理由成立，魏仁礼没有资格担任长翔公司的职工代表监事。

上海市宝山区人民法院一审查明：

被告长翔公司原系第三人江阳公司的全资子公司，2014 年 1 月，原告保翔公司与江阳公司签订股权转让协议，约定江阳公司将其所持长翔公司 50%股权转让给原告，原告、江阳公司各持长翔公司 50%股权。后各方办理了股权变更登记手续。2014 年 4 月，长翔公司召开临时股东会并形成系争股东会决议，决议第二项规定：设立公司监事会，聘请徐根福、孔凌志为股东代表监事，免去魏满鸿监事职务，另一名职工代表监事由魏仁礼担任。决议另对董事成员进行了任免并修改了章程。

魏仁礼生于 1948 年，2008 年已届退休年龄，其担任被告长翔公司法定代表人至 2013 年卸任，涉讼时其仍是第三人江阳公司法定代表人，但在诉讼过程中卸任。另无证据证明魏仁礼在 2014 年 4 月以来与长翔公司之间存在劳动关系。

在被告长翔公司工商登记备案材料中有一份落款日为 2014 年 4 月 30 日的长翔公司职工代表大会决议，主要内容为：长翔公司职工代表大会于 2014 年 4 月 30 日召开，应到职工代表 5 人，实到 5 人，会议由魏仁礼主持；会议选举魏仁礼为公司职工监事；同意 5 人，占职工代表总数 100%；与会职工签名落款处未见魏仁礼签名，有“朱某某”“范某”“杨某某”“凌某某”“张某”五人作为“职工代表”签名。但该五名“职工代表”在 2014 年 5 月之后均非由长翔公司缴纳社会保险费。经审查其他证据材料，只有范某、张某与长翔公司建立劳动关系的证据较为充分，难以证明另三人与长翔公司存在劳动关系。另，缺乏能够证明该五人被长翔公司全体职工选举为职工代表或可代表长翔公司全体职工意志的相关证据。

上海市宝山区人民法院一审认为：

根据《中华人民共和国公司法》第五十一条的规定，有限责任公司设监事会的，监事会中职工代表的比例不得低于 1/3，监事会中的职工代表由公司职工通过职工代表大会、职工大会或者其他形式民主选举产生。该规定系为确保公司在经营决策管理过程中不侵害职工合法利益、保障现代企业治理中的职工民主权利而设立的，具有强制性，公司在设立监事会时必须遵守。根据该规定，第一，职工代表的监事必须从公司职工中产生，与公司没有劳动关系的人员不能成为职工代表监事；第二，职工代表监事必须由公司职工通过职工代表大会、职工大会或者其他形式民主选举产生，对不具有职工身份的人员或未经过职工民主选举方式产生的人员任命为职工代表监事的，该任命应属无效。

本案中，系争股东会任命的职工代表监事魏仁礼在被任命时及任命后与被告长翔公司并未形成劳动关系，魏仁礼不具有长翔公司的职工身份。且魏仁礼此前曾长期担任长翔公司法定代表人和长翔公司控股股东第三人江阳公司法定代表人的职务，该职务代表着长翔公司高管层的身份和意志，不能代表长翔公司职工的身份和意志。因此，魏仁礼不具有担任长翔公司职工代表监事的身份资格。另外，从在案证据来看，选举魏仁礼为职工代表监事的朱某某、范某、杨某某、凌某某、张某五人中只有范某、张某两人与长翔公司具有劳动关系，难以证明其余三人与长翔公司有劳动关系，且难以证明该五人曾被长翔公司全体职工选举为职工代表或可代表长翔公司全体职工的意志，故任命潘仁礼为职工代表监事的程序亦不符合公司法的规定。综上，系争股东会决议中任命魏仁礼为长翔公司职工代表监事的内容应属无效；因监事会是一个整体，故该决议中的组成监事会的决议内容也应归于无效。长翔公司应根据公司法和公司章程的规定，重新选举和产生符合条件的监事会成员。

据此，上海市宝山区人民法院依照《中华人民共和国公司法》第二十二条第一款、第五十一条的规定，于 2016 年 12 月 1 日作出判决：

被告上海长翔冷藏物流有限公司于 2014 年 4 月 30 日作出的股东会决议第二项（设立公司监事会，聘请徐根福、孔凌志为股东代表监事，免去魏满鸿的监事职务，另一名职工监事由魏仁礼担任）无效。

江阳公司、魏仁礼不服一审判决，向上海市第二中级人民法院提起上诉称：系争股东会决议程序合法，内容真实有效，已经各股东确认并办理工商登记。选举魏仁礼作为原审被告长翔公司职工代表监事程序亦合法有效，职工代表大会决议上的签字职工在当时是长翔公司职工，均有表决资格。魏仁礼具备担任长翔公司职工监事资格，公司法上的职工并没有限定为劳动关系，应包括劳务关系、兼职人员等。两上诉人请求二审改判驳回被上诉人保翔公司的诉讼请求。

被上诉人保翔公司辩称：上诉人江阳公司、魏仁礼的上诉请求没有事实和法律依据，应予驳回。魏仁礼并非长翔公司职工，从未在原审被告长翔公司领取薪水，没有作为职工代表的资格。且工商登记材料中所谓职工代表大会决议的签字职工多数不是长翔公司职工，选举程序不合法，故系争股东会决议无效。一审法院认定的事实正确无误，适用法律准确，上诉人的上诉理由不能成立，请求二审驳回上诉，维持原判。

原审被告长翔公司、第三人孔凌志在二审中与被上诉人保翔公司的意见一致。

原审第三人魏满鸿、徐根福在二审中与上诉人江阳公司、魏仁礼的意见一致。

上海市第二中级人民法院经二审，确认了一审查明的事实。

上海市第二中级人民法院二审认为：

与公司签订劳动合同或者存在事实劳动关系是成为职工代表监事的必要条件，上诉人魏仁礼并不具备担任原审被告长翔公司职工代表监事的资格，理由如下：第一，职工代表大会是协调劳动关系的重要制度，职工代表须与公司存在劳动关系。参考国资委、中华全国总工会等部门制定的《企业民主管理规定》第二十三条的规定，“与企业签订劳动合同建立劳动关系以及与企业存在事实劳动关系的职工，有选举和被选举为职工代表大会代表的权利。

依法终止或者解除劳动关系的职工代表，其代表资格自行终止”。本案中，魏仁礼于系争股东会决议作出时已不在长翔公司任职，未在长翔公司领取薪水，即与长翔公司不存在劳动关系，故魏仁礼不具备作为职工代表的资格。第二，职工代表监事应通过职工代表大会、职工大会等形式，从职工代表中民主选举产生。《中华人民共和国公司法》第五十一条第二款规定了监事会应包括公司职工代表，说明职工代表资格是成为职工代表监事的前提。本案中，魏仁礼并非职工代表，因此不具备担任长翔公司职工代表监事的资格。另，《中华人民共和国公司法》第五十一条第二款亦规定，监事会中职工代表的比例不得低于1/3，该比例系公司法上效力性强制性规定，本案中魏仁礼不具备职工代表资格，另外两名监事系股东代表，职工代表比例为零，违反前款规定。故一审法院认定系争股东会决议中任命魏仁礼为长翔公司职工代表监事的条款无效，并无不当，二审予以支持。至于两上诉人认为选举职工代表监事程序合法、签字职工均有表决资格的主张，因魏仁礼不具备职工代表资格，无论签字职工是否具有表决资格，均无法改变监事会中无职工代表的事实，亦无法补正系争股东会决议相关条款的效力，故对于上诉人的该项主张，二审法院亦不予采纳。

综上所述，上海市第二中级人民法院依照《中华人民共和国民事诉讼法》第一百七十条第一款第（一）项之规定，于2017年3月10日作出判决：

驳回上诉，维持原判。

本判决为终审判决。

（三）地方法院典型案例

036. 对不同比例减资，除另有约定外，应由全体股东一致同意①

案情简介：呢绒公司注册资本50万元，股东为夏某甲、夏某某。2018年11月15日，呢绒公司全体股东一致决议如下："夏某甲将持有的呢绒公司全部股权转让给夏某某。公司注册资本由50万元增至500万元，新股东狄某、宿某分别对呢绒公司增加出资400万元、50万元。"夏某甲、夏某某、狄某、宿某均在该股东会决议上签字。后新股东狄某、宿某未配合公司变更登记，夏某某遂诉至法院请求判令呢绒公司、狄某、宿某继续执行2018年11月15日股东会决议，共同办理变更公司股东名册、注册资本等的登记手续。一审法院支持了夏某某的诉讼请求。

一审判决后，狄某、宿某不服，提出上诉，并于2021年9月20日在夏某某未参加的情况下形成新的股东会决议，内容为："撤销2018年11月15日股东会决议中关于将公司注册资本由50万元增加至500万元的决议，公司不增加注册资本，维持原注册资本50万元；撤销增资决议后，呢绒公司的股东为夏某某，占股100%。"狄某、宿某据此请求二审法院驳回夏某某的诉讼请求。

裁判结果：二审法院认为，减资存在同比例减资和不同比例减资，不同比例减资会直接突破各股东原有的股权分配情况，如只需经2/3以上表决权的股东通过即可作出不同比例减资决议，实际上是以多数决形式改变原有股东一致决所形成的股权架构，故对不同比例减资，除另有约定外，应由全体

① 《2020-2021年江苏法院公司审判典型案例》（2022年9月29日发布），四、夏某某诉呢绒公司、狄某等公司决议纠纷案，载江苏法院网，https：//www.jsfy.gov.cn/article/94380.html，最后访问日期：2023年6月17日。

股东一致同意。就本案而言，2021 年 9 月 20 日临时股东会作出不同比例减资决议，未经全体股东一致同意，各方仍应履行 2018 年 11 月 15 日股东会决议，遂判决驳回上诉，维持原判。

典型意义

本案区分了同比例减资和不同比例减资在股东会决议通过标准上的差异，对于维系公司原有股权结构、维护中小股东利益具有重要意义。大股东行使股东权利时，应遵循诚实信用原则，不得滥用股东支配地位。

037. 未按照章程规定的时间提前通知即召开股东会，属于召集程序有重大瑕疵，决议可撤销①

案情简介：科技公司股东为彭某、北京科技公司和贾某，彭某占股 10%，同时为该公司执行董事兼法定代表人，监事为胡某。该公司章程规定，召开股东会会议，应当于会议召开 15 日前通知全体股东。监事有权提议召开临时股东会。

2020 年 8 月 29 日下午 17：10、17：43，胡某分别通过微信和电子邮件告知彭某，将于次日以线上方式召开临时股东会，审议事项包括免去彭某执行董事兼法定代表人职务、选举韩某为执行董事兼法定代表人等。当日晚 19：20，彭某微信回复称根据公司章程规定该会议通知无效。8 月 30 日，北京科技公司和贾某参加了科技公司临时股东会，一致表决通过上述审议事项，彭某未参会。8 月 31 日，科技公司办理了工商变更登记和备案。彭某遂起诉，请求撤销科技公司 2020 年 8 月 30 日股东会决议。

① 《2020-2021 年江苏法院公司审判典型案例》（2022 年 9 月 29 日公布），一、科技公司诉彭某公司决议撤销纠纷案，载江苏法院网，https：//www. jsfy. gov. cn/article/94380. html，最后访问日期：2023 年 6 月 17 日。

裁判结果：法院认为，《最高人民法院关于适用〈中华人民共和国公司法〉若干问题的规定（四）》第四条规定："股东请求撤销股东会或者股东大会、董事会决议，符合民法典第八十五条、公司法第二十二条第二款规定的，人民法院应当予以支持，但会议召集程序或者表决方式仅有轻微瑕疵，且对决议未产生实质影响的，人民法院不予支持。"该条适用前提为股东会召集程序仅存在轻微瑕疵，且对决议未产生实质影响，而案涉股东会在召集主体和召集时间上均存在重大瑕疵，不应适用该条，遂判决撤销科技公司案涉股东会决议。

典型意义

股东会决议存在非轻微程序瑕疵时，即使该瑕疵对决议结果未产生实质影响，也应撤销股东会决议。否则，控股股东可能因此任意侵犯中小股东的权利，中小股东参与公司经营决策权利将被架空，公司决议撤销之诉也将丧失其所具有的规范公司治理、维护中小股东利益的制度功能。另外，公司及其股东应当严格遵守法律和公司章程中关于股东会召集程序和表决方式的规定，避免因程序瑕疵引发纠纷。

038. 明知股东被羁押，仍向其身份证地址邮寄董事会会议通知，构成通知瑕疵[①]

基本案情：2007年7月，甲公司设立，投资人（股东）蔡某任法定代表人及董事长。2011年4月，蔡某因涉嫌经济犯罪被依法刑事羁押。2013年11

① 《广东高院发布加强民营经济司法保护十大典型案例》（2019年4月25日发布），四、依法审理股东权利纠纷，载广东法院网，https：//www. gdcourts. gov. cn/index. php？ v = show&cid = 170&id = 53403，最后访问日期：2023年6月17日。

月，甲公司董事会决定召开2013年第二次临时董事会会议，并采取特快专递的方式向蔡某的身份证住址邮寄送达会议通知。由于会议当天董事人数未达到公司章程规定，故会议主持人潘某宣布会议延后15天举行，并以同样方式向蔡某邮寄送达会议通知。同年12月，甲公司第二次临时董事会议召开，其中未到会的蔡某、黄某董事权利由会议主持人潘某代为行使，会议全票通过选举潘某为公司董事长等六项决议。2014年2月，蔡某以临时董事会会议的召集程序、表决方式及董事会决议内容违反公司章程为由诉至法院，请求撤销涉案董事会决议。

裁判结果：广州市天河区人民法院认为，涉案董事会召集程序违反公司章程，判决撤销涉案董事会决议。广州市中级人民法院认为，甲公司应按照公司章程规定向蔡某送达会议通知。甲公司在明知蔡某被羁押情况下，仍仅向其身份证地址邮寄会议通知，显然未尽合理、谨慎的义务，不符合章程“适当发出”的要求。涉案董事会的提案内容中有多项与蔡某本人切身利益密切相关，该通知瑕疵不属于轻微瑕疵。故于2018年6月维持原判。

典型意义

本案中，人民法院对董事会会议的召开程序、决议内容进行合法性审查，及时纠正不合法的公司决议，妥善处理股东之间、股东与公司之间等利益冲突，从程序上将股东权利的司法救济落到实处，切实保护了股东的合法权益，对民营企业实现法治化管理、健康稳定发展起到促进作用。

（四）裁判依据

《中华人民共和国民法典》

第八十五条 营利法人的权力机构、执行机构作出决议的会议召集程序、表决方式违反法律、行政法规、法人章程，或者决议内容违反法人章程的，营利法人的出资人可以请求人民法院撤销该决议。但是，营利法人依据该决议与善意相对人形成的民事法律关系不受影响。

《中华人民共和国公司法》

第二十二条 公司股东会或者股东大会、董事会的决议内容违反法律、行政法规的无效。

股东会或者股东大会、董事会的会议召集程序、表决方式违反法律、行政法规或者公司章程，或者决议内容违反公司章程的，股东可以自决议作出之日起六十日内，请求人民法院撤销。

股东依照前款规定提起诉讼的，人民法院可以应公司的请求，要求股东提供相应担保。

公司根据股东会或者股东大会、董事会决议已办理变更登记的，人民法院宣告该决议无效或者撤销该决议后，公司应当向公司登记机关申请撤销变更登记。

第四十二条 股东会会议由股东按照出资比例行使表决权；但是，公司章程另有规定的除外。

第四十三条 股东会的议事方式和表决程序，除本法有规定的外，由公司章程规定。

股东会会议作出修改公司章程、增加或者减少注册资本的决议，以及公司合并、分立、解散或者变更公司形式的决议，必须经代表三分之二以上表决权的股东通过。

《最高人民法院关于适用〈中华人民共和国公司法〉若干问题的规定（四）》

第一条 公司股东、董事、监事等请求确认股东会或者股东大会、董事会决议无效或者不成立的，人民法院应当依法予以受理。

第二条 依据民法典第八十五条、公司法第二十二条第二款请求撤销股东会或者股东大会、董事会决议的原告，应当在起诉时具有公司股东资格。

第三条 原告请求确认股东会或者股东大会、董事会决议不成立、无效或者撤销决议的案件，应当列公司为被告。对决议涉及的其他利害关系人，可以依法列为第三人。

一审法庭辩论终结前，其他有原告资格的人以相同的诉讼请求申请参加前款规定诉讼的，可以列为共同原告。

第四条 股东请求撤销股东会或者股东大会、董事会决议，符合民法典第八十五条、公司法第二十二条第二款规定的，人民法院应当予以支持，但会议召集程序或者表决方式仅有轻微瑕疵，且对决议未产生实质影响的，人民法院不予支持。

第五条 股东会或者股东大会、董事会决议存在下列情形之一，当事人主张决议不成立的，人民法院应当予以支持：

（一）公司未召开会议的，但依据公司法第三十七条第二款或者公司章程规定可以不召开股东会或者股东大会而直接作出决定，并由全体股东在决定文件上签名、盖章的除外；

（二）会议未对决议事项进行表决的；

（三）出席会议的人数或者股东所持表决权不符合公司法或者公司章程规定的；

（四）会议的表决结果未达到公司法或者公司章程规定的通过比例的；

（五）导致决议不成立的其他情形。

第六条 股东会或者股东大会、董事会决议被人民法院判决确认无效或者撤销的，公司依据该决议与善意相对人形成的民事法律关系不受影响。

二、公司盈余分配纠纷

（一）最高人民法院公报案例及典型案例

039. 除合同中有明确约定外，股东转让股权时具体的利润分配请求权不随之转让，权利人仍可直接请求公司给付利润[①]

甘肃乾金达矿业开发集团有限公司与万城商务东升庙有限责任公司盈余分配纠纷案

裁判摘要

股东要求公司分配利润的必要条件是提交载明具体分配方案的股东会决议。具体的利润分配方案应当包括待分配利润数额、分配政策、分配范围以及分配时间等具体分配事项内容。判断利润分配方案是否具体，关键在于综合现有信息能否确定主张分配的权利人根据方案能够得到的具体利润数额。如公司股东会决议确定了待分配利润总额、分配时间，结合公司章程中关于股东按照出资比例分取红利的分配政策之约定，能够确定股东根据方案应当得到的具体利润数额的，该股东会决议载明的利润分配方案应当认为是具体的。

① 参见《最高人民法院公报》2023年第1期。

载明具体分配方案的股东会决议一经作出，抽象性的利润分配请求权即转化为具体性的利润分配请求权，从股东的成员权转化为独立于股东权利的普通债权。股东转让股权时，抽象性的利润分配请求权随之转让，而具体的利润分配请求权除合同中有明确约定外并不随股权转让而转让。当分配利润时间届至而公司未分配时，权利人可以直接请求公司按照决议载明的具体分配方案给付利润。

最高人民法院民事判决书

【（2021）最高法民再23号】

再审申请人（一审原告、二审上诉人）：甘肃乾金达矿业开发集团有限公司，住所地：甘肃省兰州市城关区静宁路298号（中海国际写字楼1座1604C室）。

法定代表人：李巍，该公司总经理。

委托诉讼代理人：尹悍东，北京市盛法律师事务所律师。

委托诉讼代理人：罗瑞芳，天津允公（北京）律师事务所律师。

被申请人（一审被告、二审上诉人）：万城商务东升庙有限责任公司，住所地：内蒙古自治区巴彦淖尔市乌后旗巴音镇。

法定代表人：叶国君，该公司总经理。

委托诉讼代理人：丁灿平，北京舟之同律师事务所律师。

委托诉讼代理人：全迎红，甘肃德言盛律师事务所律师。

再审申请人甘肃乾金达矿业开发集团有限公司（以下简称乾金达公司）与被申请人万城商务东升庙有限责任公司（以下简称万城公司）盈余分配纠纷一案，不服内蒙古自治区高级人民法院（2019）内民终349号民事判决，向本院申请再审。本院于2020年4月14日作出（2020）最高法民申419号民事裁定，提审本案。本院依法组成合议庭，开庭审理了本案。再审申请人乾金达公司、被申请人万城公司到庭参加诉讼。本案现已审理终结。

乾金达公司申请再审称，请求：1. 撤销内蒙古自治区高级人民法院(2019)内民终349号民事判决，维持内蒙古自治区巴彦淖尔市中级人民法院(2018)内08民初60号民事判决第一项，即判令万城公司给付乾金达公司2013年度未付利润29888366.29元，并从2018年9月12日起按中国人民银行同期贷款利率承担该利润的利息，至实际付清之日止。2. 撤销内蒙古自治区巴彦淖尔市中级人民法院（2018）内08民初60号民事判决第二项，判令万城公司给付乾金达公司2014年度未付利润4459170.94元，并支付相应利息，至实际清偿之日止。事实和理由：一、要求按照持股比例支付股东会已决定分配的2013年度未支付利润，是乾金达公司的法定权利。乾金达公司出资比例与持股比例一致。万城公司全体股东并未约定不按出资比例分取红利，依据《中华人民共和国公司法》第三十四条的规定，乾金达公司享有按持股比例分取红利的法定权利。不论2014年2号股东会决议对2013年度未支付利润的分配比例是否明确，均不影响乾金达公司根据其持有的52.50%股权从已决定分配的未支付利润中分得相应利润。二、二审判决认为不能根据公司章程按出资比例支付2013年度未支付利润，没有法律依据，非法剥夺了乾金达公司依法享有的债权。万城公司章程中约定“按照出资比例分取红利”，当股东会决议未明确各股东分配利润的比例时，适用公司章程规定的分配比例向股东支付红利，符合全体股东的共同意思，充分体现了公司意思自治。2014年2号股东会决议中确立了2013年度剩余未支付利润数额，明确了支付时间，应当结合公司章程约定的分红比例，认定该分配方案具体明确。三、应当认定2013年度未支付利润的分配方案明确具体。万城公司章程中约定了按照出资比例分取红利，不能仅依据2014年2号股东会决议认定2013年度未支付利润分配方案是否明确具体，还应结合公司章程认定。四、根据2014年2号股东会决议内容和公司章程的规定，2013年度未支付利润属于能够确定的债权，乾金达公司有权要求支付。五、二审判决驳回乾金达公司要求支付2013年度未支付利润的诉讼请求，实属支持公司不遵守公司章程，明显违法且社会影响恶劣。六、乾金达公司要求给付2014年度未付利润的诉求，合法有据，应予支持。2014年6月25日的《万城商务东升庙有限责任公司2014年第二次临时股东会议纪要》（以下简称《临时股东会议纪要》）有参会股东及其代表的盖章和签名，会议决定2014年按季度分红。审计报告虽不能代表公司的分配方案，但能够证明万城公司实际执行的分配方案及2014年度应分配的利润数额，应当认定2014年度应分配利润数额明确具体。七、原审部分事实未查清。2015年9月24日，乾金达公司将持有的万城公司52.5%的股权转移登记到下属全资子公司甘肃乾金达资产管理有限责任公司（以下简称乾金达资产管理公司）名下。2015年6月8日，乾金达公司和赵金堂签订《股权转让协议书》，约定以4.8亿元将乾金达资产管理公司全部股权转让给赵金堂，但2015年12月11日，乾金达公司和赵金堂又签订《股权转让协议》约定，股权转让价款由双方签署补充协议约定。赵金堂实际支付了4亿元股权款，双方至今未能约定股权转让款数额。原判决认定事实不清。

万城公司辩称，一、2014年2号股东会决议及《临时股东会议纪要》对于分配数额及分配方式约定不够准确具体，且不具有可操作性，不属于司法解释中规定的分配方案。2016年6月万城公司财务账上虽有4200余万元的款项，但其中4000万元属于中国银行到期借款，无法分红。且《临时股东会议纪要》也不属于常规股东会决议，不是具体分配方案。二、乾金达公司进行股权转让时，万城公司账目记载没有对外负债或应付未付款项，亦没有相关账目记载或对外披露，说明万城公司当时没有应分配而未分配的利润。三、乾金达公司直至2018年9月才提起相关诉讼，诉讼是因当年7月乾金达公司在其他案件中败诉而引起的。在长达四年后提起诉讼不符合常理且超过诉讼时效，应当认为其明知或应当知道不存在具体分配方案。

乾金达公司向一审法院起诉请求：1. 判令万城公司给付乾金达公司2013年度未付的利润款人民币29888366.29元；2. 判令万城公司给付乾金达公司

2014年度未付的利润款人民币4459170.94元；3. 判令万城公司承担逾期付款造成乾金达公司的损失（以34347537.23元为基数，按年利率6%计算，从2015年12月22日计算到实际支付之日）；4. 诉讼费用由万城公司承担。

一审法院认定事实：2013年7月30日，乾金达公司将原名称海南乾金达矿业集团有限公司变更为现名称甘肃乾金达矿业开发集团有限公司，该公司持有万城公司52.5%股份。2014年2月19日，临河德彰联合会计师事务所（以下简称德彰会计师事务所）对万城公司进行2013年度财务审计，并作出临德会审字（2014）第019号《临河德彰联合会计师事务所审计报告》，该审计报告中利润及利润分配表载明，2013年度万城公司净利润为169649601.28元，可供股东分配利润218930221.51元，已付股利为162000000元，未分配利润为56930221.51元。2014年3月27日，万城公司股东紫金矿业集团股份有限公司、巴彦淖尔紫金有色金属有限公司及乾金达公司三方召开股东会议，并形成万城股字（2014）2号股东会决议，决定：公司2013年度实现利润总额227050779.10元，可供股东分配的利润为218930221.51元，本年度已分配支付利润162000000元，剩余未分配利润56930221.51元暂未支付，决定2014年6月之前，将这部分剩余未分配利润分配完毕。2014年6月25日，紫金矿业集团股份有限公司、乾金达公司召开2014年第二次临时股东会，并形成《临时股东会议纪要》，该会议纪要第六条为：会议同意对万城公司2013年未分配利润在7月底之前进行分红，2014年按季度分红。2015年1月28日，德彰会计师事务所对万城公司进行2014年度财务审计，并作出临德会审字（2015）第004号《临河德彰联合会计师事务所审计报告》，该审计报告中利润及利润分配表载明，2014年度净利润为53583822.26元，2013年度未分配利润56930221.51元，可供股东分配利润105423880.44元，应付股利为40000000元，未分配利润65423880.44元。2015年9月24日，乾金达公司将其持有的万城公司52.5%股权转移登记到乾金达公司下属全资子公司乾金达资产管理公司名下。2015年6月18日，乾金达公司与赵金堂签订《股权转让协议书》，乾金达公司以 48000 万元将其全资子公司乾金达资产管理公司 100%的股权转让给赵金堂，该协议第 6.3 条约定：“自本协议签署后，甲方承诺不再对乾金达资产管理公司、万城公司进行直接或间接分红，不再动用乾金达资产管理公司、万城公司资金账户内的资金，不得出现任何可能减少乙方股东权益的行为。”2015 年 12 月 17 日，乾金达资产管理公司 100%的股权从乾金达公司名下转移登记到案外人赵金堂名下。2017 年 10 月 10 日，乾金达公司向万城公司、紫金矿业集团股份有限公司、巴彦淖尔紫金有色金属有限公司、乾金达资产管理公司、赵金堂送达一份《公司函件》，函件主要内容为：乾金达公司要求万城公司向乾金达公司支付 2015 年 6 月 18 日前的利润 34732804.98 元。乾金达公司通过顺丰速递向万城公司、万城公司股东及赵金堂邮寄送达了该函件，各公司相关人员对该函件进行签收。

另查明，2012 年度万城公司执行万城股字（2013）1 号股东会决议，以现金形式向各股东按持股比例分配了利润。

一审法院认为，利润分配是股东的一项基本权利。2014 年 3 月 27 日，万城公司股东紫金矿业集团股份有限公司、巴彦淖尔紫金有色金属有限公司及乾金达公司三方召开了股东会议，并形成万城股字（2014）2 号股东会决议，全体股东均签名盖章，该股东会决议内容并未违反相关法律、行政法规规定，应视为有效决议。该决议决定对万城公司 2013 年度剩余未分配利润 56930221.51 元于 2014 年 6 月之前分配完毕。2014 年 6 月 25 日，紫金矿业集团股份有限公司、乾金达公司召开 2014 年第二次临时股东会，并形成《临时股东会议纪要》，该会议纪要进一步明确同意对万城公司 2013 年未分配利润在 7 月底之前进行分红，2014 年按季度分红。以上股东会决议及纪要已明确 2013 年度未分配利润数额及分配时间。虽然万城股字（2014）2 号股东会决议对各股东具体分配数额、形式未明确，但 2012 年度万城公司亦是执行万城股字（2013）1 号股东会决议，以现金形式给各股东按持股比例分配利润，对此事实原、被告双方均认可。根据万城公司 2012 年度的分配原则，2013 年度万城公司未分配利润为56930221.51元，按乾金达公司持股比例52.5%计算，乾金达公司应分得的利润为29888366.29元（56930221.51元×52.5%）。故万城公司提出万城股字（2014）2号股东会决议对分红的数额、形式未明确的抗辩理由不能成立。2015年9月24日，乾金达公司将持有的万城公司52.5%股权转移登记到乾金达公司下属全资子公司乾金达资产管理公司名下。2015年6月18日，乾金达公司将其全资子公司乾金达资产管理公司100%股权转让给赵金堂，乾金达公司与赵金堂签订《股权转让协议书》，该协议第6.3条约定："自本协议签署后，甲方承诺不再对管理公司、万城公司进行直接或间接分红，不再动用管理公司、万城公司资金账户内的资金，不得出现任何可能减少乙方股东权益的行为。"对2015年6月18日之前的2013年度、2014年度未分配利润并未明确转让给赵金堂，协议中约定的转让费是否包括2013年度、2014年度未分配利润亦未明确。公司未作出利润分配决议，股东享有的是抽象利润分配请求权，该权利是股东基于成员资格享有的股东权利，属于股权组成部分，股东转让其成员资格的，包括利润分配请求权在内的所有权利一并转让。公司作出利润分配决议，股东享有的是具体利润分配请求权，该权利产生于作为成员权的抽象利润分配请求权，但已经脱离利润分配请求权及股东成员资格独立存在，性质上与普通债权无异。股东转让其成员资格，如果没有特别规定，利润分配决议形成前已经确定的利润属于原股东，原股东仍可基于利润分配决议向公司主张权利。现万城公同辩称其并不拖欠乾金达公司应分未分股利，但并未提供其已将2013年度应付股利向乾金达公司进行分配的证据，故应由其承担举证不能的法律后果。乾金达公司主张万城公司应给付2013年度未付利润款29888366.29元（56930221.51元×52.5%）的诉讼请求，该院予以支持。对于乾金达公司主张的2014年度未付利润款人民币4459170.94元，因《临时股东会议纪要》中只提到2014年按季度分红，并未载明2014年度具体利润分配方案，且该纪要亦非股东会有效决议，故对乾金达公司的该主张，该院不予支持。

关于本案是否已超法定诉讼时效问题。诉讼时效期间自权利人知道或者应当知道权利受到损害以及义务人之日起计算。2015年9月24日，乾金达公司将所持万城公司52.5%的股权转移登记至乾金达公司下属全资子公司乾金达资产管理公司名下；2015年12月17日，乾金达资产管理公司100%股权从乾金达公司名下转移登记至案外人赵金堂名下。在此之前，乾金达公司一直是万城公司控股股东及公司主要经营管理人，属于既是权利人又是义务人的双重身份，无法实现自己向自己主张权利，故本案应从乾金达公司2015年12月17日退出万城公司即乾金达公司已非万城公司控股股东之日起计算诉讼时效。2017年10月10日，乾金达公司向万城公司、万城公司股东紫金矿业集团股份有限公司、巴彦淖尔紫金有色金属有限公司、乾金达资产管理公司、赵金堂各邮寄送达一份《公司函件》，要求万城公司向乾金达公司支付2015年6月18日前的利润，该行为应视为诉讼时效中断事由，自此至2018年9月12日乾金达公司起诉，并未超法定诉讼时效期间。故对万城公司主张本案已超诉讼时效的抗辩理由，该院不予支持。关于乾金达公司要求万城公司承担从2015年12月22日起至实际支付之日止按年利率6%计算逾期所造成的损失的问题。因在股东会决议中对此并未进行约定，该诉讼请求于法无据，该院不予支持。但应从乾金达公司主张权利之日起，按中国人民银行同期同类贷款利率计息，至清偿之日止。

综上所述，该院对乾金达公司合理诉求予以支持，于2019年2月19日作出（2018）内08民初60号民事判决，依照《中华人民共和国公司法》第四条，《最高人民法院关于适用〈中华人民共和国公司法〉若干问题的规定（四）》（以下简称《公司法解释（四）》）第十三条第一款、第十四条、第十五条之规定，判令：一、万城公司自该判决生效之日起十五日内给付乾金达公司2013年度应分得的利润29888366.29元，并从2018年9月12日起按中国人民银行同期同类贷款利率承担该利润的利息，至实际清偿之日止；二、驳回乾金达公司的其他诉讼请求。如果未按该判决指定的期间履行给付金钱义务的，应当依照《中华人民共和国民事诉讼法》第二百五十三条的规定，加倍支付延期履行期间的债务利息。案件受理费 213537.68 元，由万城公司负担 185815.14 元，由乾金达公司负担 27722.54 元；保全费 5000 元，由万城公司负担。

乾金达公司不服一审判决，上诉请求：1. 维持一审判决第一项；2. 撤销一审判决第二项，判令万城公司给付乾金达公司 2014 年度未付的利润款人民币 4459170.94 元，并从 2018 年 9 月 12 日起按照中国人民银行同期贷款利率承担该利润的利息至实际清偿之日止。

万城公司不服一审判决，上诉请求：1. 撤销一审判决；2. 驳回乾金达公司的全部诉讼请求；3. 由乾金达公司承担本案一、二审诉讼费用。

二审中，乾金达公司提交如下新证据：证据一，万城公司的公司章程及章程修正案，证明万城公司章程明确规定各股东按照持股比例进行分红。证据二，万城公司向乾金达公司支付 2014 年度的利润 2100 万元的对账单和支付凭证、收款通知，证明 2014 年 6 月 25 日《临时股东会议纪要》明确 2014 年度按季度分红，且万城公司已经向乾金达公司以现金方式支付 2100 万元。万城公司质证认为，对于证据一，真实性因没有原件无法核实，证明目的不认可，根据《公司法解释（四）》依据章程确定盈余分配只是法律规定的特殊情况，章程不能确定盈余分配的具体方案。章程修正案与本案无关，其中没有盈余分配的约定。对于证据二，真实性认可，证明目的不认可，附言中均写明属于货款，不属于利润分配。

万城公司提交如下新证据：证据一，（2015）第 024 号采矿评估报告，证明 2015 年采矿权评估价值是 36857.32 万元，该评估报告包括了固定资产投资，机器设备和构筑物评估价值为 6308.12 万元，因此 2015 年公司价值共计 43165.44 万元，而乾金达公司和赵金堂之间约定的股权价款是 4.8 亿元，故股权转让价格确立时并没有将盈余分配排除，已将其计算于股权转让价款之内。证据二，2013 年 1 号股东会决议，证明 2013 年 1 月 22 日股东会决议对于利润分配明确约定了分配比例以及各股东应当分得的利润数额，同时，其中明确约定对于2013年度的利润分配待年终审计后决定利润分配具体数额。乾金达公司质证认为，对于证据一，评估报告与本案无关，乾金达公司与赵金堂2015年6月18日签订的股权转让协议是双方议定的股权转让价款，并非根据评估结果确定。对于证据二，真实性认可，对其证明目的不认可。该院对于上述证据予以综合认证。

二审经审理查明的事实与一审查明的事实一致，该院予以确认。

二审法院认为，本案为公司盈余分配纠纷。《公司法解释（四）》第十四条规定："股东提交载明具体分配方案的股东会或者股东大会的有效决议，请求公司分配利润，公司拒绝分配利润且其关于无法执行决议的抗辩理由不成立的，人民法院应当判决公司按照决议载明的具体分配方案向股东分配利润。"乾金达公司主张应当依照2014年2号股东会决议以及2014年万城公司第二次临时股东会决议的内容按股东持股比例进行分配。对此，该院认为，原股东向公司主张利润分配请求权应当基于原股东在转让股权之前公司是否经股东会或股东大会决议形成了具体的分配方案，及该股东是否已经基于该分配方案享有具体利润分配请求权。本案中，万城公司2014年2号股东会决议以及2014年万城公司第二次临时股东会决议并非具体明确。根据万城公司2013年1号股东会决议，该决议中万城公司股东会通过了2012年度利润分配方案，该决议完整描述了万城公司可分配给股东的利润总额、利润的分配比例以及各股东可分得的利润数额。而在该公司2014年2号股东会决议中，股东会虽决议通过2013年度利润分配方案，但经庭审询问，双方均认可除该份股东会决议外再未形成其他利润分配方案。且该份股东会决议明确表述，"剩余未分配利润暂未支付，2014年6月之前，将该部分剩余未分配利润分配完毕"。根据该决议内容，万城公司股东会仅就2013年度待分配的利润总数额进行了决议，对于每位股东应当分配的利润尚未确定具体明确的分配方案。2014年万城公司第二次临时股东会决议则仅仅是对2013年度利润分配时间变更进行了表述。虽然万城公司章程中规定按照股东持股比例进行分红，但公司章程并不能代替股东会决议，乾金达公司亦无其他充分证据佐证该分配方案明确具体。因此，乾金达公司作为原股东，其主张分配利润的请求权并未转化为对公司应当支付其利润的确定的债权，其关于万城公司应支付2013年度未分配公司利润的请求，该院不予支持。原审判决万城公司给付乾金达公司2013年度利润及利息事实、法律依据不足。

关于万城公司应否支付2014年度公司未分配利润的问题。二审中，乾金达公司提交的对账单、支付凭证、收款通知等新证据均载明款项为货款，不能充分证明万城公司支付的2100万元系2014年分红款。且2014年万城公司第二次临时股东会决议仅决定按季度分红，对于股东应分配利润比例及具体数额均未作出决议，临德会审字（2015）第004号审计报告亦不能代表公司的分配方案。故现有证据无法证明万城公司应分配给各个股东的利润数额，乾金达公司关于万城公司应向其支付2014年度未分配利润的上诉请求不能成立，应予驳回，原审对此认定并无不当。

关于乾金达公司的诉讼请求是否超过诉讼时效的问题。如前所述，乾金达公司未能证明其享有具体的利润分配请求权，故本案不涉及是否超过诉讼时效的问题。

综上所述，万城公司的上诉请求成立，予以支持。乾金达公司的上诉请求不能成立，应予驳回。该院于2019年7月8日作出（2019）内民终349号民事判决，依照《中华人民共和国民事诉讼法》第一百七十条第一款第二项规定，判令：一、撤销内蒙古自治区巴彦淖尔市中级人民法院（2018）内08民初60号民事判决；二、驳回乾金达公司的诉讼请求。一审案件受理费213537.68元、保全费5000元及二审案件受理费233715.20元，均由乾金达公司负担。

再审中，乾金达公司提交如下新证据：1. 万城公司2013年分红账，证明目的为：2013年分配模式即为按照股权比例分配，因此2014年2号股东会决议中关于2013年未分配利润的分配决定也是具体明确指向按照股权比例分红；2. 万城公司2014年分红账，证明已实际按照《临时股东会议纪要》记载的要求，按季度结算并按照股东持股比例向股东实际发放分红款，乾金达公司已经实际取得2014年分红款2100万元；3. 万城公司财务人员发送分红账资料至乾金达公司财务人员的邮件截屏，证明2013年及2014年分红账是来自万城公司账目记载，万城公司对于应当支付乾金达公司主张的利润分配款的义务是明知的。

万城公司质证认为，同意乾金达公司以上证据作为新证据提交，万城公司对其中所涉具体数据及分配方式有原始凭证，应按照原始凭证载明的内容认定。2013年分红款，能看出万城公司分配利润的规律，即先分2012年未分完的，再分2013年分红。分红并非按照季度分配，均按照现金流随机分。

万城公司提交如下新证据：1. 万城股字（2011）1号及2010年度利润分配方案；2. 万城股字（2012）1号及2011年度利润分配方案。证明：万城公司历年利润分配方案包括分配比例和每位股东的分配数额以及以现金进行分红的分配方式，明确具体可执行。3. 2014年1月26日的记账凭证和付款回单；4. 2014年2月会计报表一份；5. 2014年3月会计报表及企业所得税月（季）度预缴纳税申报表；6. 2014年6月会计报表；7. 2014年6月企业所得税月（季）度预缴纳税申报表；8. 2014年6月28日记账凭证；9. 流动资金借款合同；10. 中国银行股份有限公司巴彦淖尔市分行借款凭证；11. 2014年7月会计报表；12. 2014年7月14日记账凭证和付款回单；13. 2014年8月8日记账凭证和付款回单；14. 2015年5月会计报表；15. 2015年6月企业所得税月（季）度预缴纳税申报表。证明：万城公司财务状况。16. 2014年9月9日的记账凭证和付款回单，证明：2014年9月向股东分配截至2014年8月末累计未分配利润1000万元；17. 2015年1月27日的记账凭证和付款回单，证明：2015年1月向股东分配截至2014年12月末累计未分配利润500万元。

乾金达公司质证认为：上述证据不是新证据，不应采纳。对证据1、2真实性无异议，证明目的有异议。万城公司仅以两个年度中董事会制作了分配方案证明历年来利润分配方案的制作和审议流程，属于以偏概全。对证据3、12、13、16、17真实性及合法性有异议。上述证据为万城公司单方制作，真实性无法认可，且内容与万城公司二审表述存在矛盾之处。对证据4、5、6、7、8、9、10、11、14、15的关联性及证明力有异议。该10份证据均为万城公司账目资料，应以审计报告为准。公司内部现金流不足不能作为不履行对外债务的依据。公司内部记账未将股东会决议确认成立的各股东享有的应得分红进行记载，不能证明公司不存在对股东利润分配的债务。本院将对上述证据进行综合认证。

本院再审认为，本案再审的争议焦点有二：一是乾金达公司是否有权要求万城公司支付2013年度未支付利润；二是乾金达公司是否有权要求万城公司分配2014年度利润。

一、关于乾金达公司是否有权要求万城公司支付2013年度未支付利润的问题

首先，关于案涉股东会决议是否载明了具体利润分配方案的问题。《公司法解释（四）》第十四条关于“股东提交载明具体分配方案的股东会或者股东大会的有效决议，请求公司分配利润，公司拒绝分配利润且其关于无法执行决议的抗辩理由不成立的，人民法院应当判决公司按照决议载明的具体分配方案向股东分配利润”之规定，不仅要求股东会或者股东大会通过利润分配决议，而且要求利润分配方案内容具体。原则上，一项具体的利润分配方案应当包括待分配利润数额、分配政策、分配范围以及分配时间等具体分配事项内容，判断利润分配方案是否具体的关键在于能否综合现有信息确定主张分配的权利人根据方案能够得到的具体利润数额。本案中，万城股字（2014）2号股东会决议通过了万城公司《2013年度利润分配方案》，确定了万城公司2013年度待分配利润总额，并决定“2014年6月之前，将这部分剩余未分配利润分配完毕”。之后的《临时股东会议纪要》将利润分配时间变

更为2014年7月底之前。上述方案中确实没有写明各股东分配比例以及具体计算出各股东具体分配数额。然而，万城公司章程第十条股东权利条款中规定了“按照出资比例分取红利”，第三十七条规定了“弥补亏损和提取公积金、法定公益金所余利润，按照股东的出资比例进行分配”。且万城公司此前亦是按照出资比例分配利润。综合考虑上述事实，能够确定万城公司2013年利润分配是按照股东持股比例进行分配的。综上，案涉股东会决议载明了2013年度利润分配总额、分配时间，结合公司章程中关于股东按照出资比例分取红利的分配政策之约定，能够确定乾金达公司根据方案应当得到的具体利润数额，故该股东会决议载明的2013年度公司利润分配方案是具体的，符合《公司法解释（四）》第十四条之规定。二审判决对此认定确有错误，本院予以纠正。

其次，关于乾金达公司将其持有的万城公司股权转让后是否仍享有利润分配请求权的问题。本案中，万城公司作出了分配2013年度利润的股东会决议并载明具体分配方案。该决议一经作出，抽象性的利润分配请求权即转化为具体性的利润分配请求权，权利性质发生变化，从股东的成员权转化为独立于股东权利的普通债权，不必然随着股权的转让而转移。除非有明确约定，否则股东转让股权的，已经转化为普通债权的具体性的利润分配请求权并不随之转让。因此，乾金达公司虽于2015年将所持万城公司股权转让给他人，但当事人均确认，该股权转让协议中并没有对2013年度利润分配请求权作出特别约定，故乾金达公司对于万城公司2013年度未分配利润仍享有请求权。

最后，关于诉讼时效问题。载明具体分配方案的利润分配决议一经作出，则股东的利润分配请求权由期待性的权利转化为确定性的权利，性质上转化为普通债权。当分配利润期限届满而公司仍未分配时，股东可以直接请求公司按照决议载明的具体分配方案给付利润。本案中，2014年3月27日，万城公司形成万城股字（2014）2号股东会决议，决定分配公司2013年度未分配利润，并载明了具体利润分配方案。根据万城股字（2014）2号股东会决议及其后的《临时股东会议纪要》，明确了2013年度未分配利润应当在2014年7月底之前分配完毕。当期限届满而万城公司仍未分配利润时，乾金达公司所享有的利润分配请求权即受到侵害，因此，其行使具体利润分配请求权的诉讼时效期间应当从2014年8月1日起算。乾金达公司当时是万成公司大股东也并不影响其向万成公司主张权利。而乾金达公司于2017年10月10日才向万城公司及其股东发函首次要求支付该部分利润，诉讼时效期间已经届满。故乾金达公司要求万城公司向其交付2013年度未分配利润的请求不能得到支持。

综上，二审判决关于案涉股东会决议是否载明具体利润分配方案的认定不当，本院予以纠正，但不予支持乾金达公司要求万城公司支付2013年度未支付利润请求的裁判结果正确，本院予以维持。

二、关于乾金达公司是否有权要求分配2014年度利润的问题

本案中，对于乾金达公司主张的2014年度万城公司未分配利润，《临时股东会议纪要》中仅载明“2014年利润按季度分红”，对应当分配的利润数额等事项并无记载。虽然乾金达公司主张审计报告中记载了当年利润数额，但审计报告不能代替股东会决议，公司是否分配利润以及分配多少利润，应当作出相应的决议。故根据现有信息无法确定乾金达公司能够获得的利润数额，上述股东会决议中未载明具体利润分配方案。而乾金达公司亦未提交其他证据证明万城公司就2014年度利润分配已做出具体分配方案。因此，乾金达公司关于万城公司应向其支付2014年度未分配利润的主张不能成立。一、二审判决对此认定并无不当，本院予以维持。

综上所述，乾金达公司的再审请求不能成立。二审判决部分裁判理由不当，本院已予纠正；其裁判结果正确，本院予以维持。依照《中华人民共和国民事诉讼法》第二百零七条第一款、第一百七十条第一款第一项之规定，判决如下：

维持内蒙古自治区高级人民法院（2019）内民终349号民事判决。

040. 虽无载明具体分配方案的股东会决议，但公司有盈余且部分股东变相分配利润、隐瞒或转移公司利润的，诉讼中可强制盈余分配[①]

甘肃居立门业有限责任公司与庆阳市太一热力有限公司、李昕军公司盈余分配纠纷案

裁判摘要

在公司盈余分配纠纷中，虽请求分配利润的股东未提交载明具体分配方案的股东会或股东大会决议，但当有证据证明公司有盈余且存在部分股东变相分配利润、隐瞒或转移公司利润等滥用股东权利情形的，诉讼中可强制盈余分配，且不以股权回购、代位诉讼等其他救济措施为前提。在确定盈余分配数额时，要严格公司举证责任以保护弱势小股东的利益，但还要注意优先保护公司外部关系中债权人、债务人等的利益，对于有争议的款项因涉及案外人实体权利而不应在公司盈余分配纠纷中作出认定和处理。有盈余分配决议的，在公司股东会或股东大会作出决议时，在公司与股东之间即形成债权债务关系，若未按照决议及时给付则应计付利息，而司法干预的强制盈余分配则不然，在盈余分配判决未生效之前，公司不负有法定给付义务，故不应计付利息。盈余分配义务的给付主体是公司，若公司的应分配资金因被部分股东变相分配利润、隐瞒或转移公司利润而不足以现实支付时，不仅直接损害了公司的利益，也损害到其他股东的利益，利益受损的股东可直接依据《中华人民共和国公司法》第二十条第二款的规

① 参见《最高人民法院公报》2018 年第 8 期。

定向滥用股东权利的公司股东主张赔偿责任，或依据《中华人民共和国公司法》第二十一条的规定向利用其关联关系损害公司利益的控股股东、实际控制人、董事、监事、高级管理人员主张赔偿责任，或依据《中华人民共和国公司法》第一百四十九条的规定向违反法律、行政法规或者公司章程的规定给公司造成损失的董事、监事、高级管理人员主张赔偿责任。

中华人民共和国最高人民法院民事判决书

【（2016）最高法民终528号】

上诉人（一审被告）：庆阳市太一热力有限公司，住所地：甘肃省庆阳市西峰区世纪大道中段。

法定代表人：李昕军，该公司执行董事。

委托诉讼代理人：李华平，该公司总经理。

委托诉讼代理人：戴睿，北京市东元律师事务所律师。

上诉人（一审被告）：李昕军，男，汉族，1963年1月2日出生，住甘肃省庆阳市西峰区。

委托诉讼代理人：李华平，庆阳市太一热力有限公司总经理。

委托诉讼代理人：戴睿，北京市东元律师事务所律师。

被上诉人（一审原告）：甘肃居立门业有限责任公司，住所地：甘肃省庆阳市庆城县驿马镇。

法定代表人：张海龙，该公司董事长。

委托诉讼代理人：白寓天，该公司法律顾问。

委托诉讼代理人：吕民国，甘肃陇凤律师事务所律师。

上诉人庆阳市太一热力有限公司（以下简称太一热力公司）、李昕军因与被上诉人甘肃居立门业有限责任公司（以下简称居立门业公司）公司盈余分配纠纷一案，不服甘肃省高级人民法院（2013）甘民二初字第8号民事判决，向本院提起上诉。本院依法组成合议庭公开开庭进行了审理。太一热力公司的法定代表人李昕军、委托诉讼代理人李华平、戴睿，李昕军及其委托诉讼代理人李华平、戴睿，居立门业公司的委托诉讼代理人白寓天、吕民国到庭参加诉讼。本案现已审理终结。

太一热力公司、李昕军上诉请求：撤销一审判决，驳回居立门业公司诉讼请求，诉讼费用全部由居立门业公司承担。

事实与理由：一、在居立门业公司没有书面诉请的情况下，一审判决太一热力公司按中国人民银行同期贷款利率向居立门业公司支付利息，超出了诉请范围。且归属于居立门业公司的盈余在没有从公司财产中区分开来之前，仍为太一热力公司的财产，对股东之间的盈余分配判决承担利息没有事实及法律依据。二、一审判决不仅对是否应向居立门业公司分配盈余的认定错误，而且对盈余数额的认定也错误。尤其是对应由国家收取的“接口费”，错误认定为属于太一热力公司的盈利。此外，一审的《庆阳市太一热力有限公司经营期间利润分配纠纷司法审计鉴证报告》（以下简称《审计报告》）存在诸多错误：（一）《审计报告》采用了未经法庭质证的证据材料作为鉴定依据。（二）《审计报告》中的盈余调整不符合客观事实。1.《审计报告》第3项“审计调整事项说明”中第5小项“调整不属于公司发生的成本款项共三笔，金额2299974.56元，其中不属于公司发生的锅炉款及费用1674974.96元”有误；2.《审计报告》第3项“审计调整事项说明”中第6小项“调整属于列账依据不足的成本费用6笔，金额511787.18元”有误；3.《审计报告》第3项“审计调整事项说明”中第8小项“调整政府收购行为结束后列支不属于公司发生的管理费用共4笔，金额1483876.00元”有误；4.《审计报告》第3项“审计调整事项说明”中第9小项“调整不应列支的税金2笔，金额2167099.00元”有误；5.《审计报告》中“重大事项说明”第1项“工程施工账面数为35488291.09元，审计调整为34446241.21元”有误；6.《审计报告》中“重大事项说明”第2项“股东甘肃居立门业有限责任公司提供资料，太一热力公司在经营期间为世纪新村花园小区、太一地中海、贡园小区1—16某楼三个小区应收取接口费账面无反映”有误，所谓的接口费并不存在，不应该认定为盈利。三、一审判决明显剥夺了法定的股东会权利，其判决结果与适用的法律规定相矛盾。(一) 没有股东会决议，就不能进行盈余分配。(二) 没有进行盈余分配，并不代表侵害股东权益。既然盈余分配权利属于股东会，那么股东就无权直接以诉讼方式请求人民法院干预股东会的权利并代行股东会的职责。在股东会作出决议前，居立门业请求进行盈余分配的诉求没有法律依据。四、一审判决李昕军承担连带责任错误。(一) 太一热力公司不认为李昕军损害了居立门业公司的股东权益。李昕军仅为太一热力公司的法定代表人，而非太一热力公司的股东。是否分配盈余，只能由股东会决定，在股东会没有决定盈余分配前，不存在损害股东权利的理由和事实。(二) 本案为公司盈余分配之诉，而非侵权之诉，一审适用《中华人民共和国公司法》第二十一条、第一百五十二条规定判令李昕军承担连带责任不当，该条款与股东盈余分配没有直接关系。(三) 一审认定李昕军侵权适用的法律和太一热力公司章程错误，且甘肃兴盛建筑安装公司(以下简称兴盛建安公司) 是否长期占用资金，与损害公司股东利益之间没有必然的联系。五、在股东会未决定分配盈余前，居立门业公司有诸多自救行为，但无权以此提起诉讼。

居立门业公司辩称，太一热力公司、李昕军的上诉理由不能成立，请求驳回上诉、维持原判。

事实和理由：一、李昕军长期占用太一热力公司盈余资金，进行个人营利，在民事责任上应当承担利息。二、关于李昕军拖欠入网“接口费”1038万余元的问题。(一) 所涉三个小区均系李昕军开办的兴盛建安公司和庆阳太一房地产有限责任公司（以下简称太一房地产公司）开发建设、销售运营的房地产项目。(二) 太一热力公司为所涉三个小区铺设供热管道、建了换热站、安装换热机房设备并供应暖气。(三) 太一热力公司于2006年已与市政府约定许可太一热力公司收取入网“接口费”，收费标准为45元每平方米，向各采暖小区开发商收取入网“接口费”有合法依据。（四）民营企业建供热项目依靠收取入网“接口费”来收回投资是当时各地的通行做法。（五）太一热力公司向其他用户单位都收取了入网“接口费”，唯独李昕军自己公司开发的三个项目拖欠“接口费”未交。（六）2009年9月太一热力公司供热项目被收购时的政府会议纪要和回购合同明确清楚地说明，李昕军自己公司所开发的三个小区拖欠的入网“接口费”属于太一热力公司的应收款。三、一审判决对太一热力公司盈余数额的认定是相对客观和公正的，居立门业公司是可以接受的。四、《审计报告》对“工程施工”造价未发表鉴定意见，一审判决根据《审计报告》对“工程施工”造价汇总的数字34446241.21元予以认定，比实际工程施工造价高出737万余元。五、一审判决太一热力公司向居立门业公司进行盈余分配有法律和事实依据。（一）居立门业公司作为股东依法享有太一热力公司盈余分配的权利，其根据是《中华人民共和国公司法》第四条、第三十四条、第一百六十六条第四款的规定，以及太一热力公司章程第十四条、第十五条、第二十七条第四款的规定。（二）根据本案客观事实，判决盈余分配是正确的。1. 自2006年6月太一热力公司登记成立至2013年1月本案诉讼前，太一热力公司无法对股利分配方案形成股东会决议；2. 司法审计结论太一热力公司存在可供分配的利润5116万余元，但长期不向股东分配；3. 李昕军于2010年7月将政府支付的收购款私自转为己用，背着另一股东将公司32.7亩土地变更登记在自己的房地产公司名下，说明李昕军企图独吞公司全部盈余。4. 在本案诉讼过程中太一热力公司两股东之间又因32.7亩土地分割、公司股东出资、公司解散发生诉讼。太一热力公司、李昕军以股东会未形成决议为由，不进行盈余分配是恶意的。5. 太一热力公司盈余土地已通过行政诉讼分配完毕，既然盈余土地能通过诉讼途径来分配解决，那么盈余现金也应可以。（三）居立门业公司通过诉讼解决公司盈余分配问题，实现自己的资产收益权利，符合太一热力公司的规定。（四）太一热力公司、李昕军称在股东会未决定分配盈余前居立门业公司有诸多的法律救助行为，不适合本案的客观情况，均属不能实现保护自身权益的情形。六、一审判决李昕军对太一热力公司给付居立门业公司的盈余分配款及利息承担赔偿责任是正确的。

居立门业公司一审诉讼请求：一、判令太一热力公司对盈余的7000余万元现金和盈余的32.7亩土地（从政府受让取得时的地价款为330万元）按照《中华人民共和国公司法》第三十五条和太一热力公司章程第二十七条之规定向居立门业公司进行分配；二、判令李昕军对居立门业公司的第一项诉讼请求承担连带责任。

一审法院认定事实：太一热力公司由李昕军和张海龙二人于2006年3月设立，公司注册资本1000万元，李昕军以货币212万元、实物438万元总计出资650万元，占注册资本65%；张海龙出资350万元，占注册资本35%。2006年6月，太一热力公司经庆阳市工商行政管理局登记注册成立，经营范围为热能供给、管道安装维修。

2007年4月，张海龙与居立门业公司签订股权转让协议，将其在太一热力公司的350万元股权转让给居立门业公司。2007年5月，李昕军与甘肃太一工贸有限公司（以下简称太一工贸公司）、居立门业公司签订股权转让协议，将其在太一热力公司的股权600万元转让给太一工贸公司，50万元转让给居立门业公司。同年5月，太一热力公司修改公司章程，将公司股东变更为太一工贸公司和居立门业公司，太一工贸公司持股比例60%，居立门业公司持股比例40%，并在工商行政管理部门进行变更登记。

2006年10月，太一热力公司受让取得甘肃省庆阳市西峰区××路与××路××口西南角46200.4㎡市政设施建设用地。

2009年9月29日，庆阳市人民政府召开市长办公会决定对太一热力公司进行整体收购，并形成第23期会议纪要。会议纪要主要内容有：1. 收购内容包括资产和土地两大项。资产包括7791.33平方米的新建办公楼、锅炉房、换热站等房屋建筑；2台40吨的供热锅炉、1台10吨的供热锅炉，高、低压配电系统和电气自控系统各1套，以及与之相配套的设施设备；226万元的备用供热管材和相关工程物资；已完成铺设的20.44千米的供热管道；在建的12个换热站和供热管线。土地按热源厂现有占地36.6亩收购，平行分割。2. 收购价款除政府已拨付的支持资金和截至2009年8月15日太一热力公司已收取的城市供热配套费（共计3234.72万元）外，政府再支付7000万元。3. 换热站、供热管线等在建工程，包括内配设施，由太一热力公司负责建成，具备供热条件；所有工程的善后工作由太一热力公司负责，并按程序做好竣工验收；项目建设的所有遗留问题，包括项目建设的各种规费、税费、工程建设费等，一律由太一热力公司负责，不留尾巴。4. 对现有的69.3亩热源厂建设用地（不含代征城市道路用地7.14亩），36.6亩用于热源厂的建设和发展，32.7亩留太一热力公司开发，市政府允许对留太一热力公司开发的土地性质依法依规转换。

2009年10月6日，庆阳市西峰区人民政府（甲方）与太一热力公司（乙方）签订《庆阳市西峰区新区集中供热站工程回购合同》约定，按照庆阳市人民政府2009年第23期会议纪要制定该合同，回购太一热力公司资产，经甘肃华信会计师事务所评估价款为9126.48万元，递减政府拨付的补助资金和已交付乙方的城市供热配套费，共计3234.72万元。甲方再支付乙方收购价款7000万元。合同还约定，甲方已于2009年10月前向乙方支付1000万元，其余6000万元于2009年采暖期结束前一次性付清。

2010年7月10日，庆阳市经济发展投资有限公司向太一热力公司支付资产转让余款57616003.25元。

一审法院另查明：2010年6月17日，庆阳市国土资源局（出让人）与太一热力公司（受让人）签订了《国有土地使用权出让合同变更协议》约定，出让人于2006年10月14日出让给受让人位于西峰区××路与××路××口西南角46200.4㎡市政设施用地，受让人申请、出让人同意将21661.96㎡土地用途变更为商业、住宅用地，变更后土地使用权出让年限为商业40年、住宅70年，从2006年9月28日起算，土地使用权出让金金额为909700元。同日，庆阳市人民政府就前述21661.96㎡土地向太一房地产公司颁发了庆市国用（2010）第4106号《国有土地使用证》。

2012年10月24日，甘肃省天水市中级人民法院就居立门业公司诉庆阳市人民政府、第三人太一房地产公司土地管理行政登记一案作出（2012）天行初字第04号行政判决书：撤销庆阳市人民政府于2010年6月17日向第三人太一房地产公司颁发的庆市国用（2010）第4106号《国有土地使用证》。该案二审期间，各方当事人达成和解协议并履行完毕。2013年7月26日，甘肃省高级人民法院裁定准予庆阳市人民政府、太一房地产公司撤回上诉。

再查明：太一工贸公司2013年1月诉太一热力公司、第三人居立门业公司公司解散纠纷一案，太一工贸公司2013年1月诉居立门业公司、第三人太一热力公司与居立门业公司反诉太一工贸公司、第三人太一热力公司股东出资纠纷一案，甘肃省庆阳市中级人民法院在重审中于2014年12月15日分别裁定准许太一工贸公司撤回起诉。

本案审理期间，经居立门业公司申请，一审法院于2013年5月委托甘肃茂源会计师事务有限公司对太一热力公司的盈余状况进行了审计。2015年2月9日，甘肃茂源会计师事务有限公司出具甘茂会审字（2015）第52号《审计报告》，结论为：截至2014年10月31日，太一热力公司资产总额93635362.38元，其中货币资金2984981.97元、应收账款33900000元、其他应收款21657860.38元、固定资产646278.82元、工程施工34446241.21元；负债总额4856924.26元；所有者权益88778438.12元，其中实收资本12805025.04元、未分配利润75973413.08元；清算收益112067641.39元，清算支出36094228.31元，清算净收益75973413.08元。

《审计报告》“重大事项说明”有以下几项内容：1.截至2013年8月31日“工程施工”账面数额35488291.09元，审计调整后为34446241.21元。

由于记入工程施工成本的附件大部分为白条、收据等，无法认定其真实性，所以工程施工34446241.21元暂时未转清算损益；2. 居立门业公司提供资料，太一热力公司在经营期间为世纪新村花园小区、太一地中海、贡园小区1-16某楼铺设、接通供热管道，并安装了换热站，应收取接口费1038.21万元，账面无反映；3. 公司资产明细账列支的其中一台锅炉金额1674974.96元，为无股东签字的白条入账，已做审计调整。经了解该锅炉为李昕军2005年购入，确实在收购中移交政府，根据甘肃正宇资产评估事务有限公司2009年9月5日出具的评估报告，该锅炉评估净值743580元，不应作为公司收益参与股东分配；4. 公司账面反映实收资本14980000元，审计调整后12805025.04元，大部分为现金记入或关联单位转账，并非投资款，并与公司章程、两次验资报告相互矛盾，本次审计对实收资本的真实性无法确认。该《审计报告》另外说明：本次审核暂按审计调整后利润总额29546551.95元计提企业所得税7386637.99元。因清算结果未确定，尚未对清算期间的清算所得计提所得税，以当地税务机关对清算所得期间所得的税款清算数为准。

该《审计报告》载明，太一热力公司应收账款33900000元，系2010年9月8日转入兴盛建安公司，于2013年7月30日收回1000000元，清算数33900000元；其他应收款21694383.08元中，兴盛建安公司12988795.65元。

居立门业公司对《审计报告》的质证意见为：1. 世纪新村花园小区、太一地中海城、贡园小区1-16某楼三个小区共计应缴接口费1038万元未作应收账款反映；2. 知立置业、市国税局、黄官寨东队三小区的供热“接口费”实际缴款金额与账目反映金额相差115万余元，应核查落实；3. 两个采暖季应收采暖费9044821.88元，账目中只显示6665983.50元，相差2378838.38元，应当在应收账款中反映；4. 第二个采暖季炉渣收入应有20万元，财务账目未显示，应核查落实；5. 单独开具四张煤运费、虚开煤运费发票、虚增主营业务成本792728.66元问题，应核查落实；6. 2012—2013年清算费3.6万元应由李昕军自行承担；7. 太一热力公司银行贷款1000万元由李昕军自己公司长期占用，利息2319118.75元由太一热力公司支付，应增列2319118.75元应收账款；8. 在财务资料虚假、数据出入巨大的情况下，对工程施工费未作审计鉴证，应汇总相对真实的数字；9. 应对太一热力公司现金账目和账户进行全面盘点，核查净盈余的现金去向；10. 审计报告依据未列入《供热项目回购合同》和《资产移交清单》。

太一热力公司对《审计报告》的质证意见为：1.《审计报告》第3项“不属于公司发生的锅炉款及费用1674974.96元”，根据甘肃正宇资产评估事务有限公司出具的《庆阳市太一热力公司房地产及设备评估报告》，收购后的上述资产已经成为政府资产，不应调减固定资产1674974.96元；2.《审计报告》第3项“调整属于列账依据不足的成本费用6笔，金额511787.18元”应予以认定；3.《审计报告》第3项“调整政府收购行为结束后列支不属于公司发生的管理费用共4笔，金额1483876元”，属于太一热力公司的管理费用；4.《审计报告》第3项“调整不应列支的税金2笔，金额2167099元”，除兴盛建安公司应承担的税金部分外，剩余税金1242501.40元应由太一热力公司承担；5.《审计报告中》“重大事项说明”第1项“工程施工账面数额为35488291.09元，审计调整为34446241.21元，因为附件部分为白条、收据，审核组无法认定其真实性，34446241.21元没有给出最终审计意见，在损益部分未作为成本在最终的利润部分予以抵扣”。该项工程已经得到政府的现场评估和收购，政府收购过程中的评估报告为第三方甘肃正宇资产评估事务有限公司，完全可以依据评估报告予以认定并在最终的审计利润中予以扣除；6.《审计报告》中“重大事项说明”第2项太一热力公司经营期间应收世纪新村花园小区、太一地中海、贡园小区1-16某楼三个小区应收接口费账面无反映问题。政府在收购热力公司时，资产评估总值1.02亿元，实际支付6761万元，差额3000多万元就是以太一热力公司收取的暖气“接口费”予以抵扣。三处暖气“接口费”如果当时付给太一热力公司，也会在政府拨款中扣除。根据庆阳市发改委文件，三处暖气“接口费”被政府取缔收缴，与太一热力公司没有任何关系。贡园小区建设单位为庆阳市人民政府，不属于太一热力公司开发项目。

一审法院认为：《中华人民共和国公司法》第四条规定，公司股东依法享有资产收益、参与重大决策和选择管理者等权利。第三十四条规定，股东按照实缴的出资比例分取红利；公司新增资本时，股东有权优先按照实缴的出资比例认缴出资。但是，全体股东约定不按照出资比例分取红利或者不按照出资比例优先认缴出资的除外。第一百六十六条第四款规定，公司弥补亏损和提取公积金后所余税后利润，有限责任公司依照本法第三十四条的规定分配；股份有限公司按照股东持有的股份比例分配，但股份有限公司章程规定不按持股比例分配的除外。

太一热力公司章程第十四条规定，公司股东会由全体股东组成，股东会是公司的权力机构；第十五条规定，公司股东会行使下列职权：……7. 审议批准公司的利润分配方案和弥补亏损方案；第二十七条第四款规定，公司从当年税后利润中弥补上一年度亏损、提取公积金和公益金后所余利润，按照股东的出资比例分配。

太一热力公司章程及工商登记资料记载，该公司注册资本1000万元。居立门业公司2007年受让张海龙持有35%、李昕军持有5%太一热力公司股份后，认缴公司出资额400万元，持有公司40%股份，成为太一热力公司股东。根据《中华人民共和国公司法》规定及太一热力公司章程，居立门业公司享有按照其在太一热力公司的出资比例分取红利的权利。太一热力公司应当依法向股东居立门业公司分配利润。

关于太一热力公司应当分配的利润数额。依据2009年庆阳市人民政府市长办公会第23期会议纪要、庆阳市西峰区人民政府与太一热力公司签订的《庆阳市西峰区新区集中供热站工程回购合同》，太一热力公司的资产，除32.7亩土地庆阳市政府允许该公司开发，土地性质依法依规转换外，公司其他全部资产被庆阳市人民政府整体收购，已经办理移交手续。太一热力公司被庆阳市人民政府收购后未开展经营活动、未进行财务清算，太一热力公司认可公司存在盈余，但不能提供具体盈余数额。本案诉讼中太一热力公司及其股东太一工贸公司、居立门业公司之间又因32.7亩土地分割、公司股东出资、公司解散发生诉讼，公司股东未能召开股东会，无法就公司盈余分配形成决议，太一热力公司的经营盈余数额成为需要专业机构鉴定的事项。经居立门业公司申请，一审法院委托的甘肃茂源会计师事务有限公司出具了甘茂会审字（2015）第52号《审计报告》，结论为：截止到2014年10月31日，太一热力公司清算净收益75973413.08元。

根据该《审计报告》所附说明、太一热力公司和居立门业公司对《审计报告》的质证意见，《审计报告》中太一热力公司清算净收益75973413.08元，未核减“工程施工34446241.21元”，未计入“接口费”1038.21万元，审计调整不应作为公司收益参与分配一台锅炉评估净值743580元。工程施工费用太一热力公司、居立门业公司对金额存在争议，但均认为应从《审计报告》审定的净收益总额中扣除，故应按《审计报告》审计数额34446241.21元扣减；居立门业公司主张的“接口费”1038.21万元，太一热力公司否认收取此项费用，《审计报告》认为审核账面无反映。该费用有政府确定的收费标准，应计入太一热力公司净收益；白条入账的一台锅炉已经移交收购方庆阳市政府，应依《审计报告》意见按评估净值743580元从审计净收益总额中扣减。居立门业公司、太一热力公司提出其他应调增、调减的项目，《审计报告》均已表述处理，应以《审计报告》意见为准。故太一热力公司截止到2014年10月31日可分配利润为51165691.87元（75973413.08元-34446241.21元+10382100元-743580元）。

关于太一热力公司应向居立门业公司分配利润的比例。《中华人民共和国公司法》第三十七条第一款规定，公司股东会行使审议批准公司的利润分配方案和弥补亏损方案的职权，即公司股利分配属于公司股东大会决策事项。根据本案事实，居立门业公司2007年受让取得股权成为太一热力公司股东，

2009年太一热力公司全部资产被庆阳市人民政府整体收购，至本案诉讼前，太一热力公司两股东未形成任何公司股利分配方案或者作出决定。太一热力公司存在可供分配的利润，但长期不向股东分配，严重损害股东合法权益。根据《中华人民共和国公司法》第三十四条、第一百六十六条第四款的规定，太一热力公司章程约定，应当按照股东的出资比例向股东分配红利。太一热力公司章程约定、工商登记记载居立门业公司的出资比例为40%，故太一热力公司应向居立门业公司分配的盈余数额为20466276.4元（51165691.87元×40%）。

太一热力公司长期占用居立门业公司应分配利润，应当按中国人民银行同期贷款利率支付资金占用期间的利息。根据查明的事实，2010年7月10日，太一热力公司收到庆阳市经济发展投资有限公司支付的资产转让余款57616003.25元，故太一热力公司应从2010年7月11日起对应分配居立门业公司的利润支付利息。

居立门业公司要求李昕军承担连带责任的诉讼请求。居立门业公司起诉认为，李昕军利用其太一热力公司法定代表人身份和控制地位，滥用职权，不但拒绝利润分配，而且在项目管理运营中，将政府给予的部分补贴资金和部分入网“接口费”收入挪为己用、对自己房地产项目应交的近1000万元“接口费”拖欠不交、将政府支付的收购现金转为己用、背着居立门业公司将太一热力公司盈余的32.7亩土地变更登记在自己的房地产公司名下，不断严重损害公司和股东利益，应当对太一热力公司向居立门业公司分配的利润承担连带清偿责任。

《中华人民共和国公司法》第二十一条规定，公司的控股股东、实际控制人、董事、监事、高级管理人员不得利用其关联关系损害公司利益。违反前款规定，给公司造成损失的，应当承担赔偿责任；第一百五十二条规定，董事、高级管理人员违反法律、行政法规或者公司章程的规定，损害股东利益的，股东可以向人民法院提起诉讼。

李昕军系太一热力公司执行董事、法定代表人，在庆阳市人民政府整体收购太一热力公司全部资产后，违反《中华人民共和国公司法》及太一热力公司章程规定，未经公司股东会决策同意，将资产转让所得款项中5600万余元转入兴盛建安公司，由该公司长期占用，形成太一热力公司账面巨额应收款项，严重损害公司股东利益，给公司造成损失，应当对太一热力公司支付居立门业公司的盈余分配款承担赔偿责任。居立门业公司要求李昕军承担赔偿责任的诉讼请求成立，应予支持。

综上，一审法院依照《中华人民共和国公司法》第四条、第二十一条、第三十四条、第三十七条第一款、第一百六十六条第四款的规定，判决：一、太一热力公司于判决生效后10日内支付居立门业公司盈余分配款20466276.4元；二、太一热力公司按中国人民银行同期贷款利率向居立门业公司支付20466276.4元自2010年7月11日起至实际付清之日止的利息；三、如太一热力公司到期不能履行上述第一项、第二项给付，由李昕军承担赔偿责任。一审案件受理费408300元，鉴定费500000元，由太一热力公司、李昕军负担。

二审中，双方当事人均提交了新证据。本院组织双方当事人进行了证据交换和质证。太一热力公司、李昕军提交了《国家计委、财政部关于全面整顿住房建设收费取消部分收费项目的通知》［计价格（2001）585号］、2007年2月7日庆阳市人民政府第3号令、《甘肃省庆阳地区行署物价处、财政处、建设处转发省物价局、财政厅、建设厅关于印发甘肃省城市基础设施配套收费管理暂行办法》、庆阳市发改委（2005）331号文件、编号622801200639建设用地规划许可证、庆阳市规划管理局建设工程规划许可证、建设工程许可证、国用（2007）第3169号国有土地使用权证、庆阳市人民政府有关情况说明等政府文件，用以证明不存在应收而未收案涉三个小区入网“接口费”问题。居立门业公司质证认为上述证据与本案没有关联性。本院认为，案涉三个小区是否存在应收未收入网“接口费”，不属于本案审理范围，故在本案中对上述证据不予采信。

居立门业公司提交兴盛建安公司、太一房地产公司、庆阳市太一小额贷款有限责任公司、庆阳太一股权投资基金管理中心等工商登记档案材料4份，用以证明前述四公司系李昕军开办的关联公司。太一热力公司、李昕军对上述工商登记档案材料的真实性认可，本院予以采信。

本院经审理，对一审法院查明的事实予以确认。

本院认为，根据双方当事人的上诉请求和答辩意见，本案争议焦点是：一、太一热力公司是否应向居立门业公司进行盈余分配；二、如何确定居立门业公司应分得的盈余数额；三、太一热力公司是否应向居立门业公司支付盈余分配款的利息；四、李昕军是否应对太一热力公司的盈余分配给付不能承担赔偿责任。根据本案审理查明的事实和相关法律规定，分析评判如下：

一、关于太一热力公司是否应向居立门业公司进行盈余分配的问题

太一热力公司、李昕军上诉主张，因没有股东会决议故不应进行公司盈余分配。居立门业公司答辩认为，太一热力公司有巨额盈余，法定代表人恶意不召开股东会、转移公司资产，严重损害居立门业公司的股东利益，法院应强制判令进行盈余分配。本院认为，公司在经营中存在可分配的税后利润时，有的股东希望将盈余留作公司经营以期待获取更多收益，有的股东则希望及时分配利润实现投资利益，一般而言，即使股东会或股东大会未形成盈余分配的决议，对希望分配利润股东的利益不会发生根本损害，因此，原则上这种冲突的解决属于公司自治范畴，是否进行公司盈余分配及分配多少，应当由股东会作出公司盈余分配的具体方案。但是，当部分股东变相分配利润、隐瞒或转移公司利润时，则会损害其他股东的实体利益，已非公司自治所能解决，此时若司法不加以适度干预则不能制止权利滥用，亦有违司法正义。虽目前有股权回购、公司解散、代位诉讼等法定救济路径，但不同的救济路径对股东的权利保护有实质区别，故需司法解释对股东的盈余分配请求权进一步予以明确。为此，《最高人民法院关于适用〈中华人民共和国公司法〉若干问题的规定（四）》第十五条规定："股东未提交载明具体分配方

案的股东会或者股东大会决议，请求公司分配利润的，人民法院应当驳回其诉讼请求，但违反法律规定滥用股东权利导致公司不分配利润，给其他股东造成损失的除外。”在本案中，首先，太一热力公司的全部资产被整体收购后没有其他经营活动，一审法院委托司法审计的结论显示，太一热力公司清算净收益为75973413.08元，即使扣除双方有争议的款项，太一热力公司也有巨额的可分配利润，具备公司进行盈余分配的前提条件；其次，李昕军同为太一热力公司及其控股股东太一工贸公司法定代表人，未经公司另一股东居立门业公司的同意，没有合理事由将5600万余元公司资产转让款转入兴盛建安公司账户，转移公司利润，给居立门业公司造成损失，属于太一工贸公司滥用股东权利，符合《最高人民法院关于适用〈中华人民共和国公司法〉若干问题的规定（四）》第十五条但书条款规定应进行强制盈余分配的实质要件。最后，前述司法解释规定的股东盈余分配的救济权利，并未规定需以采取股权回购、公司解散、代位诉讼等其他救济措施为前置程序，居立门业公司对不同的救济路径有自由选择的权利。因此，一审判决关于太一热力公司应当进行盈余分配的认定有事实和法律依据，太一热力公司、李昕军关于没有股东会决议不应进行公司盈余分配的上诉主张不能成立。

二、关于如何确定居立门业公司分得的盈余数额问题

太一热力公司、李昕军上诉主张，《审计报告》采用了未经质证的证据材料作为审计依据且存在6项具体错误。居立门业公司答辩认为，一审判决对太一热力公司盈余数额的认定相对客观公正。本院认为，在未对盈余分配方案形成股东会或股东大会决议情况下司法介入盈余分配纠纷，系因控制公司的股东滥用权利损害其他股东利益，在确定盈余分配数额时，要严格公司举证责任以保护弱势小股东的利益，但还要注意优先保护公司外部关系中债权人、债务人等的利益。本案中，第一，一审卷宗材料显示，一审法院组织双方对公司账目进行了核查和询问，对《审计报告》的异议，一审庭审中也进行了调查和双方当事人的质证辩论。太一热力公司、李昕军虽上诉主张审

计材料存在未质证问题，但并未明确指出哪些材料未经质证，故本院对该上诉理由不予支持。第二，对于太一热力公司能否收取诉争的1038.21万元入网“接口费”，双方当事人各执一词，因该款项涉及案外人的实体权益，应当依法另寻救济路径解决，而不应在本案公司盈余分配纠纷中作出认定和处理，故该款项不应在本案中纳入太一热力公司的可分配利润，一审判决未予扣减不当，本院予以纠正。第三，太一热力公司、李昕军上诉主张的《审计报告》其他5项具体问题，均属事实问题，其在二审中并未提交充分证据证明一审判决的相关认定有误，故本院不予调整。因此，居立门业公司应分得的盈余数额，以一审判决认定的太一热力公司截至2014年10月31日可分配利润51165691.8元为基数，扣减存在争议的入网“接口费”1038.21万元，再按居立门业公司40%的股权比例计算，即为16313436.72元。

三、关于太一热力公司是否应向居立门业公司支付盈余分配款利息的问题

太一热力公司、李昕军上诉主张，公司盈余分配的款项不应计算利息；居立门业公司答辩认为，李昕军挪用公司收入放贷牟利，需对居立门业公司应分得的盈余款给付利息。本院认为，公司经营利润款产生的利息属于公司收入的一部分，在未进行盈余分配前相关款项均归属于公司；在公司盈余分配前产生的利息应当计入本次盈余分配款项范围，如本次盈余分配存在遗漏，仍属公司盈余分配后的资产。公司股东会或股东大会作出盈余分配决议时，在公司与股东之间即形成债权债务关系，若未按照决议及时给付则应计付利息，而司法干预的强制盈余分配则不然，在盈余分配判决未生效之前，公司不负有法定给付义务，故不应计付利息。本案中，第一，居立门业公司通过诉讼应分得的盈余款项系根据本案司法审计的净利润数额确定，此前太一热力公司对居立门业公司不负有法定给付义务，若《审计报告》未将公司资产转让款此前产生的利息计入净利润，则计入本次盈余分配后的公司资产，而不存在太一热力公司占用居立门业公司资金及应给付利息的问题。第二，李

昕军挪用太一热力公司款项到关联公司放贷牟利，系太一热力公司与关联公司之间如何给付利息的问题，居立门业公司据此向太一热力公司主张分配盈余款利息，不能成立。第三，居立门业公司一审诉讼请求中并未明确要求太一热力公司给付本判决生效之后的盈余分配款利息。因此，一审判决判令太一热力公司给付自2010年7月11日起至实际付清之日止的利息，既缺乏事实和法律依据，也超出当事人的诉讼请求，本院予以纠正。

四、关于李昕军是否应对太一热力公司的盈余分配给付不能承担赔偿责任的问题

李昕军上诉主张其没有损害公司利益，一审判令其承担连带责任没有法律依据。居立门业公司答辩认为，李昕军滥用法定代表人权利损害居立门业公司股东利益，应承担赔偿责任。本院认为，《中华人民共和国公司法》第二十条第二款规定，“公司股东滥用股东权利给公司或者其他股东造成损失的，应当依法承担赔偿责任”；第二十一条规定，“公司的控股股东、实际控制人、董事、监事、高级管理人员不得利用其关联关系损害公司利益。违反前款规定，给公司造成损失的，应当承担赔偿责任”；第一百四十九条规定，“董事、监事、高级管理人员执行公司职务时违反法律、行政法规或者公司章程的规定，给公司造成损失的，应当承担赔偿责任”；第一百五十二条规定，“董事、高级管理人员违反法律、行政法规或者公司章程的规定，损害股东利益的，股东可以向人民法院提起诉讼。”盈余分配是用公司的利润进行给付，公司本身是给付义务的主体，若公司的应分配资金因被部分股东变相分配利润、隐瞒或转移公司利润而不足以现实支付时，不仅直接损害了公司的利益，也损害到其他股东的利益，利益受损的股东可直接依据《中华人民共和国公司法》第二十条第二款的规定向滥用股东权利的公司股东主张赔偿责任，或依据《中华人民共和国公司法》第二十一条的规定向利用其关联关系损害公司利益的控股股东、实际控制人、董事、监事、高级管理人员主张赔偿责任，或依据《中华人民共和国公司法》第一百四十九条的规定向违反法律、行政

法规或者公司章程的规定给公司造成损失的董事、监事、高级管理人员主张赔偿责任。本案中，第一，李昕军既是太一热力公司法定代表人，又是兴盛建安公司法定代表人，其利用关联关系将太一热力公司5600万余元资产转让款转入关联公司，若李昕军不能将相关资金及利息及时返还太一热力公司，则李昕军应当按照《中华人民共和国公司法》第二十一条、第一百四十九条的规定对该损失向公司承担赔偿责任。第二，居立门业公司应得的盈余分配先是用太一热力公司的盈余资金进行给付，在给付不能时，则李昕军转移太一热力公司财产的行为损及该公司股东居立门业公司利益，居立门业公司可要求李昕军在太一热力公司给付不能的范围内承担赔偿责任。第三，《中华人民共和国公司法》第一百五十二条规定的股东诉讼系指其直接利益受到损害的情形，本案中李昕军利用关联关系转移公司资金直接损害的是公司利益，应对公司就不能收回的资金承担赔偿责任，并非因直接损害居立门业公司的股东利益而对其承担赔偿责任，一审判决对该条规定法律适用不当，本院予以纠正。因此，一审判决判令太一热力公司到期不能履行本案盈余分配款的给付义务则由李昕军承担赔偿责任并无不当，李昕军不承担责任的上诉主张，本院不予支持。

综上，太一热力公司、李昕军的上诉请求部分成立。本院依照《中华人民共和国民事诉讼法》第一百七十条第一款第二项之规定，判决如下：

一、撤销甘肃省高级人民法院（2013）甘民二初字第8号民事判决；

二、庆阳市太一热力有限公司于本判决生效后10日内给付甘肃居立门业有限责任公司盈余分配款16313436.72元；

三、庆阳市太一热力有限公司到期不能履行上述给付义务，由李昕军承担赔偿责任；

四、驳回甘肃居立门业有限责任公司的其他诉讼请求。

一审案件受理费408300元，由甘肃居立门业有限责任公司负担170466元，庆阳市太一热力有限公司、李昕军负担237834元；鉴定费500000元，由庆阳市太一热力有限公司、李昕军负担。二审案件受理费408300元，由甘肃居立门业有限责任公司负担 170466 元，庆阳市太一热力有限公司、李昕军负担 237834 元。

本判决为终审判决。

（二）地方法院典型案例

041. 在公司作出利润分配决议前，股东利润分配请求权为抽象性的期待权，而非确定性权利，股权变动后，该权利由新股东享有①

案情简介：塑料公司、邱某为某上市农商行股东，截至 2015 年 8 月 27 日分别持有 133056 股、239601 股。塑料公司、邱某分别于 2016 年 3 月 24 日、25 日将所持股权转让给某供应链公司、吴某，并于 2016 年 5 月 20 日办理变更登记。2016 年 5 月 17 日，农商行股东大会决议分配 2015 年利润，按照前述股权计，塑料公司持股对应可得股权 6652 股、现金 7983.36 元，邱某持股对应可得股权 11975 股、现金 14370.06 元。塑料公司、邱某多次要求农商行根据该股东会决议向其分配利润未果，遂诉至法院，请求农商行向其支付 2015 年度应得股金及现金分红。

裁判结果：一审法院认为，股东会决议虽是 2016 年 5 月作出，但其分配的是 2015 年度收益，塑料公司、邱某 2015 年度仍持有农商行的股权，有权享有 2015 年度收益，遂判决农商行向塑料公司、邱某支付股金及分红。二审法院认为，在公司作出利润分配决议前，股东利润分配请求权为抽象性的期待权，而非确定性权利，股权变动后，该权利应当由新股东享有。供应链公

① 《2020-2021 年江苏法院公司审判典型案例》（2022 年 9 月 29 日公布），三、塑料公司、邱某诉农商行公司盈余分配纠纷案，载江苏法院网，https：//www. jsfy. gov. cn/article/94380. html，最后访问日期：2023 年 6 月 15 日。

司、吴某取得案涉股权时，农商行尚未作出利润分配决议，该股权涉及的利润分配请求权仍为抽象的期待权，而未转化为债权。股权转让后，塑料公司、邱某不再具有股东身份，无权行使利润分配请求权。遂改判驳回塑料公司、邱某的诉讼请求。

典型意义

获取利润是股东投资和经营公司的根本目的，利润分配请求权是股东最为重要的权利之一，该权利与股东身份密切相关。股权转让后，如公司尚未作出利润分配决议，且双方对转让前的公司利润归属无特别约定，则利润分配请求权应当由新股东享有，原股东对转让前后公司盈利均不再享有分配请求权。因此，股东转让股权时，应当将未分配利润作为衡量股权价值的重要因素之一，如仍要求保留股权转让前利润请求权，应当在合同中予以明确约定。

042. 控股股东滥用股东权利，导致公司不分配利润的，应当在公司利润分配给付不能的范围内承担赔偿责任①

基本案情：2016 年 10 月，某原公司、某耀置业、某光公司与李某某签订《合作协议》，通过增资某光公司合作开发郑州某地块。某原公司增资 6000 万元，占某光公司 60%股权；某耀置业增资 2000 万元，占 40%股权，公司实行董事会领导下的总经理负责制，总经理由某原公司委派并担任某光公司的法定代表人，全面负责某光公司的日常经营管理工作。某光公司章程规定，公

① 《河南省高级人民法院 2021 年度十大商事暨涉企典型案例》（2022 年 4 月 19 日发布），二、郑州某耀置业有限公司与郑州某光房地产开发有限公司、郑州某原房地产开发有限公司公司盈余分配纠纷案——强制盈余分配的条件及股东滥用权利赔偿责任的承担，载豫法阳光微信公众号，https：//mp. weixin. qq. com/s/Zcg6BUHuKixeAkLIS9tTDw，最后访问日期：2023 年 6 月 30 日。

司产生利润时，每年至少分配一次。

2018年8月，某原公司、某耀置业、某城公司、项目公司某光公司签订《补充协议》，约定：某原公司调用项目公司8亿元资金，某原公司实际转给某城公司共计15.6亿多元，某城公司分两次共还款4亿多元，至今尚剩余11亿元未还。2019年10月，某耀置业向法院提起股东知情权诉讼，得到生效判决支持。某城公司2019年年度报告显示，该期归属于少数股东某光公司的损益为11.4亿多元，某光公司2019年综合收益总额应为2.8亿多元。某耀置业起诉请求：某光公司支付盈余分配款38476万元；在某光公司不能履行义务的范围内，由某原公司和某城公司承担连带赔偿责任；根据某光公司年度审计报告及关联公司某城公司2019年年度报告，可以计算出截至2019年某光公司应向某耀置业分配的利润数额。

裁判结果：郑州市中级人民法院于2021年2月1日作出（2020）豫01民初584号民事判决：一、某光公司于判决生效后十日内支付某耀置业2019年度盈余分配款82226681.48元；二、某原公司对某光公司2019年度82226681.48元盈余分配款在给付不能范围内承担赔偿责任；三、驳回原告某耀置业的其他诉讼请求。某耀置业、某光公司、某原公司均不服一审判决，提出上诉，后某耀置业未缴纳上诉费用，某光公司、某原公司提出撤回上诉的申请。河南省高级人民法院于2021年9月8日作出（2021）豫民终445号民事裁定：一、本案按某耀置业自动撤回上诉处理；二、准许某光公司、某原公司撤回上诉。

裁判理由：生效裁判认为：某光公司章程规定，公司产生利润时，每年至少分配利润一次。根据查明的案情，截至2019年某光公司有盈余可供分配。某耀置业作为某光公司实际出资40%的股东，依法享有取得投资利润的权利。某光公司的控股股东某原公司利用优势地位，超出四方《补充协议》约定的调用资金金额的限制，向其全资控股的关联公司某城公司转账共计15.6亿多元，至一审起诉时，尚有11亿元资金未返还某光公司，此行为系滥用股东权利的行为，其同时也有阻碍小股东某耀置业知情权行使的行为，上述行为导致某光公司无法按公司章程规定向股东分配利润，严重损害某耀置业的利益。根据某光公司年度审计报告及关联公司某城公司 2019 年年度报告，以及股东实际出资比例，可以计算出截至 2019 年某耀置业应分配利润数额 82226681.48 元。

根据《中华人民共和国公司法》规定，公司股东滥用股东权利给公司或者其他股东造成损失的，应当依法承担赔偿责任。本案中某光公司未按章程规定分配利润，且某原公司利用其大股东身份转移某光公司巨额财产，并阻碍某耀置业行使股东知情权，存在滥用股东权利的行为，给某耀置业造成不能分配利润的实际损失，应当在某光公司盈余分配给付不能范围内向某耀置业承担赔偿责任。

典型意义

公司盈余分配权，是股东的基本权利，也是股东投资的根本目的。盈余分配是公司的商业判断，属于公司自治的范畴，司法不宜过度干预。但是实践中，有些公司有盈余可供分配，且符合公司章程规定的分配条件，但控股股东滥用权利控制公司，阻碍中小股东行使知情权和进行利润分配，股东会无法形成有效的利润分配决议，严重损害中小股东利益和投资积极性，此种情况下，司法要进行介入与干预，以纠正不公平的利益状态，保护中小股东合法的投资权益。

关于公司利润分配的具体数额，应当依据公司法规定和具体案情来确定。本案中，法院根据目标公司及全资控股关联公司的年度审计报告，计算出 2019 年度公司可分配利润数额，以此为依据进行分配，具有事实法律依据。本案控股股东存在滥用股东权利，导致公司不分配利润的情况，应当在公司利润分配给付不能的范围内承担赔偿责任。本案例的裁判较好平衡了公司发展与股东权益保护的关系，保障了公司的经营与发展，也保护了投资者取得合法投资收益的权利。

（三）裁判依据

《中华人民共和国公司法》

第二十二条 公司股东会或者股东大会、董事会的决议内容违反法律、行政法规的无效。

股东会或者股东大会、董事会的会议召集程序、表决方式违反法律、行政法规或者公司章程，或者决议内容违反公司章程的，股东可以自决议作出之日起六十日内，请求人民法院撤销。

股东依照前款规定提起诉讼的，人民法院可以应公司的请求，要求股东提供相应担保。

公司根据股东会或者股东大会、董事会决议已办理变更登记的，人民法院宣告该决议无效或者撤销该决议后，公司应当向公司登记机关申请撤销变更登记。

第三十四条 股东按照实缴的出资比例分取红利；公司新增资本时，股东有权优先按照实缴的出资比例认缴出资。但是，全体股东约定不按照出资比例分取红利或者不按照出资比例优先认缴出资的除外。

第一百六十六条 公司分配当年税后利润时，应当提取利润的百分之十列入公司法定公积金。公司法定公积金累计额为公司注册资本的百分之五十以上的，可以不再提取。

公司的法定公积金不足以弥补以前年度亏损的，在依照前款规定提取法定公积金之前，应当先用当年利润弥补亏损。

公司从税后利润中提取法定公积金后，经股东会或者股东大会决议，还可以从税后利润中提取任意公积金。

公司弥补亏损和提取公积金后所余税后利润，有限责任公司依照本法第三十五条的规定分配；股份有限公司按照股东持有的股份比例分配，但股份有限公司章程规定不按持股比例分配的除外。

股东会、股东大会或者董事会违反前款规定，在公司弥补亏损和提取法定公积金之前向股东分配利润的，股东必须将违反规定分配的利润退还公司。

公司持有的本公司股份不得分配利润。

《最高人民法院关于适用〈中华人民共和国公司法〉若干问题的规定（四）》

第十三条 股东请求公司分配利润案件，应当列公司为被告。

一审法庭辩论终结前，其他股东基于同一分配方案请求分配利润并申请参加诉讼的，应当列为共同原告。

第十四条 股东提交载明具体分配方案的股东会或者股东大会的有效决议，请求公司分配利润，公司拒绝分配利润且其关于无法执行决议的抗辩理由不成立的，人民法院应当判决公司按照决议载明的具体分配方案向股东分配利润。

第十五条 股东未提交载明具体分配方案的股东会或者股东大会决议，请求公司分配利润的，人民法院应当驳回其诉讼请求，但违反法律规定滥用股东权利导致公司不分配利润，给其他股东造成损失的除外。

《最高人民法院关于适用〈中华人民共和国公司法〉若干问题的规定（五）》

第四条 分配利润的股东会或者股东大会决议作出后，公司应当在决议载明的时间内完成利润分配。决议没有载明时间的，以公司章程规定的为准。决议、章程中均未规定时间或者时间超过一年的，公司应当自决议作出之日起一年内完成利润分配。

决议中载明的利润分配完成时间超过公司章程规定时间的，股东可以依据民法典第八十五条、公司法第二十二条第二款规定请求人民法院撤销决议中关于该时间的规定。

三、损害股东利益责任纠纷

（一）地方法院典型案例

043. 上市公司以“隐藏承诺”对抗限售股解禁中的责任认定①

裁判要旨

在限售股相关承诺条件已完成的情况下，受让人针对其在司法执行程序中取得的股票，有权要求上市公司配合办理解除限售手续。上市公司不愿配合并突然提交了一份此前未曾公开的隐藏承诺进行对抗。作为上市公司，如存在这样一份承诺并新增了许多解禁条件，会影响原来已经符合条件的股票解禁，却不去对投资者提及，并不符合企业经营常理，时间真实性存疑。该承诺在作出之后两年、直至争议发生时才披露，现有的或者潜在的投资者此前无从知晓系争股票又增加了限制条件。由于这种隐藏承诺此前未曾公开并公告，不符合中国证监会制定的《上市公司信息披露管理办法》，无法对抗公告之前的善意受让人。受让人作为司法执行程序的当事人，对执行过程中的公告信息亦有充分的信赖。另外，上市公司亦无权通过股东大会决议的形式限制某个股东出售股票的权利。

① 《上海金融法院 2022 年度典型案例》（2023 年 3 月 31 日发布），六、东方证券股份有限公司诉皇氏集团股份有限公司损害股东利益责任纠纷案——上市公司以“隐藏承诺”对抗限售股解禁中的责任认定，载上海金融法院微信公众号，https：//mp. weixin. qq. com/s/Kcd04ql38GgKstfI7D4lfQ，最后访问日期：2023 年 6 月 28 日。

基本案情：东方证券股份有限公司（以下简称东方证券）因与案外人李某某之间质押回购交易，经北京市第二中级人民法院执行，明确东方证券有权以李某某出质的58410000股皇氏集团股份有限公司（以下简称皇氏集团）股票优先受偿。上述股票存在限售承诺，因为李某某的股票系皇氏集团以股票为对价收购李某某持有的御嘉影视集团有限公司（以下简称御嘉影视）100%股权所得。李某某承诺2014年至2017年不转让上述股票，此外针对御嘉影视作出业绩承诺，在业绩承诺完成前不转让。

2018年1月，该院向皇氏集团出具《协助执行通知书》要求其协助法院查明上述质押股份是否达到解除限售条件。皇氏集团答复称：皇氏集团2017年度审计报告尚未出具，御嘉影视2017年度业绩完成情况仍有待审计机构的审定，尚未具备办理股票解除限售手续的相关条件。上述股票最终因拍卖无成交于2018年9月办理了过户手续以抵债，法院随后向皇氏集团出具《协助执行通知书》，要求皇氏集团协助办理的解除限售手续，但皇氏集团未予办理。

针对御嘉影视盈利与业绩承诺情况，皇氏集团2015—2018年发布多份关于御嘉影视集团有限公司盈利情况报告、承诺完成情况说明。上述报告确认御嘉影视2014年至2017年业绩承诺完成率均超100%。在法院拍卖股票之时，2018年7月31日皇氏集团发布了《关于公司持股5%以上股东股权将被司法拍卖的提示性公告》，告知了上述法院准备拍卖股票的情况，并载明“本次司法拍卖对公司的正常生产经营不产生影响，公司将持续关注此次拍卖的进展，并根据相关法律法规的规定及时履行信息披露义务”，其中并未提及股票任何限售情况和业绩承诺未完成情况。自2020年3月起，东方证券工作人员王某通过微信向皇氏集团了解解禁流程及所需材料，皇氏集团工作人员回复告知了办理解禁需要的相关材料，但在收到东方证券相关材料后，未予办理。东方证券沟通未果，遂于2020年12月2日向上海金融法院起诉，诉请：1. 皇氏集团停止对东方证券股东权利的侵害，并立即为上述限售股办理解除限售手续；2. 皇氏集团赔偿因延迟解除限售而给东方证券造成的损失50000000元。

皇氏集团辩称，解除限售条件未满足，应驳回原告诉请。因为还存在一份载明日期为2018年3月20日、由李某某向皇氏集团出具的《解除股份限售之自律承诺函》（以下简称《承诺函》），该《承诺函》载明李某某自愿增加多项解除股份限售之自律条件，如支付股份转让个人所得税等。2020年8月13日，皇氏集团将上述增加限售条件事宜向深圳证券交易所进行报告。此后，皇氏集团先后召开董事会、股东会通过决议，要求由东方证券先缴纳李某某应承担税费11110.70万元，才配合解除限售。

裁判结果：上海金融法院于2021年7月29日作出一审判决：一、皇氏集团在判决生效之日内十日内配合办理解除限售手续；二、皇氏集团赔偿东方证券损失500万元；三、皇氏集团支付东方证券律师费18万元；四、驳回东方证券的其余诉讼请求。一审宣判后，皇氏集团依法提起上诉。上海市高级人民法院于2022年7月25日作出（2021）沪民终514号民事判决，驳回上诉，维持原判。

裁判理由：本案的争议焦点为：一、李某某向皇氏集团出具的《承诺函》的真实性以及该函对东方证券要求皇氏集团解除限售是否具有约束力；二、皇氏集团通过的股东大会决议是否可以限制东方证券请求解除限售条件；三、若皇氏集团应配合而不配合东方证券解除限售，皇氏集团应赔偿东方证券的损失如何确定。

上海金融法院一审认为：1. 直至2020年8月，皇氏集团才向东方证券以及深圳证券交易所提及该份《承诺函》。此前皇氏集团发布的多个公告中，不仅未曾提及该《承诺函》，而且明确披露解禁条件已成就。作为上市公司，如存在这样一份《承诺函》并新增了许多解禁条件，会影响原来已经符合条件的股票解禁，却不去对投资者提及，并不符合企业经营常理。在法院司法拍卖系争股票、东方证券联系解除限售过程中，多次与皇氏集团联系，但皇氏集团从未提及存在《承诺函》，故该《承诺函》真实性存疑。2. 即便《承诺函》签署日期确系2018年3月20日，但其内容有别于原先的限售承诺，对市场、对投资者、对东方证券均有重大影响，故应按中国证监会制定的《上市公司信息披露管理办法》《深圳证券交易所中小企业板上市公司规范运作指引（2015年修订）》进行披露。皇氏集团直至2020年10月28日才披露，现有的或者潜在的投资者此前无从知晓系争股票又增加了限制条件。3. 东方证券作为司法执行程序的当事人，对执行过程中的公告信息有充分的信赖，根据当时公开信息及拍卖公告，案涉股票上并不存在承诺函、不存在除业绩承诺外的承诺，原有业绩承诺已经完成，在此基础上，才形成了以司法拍卖的保留价作为抵债价格。如果存在《承诺函》，自然会对抵债价格产生重大影响。基于对东方证券信赖利益的保护，股票抵债过户之后方才披露的《承诺函》对东方证券并无约束力。4. 皇氏集团无权通过股东大会决议的形式限制某个股东出售股票的权利。综上，法院认定皇氏集团拒绝配合解禁的行为存在过错，限制了东方证券的交易自由与交易机会，故判决皇氏集团配合办理手续解除限售。5. 关于损失的认定，2020年4月至本案起诉之时即2020年12月，皇氏集团股价经历了先涨后跌的过程。起诉后，股价先跌后涨。根据一审中这一股价波动情况，故酌定皇氏集团先行赔偿损失500万元，其余损失待配合解禁后东方证券卖出后可视情主张。

裁判意义

本案是一起较为罕见的限售股受让人起诉上市公司办理解禁手续并赔偿损失的案件，也是上海金融法院受理的首起此类案件。上市公司股票限制出售存在种种原因，其中之一是为了防止相关的持股主体利用信息不对称等获取短期利益、损害上市公司及其他股东、中小投资者的利益、冲击股票市场的稳定。实务中，限售股受让方需委托上市公司办理相关手续，即便符合解禁条件，上市公司往往基于股价稳定以及各种原因，并不愿配合，导致受让人在执行程序中取得限售股之后仍面临行使权利的难题，本案中，涉及上市公司以隐藏的承诺对抗司法执行程序中的受让人，法院经审理认为这种隐藏的《承诺函》披露不符合相关监管规定，对此前不知情的东方证券并不发生约束力。基于对受让人信赖利益的保护，股票抵债过户之后方才披露的《承诺函》对其并无约束力。法院最终判决上市公司办理解禁手续并赔偿损失，有效地维护了诚信原则，初步探索了此类限售股解禁难题的解决之道。

044. 原告在无有效证据证明被告股东存在侵权行为的情况下，采用诉前保全的方式冻结被告公司银行账户，将严重影响公司日常经营，法院应尽快裁定解除[①]

案情简介：某环保公司注册成立于2003年12月9日，马某为股东之一。某诚基公司注册成立于2021年2月3日，登记股东为姜某、李某某、王某某。马某认为该三人现是或曾是某环保公司职工，现成立公司系恶意串通，通过不正当手段损害马某股东权益，遂诉至法院，请求判令赔偿经济损失1000万元，并申请诉前保全，冻结了某环保公司银行账户。法院经审理认为，根据公司法相关规定，公司的董事、高级管理人员违反法律、行政法规或者公司章程的规定，损害股东利益的，股东可以向人民法院提起诉讼。本案马某所列被告中，并无公司董事、高级管理人，且马某无证据证明所列被告存在损害其利益的行为，遂判决驳回其诉讼请求。案件审理之前，法院经

① 《青岛市中级人民法院优化法治营商环境十大典型案例》（2021年12月16日发布），五、马某与青岛某环保科技发展公司、青岛某诚基环保科技公司、姜某、李某某、王某某损害股东利益责任纠纷案——快速解冻账户维护守法企业合法权益，载青岛市中级人民法院网站，http：//qdsbqfy. sdcourt. gov. cn/qdzy/spgk66/sszy16/spzdyj/dxxal/8027860/index. html，最后访问日期：2023年6月28日。

某环保公司申请并提供房产担保后，及时作出裁定解除了对该公司银行账户的冻结。

典型意义

本案是法院不支持股东滥用保全申请权及诉权的典型案例。原告在没有有效证据证明存在侵权行为的情况下，采用诉前保全的方式，将被告公司的银行账户冻结，严重影响公司日常经营。法院在接到用案外人房产提供担保解除账户冻结的申请后，第一时间组成合议庭召开听证会审查，迅速作出裁定，解除了对账户的冻结，在最短时间内开庭审理，并及时作出判决。该案的快速解除保全措施及依法判决，有力打击了利用保全、起诉侵害企业合法权益的行为，助力营造诚信经营的市场环境。

045. 准确查明外国公司法，依据冲突规范正确认定侵权行为地[①]

基本案情：本案系损害股东利益责任纠纷。2013 年，Stellarworks Holding Ltd.（以下简称 SW 控股公司）在英属维尔京群岛注册成立，股东为某某一朗和杨某宙二人，持股比例分别为 70%和 30%，某某一朗被任命为董事。SW 控股公司系 Stellarworks Investment Ltd.（以下简称 SW 投资公司）全资股东，SW 投资公司系富迅国际贸易有限公司（以下简称富讯公司）全资股东。2014 年 3 月，Stellarworks International Ltd.（以下简称 SW 国际公司）在英属维尔京群岛注册成立，股东为某某一朗，持股比例 100%。SW 控股公司拟将其持有的 SW 投资公司全部股份转让给 SW 国际公司，对 SW 投资公司唯一实

① 《上海法院域外法查明典型案例》（2022 年 9 月 13 日发布），三、准确查明英属维尔京群岛公司法，依据冲突规范正确认定侵权行为地——原告杨某宙诉被告某某一朗损害股东利益责任纠纷案，载上海市高级人民法院网站，https：//www. hshfy. sh. cn/css/2022/09/15/20220915155723884273. pdf，最后访问日期：2023 年 6 月 28 日。

质性资产即富迅公司资产进行了评估。评估过程中某某一朗向评估公司提出了若干建议，后某某一朗作为 SW 控股公司的唯一董事批准了股份转让协议。杨某宙认为，某某一朗作为 SW 控股公司的大股东、唯一董事，在转让公司资产给自己名下其他公司时，故意压低评估价格，损害了小股东杨某宙的利益，因此主张其赔偿损失。

裁判结果：上海市闵行区人民法院认为，某某一朗系日本国公民，杨某宙以某某一朗在执行 SW 控股公司事务时侵害其的股东权益为由主张赔偿。本案属涉外侵权纠纷，应根据《中华人民共和国涉外民事关系法律适用法》第四十四条的规定，本案所涉侵权责任问题应适用侵权行为地法律。因杨某宙所主张侵权行为为股权转让行为，故侵权行为地为 SW 投资公司的住所地。SW 投资公司住所地位于英属维尔京群岛，故本案应适用英属维尔京群岛法律。杨某宙为此提供了《2004 年英属维尔京群岛商业公司法》法条规定和律师法律意见书，上海市闵行区人民法院认为，根据英属维尔京群岛法律，若杨某宙作为 SW 控股公司股东的权利受到某某一朗执行 SW 控股公司事务时的不公平行为损害，则杨某宙有权向某某一朗主张赔偿。

某某一朗提起上诉，要求适用双方共同经常居所地即中华人民共和国法律。

上海市第一中级人民法院认为，某某一朗提供的外国人就业证等证据不足以证明其经常居所地在中华人民共和国境内，案件管辖权认定中的“住所地”概念与前述法律规定中的“经常居所地”并非同一概念，因此上海市闵行区人民法院适用侵权行为地即英属维尔京群岛法律并无不当。

典型意义

本案涉及公司类侵权案件的法律适用问题，侵权行为发生在英属维尔京群岛，但根据侵权案件法律适用的有关规定，当事人有共同经常居所地的，适用共同经常居所地法律。本案争议焦点之一即双方是否均以上海为共同经常居所地，本案应适用英属维尔京群岛法律还是我国法律。某某一朗提供了其在上海有房产、工作等证据，但出入境记录显示其在涉案行为发生期间频繁往来于日本和上海，因此法院认定其证据不足以证明其经常居所地在上海。法院最终根据英属维尔京群岛官方网站上的法律条文、杨某宙提交的翻译件、杨某宙委托的当地律师出具的法律意见书查明了英属维尔京群岛相关法律，作出了判决。本案对同类案件的法律适用、侵权行为认定具有典型示范意义。

（二）裁判依据

《中华人民共和国公司法》

第一百五十二条 董事、高级管理人员违反法律、行政法规或者公司章程的规定，损害股东利益的，股东可以向人民法院提起诉讼。

四、损害公司利益责任纠纷

（一）最高人民法院公报案例及典型案例

046. 能够证明依法有权代表公司提起诉讼的公司机关基本不存在提起诉讼的可能性，股东可不经前置程序，直接提起股东代表诉讼①

周长春与庄士中国投资有限公司、李世慰、
彭振傑及第三人湖南汉业房地产开发有限公司损害公司利益责任纠纷案

裁判摘要

在能够证明依法有权代表公司提起诉讼的公司机关基本不存在提起诉讼的可能性，由原告履行前置程序已无意义的情况下，不宜以股东未履行《中华人民共和国公司法》第一百五十一条规定的前置程序为由驳回起诉。

最高人民法院民事裁定书

【（2019）最高法民终 1679 号】

上诉人（一审原告）：周长春。

① 参见《最高人民法院公报》2020 年第 6 期。

委托诉讼代理人：倪连福，北京天驰君泰律师事务所律师。

委托诉讼代理人：徐波萍，北京天驰君泰律师事务所律师。

被上诉人（一审被告）：庄士中国投资有限公司，住所地：香港特别行政区中环遮打道18号历山大厦25楼。

代表人：庄家彬，该公司总经理。

被上诉人（一审被告）：李世慰。

被上诉人（一审被告）：彭振傑。

上列三名被上诉人共同委托诉讼代理人：何川，北京市金杜（深圳）律师事务所律师。

上列三名被上诉人共同委托诉讼代理人：刘鼎，北京市金杜（深圳）律师事务所律师。

一审第三人：湖南汉业房地产开发有限公司，住所地：湖南省长沙县南湖大道左侧暮云工业园行政服务中心内。

法定代表人：李世慰，该公司董事长。

委托诉讼代理人：宋思宇，北京市金杜（深圳）律师事务所律师。

委托诉讼代理人：柳辰，北京市金杜（深圳）律师事务所律师。

上诉人周长春因与被上诉人庄士中国投资有限公司（以下简称庄士中国公司）、李世慰、彭振傑、一审第三人湖南汉业房地产开发有限公司（以下简称湖南汉业公司）损害公司利益责任纠纷一案，不服湖南省高级人民法院（2017）湘民初18号民事裁定，向本院提起上诉。本院于2019年9月10日立案受理后，依法组成合议庭审理了本案。本案现已审理终结。

上诉人周长春向本院上诉请求：撤销一审裁定，指令湖南省高级人民法院审理本案。事实与理由：（一）一审法院否认周长春提交的2010年11月18日湖南汉业公司《董事会决议》的真实性，属于认定事实错误。1. 长沙市中级人民法院（2012）长中民四初字第0590号民事判决书（以下简称0590号民事判决）否认《董事会决议》的真实性，违反了《最高人民法院关于民事诉讼证据的若干规定》关于证据效力认定的规定。周长春提交了《董事会决议》原件，还提交了彭振傑、李世慰签名且认可真实性的湖南汉业公司的相关文件材料进行比对，从肉眼对比，无论是从字体字形、书写习惯，还是笔画顺序，即可发现高度的一致性。一审法院依据0590号民事判决否定《董事会决议》的真实性并否定周长春的笔迹鉴定申请错误，否认周长春提起股东代表诉讼的程序合法性，认定事实错误。（二）一审裁定认为在湖南汉业公司没有监事的情况下，周长春应向湖南汉业公司董事会提起诉讼申请，在董事会拒绝后方能以自己名义提起股东代表诉讼，并认定周长春未履行股东代表诉讼的前置程序而起诉不合法，属于适用法律错误。1.《中华人民共和国公司法》第一百五十一条关于股东代表诉讼的制度中，对于公司董事侵害公司利益的，公司股东仅需要向公司监事会或监事提出诉讼请求，根本无需向公司或者公司董事会提起诉讼请求。一审法院要求周长春向湖南汉业公司或者公司董事会提起诉讼申请，并在湖南汉业公司或董事会未提起诉讼后，方可提起股东代表诉讼的认定，缺乏法律依据。2.一审裁定以湖南汉业公司董事会有5名董事，而本案被上诉人（一审被告）仅为其中两名董事，因此主张周长春向湖南汉业公司董事会提出诉讼申请，该董事会可能会提起诉讼的论点根本不能成立，周长春提交的庄士中国公司的年报已证明，除周长春外，其他四名董事均在庄士中国公司任高管职务，有密切利害关系。因此，湖南汉业公司董事会根本不可能对本案被上诉人的侵权行为提起诉讼。最高人民法院（2015）民四终字第54号民事裁定书中指出："如在公司内部组织机构已经失灵，或公司董事、监事均存在给公司造成损失的情况且作为案件被告时，代表公司进行意思表示的机关（董事会、监事会）将不会以公司名义向法院起诉自己，此时应免除股东代位诉讼时的前置程序义务。"湖南汉业公司在未设定监事职务，而湖南汉业公司董事和实际控制人损害公司利益的情况下，考虑到本案被上诉人控制的董事会根本不会提起诉讼的情况下，应免除湖南汉业公司股东提起股东代表诉讼的前置程序，允许周长春直接提起股东代表诉讼。判例显示，可以不履行前置程序，即使要履行前置程序，周长春已经向湖南汉业公司监事周益科提出了申请。湖南汉业公司是合资企业，董事会是湖南汉业公司的最高决策机构，经五名董事同意任命周益科作为公司监事。周长春提交的新证据《北京京安拓普文书司法鉴定中心鉴定咨询意见书》可证明2010年10月18日湖南汉业公司的董事会决议，李世慰（董事长）、彭振傑、李美心三位董事的签名是真实签名。周长春提交了该份董事会决议的原件，内容是完整的。周长春提交的新证据足以推翻生效民事裁判所确定的事实。

庄士中国公司、李世慰、彭振傑辩称，（一）周长春提交的董事会决议文件存在明显虚假情形，且长沙市中级人民法院和一审法院均已作出在先判决否定了该董事会决议真实性，一审裁定适用法律及认定事实正确。因湖南汉业公司五名董事（同时也是新时代投资有限公司董事，新时代投资有限公司为湖南汉业公司大股东，持股比例为90%）长期分处异地，两公司董事会经常采取召开电话会议，再传签董事会决议，事实上周长春提交的董事会决议应为2009年11月28日新时代投资有限公司形成的董事会决议签署页，该份文件系李世慰、彭振傑、李美心签署完毕后，邮寄至范小汉处，因出现争议，范小汉始终未将该份决议文件邮寄回新时代投资有限公司。周长春提交的伪造的董事会决议存在如下明显瑕疵：1. 新时代投资有限公司《董事会决议》上标注“应到董事四人，实到董事四人”，因此第2页处仅留有四处签名栏，虚假董事会决议上，周长春签名实际是其自己在空白处填写；2. 因为真实文件为新时代投资公司的《董事会决议》，签署页上才会加盖新时代投资有限公司的签章，如果是湖南汉业公司的《董事会决议》，根本不应加盖新时代投资有限公司签章。（二）周长春提起本案诉讼应当以穷尽内部救济手段为前提，本案情形不适用最高人民法院在个案中的意见，根据相关法律明文规定以及大量最高法院司法判例认定，周长春未履行股东代表诉讼前置程序属于依法应当驳回起诉的情形。首先，在最高人民法院（2015）民四终字第54号案件中，已强调《中华人民共和国公司法》第一百五十一条关于设定股东代位诉讼的前置程序；其次，最高人民法院（2015）民四终字第54号案件的特殊情形在于该公司三名董事分别是原、被告，因此该案已经不可能通过董事会形成多数意见以实现权利救济。然而本案中，湖南汉业公司董事会有五名董事，周长春起诉李世慰、彭振傑，仍可通过获得庄学农、李美心的支持而形成多数董事会表决意见以提起诉讼，可见周长春显然没有穷尽公司内部救济；再次，最高人民法院（2015）民四终字第54号案件中，该案原告在起诉前已经采取了以法定代表人名义提起诉讼被驳回等救济程序，该案法官系结合整体案件情况，才认为该案原告已经穷尽所有救济途径，本案不存在此种情形；最后，该案并非指导案例或公报案例，只能作为参考，不能作为认定案件的依据。大量判例均强调公司纠纷中司法应持有限介入原则，审判权在介入公司纠纷前，应当首先穷尽内部救济，当股东能够通过自身起诉的途径获得救济时，不应提起代表诉讼。（三）周长春故意规避法定股东代表诉讼前置程序要求，采取伪造文件方式，与周益科相互配合捏造已履行股东代表诉讼前置程序的假象，并且，周长春提起的实体诉讼请求也存在大量颠倒黑白、无中生有、恶意捏造的情形，周长春已涉嫌虚假诉讼罪。综上，请求驳回周长春的上诉，维持原裁定。

湖南汉业公司述称，周益科从来不是湖南汉业公司的监事，湖南汉业公司的工商备案材料中不包括周长春提交的2010年11月18日的湖南汉业公司董事会决议，湖南汉业公司的文件中也没有体现周益科作为公司监事履行了职务。周长春主张李世慰作为湖南汉业公司法定代表人，彭振傑作为湖南汉业公司总经理，庄士中国公司作为湖南汉业公司实际控制人共同损害公司利益，应当适用《中华人民共和国公司法》第一百五十一条第三款的规定，向湖南汉业公司董事会履行股东代表诉讼前置程序。周长春利用虚假的董事会决议文件，恶意规避法定前置程序，应当予以驳回。

周长春向一审法院提出诉讼请求：1. 判令庄士中国公司、李世慰、彭振傑共同赔偿湖南汉业公司人民币750.825万元，并赔偿自2005年10月8日起至赔偿款付清之日止的，按照同期银行贷款利率计算的利息损失（暂计算至2017年6月1日的利息损失为5702011.15元）。2. 判令庄士中国公司、李世慰、彭振傑共同赔偿湖南汉业公司经济损失32210138.92元及2012年7月16日起至庄士中国公司、李世慰、彭振傑实际付清赔偿款之日止，按照同期银行贷款利率计算的利息损失（暂计算至2017年6月1日的利息损失为9253525.55元）。3. 判令庄士中国公司、李世慰、彭振傑赔偿因低价折抵湖南汉业公司资产，侵占湖南汉业公司商业机会，而造成的经济损失5000万元（以上经济损失为暂估额，实际损失额以法院查明的给湖南汉业公司造成的实际损失为准）。4. 判令一审案件诉讼费由庄士中国公司、李世慰、彭振傑承担。

一审法院审查认为，本案系周长春代表湖南汉业公司提起的股东代表诉讼。根据《中华人民共和国公司法》第一百五十一条规定："董事、高级管理人员有本法第一百四十九条规定的情形的，有限责任公司的股东、股份有限公司连续一百八十日以上单独或者合计持有公司百分之一以上股份的股东，可以书面请求监事会或者不设监事会的有限责任公司的监事向人民法院提起诉讼；监事有本法第一百四十九条规定的情形的，前述股东可以书面请求董事会或者不设董事会的有限责任公司的执行董事向人民法院提起诉讼，监事会、不设监事会的有限责任公司的监事，或者董事会、执行董事收到前款规定的股东书面请求后拒绝提起诉讼，或者自收到请求之日起三十日内未提起诉讼，或者情况紧急、不立即提起诉讼将会使公司利益受到难以弥补的损害的，前款规定的股东有权为了公司的利益以自己的名义直接向人民法院提起诉讼。他人侵犯公司合法权益，给公司造成损失的，本条第一款规定的股东可以依照前两款的规定向人民法院提起诉讼。"本案中，周长春代表湖南汉业公司提起诉讼，应先履行《中华人民共和国公司法》第一百五十一条有关股东代表诉讼的前置程序。周长春主张湖南汉业公司任命周益科为湖南汉业公司监事，为此，周长春向该院提交了2010年11月18日湖南汉业公司的《董事会决议》，申请对该《董事会决议》进行鉴定，拟证明周益科为湖南汉业公司监事。一审法院认为，湖南省长沙市中级人民法院0590号民事判决已对该《董事会决议》的真实性不予确认。一审法院已生效的（2017）湘民终636号民事判决对湖南省长沙市中级人民法院0590号民事判决认定的事实也予以了认定，根据《最高人民法院关于适用〈中华人民共和国民事诉讼法〉的解释》第九十三条的规定，已为人民法院发生法律效力的裁判所确认的事实，当事人无须举证。故对周长春提出对2010年11月18日《董事会决议》进行鉴定的申请不予准许。周长春亦未提交其他证据证明周益科为湖南汉业公司监事，故现有证据不能证明周益科系湖南汉业公司的监事。因此，周长春主张书面向周益科请求提起本案诉讼被拒即履行了股东代表诉讼前置程序的理由不能成立。周长春还认为，本案由于湖南汉业公司的董事和实际控制人不会自己起诉自己，在此时要求公司股东履行股东代表诉讼的前置程序没有可能，因此应允许股东直接提起股东代表诉讼。即使湖南汉业公司不认可周益科的公司监事身份，也不妨碍周长春作为湖南汉业公司股东为维护公司利益提起的股东代表诉讼。一审法院认为，湖南汉业公司董事会共有董事五人即李世慰、李美心、彭振傑、庄学农、周长春，周长春作为本案一审原告起诉其中两名董事李世慰、彭振傑，董事会仍有可能形成多数表决意见来提起诉讼；更何况周长春不但起诉了湖南汉业公司两名董事李世慰、彭振傑，还起诉了庄士中国公司，根据《中华人民共和国公司法》第一百五十一条第三款规定，周长春也可通过书面请求湖南汉业公司董事会来提起诉讼，若董事会拒绝提起诉讼或三十日内未提起诉讼，周长春方可提起本案股东代表诉讼。故对于周长春未履行上述前置程序而直接提起股东代表诉讼不予支持。综上，周长春未履行法律规定的提起股东代表诉讼的前置程序，同时本案客观上也不具备“情况紧急、损失难以弥补”的法定情形，周长春无权依据上述规定提出股东代表诉讼。在周长春目前无权提出股东代表诉讼的情况下，其关于对2009年10月30日《湖南汉业公司董事会会议决议》中范小汉、周长春签名的真实性进行笔迹鉴定的申请亦不予准许。该院依照《中华人民共和国民事诉讼法》第一百一十九条、第一百五十四条第一款第（三）项，《最高人民法院关于适用〈中华人民共和国民事诉讼法〉的解释》第二百零八条第三款之规定，裁定：驳回周长春的起诉。

二审中，周长春提交了《北京京安拓普文书司法鉴定中心鉴定咨询意见书》，用以证明2010年11月18日《湖南汉业房地产开发有限公司董事会决议》的真实性。庄士中国公司、李世慰、彭振傑及湖南汉业公司对该证据的真实性、合法性和关联性均不予认可。

本院审理查明，湖南汉业公司系2002年在湖南省工商行政管理局注册成立，注册资本为1000万元，股东为周长春、范小汉（两人系夫妻关系）。2004年经湖南省人民政府批准，湖南汉业公司变更为有限责任公司（台港澳与境内合资），公司注册资本增加至人民币2500万元。其中周长春出资人民币250万元，持股比例10%；新时代投资有限公司出资人民币2250万元，持股比例90%。湖南汉业公司《中外合资经营企业章程》第十五条规定：董事会由5名董事组成，其中1名由周长春出任，新时代投资有限公司委派4名，董事长由新时代投资有限公司指定。2011年12月29日，湖南汉业公司的法定代表人由范小汉变更为李世慰。湖南汉业公司董事会由李世慰（董事长）、彭振傑、庄学农、李美心、周长春组成。另查明，庄士中国公司2004年至2017年财政年度业绩报告载明，李美心、彭振傑、李世慰系庄士中国公司董事，庄学农系庄士中国公司高层管理人员。

本院认为，结合上诉人的上诉事由和被上诉人的答辩意见，本案的争议焦点为一审裁定驳回周长春的起诉是否正确。

根据《中华人民共和国公司法》第一百五十一条规定："董事、高级管理人员有本法第一百四十九条规定的情形的，有限责任公司的股东、股份有限公司连续一百八十日以上单独或者合计持有公司百分之一以上股份的股东，可以书面请求监事会或者不设监事会的有限责任公司的监事向人民法院提起诉讼；监事有本法第一百四十九条规定的情形的，前述股东可以书面请求董事会或者不设董事会的有限责任公司的执行董事向人民法院提起诉讼。监事会、不设监事会的有限责任公司的监事，或者董事会、执行董事收到前款规定的股东书面请求后拒绝提起诉讼，或者自收到请求之日起三十日内未提起诉讼，或者情况紧急、不立即提起诉讼将会使公司利益受到难以弥补的损害的，前款规定的股东有权为了公司的利益以自己的名义直接向人民法院提起诉讼。他人侵犯公司合法权益，给公司造成损失的，本条第一款规定的股东可以依照前两款的规定向人民法院提起诉讼。”股东先书面请求公司有关机关向人民法院提起诉讼，是股东提起代表诉讼的前置程序。一般情况下，股东没有履行前置程序的，应当驳回起诉。但是，该项前置程序针对的是公司治理的一般情况，即在股东向公司有关机关提出书面申请之时，存在公司有关机关提起诉讼的可能性。如果不存在这种可能性，则不应当以原告未履行前置程序为由驳回起诉。具体到本案中，分析如下：

其一，根据《中华人民共和国公司法》第一百五十一条的规定，董事、高级管理人员有《中华人民共和国公司法》第一百四十九条规定的情形的，有限责任公司的股东可以书面请求监事会或者不设监事会的有限责任公司的监事提起诉讼。本案中，李世慰、彭振傑为湖南汉业公司董事，周长春以李世慰、彭振傑为被告提起股东代表诉讼，应当先书面请求湖南汉业公司监事会或者监事提起诉讼。但是，在二审询问中，湖南汉业公司明确表示该公司没有工商登记的监事和监事会。周长春虽然主张周益科为湖南汉业公司监事，但这一事实已为另案人民法院生效民事判决所否定，湖南汉业公司明确否认周益科为公司监事，周长春二审中提交的证据也不足以否定另案生效民事判决认定的事实。从以上事实来看，本案证据无法证明湖南汉业公司设立了监事会或监事，周长春对该公司董事李世慰、彭振傑提起股东代表诉讼的前置程序客观上无法完成。

其二，《中华人民共和国公司法》第一百五十一条第三款规定："他人侵犯公司合法权益，给公司造成损失的，本条第一款规定的股东可以依照前两款的规定向人民法院提起诉讼。"庄士中国公司不属于湖南汉业公司董事、监事或者高级管理人员，因湖南汉业公司未设监事会或者监事，周长春针对庄士中国公司提起代表诉讼的前置程序应当向湖南汉业公司董事会提出，但是，根据查明的事实，湖南汉业公司董事会由李世慰（董事长）、彭振傑、庄学农、李美心、周长春组成。除周长春外，湖南汉业公司其他四名董事会成员均为庄士中国公司董事或高层管理人员，与庄士中国公司具有利害关系，基本不存在湖南汉业公司董事会对庄士中国公司提起诉讼的可能性，再要求周长春完成对庄士中国公司提起股东代表诉讼的前置程序已无必要。

本案系湖南汉业公司股东周长春以庄士中国公司和李世慰、彭振傑为被告代表公司提起的损害公司利益责任纠纷诉讼，诉请三原审被告承担共同赔偿责任。综合以上情况，本院认为，周长春主张可以不经股东代表诉讼前置程序直接提起本案诉讼的上诉理由成立。一审裁定驳回起诉不当，应予纠正。

综上，周长春的上诉请求成立，依照《中华人民共和国民事诉讼法》第一百七十一条、《最高人民法院关于适用〈中华人民共和国民事诉讼法〉的解释》第三百三十二条规定，裁定如下：

一、撤销湖南省高级人民法院（2017）湘民初18号民事裁定；

二、本案指令湖南省高级人民法院审理。

本裁定为终审裁定。

047. 起诉损害非当然专属于原告的商业机会，不予支持[①]

林承恩与李江山等损害公司利益纠纷案

裁判摘要

本案系香港股东代表香港公司向另一香港股东及他人提起的损害公司利益之诉。原告提起诉讼的基点是认为另一香港股东利用实际控制香港公司及该公司在内地设立的全资子公司等机会，伙同他人采取非正当手段，剥夺了本属于香港公司的商业机会，从而损害了香港公司及其作为股东的合法权益。但原告所称的商业机会并非当然地专属于香港公司，实际上能够满足投资要求及法定程序的任何公司均可获取该商业机会。原告在内地子公司经营效益欠佳时明确要求撤回其全部投资，其与另一香港股东也达成了撤资协议。鉴于另一香港股东及他人未采取任何欺骗、隐瞒或者其他非正当手段，且商业机会的最终获取系另一股东及他人共同投资及努力的结果，终审判决最终驳回了原告的诉讼请求。

最高人民法院民事判决书

【（2012）民四终字第15号】

上诉人：林承恩。

委托代理人：刘锡秋，江西刘锡秋律师事务所律师。

委托代理人：钱靖，北京大成律师事务所律师。

上诉人：李江山。

① 参见《最高人民法院公报》2014年第11期。

委托代理人：陈之恺，北京市大道政通律师事务所律师。

委托代理人：李小兵，北京直方律师事务所律师。

被上诉人：涂雅雅。

委托代理人：李超，湖南国纬律师事务所律师。

一审第三人：华通地产投资有限公司。住所地：香港九龙尖沙咀东么地道67号半岛中心718室。

法定代表人：李江山，该公司董事长。

委托代理人：李超，湖南国纬律师事务所律师。

一审第三人：江西万和房地产有限公司。住所地：南昌县南隔堤抚河故道。

法定代表人：黄若虹，该公司董事长。

一审第三人：力高集团（香港）有限公司。

一审第三人：新纶高科技集团股份有限公司。

一审第三人：新纶高科技皮业（江西）有限公司。住所地：南昌县小蓝工业园。

法定代表人：陈垂泽，该公司董事长。

委托代理人：李小兵，北京直方律师事务所律师。

上诉人林承恩与上诉人李江山、被上诉人涂雅雅、一审第三人华通地产投资有限公司（以下简称华通公司）、江西万和房地产有限公司（以下简称万和公司）、力高集团（香港）有限公司（以下简称力高公司）、新纶高科技集团股份有限公司（以下简称香港新纶公司）、新纶高科技皮业（江西）有限公司（以下简称江西新纶公司）损害公司利益纠纷一案，江西省高级人民法院于2012年1月16日作出（2010）赣民四初字第4号民事判决（以下称一审判决）。林承恩、李江山均不服，向本院提起上诉。本院依法组成由审判员陆效龙担任审判长，审判员奚向阳和代理审判员杨弘磊参加评议的合议庭，于2012年7月26日公开开庭进行了审理。上诉人林承恩的委托代理人刘锡秋、钱靖，上诉人李江山的委托代理人陈之恺、李小兵，被上诉人涂雅雅及原审第三人华通公司的委托代理人李超以及原审第三人江西新纶公司的委托代理人李小兵到庭参加诉讼。原审第三人万和公司、力高公司及香港新纶公司经本院合法传唤，均未到庭参加诉讼。本案现已审理终结。

一审原告林承恩以一审被告李江山、涂雅雅、华通公司共同侵权侵犯香港新纶公司的商业机会等为由，向江西省高级人民法院提起诉讼，请求判令：一、李江山赔偿因其谋取第三人香港新纶公司商业机会造成的约人民币5800万元以上（按照2005年的汇率计算，以法院实际核实的数额为准）的经济损失；二、李江山谋取的上述收入归香港新纶公司所有；三、涂雅雅、华通公司因共同侵权承担连带赔偿责任。

江西省高级人民法院（以下称一审法院）经审理查明：

一、关于江西新纶公司设立及注资的事实

2003年10月31日，香港新纶公司在香港依据香港公司条例注册成立，注册编号：868589。李江山、林承恩在香港新纶公司各占50%的股份。

2004年5月9日，江西新纶公司在南昌县成立，注册资本2999万美元，法定代表人李江山，香港新纶公司为唯一股东。该公司董事长为李江山，董事林承恩、李林海。

2004年5月19日，香港新纶公司对江西新纶公司出资710万港元，该款由李江山、林承恩各投资355万港元。

2004年6月22日，江西泰豪会计师事务所有限公司对江西新纶公司出具赣泰豪验字（2004）0601号验资报告，审验结论为：截至2004年6月15日，江西新纶公司收到香港新纶公司第一期缴纳的注册资本折合91.0606万美元。

2005年6月28日，江西华泰会计师事务所对江西新纶公司出具华泰验字（2005）029号验资报告，审验结论为：截至2005年6月23日，香港新纶公司投入第二期注册资本折合110.2988万美元，连同第一期出资，江西新纶公司共收到股东缴纳的注册资本合计201.3594万美元。本次验资报告所附的验资事项说明记载：上述汇入资本金账户的港币860万元，全部为香港新纶公司委托指派的江西新纶公司法定代表人李江山投入，并已全部结汇。

2006年2月27日，江西华泰会计师事务所对江西新纶公司出具华泰验字（2006）011号验资报告，审验结论为：截至2006年2月23日，香港新纶公司投入第三期注册资本折合181.5756万美元，连同第一、二期出资，江西新纶公司共收到股东分三次缴纳的注册资本合计382.9350万美元。本次验资报告所附的验资事项说明记载：第三期注册资本实际缴入资本金账户为港币，金额1408万元。其中，408万港元系投资者委托其指派的被投资单位江西新纶公司法定代表人李江山投入，1000万港元系投资者委托RWDCD HOLDINGS（HONG KONG）CO. LTD投入。资本金1408万港元到账后408万港元已结汇，1000万港元汇入境外公司购置设备。

2006年3月3日，江西华泰会计师事务所对江西新纶公司出具华泰验字（2006）011-1号验资报告，审验结论为：截至2006年3月2日，香港新纶公司投入第四期注册资本折合1128.5042万美元，连同第一、二、三期出资，江西新纶公司共收到股东分四次缴纳的注册资本合计1511.4392万美元。本次验资报告所附的验资事项说明记载：上述货币资金全部为投资者委托RWDCD HOLDINGS（HONG KONG）CO. LTD汇入。到账后全部汇出境外公司购置设备。

2006年8月1日，江西华泰会计师事务所对江西新纶公司出具赣华泰会验字（2006）011-2号验资报告，审验结论为：截至2006年7月31日，江西新纶公司收到香港新纶公司第五期投入注册资本279万美元。连同第一、二、三、四期出资，共收到股东分五次缴纳的注册资本合计1790.4392万美元。其验资事项说明记载：上述货币资金全部为投资者委托其委任的被投资企业法人代表李江山汇入，到账后汇出境外购置设备款180万美元，99万美元已结汇。

2010年4月7日，国家外汇管理局江西省分局作出赣汇检罚字（2010）

8号行政处罚决定书，认定江西新纶公司于2006年2月23日、24日，3月1日、7日，7月3日、6日，先后6次对外预付货款1443.2860万美元。由于对方未履行合同，一直未有货物进口，至今未到外汇局办理核销手续，决定对江西新纶公司处以30万元罚款。

二、关于万和公司股权转让的事实

1998年5月13日，力高公司在香港依据香港公司条例注册成立。

2004年5月12日，华通公司在香港依据香港公司条例注册成立，注册编号：900621。公司注册地址：香港九龙尖沙咀麽地道67号半岛中心A座5楼504室。公司股东：李江山，持有6200股；涂雅雅，持有3800股。

2004年9月24日，万和公司在南昌县成立，公司股东为华通公司，法定代表人、董事长李江山，董事涂雅雅、李晓欣。

2005年4月，华通公司与力高签订《股权转让协议》，华通公司向力高公司转让在万和公司的85%股权，该协议未记载股权转让价款。2005年5月8日，南昌市对外贸易经济合作委员会批复同意该股权转让。

2006年5月23日，华通公司与力高公司签订《股权转让协议》由华通公司将其在万和公司持有的15%股权无偿转让给力高公司。2006年5月29日，南昌市对外贸易经济合作委员会批复同意该股权转让。万和公司董事会成员变更为：董事长黄若虹，董事黄若青、黄恒政。至此，力高公司持有万和公司100%股权。

万和公司出具付款凭证，证明华通公司向力高公司转让股权的价款为5040万元人民币。

三、关于700亩土地使用权出让受让的事实

2004年3月11日，香港新纶公司（甲方）与江西省南昌县小蓝工业园管理委员会（乙方）签订《合同书》，南昌县人民政府作为监证单位盖章。该合同第一条约定：由甲方在乙方的辖区内兴办“新纶高科技（江西）股份有限公司”投资项目，注册资金3亿港币，投资总额8亿港币。第二条约定：

甲方在乙方县城南路隔堤象湖新区投资“香港华通花园”房地产项目，乙方以挂牌方式依法出让700亩商住用地给甲方。第三条是关于甲、乙双方的责任，其中约定由甲方提供其公司资料，乙方代理甲方在乙方辖区内就上述两个项目注册两家由甲方独资设立的外商独资企业。合同的第四条至第七条约定合同生效、违约及其他相关事宜。

2005年9月22日，万和公司向南昌县国土资源局缴纳6000万元土地出让款项。

2005年12月7日，甲方香港新纶公司，乙方南昌县国土资源局，丙方万和公司签订《补充协议书》，内容为：三方共同确认：甲方根据甲乙双方于2005年9月19日签订的《协议书》向乙方提供的700亩项目用地土地出让金预付款人民币陆仟万元整系丙方所有，其全部权益也归丙方。

2006年3月7日，南昌县国土资源局、南昌县土地储备交易中心发布（2006）第5号国有土地使用权出让公告：一、出让宗地基本情况：NCX2006006号宗地位于南昌县范围内，象湖路以北，金沙二路以西，抚河故道以南，土地面积700亩；起始价为人民币17.5万元/亩；履约保证金6000万元整。同时还对土地使用年限、容积率建筑密度等作了记载。二、竞买人范围：竞买人必须是具备房地产开发资质。三、挂牌交易时间：自2006年3月27日上午9时至2006年4月7日上午10时。《关于我县范围内象湖以北、金沙二路以西，抚河故道以南的国有土地使用权公开出让方案》注明：宗地受让人必须遵守以下条件：1. 宗地竞买履约保证金为人民币6000万元，其中1500万元作为引进企业的保证金（不能充抵土地出让金）；2. 宗地受让人必须在2006年6月底以前在南昌县小蓝工业园引进一家注册资本4500万美元（其中前期注册资金2900万美元，挂牌前进资1450万美元），年产值3000万美元以上的企业；如受让人未履行上述条件，该1500万元保证金不予以退回；3. 竞买人须一次性付清土地出让金。4. 竞买人应书面承诺如与铁路西环线引线冲突必须服从。

2006年3月27日，万和公司提交了《竞买申请书》，并获得了《竞买资格证书》。

2006年3月27日，江西新绝公司向南昌县国土资源局暨土地储备交易中心递交了两份证明，一份证明的内容为：新绝高科技皮业（江西）有限公司系招商引资并落户于南昌县小蓝工业园的外商独资企业，注册资本2999万美元，现至今已实缴资本1511.4392万美元，占应出资本的50.39%。另一份证明的内容为：江西万和房地产开发有限公司和新绝高科技皮业（江西）有限公司系关联企业，且均属政府招商引资项目下的投资经营主体，并且新绝高科技皮业（江西）有限公司是由江西万和房地产开发有限公司引进在南昌县小蓝工业园注册资本金超2900万美元的工业企业。根据有关协议，新绝高科技皮业（江西）有限公司同意因其投资经营（进资）所引致的700亩商住地竞买权由江西万和房地产开发有限公司承受。江西新绝公司的企业法人营业执照、验资报告也附在南昌县土地储备交易中心的交易档案中。

2006年4月4日，万和公司向南昌县土地储备交易中心提交了《挂牌交易报价单》，申报单价为17.5万元/亩。

2006年4月7日，南昌县国土资源局与万和公司签订《南昌县挂牌出让国有土地使用权成交确认书》，确认万和公司以每亩17.5万元竞得NCX2006006号国有土地使用权，宗地位于南昌县范围内，象湖路以北，金沙二路以西，抚河故道以南，土地面积700亩。

2006年4月7日，南昌县公证处向南昌县土地储备交易中心出具（2006）南内证经字第138号公证书，证明本次挂牌出让活动及挂牌出让结果真实、合法、有效。

一审法院认为，原告林承恩、被告李江山、涂雅雅均系香港居民，林承恩以李江山违背股东董事的忠实义务，损害公司利益提起股东代表诉讼，本案为涉港侵权纠纷。根据最高人民法院（2011）民四终字第12号民事裁定书的认定，江西省南昌县作为侵权行为地，江西省高级人民法院对本案享有管辖权。同时，按照《中华人民共和国民法通则》第一百四十六条的规定，侵权行为的损害赔偿，适用侵权行为地法律，因此，处理本案争议的准据法应适用中华人民共和国的法律。

本案一审的争议焦点是：一、原告林承恩能否提起本案股东代表诉讼；二、被告李江山是否利用职务便利谋取属于香港新纶公司的商业机会；三、如谋取商业机会成立，应承担何种法律责任及责任主体。

关于第一个争议焦点。原告林承恩能否依据《中华人民共和国公司法》在我国境内提起股东代表诉讼，涉及原告的诉权问题，而诉权问题属程序范畴，根据法律适用的一般原则，对程序问题的处理应适用法院地法，即适用中华人民共和国内地程序法。林承恩依据《中华人民共和国公司法》向我院提起股东代表诉讼，并未违反法律的禁止性规定，应予准许。被告以《中华人民共和国公司法》第二条抗辩，认为原告不能代表境外的香港新纶公司提起股东代表诉讼，不能成立。林承恩的诉权应予保护。

关于第二个争议焦点。从本案来看，首先，2004 年 3 月 11 日南昌县小蓝工业园管理委员会即与香港新纶公司签订了《合同书》，双方约定由香港新纶公司在该管理委员会的辖区设立相应规模的企业，作为回报出让给香港新纶公司投资的项目或设立的公司 700 亩商住用地的土地使用权。700 亩商住用地的土地使用权具有较大的商业价值，南昌县小蓝工业园管理委员会有给予香港新纶公司 700 亩土地使用权这一商业机会的意愿，且香港新纶公司签订了《合同书》，愿意接受受让土地的机会，因此，该 700 亩商住用地的使用权构成公司法上的商业机会。其次，香港新纶公司于 2004 年 5 月 9 日在南昌县小蓝工业园设立了江西新纶公司，江西新纶公司的出资也达到了 700 亩土地使用权受让的条件。由此可见，香港新纶公司在积极履行《合同书》约定的设立企业的义务，并最终符合受让 700 亩土地使用权设立的条件，应该认定受让 700 亩土地使用权的商业机会属于香港新纶公司。

但在实际运作中，李江山以设立的江西新纶公司为获得受让 700 亩土地使用权的引资企业，同时以华通公司为股东在南昌县另外设立万和公司，作为受让700亩土地使用权的主体。未经香港新纶公司董事会或股东会的同意，李江山于2005年12月7日，以香港新纶公司名义与南昌县国土资源局、万和公司签订《补充协议书》，将受让700亩土地使用权的商业机会直接给了万和公司。在处置700亩土地使用权商业机会的过程中，李江山既是江西新纶公司的法定代表人，又是万和公司的法定代表人，同时作为香港新纶公司的股东，还代表香港新纶公司。因此，应认定李江山谋取了属于香港新纶公司的商业机会，给香港新纶公司造成了损失。

李江山、华通公司均提出700亩土地使用权是通过挂牌方式出让的，符合条件的主体都可以竞争，不是商业机会，该辩称不能成立。尽管土地使用权的取得应通过挂牌方式出让，但是香港新纶公司与南昌县小蓝工业园管理委员会于2004年3月即签订了设立企业获得700亩土地使用权的《合同书》，后香港新纶公司一直在运作设立符合引进企业条件的江西新纶公司，至2006年3月3日江西新纶公司验资到账的前期注册资本金达到1511.4392万美元，符合挂牌前进资1450万美元的竞拍条件。而700亩土地使用权出让公告的时间是2006年3月7日，挂牌交易时间是2006年3月27日，在短短的20天时间内不可能新设立符合竞拍条件的企业。即使原来在该辖区内已经有企业达到设定的进资规模，但要在这20天内缴纳人民币6000万元履约保证金，很难实现，因一个正常经营的企业不会将人民币6000万元的资金闲置在账户上。所以，名义上是向社会公开挂牌竞拍700亩土地使用权，实际上只有引进了江西新纶公司的主体才能报名竞拍。在700亩土地使用权竞拍过程中，只有万和公司一家企业以引进江西新纶公司报名，系唯一的报名竞拍者，不存在价高者受让的竞争问题。另外，早在2005年9月22日万和公司就已经提前向南昌县国土资源局缴纳了将于2006年3月7日开始竞拍报名的人民币6000万元履约保证金，这也可以印证只要江西新纶公司按照约定进资，不存在700亩土地使用权的公开竞争。

关于第三个争议焦点。根据《中华人民共和国公司法》第一百四十九条的规定，董事、高级管理人员不得有该条款记载的8种行为，如董事、高级管理人员违反前款规定所得的收入应当归公司所有。第一百五十条规定，董事、监事、高级管理人员执行公司职务时违反法律、行政法规或者公司章程的规定，给公司造成损失的，应当承担赔偿责任。

本案中，原告林承恩认为被告李江山在担任香港新纶公司董事、股东期间，未经香港新纶公司股东会同意，将本属于该公司所有的700亩土地使用权的商业机会，利用职务便利为万和公司谋取。故林承恩既可以依据《中华人民共和国公司法》第一百四十九条的规定，要求李江山将其从该商业机会的所得归入香港新纶公司；也可以根据该法第一百五十条的规定要求李江山向香港新纶公司承担赔偿损失的民事责任。当行使归入权后仍不能弥补损失时，对超出归入权的损失部分，仍可以主张赔偿。原告林承恩在诉状中写明的第一个诉讼请求是要求承担人民币5800万元的赔偿责任，第二个诉讼请求是要求行使归入权，要求李江山将违反忠实义务的收入、报酬归入香港新纶公司。但诉讼中，林承恩对赔偿的诉请未举证，更未举证证明其损失大于行使归入权的收入，且其诉状依据的法律亦是《中华人民共和国公司法》第一百四十九条第一款第（五）项的规定。因此，对林承恩要求李江山赔偿的诉请不予支持。

关于李江山在谋取该商业机会中的经济收入。在万和公司未开展任何经营行为，也未购置资产的情形下，力高公司之所以购买该公司股权，正是基于万和公司将获得700亩土地使用权。因此，李江山在该商业机会中的获利主要体现在万和公司的股权转让所得。力高公司、万和公司均出具证据，证明万和公司的股权转让金额为5040万元人民币，虽李江山、华通公司予以否认，但因李江山、华通公司未提交股权转让获利的证据，也未将实际交易的股权转让合同提交法庭，在法庭提问华通公司股权转让的金额时，该公司以与本案无关不予回答。根据《最高人民法院关于民事诉讼证据的若干规定》

第七十五条的规定，有证据证明一方当事人持有证据无正当理由拒不提供，如果对方当事人主张该证据的内容不利于证据持有人，可以推定该主张成立。依据上述规定，推定万和公司股权转让的金额为人民币5040万元。

至于承担责任的主体，因原万和公司的股东系李江山、涂雅雅夫妇设立的华通公司，该公司是万和公司股权转让款的获利主体，故对李江山向香港新纶公司返还人民币5040万元股权转让款应承担连带责任。

综上，原告林承恩要求李江山将因谋取公司商业机会的所得返还香港新纶公司，华通公司对该还款承担连带责任的诉请，应予支持；对原告林承恩要求被告涂雅雅承担连带责任以及要求李江山向香港新纶公司赔偿人民币5800万元损失的诉请，不予支持。依据《中华人民共和国民法通则》第一百四十六条，《中华人民共和国公司法》第一百四十九条、第一百五十条、第一百五十二条之规定，经一审法院审判委员会讨论决定，一审法院判决：一、由被告李江山向第三人新纶高科技集团股份有限公司返还款项5040万元人民币；二、被告华通地产投资有限公司对上述还款承担连带责任；三、驳回原告林承恩的其他诉讼请求。一审案件受理费人民币331800元，由被告李江山、华通地产投资有限公司承担。

林承恩不服一审判决，向本院提起上诉称：（一）一审判决认定李江山谋取公司商业机会获得的经济收入金额仅为人民币5040万元，系认定事实错误。力高公司、万和公司提供的人民币5040万元股权转让金额的证据，足以证明李江山至少获得了人民币5040万元股权转让收入，无须借助任何推定，一审判决依据《最高人民法院关于民事诉讼证据的若干规定》第七十五条推定李江山获得经济收入人民币5040万元系认定事实错误；本案应当推定的是李江山、涂雅雅和华通公司仍然隐瞒的股权转让收入。由于李江山、涂雅雅和华通公司拒不提供真实的股权转让合同、股权转让金额，故应当推定以万和公司在工商机关登记的股权转让的价格或金额为准，即一亿港币减去无偿转让的15%股权，实际应为8500万元港币。按照股权转让发生时中国银行外汇牌价的中间价折算，截止到2011年10月31日诉讼期间，李江山获得的经济收入或赔偿金额总额为人民币12579.50万元；（二）一审判决认定涂雅雅不承担连带责任没有事实和法律依据，且与一审判决自身确定承担连带责任的标准相冲突。华通公司系李江山、涂雅雅二人于2004年5月12日在香港注册成立。华通公司在江西省南昌市设立万和公司，必须先经过华通公司股东会同意或者决定，且万和公司的登记档案明确将香港新纶公司与南昌县小蓝工业园签订的协议书作为设立公司的依据和目的，而涂雅雅明知华通公司并非香港新纶公司的关联公司，与香港新纶公司没有任何关系。因此，华通公司及其股东涂雅雅明显具有主观上侵权故意，且与李江山具有共同的侵权故意；作为华通公司的股东、董事，涂雅雅同意将华通公司在万和公司的利益转让给力高公司，从而获得巨额收入，其始终参与了侵权行为的实施过程；涂雅雅的侵权行为与李江山谋取公司商业机会的危害后果或获得巨大经济收入之间，具有法律上的因果关系；涂雅雅获得了利益，是最终和真正的获利主体；（三）关于赔偿请求额的说明。林承恩请求赔偿的人民币5800万元，实际上就是李江山谋取公司商业机会获得的经济收入，李江山的经济收入是公司经济损失的组成部分，也是公司向李江山索赔的组成部分：该5800万元也是在李江山拒不承认获得巨额经济收入，而又不能确定李江山全部收入情况下不得已提出的，最终的数额可能比该数额高，仍应由法院查实或依法推定后确定；本案要求李江山赔偿的范围，仅限于一审判决所称的“公司归入权”的请求范围，林承恩保留继续向李江山提出超出归入权损失部分的赔偿权利并保留另案起诉李江山的权利。请求：一、依法判决李江山因谋取公司商业机会所获得经济收入的金额为8500万港币（按照2005年5月31日的中国银行外汇牌价，折合人民币为9043.15万元）；二、依法判决涂雅雅承担连带责任。

李江山亦不服上述一审判决，向本院上诉称：一、一审判决认定李江山谋取了香港新纶公司的商业机会，给香港新纶公司造成损失，违背事实，纯属错误。南昌县土地局出让的700亩土地使用权，被万和公司摘牌获得，不属于香港新纶公司可期待的商业机会。“公司的商业机会”在法律及实务中必须具备一定的条件要求。本案中涉及2003年南昌县小蓝工业园区同意出让700亩商住用地的信息，林承恩是明知的。但在该700亩土地实际出让一年多前，林承恩书面向李江山表示无暇兼顾香港新纶公司向江西新纶公司投资一事，愿意转让其持有的香港新纶公司50%的股权，亦表示江西新纶公司的一切债权债务与其无关。可见，林承恩对此“商业机会”已持放弃态度。该函件构成了对已知商业机会“放弃或拒绝”的书面宣示。万和公司依法公开挂牌竞买获得该700亩土地，在相应的申请附属资料中使用了江西新纶公司的证明材料，但这不等于获得该土地使用权就等同于香港新纶公司的商业机会，因为符合土地摘牌附条件是李江山促成的，并不是香港新纶公司出资成立江西新纶公司时已存在的条件。该土地依法出让过程所产生的结果并不符合法律规定的商业机会的要件：万和公司在土地摘牌后，向江西新纶公司补偿转款人民币3053.24万元。若说是香港新纶公司的“商业机会”利益，该利益已归入其独资的江西新纶公司，李江山并未侵占该利益。一审判决对该事实进行了认定，该事实恰恰说明一审判决书认为李江山“利用职务便利为万和公司谋取”，“本属于该公司（香港新纶公司）所有的700亩土地使用权的商业机会”，进而构成对香港新纶公司商业机会的侵犯是不成立的。二、一审判决认定该补偿款（以股权转让形式）即商业机会利益收益为人民币5040万元，事实不清，证据不足。一审判决将力高公司在700亩土地使用权转让前的2005年向永通鞋业公司汇款人民币2000万元认定为“商业机会”的补偿款，明显事实不清，证据不足。汇款单上注明的是“往来款”，从财务层面讲，往来款的内涵是多样的；汇款主体是力高（福建）公司并非力高（香港）公司；一审判决采信力高（香港）公司出具的“付款确认函”，不符合法律要件及港澳证据的合法性要求；一审庭审时宣读该证据并未给当事人反证的时限，程序违法。三、林承恩的起诉已经超过法律规定的诉讼时效。

四、李江山虽为华通公司的大股东，但华通公司在本案中与香港新纶公司可期待商业机会之间不存在法律关系，一审判决华通公司承担连带责任，没有事实和法律依据。请求：撤销一审判决，改判驳回林承恩的诉讼请求，一、二审诉讼费均由林承恩承担。

针对林承恩提起的上诉，李江山答辩称：一、林承恩在一审起诉时要求李江山等偿付赔偿责任，一审法院也是按照其请求额要求其缴付的案件受理费，但其上诉时却要求超出一审的诉讼请求，超过了一审的审理范围，依法应不予支持；二、林承恩实际投入香港新纶公司的款项仅为350万港币，2005年退出了香港新纶公司，并书面放弃了对香港新纶公司的投资和管理，其存在违约行为，导致李江山不得不独资承担对江西新纶公司等投资义务；三、香港新纶公司已经无法履行在江西新纶公司的投资义务，不存在700亩用地的商业机会；四、700亩用地的出让程序合法有效，不是香港新纶公司的商业机会，也不存在侵犯其商业机会的问题；五、本案中，李江山没有获得任何收入，一审判决以推定方式认定李江山的收入没有事实依据，林承恩的上诉请求是建立在推论的基础之上，不应得到支持；六、行使归入权的基础和前提是获得收入，李江山没有获得分文收入，不应承担责任；七、李江山承担责任的前提是香港新纶公司存在损失，但本案中香港新纶公司并没有损失，依据《中华人民共和国公司法》第一百五十条的规定，李江山不应承担责任。

涂雅雅的答辩意见与李江山的答辩意见相同。

华通公司答辩称：一、华通公司不是适格的被告；二、一审判决判令华通公司承担连带责任没有依据；三、一审判决的其他判项也没有法律依据。

针对李江山提起的上诉，林承恩答辩称：一、一审判决认定李江山谋取了香港新纶公司的商业机会，事实清楚，证据确实、充分。李江山认为林承恩对香港新纶公司的商业机会持放弃态度没有依据。李江山的此点上诉理由，系基于林承恩的一个函件。但该函件并不是本案一审已有的证据，也不是法律规定的新证据，李江山根据一个本案并不存在的证据提出上诉，没有法律依据。根据李江山在审判过程中一再伪造和篡改证据的行径分析，如果该函件确实有利，则其绝不可能拖延至二审时才提交。李江山在二审过程中提交该函件，不过是企图达到扰乱二审诉讼和继续缠讼的目的；万和公司使用香港新纶公司和江西新纶公司的资料，其目的就在于将万和公司打扮成香港新纶公司的关联公司，假冒香港新纶公司投资的房地产开发企业，以便获得香港新纶公司与南昌县小蓝工业园管理委员会所签订的合同书中约定取得的商业机会；商业机会只是一种预期可得利益，是期待性权利。这一权利的成立并不要求该利益已经完全实现或者具备所有要件。否则，则是确定的商业利益，而不是可能获得商业利益的商业机会。显然，不能以香港新纶公司和江西新纶公司是否满足了土地摘牌条件来判断该商业机会是否属于香港新纶公司和江西新纶公司，而应当根据有关的合同约定来判断商业机会的归属。香港新纶公司与南昌县小蓝工业园管理委员会签订的投资合同书确凿地证明了以优惠条件获得700亩商住用地的商业机会属于香港新纶公司，而不属于李江山及其配偶涂雅雅投资设立的香港华通公司以及由该公司设立的江西万和公司；李江山作为香港新纶公司的股东、董事以及江西新纶公司的董事、主要管理人员，对香港新纶公司及江西新纶公司均应负有忠实、勤勉的义务。李江山本身就负有承担公司的经营责任，应当根据投资合同书的约定，与公司其他股东、董事共同、最大限度的促成香港新纶公司及江西新纶公司满足土地摘牌的条件，将商业机会转变成公司可以获得的具体商业利益。但李江山并没有根据其负有的法定职责为公司谋取利益，而是在对公司其他股东、董事极力隐瞒真实情况、剥夺公司其他股东知情权的前提下，利用其职务之便为自己谋取本属于公司的利益。其促成该商业机会的目的不是为了公司的利益，而是为了自己非法的个人利益。所以，所谓李江山促成了该商业机会，并不能成为其逃脱承担谋取公司商业机会责任的任何借口；江西新纶公司已经被李江山独自把持多年，林承恩毫无知情权。李江山肆意处置江西新纶公司的财产，林承恩根本无从知道江西新纶公司的资金是如何使用和划转的，李江山并没有提供证据证明万和公司受力高公司委托支付的人民币3053.24万元股权转让款没有被李江山用于其私人目的；自2011年6月16日起，江西新纶公司的投资人已经由香港新纶公司变更为由李江山及其子李晓欣共同设立的香港永通发展集团股份有限公司，李江山为了达到完全侵占香港新纶公司在内地的利益，通过伪造借款协议、虚假仲裁等手段将原属于香港新纶公司独自设立的江西新纶公司100%的股权转让给了香港永通发展集团股份有限公司并办理了变更登记手续。李江山的行为已经涉嫌刑事犯罪，林承恩保留向国家司法机关举报李江山犯罪行为的权利。二、万和公司、力高公司均证明以往来款名义支付的人民币2000万元款项系股权转让款，因此，以往来款的名义汇款不能当然否定所汇款项为股权转让款，也不能仅因为汇款主体的不同而否定交易付款的事实；至于江西永通鞋业有限公司支付人民币117万元利息以及为何支付该利息，只有查明真实的股权转让协议才能解开全部谜底；力高公司向一审法院提交的付款确认函进行了公证，形式上符合法律规定，内容上证明李江山因股权转让至少获得了人民币5040万元的利益。三、由于李江山多年来独自把持公司，严重侵害林承恩的知情权，林承恩直到2009年10月14日委托律师到南昌市工商局查阅工商档案，才得知李江山的重大侵权行为。经协商无果，李江山率先对林承恩提起了诉讼，林承恩才提起了本案诉讼，一审法院于2010年10月11日受理本案诉讼，不存在超过诉讼时效的问题。李江山称林承恩的起诉超过了诉讼时效，纯属故意违背事实的无稽之谈，是典型的缠讼行为。四、华通公司未依法缴纳上诉费用，不是本案的上诉人，李江山不能擅自将该公司作为上诉人，并在上诉状中为其上诉。请求：驳回李江山的上诉请求。

一审第三人万和公司、力高公司、香港新纶公司、江西新纶公司均未提交书面意见。

本院经审理查明：一审判决查明及认定的“关于江西新纶公司设立及注

资的事实”“关于万和公司股权转让的事实”“关于700亩土地使用权出让受让的事实”，各方当事人均未提供充分证据予以否定，本院对一审判决查明及认定的上述事实予以确认。

本院另查明：2005年1月15日，林承恩向李江山发传真称：“关于香港新纶高科技集团股份有限公司投资江西新纶高科技皮业（江西）有限公司一事，由于在合作初期，贵方一些承诺未能兑现，为了不至于双方受到利益损失，基于合作精神，再加上本人由于时间关系，无暇兼顾，故希望能大家想出一个折中办法，尽快处理此事。现提出如下几点建议，希望在一星期内作出答复：（一）本人多次声明同意将持有香港新纶高科技集团股份有限公司50%股份，保本转让新投资者，在签转让合约书前，将本人投入股本355万港币，转交香港律师做公证，待签署有关法律文件后，由律师事务所转交本人，涉及律师费用各半；（二）关于在江西南昌成立新纶高科技皮业（江西）有限公司，在转让前后所发生一切债权债务与本人无关，以及所签署合约、协议本人均不知情，故不承担一切法律及经济责任；（三）如果双方未能达成以上共识，本人将要求政府有关部门，取消该项目投资并进行清盘，所涉及费用在双方认可前提下，按股份各自负担；（四）为了双方在财务上认可，希望提供新纶高科技皮业（江西）有限公司由香港投资汇入港币710万资金流向及财务报表。以上几点提议，希望在7日内给我司一个明确答复。”同年1月26日，林承恩又以香港新纶公司等名义通知李江山召开香港新纶公司、江西新纶公司临时董事会，讨论林承恩转股相关事宜；并明确表示如果李江山届时不出席，则视为其放弃表决权，同意转让，林承恩可将股份自行转让他人，李江山不得持有异议。同年1月29日，李江山以香港新纶公司、江西新纶公司名义回复林承恩同意其进行股份转让并要求其在一个月内办妥，也同意将林承恩已投入的355万元港币退还其香港账号。对上述事实，一审判决未予查明及认定。二审期间，林承恩的代理律师明确表示：该几份证据不属于新证据。既然李江山不作为新证据提交，林承恩也不作为证据提交。但对林承恩所发上述传真及其内容，各方当事人均无异议。

二审期间，林承恩向本院提交了如下证据材料：一、经司法部委托香港律师公证的力高公司出具的《付款确认函》，以证明李江山谋取香港新纶公司商业机会获得的非法利益；二、中国国际经济贸易仲裁委员会（2010）中国贸仲京裁字第0616号《裁决书》，以证明李江山虚假仲裁从而谋取、侵占包括公司商业机会在内的全部利益；三、江西新纶公司企业档案，以证明南昌市对外经济贸易委员会已根据中国国际经济贸易仲裁委员会的上述裁决，同意香港新纶公司将其持有的江西新纶公司100%的股权转让给香港永通发展集团股份有限公司。对于上述证据材料，本院认为，可以认定上述证据材料的合法性、真实性，但不应认定其与本案具有关联性，理由如下：一、《付款确认函》系力高公司单方面提供的，其作为股权受让方并未同时提供相关当事人间的股权转让合同予以佐证，且该款系其依据华通公司的要求支付给永通鞋业有限公司及江西新纶公司，不能证明该款最终为李江山获得；即便该款最终为李江山获得，该证据材料是否与本案存在关联，尚取决于李江山等是否构成侵权，只有在认定李江山等构成侵权的前提下，才可能认定其与本案存在一定关联；二、中国国际经济贸易仲裁委员会（2010）中国贸仲京裁字第0616号《裁决书》，迄今为止仍是合法有效的裁决书，没有任何当事人或者案外人申请撤销或者不予执行，本院在本案中不应对该裁决书认定的事实及裁决事项进行审查，因此，该证据材料不能证明李江山存在虚假仲裁，从而侵犯香港新纶公司包括商业机会在内的商业利益等行为；三、江西新纶公司的企业档案，仅证明南昌市对外经济贸易委员会已经批准了该公司的股东变更事项，本院在本案中不应审查该股东变更行为及南昌市对外经济贸易委员会的批准行为是否侵犯了林承恩或者香港新纶公司的合法权益，因此，该证据材料亦不能证明李江山存在损害林承恩或者香港新纶公司利益等行为。

本院经审理认为，本案二审的争议焦点是：李江山、涂雅雅、华通公司在本案中的行为是否构成单独或者共同侵权，从而剥夺了香港新纶公司的商业机会，进而损害了香港新纶公司的合法权益以及在李江山、涂雅雅或者华通公司构成侵权的情况下如何认定香港新纶公司的损失。

关于李江山、涂雅雅、华通公司的行为是否构成单独或者共同侵权，从而剥夺了香港新纶公司的商业机会，进而损害了香港新纶公司的合法权益。这一问题，首先，取决于案涉700亩土地使用权是否应当认定专属于香港新纶公司的商业机会。根据香港新纶公司与南昌县小蓝工业园管理委员会于2003年3月11日签订的合同书，该700亩土地使用权当初确实是要给予香港新纶公司的。但是，香港新纶公司要获得这一商业机会并不是无条件的。相反，上述合同书明确约定了香港新纶公司必须满足的相关条件，这些条件包括：投资江西新纶公司注册资金3亿元港币，投资总额达8亿元港币；在县城南路隔堤象湖新区投资“香港华通花园”房地产项目，开发建设投资为人民币3亿元；注册一家注册资本为1亿元港币的外资房地产企业等。双方在合同书中还约定了香港新纶公司或其投资的房地产企业需在合同签订一个月内向小蓝工业园管理委员会支付定金人民币200万元；土地出让挂牌时，支付4800万元人民币挂牌保证金等。因此，该700亩土地使用权并非当然属于香港新纶公司的商业机会，香港新纶公司要获得该商业机会必须满足其与南昌县小蓝工业园管理委员会所订合同中的相关条件。本案中，没有证据证明香港新纶公司（或者通过林承恩的行为）满足了上述约定条件。此外，香港新纶公司与南昌县小蓝工业园管理委员会在上述合同书中还明确约定该700亩土地使用权通过挂牌出让方式获得，而本案南昌县国土资源局、南昌县土地储备交易中心发布的（2006）第5号国有土地使用权出让公告明确要求竞买人必须具备房地产开发资质且要缴纳人民币6000万元保证金等多项条件，因此，香港新纶公司要获得该商业机会尚需要满足挂牌交易条件。但本案中，香港新纶公司显然不具备在内地从事房地产开发的资质，其也没有按照约定在内地设立房地产开发企业并按公告要求缴纳人民币6000万元保证金。实际上，根据上述公告的要求，任何满足公告要求条件的房地产企业，均可作为竞买人购买该700亩土地使用权，故竞买人并非仅限于香港新纶公司。综上，无论是从香港新纶公司与南昌县小蓝工业园管理委员会约定的合同条件看，还是从南昌县国土资源局作为国有土地管理部门确定的挂牌出让方式、资质及交易条件看，案涉700亩土地使用权并非当然地专属于香港新纶公司的商业机会。其次，要审查香港新纶公司或者林承恩为获取该商业机会是否作出了实质性的努力。根据本案一、二审查明的事实，林承恩、李江山分别占有香港新纶公司50%的股份，该公司成立之目的即在江西成立江西新纶公司及设立房地产企业运营房地产项目。但林承恩、李江山在设立江西新纶公司之后，双方的合作并不融洽，甚至为香港新纶公司投入江西新纶公司的投资款去向问题产生了严重分歧和矛盾。由于无法达成一致，林承恩于2005年1月15日向李江山发传真明确表示放弃在江西的项目并要求李江山退还其投入香港新纶公司的335万港币投资款。正常情形下，香港新纶公司、江西新纶公司均在经营之中，林承恩作为香港新纶公司的股东之一，理应积极配合上述两个公司进行投资和经营，而非在未经清算的情况下要求保本撤资。但既然林承恩坚持撤资，作为另一股东的李江山对于内地投资项目只能面临两种选择，即要么放弃内地投资项目，对中方违约；要么设法自己单独或者与其他投资者共同合作继续经营内地投资项目。显然，李江山在本案中选择了后者。二审期间，李江山称自从林承恩于2005年1月15日以书面通知方式要求退出香港新纶公司、不再履行对香港新纶公司的出资义务以及不再对江西的投资项目承担任何经济和法律责任之后，林承恩在长达五年的时间里对香港新纶公司及江西新纶公司不闻不问、不管不顾，也从未承担过任何法律义务和责任。对于李江山的上述主张，林承恩没有举证予以否定。林承恩也未能举证证明其通过自身的努力为香港新纶公司获取700亩土地使用权做出过任何实质性的工作。事实上，在林承恩明确要求保本撤资的情况下，香港新纶公司已不可能如约履行投资及在江西设立房地产企业等义务，更无可能为获得本属于其的700亩土地使用权这一商业机会而做出任何实质性的努力。因此，应当认定林承恩在本案中没有积极履行股东、董事义务，香港新纶公司也未能积极履行投资、设立房地产企业等义务。本案最终满足700亩土地使用权的合同约定条件及挂牌交易条件，是李江山、涂雅雅、华通公司及一审第三人共同合作和努力的结果，不仅与林承恩没有关联，而且与香港新纶公司无关。尽管李江山等在报送相关材料过程中借用了香港新纶公司的名义，但显然不能将李江山、涂雅雅、华通公司以及一审第三人为满足700亩土地使用权的约定交易条件和挂牌交易条件所进行的一系列行为，简单地等同于香港新纶公司的行为，更不应认定林承恩有权享有这些行为所带来的任何利益。最后，要审查李江山、涂雅雅、华通公司在本案中是否采取了剥夺或者谋取行为。本案中，要构成剥夺或者谋取香港新纶公司的商业机会，李江山、涂雅雅或者华通公司应当单独或者共同采取欺骗、隐瞒或者威胁等不正当手段，使林承恩或者香港新纶公司在不知情的情况下放弃该商业机会，或者在知情的情况下不得不放弃该商业机会。但综观本案事实，林承恩对香港新纶公司可能获得700亩土地使用权的商业机会是明知的，李江山、涂雅雅、华通公司没有隐瞒这一商业机会，也没有采取欺骗手段骗取林承恩放弃该商业机会。林承恩是在获知该商业机会之后不仅没有采取积极行为为香港新纶公司获取该商业机会创造条件，反而要求李江山退还其已投入香港新纶公司并通过香港新纶公司转投江西新纶公司注册资金的投资款，林承恩的保本撤资行为必然使香港新纶公司面临对中方违约的境地，李江山为避免违约并继续经营内地投资项目，也必然要寻找其他投资者或者合作者。因此，李江山、涂雅雅、华通公司在本案中的行为，不但不应被认定为侵权行为，反而应当定性为为避免香港新纶公司违约而采取的合法补救行为，更是各方为维护其自身权益而采取的正当经营或者交易行为。林承恩无权在自己拒绝继续投资、放弃投资项目且拒绝承担任何经济和法律责任的情况下，要求李江山停止继续经营内地投资项目。林承恩没有提供充分证据证明李江山、涂雅雅、华通公司单独或者共同采取了欺骗、隐瞒或者威胁等不正当手段剥夺或者谋取了本属于香港新纶公司的商业机会，故其有关李江山、涂雅雅、华通公司构成共同侵权、损害香港新纶公司合法权益的诉讼请求依法不能成立，本院不予支持。

关于香港新纶公司的损失。既然李江山、涂雅雅或者华通公司在本案中的行为不构成对香港新纶公司的单独或者共同侵权，则香港新纶公司即便存在任何损失，也无须李江山、涂雅雅或者华通公司承担。但一审判决根据力高公司出具的“付款确认函”等推定万和公司的股权转让金额为人民币5040万元依据明显不足；在未查明李江山声称的万和公司在股权转让后补偿江西新纶公司人民币3053.24万元是否属实以及李江山实际获得股权转让款额的情况下，一审判决判令李江山返还香港新纶公司人民币5040万元有失公允。林承恩虽主张实际股权转让数额远高于一审判决认定的人民币5040万元，但并无相应证据予以证明。由于李江山、涂雅雅以及华通公司在本案中不构成侵权，因此，万和公司的实际股权转让金额已与林承恩的诉请无关，林承恩要求李江山、涂雅雅、华通公司承担至少8500万港币损失的上诉请求无理，本院不予支持。

综上，一审判决遗漏部分事实，认定李江山、华通公司侵权不当，适用法律错误，本院依法予以纠正。上诉人林承恩的上诉请求缺乏事实和法律依据，本院不予支持。上诉人李江山的上诉请求有充分的事实和法律依据，本院予以支持。依照《中华人民共和国民事诉讼法》第一百五十三条第一款第（二）项、第（三）项之规定，本院判决如下：

一、撤销江西省高级人民法院（2010）赣民四初字第4号民事判决；

二、驳回林承恩的全部诉讼请求。

一审案件受理费人民币331800元，二审案件受理费人民币331800元，共计人民币663600元，均由林承恩负担。

本判决为终审判决。

048. 公司利益受损后有正当理由未提起诉讼，且已采取刑事报案等措施维护公司利益的，已无赋予股东提起股东代表诉讼的权利之必要[①]

彭某系重庆竣某房地产开发有限公司（以下简称竣某公司）财务总监，梁某系竣某公司总经理及重庆品某投资咨询有限公司（以下简称品某公司）实际控制人。2013年，彭某将其在竣某公司38%的股份转让给品某公司，转让价格1.7亿元。协议签订后，梁某、彭某采用虚构交易背景等方式，将竣某公司的1.2亿元资金转至彭某实际控制的重庆渝某建筑安装工程有限公司（以下简称渝某公司）、重庆市联达建材有限公司（后更名为重庆旺某贸易有限公司，简称旺某公司）作为股权转让款。2016年10月，竣某公司向公安机关举报梁某、彭某的犯罪事实。2017年1月10日，竣某公司与彭某、彭某林、王某英、渝某公司、旺某公司签订《竣某公司款项追回及遗留问题的解决协议》，约定彭某、彭某林将1.2亿元资金及利息退还竣某公司，王某英、渝某公司、旺某公司承担连带清偿责任。2017年6月20日，竣某公司与彭某、彭某林、王某英、品某公司、梁某等签订《和解协议》，约定由王某英、彭某、彭某林、品某公司、梁某共同筹资8500万元退还竣某公司，并将原彭某转让给品某公司的股份转让给竣某公司大股东重庆斌鑫集团有限公司，以弥补给竣某公司造成的损失；竣某公司不再另行追究王某英、彭某、梁某、彭某林、品某公司的经济责任。

① 《2021年全国法院十大商事案件》（最高人民法院2022年1月29日发布），七、公司在其利益受损后虽然未提起诉讼，但已经积极采取刑事报案等措施以维护公司利益，公司拒绝提起诉讼有正当理由的，已无赋予股东提起股东代表诉讼的权利之必要——吕某诉彭某、彭某林、王某英、重庆渝某建筑安装工程有限公司、重庆旺某贸易有限公司、重庆品某投资咨询有限公司、重庆首某房地产开发有限公司及一审第三人重庆竣某房地产开发有限公司损害公司利益纠纷案，载最高人民法院网站，https://www.court.gov.cn/zixun-xiangqing-344441.html，最后访问日期：2023年6月19日。

2019年4月16日，竣某公司股东吕某向公司监事郭某发送函件，要求公司对本案被告提起诉讼，追回被转走的资金，郭某明确表示拒绝起诉。2020年11月23日，重庆市永川区人民法院判决：梁某、彭某犯挪用资金罪；责令梁某退赔竣某公司被挪用的资金1.7亿余元，彭某在1.2亿元范围内承担共同退赔责任。

重庆市第五中级人民法院一审判决驳回吕某的全部诉讼请求。吕某不服，上诉至重庆市高级人民法院。重庆高院二审裁定撤销一审判决，驳回吕某的起诉。

（二）地方法院典型案例

049. 法定代表人违反忠实义务，与他人恶意串通侵占公司商标权的协议无效①

一、**基本案情**：某珠宝公司系“周百福”商标的权利人。张某斌与蔡某付为同胞兄弟关系。2014年1月，某珠宝公司时任法定代表人张某斌与蔡某付签订《协议》，约定蔡某付可无偿开设80家“周百福”珠宝店，无偿使用某珠宝公司的所有注册商标，且不受某珠宝公司干预和管理；某珠宝公司不得在距离蔡某付任何一家关联店的15千米内自营或授权他人开店，违约金每次100万元，并加盖某珠宝公司的非备案印章。后蔡某付以某珠宝公司在其关联店不足1千米处授权某珠宝店经营“周百福”珠宝店构成违约为由，诉至法院，请求判令某珠宝公司立即撤销对某珠宝店的授权许可，支付违约金100万元。

---

① 《广东法院弘扬社会主义核心价值观典型案例》（2022年3月4日发布），五、认定恶意串通侵占商标合同无效——蔡某付与某珠宝公司等知识产权合同纠纷案，载广东法院网，https：//www.gdcourts.gov.cn/index.php？v=show&cid=170&id=56460，最后访问日期：2023年6月18日。

裁判结果：广东省高级人民法院生效判决认为，张某斌作为某珠宝公司法定代表人、控股股东，无视某珠宝公司独立人格，违背诚信原则，利用掌控公司非备案印章便利，与具有兄弟关系的蔡某付恶意串通，在没有相应对价的情况下，非法侵占某珠宝公司商标权，掏空公司知识产权，架空公司正常运营，不正当地减少了公司的责任财产，不仅违反其对公司负有的忠实义务，也严重损害公司、其他股东及债权人的利益。该《协议》因恶意串通损害他人合法权益且违反法律强制性规定，依法应认定为无效。故判决驳回蔡某付的全部诉讼请求。

典型意义

"契约自由"是在法律规定范围之内的自由，而非不受限制的绝对自由。一切以行使自由和权利之名，致他人合法权益严重受损之实的行为，均得不到法律的支持和保护。本案依法认定当事人恶意串通损害商标权利人合法权益行为无效，充分发挥司法导向作用，强化商事规则意识，引领社会公众特别是公司高管诚信、规范行使权利和自由，充分诠释诚信、自由、公正、法治的社会主义核心价值观。

050. 公司高管因经营判断行为存在过失造成公司损失，不能认定为故意损害公司利益的过错①

案情简介：山东某之杰纺织有限公司系阿齐兰·宾·某某兄弟公司投资的独资公司，埃及籍居民艾哈迈德·盖某自2011年1月在该公司任总经理职

① 《山东高院发布服务"一带一路"和"上合示范区"典型案例》(2019年8月22日发布)，五、山东某之杰纺织有限公司诉艾哈迈德·盖某损害公司利益责任纠纷案，载山东法院网，http://www.sdcourt.gov.cn/nwglpt/_2343835/_2532828/5523574/index.html，最后访问日期：2023年6月18日。

务，2011年1月8日，祥某公司向某之杰公司订购男装长袖衬衫。为履行该订购合同，盖某指示公司的计划部经理向金某公司采购亚麻棉交织提花染色布，并经向公司的投资人阿齐兰·宾·某某兄弟公司请示后，将某公司订购的男装长袖衬衫全部生产完毕。后祥某公司在验货时，提出衬衫的包装纸箱层数不够、吊牌的厚度不够等问题，因而不予提货。后期某之杰公司无法联系上订货的祥某公司，该批衬衫未能出售成功。某之杰公司认为盖某作为公司的总经理，其行为损害公司利益，故诉至法院，请求判令盖某赔偿给公司经济损失200万元。

裁判结果：枣庄市中级人民法院认为，盖某作为公司的总经理，其与祥某公司签订衬衫销售合同，与金某公司签订布匹采购合同，以及带领人员到广州采购光坯布的行为，均是其为开展公司经营而履职的行为。虽然其在履职过程中，在对合同相对方的资格审查、对采购标的物的质量审查方面存在瑕疵，仅能说明其经营判断行为存在过失，但是并无证据证明其主观上具有损害公司利益的过错，并不能因此认定盖某的行为违反了对公司的忠实和勤勉义务，因此而造成的损失，不应由盖某承担。现衬衫生产完毕后未能出售成功，系祥某公司对衬衫的包装纸箱层数、吊牌的厚度等提出异议，拒不收货造成。某之杰公司可向祥某公司主张违约责任，要求其赔偿损失，盖某不应负有赔偿责任。一审判决驳回某之杰公司的诉讼请求。

某之杰公司不服该判决，提起上诉。山东省高级人民法院经审理，判决驳回上诉，维持原判。

典型意义

本案是一起损害公司利益责任纠纷案，被告盖某为埃及国籍。盖某作为公司的总经理，正常履行职务期间，由于经营判断行为存在过失，不能认定为故意损害公司利益的过错，从而被追究责任。本案的关键在于如何判断公司高管是否违反忠实义务和勤勉义务而给公司造成损失。本院的典型意义在于，正确处理跨国公司高级管理人履行公司职务过程中的权利义务，有助于促进“一带一路”国家之间的高级经济管理人员的交流，增强“一带一路”国家企业的活力，扩大国际交往和自由贸易。

051. 公司总经理利用职务便利为他人谋取属于公司的商业机会应承担赔偿责任①

裁判要旨

张某系青岛某环保公司的总经理，作为公司高级管理人员，其违反对公司的忠实义务，未经股东会同意，利用职务便利为他人谋取属于公司的商业机会，给公司造成损失。应当承担赔偿责任。赔偿金额中应将采购成本扣除。青岛某信息公司利用张某提供的信息与青岛某环保公司的客户进行交易，损害了该公司的利益。其应与张某共同承担赔偿责任。

基本案情：张某系青岛某环保公司总经理，全面负责公司业务板块。该公司与山西某公司签订特许经营合同，授权山西某公司作为代理商经营销售青岛某环保公司环保抑尘剂产品。双方的合作模式是，代理商山西某公司给青岛某环保公司发送定单，青岛某环保公司从河北某工厂采购货物，放在青岛仓库，根据山西某公司的指示发货，货款直接由山西某公司打入青岛某环保公司的账户。张某将这一交易模式告知青岛某信息公司。后在山西某公司总代理的配合下，青岛某信息公司向河北某工厂下了订单并支付货款32600

① 《青岛市中级人民法院公司类纠纷审判典型案例（2022年）》（2022年7月5日发布），七、青岛某环保公司诉被告张某、被告青岛某信息公司损害公司利益责任纠纷，载青岛市中级人民法院网站，http：//ytzy. sdcourt. gov. cn/qdzy/spgk66/sszy16/spzdyj/dxxal/8611329/index. html，最后访问日期：2023年6月18日。

元，要求河北某工厂直接将上述货物发送客户，收取货款38300元。后河北某工厂向青岛某信息公司出具金额为32600元的增值税发票。青岛某环保公司损失利润5700元（38300-32600元）。

典型意义

公司高级管理人员违反对公司的忠实义务，未经股东会同意，利用职务便利为他人谋取属于公司的商业机会，给公司造成损失，应当承担赔偿责任。该他人亦应与其共同承担连带赔偿责任。

（三）裁判依据

《中华人民共和国民法典》

第八十四条 营利法人的控股出资人、实际控制人、董事、监事、高级管理人员不得利用其关联关系损害法人的利益；利用关联关系造成法人损失的，应当承担赔偿责任。

《中华人民共和国公司法》

第二十条 公司股东应当遵守法律、行政法规和公司章程，依法行使股东权利，不得滥用股东权利损害公司或者其他股东的利益；不得滥用公司法人独立地位和股东有限责任损害公司债权人的利益。

公司股东滥用股东权利给公司或者其他股东造成损失的，应当依法承担赔偿责任。

公司股东滥用公司法人独立地位和股东有限责任，逃避债务，严重损害公司债权人利益的，应当对公司债务承担连带责任。

第一百四十七条 董事、监事、高级管理人员应当遵守法律、行政法规和公司章程，对公司负有忠实义务和勤勉义务。

董事、监事、高级管理人员不得利用职权收受贿赂或者其他非法收入，不得侵占公司的财产。

第一百四十八条 董事、高级管理人员不得有下列行为：

（一）挪用公司资金；

（二）将公司资金以其个人名义或者以其他个人名义开立账户存储；

（三）违反公司章程的规定，未经股东会、股东大会或者董事会同意，将公司资金借贷给他人或者以公司财产为他人提供担保；

（四）违反公司章程的规定或者未经股东会、股东大会同意，与本公司订立合同或者进行交易；

（五）未经股东会或者股东大会同意，利用职务便利为自己或者他人谋取属于公司的商业机会，自营或者为他人经营与所任职公司同类的业务；

（六）接受他人与公司交易的佣金归为己有；

（七）擅自披露公司秘密；

（八）违反对公司忠实义务的其他行为。

董事、高级管理人员违反前款规定所得的收入应当归公司所有。

第一百四十九条 董事、监事、高级管理人员执行公司职务时违反法律、行政法规或者公司章程的规定，给公司造成损失的，应当承担赔偿责任。

第一百五十一条 董事、高级管理人员有本法第一百五十条规定的情形的，有限责任公司的股东、股份有限公司连续一百八十日以上单独或者合计持有公司百分之一以上股份的股东，可以书面请求监事会或者不设监事会的有限责任公司的监事向人民法院提起诉讼；监事有本法第一百五十条规定的情形的，前述股东可以书面请求董事会或者不设董事会的有限责任公司的执行董事向人民法院提起诉讼。

监事会、不设监事会的有限责任公司的监事，或者董事会、执行董事收到前款规定的股东书面请求后拒绝提起诉讼，或者自收到请求之日起三十日内未提起诉讼，或者情况紧急、不立即提起诉讼将会使公司利益受到难以弥补的损害的，前款规定的股东有权为了公司的利益以自己的名义直接向人民法院提起诉讼。

他人侵犯公司合法权益，给公司造成损失的，本条第一款规定的股东可以依照前两款的规定向人民法院提起诉讼。

《最高人民法院关于适用〈中华人民共和国公司法〉若干问题的规定（四）》

第二十三条 监事会或者不设监事会的有限责任公司的监事依据公司法第一百五十一条第一款规定对董事、高级管理人员提起诉讼的，应当列公司为原告，依法由监事会主席或者不设监事会的有限责任公司的监事代表公司进行诉讼。

董事会或者不设董事会的有限责任公司的执行董事依据公司法第一百五十一条第一款规定对监事提起诉讼的，或者依据公司法第一百五十一条第三款规定对他人提起诉讼的，应当列公司为原告，依法由董事长或者执行董事代表公司进行诉讼。

第二十四条 符合公司法第一百五十一条第一款规定条件的股东，依据公司法第一百五十一条第二款、第三款规定，直接对董事、监事、高级管理人员或者他人提起诉讼的，应当列公司为第三人参加诉讼。

一审法庭辩论终结前，符合公司法第一百五十一条第一款规定条件的其他股东，以相同的诉讼请求申请参加诉讼的，应当列为共同原告。

第二十五条 股东依据公司法第一百五十一条第二款、第三款规定直接提起诉讼的案件，胜诉利益归属于公司。股东请求被告直接向其承担民事责任的，人民法院不予支持。

第二十六条 股东依据公司法第一百五十一条第二款、第三款规定直接提起诉讼的案件，其诉讼请求部分或者全部得到人民法院支持的，公司应当承担股东因参加诉讼支付的合理费用。

五、损害公司债权人利益责任纠纷

（一）最高人民法院指导案例

052. 关联公司人格混同损害债权人利益的认定[①]

徐工集团工程机械股份有限公司诉

成都川交工贸有限责任公司等买卖合同纠纷案

（最高人民法院审判委员会讨论通过　2013 年 1 月 31 日发布）

关键词：民事/关联公司/人格混同/连带责任

裁判要点

1. 关联公司的人员、业务、财务等方面交叉或混同，导致各自财产无法区分，丧失独立人格的，构成人格混同。

2. 关联公司人格混同，严重损害债权人利益的，关联公司相互之间对外部债务承担连带责任。

相关法条

《中华人民共和国民法通则》第四条

《中华人民共和国公司法》第三条第一款、第二十条第三款

① 最高人民法院指导案例 15 号。

基本案情：原告徐工集团工程机械股份有限公司（以下简称徐工机械公司）诉称：成都川交工贸有限责任公司（以下简称川交工贸公司）拖欠其货款未付，而成都川交工程机械有限责任公司（以下简称川交机械公司）、四川瑞路建设工程有限公司（以下简称瑞路公司）与川交工贸公司人格混同，三个公司实际控制人王永礼以及川交工贸公司股东等人的个人资产与公司资产混同，均应承担连带清偿责任。请求判令：川交工贸公司支付所欠货款10916405.71元及利息；川交机械公司、瑞路公司及王永礼等个人对上述债务承担连带清偿责任。

被告川交工贸公司、川交机械公司、瑞路公司辩称：三个公司虽有关联，但并不混同，川交机械公司、瑞路公司不应对川交工贸公司的债务承担清偿责任。

王永礼等人辩称：王永礼等人的个人财产与川交工贸公司的财产并不混同，不应为川交工贸公司的债务承担清偿责任。

法院经审理查明：川交机械公司成立于1999年，股东为四川省公路桥梁工程总公司二公司、王永礼、倪刚、杨洪刚等。2001年，股东变更为王永礼、李智、倪刚。2008年，股东再次变更为王永礼、倪刚。瑞路公司成立于2004年，股东为王永礼、李智、倪刚。2007年，股东变更为王永礼、倪刚。川交工贸公司成立于2005年，股东为吴帆、张家蓉、凌欣、过胜利、汤维明、武竞、郭印，何万庆于2007年入股。2008年，股东变更为张家蓉（占90%股份）、吴帆（占10%股份），其中张家蓉系王永礼之妻。在公司人员方面，三个公司经理均为王永礼，财务负责人均为凌欣，出纳会计均为卢鑫，工商手续经办人均为张梦；三个公司的管理人员存在交叉任职的情形，如过胜利兼任川交工贸公司副总经理和川交机械公司销售部经理的职务，且免去过胜利川交工贸公司副总经理职务的决定系由川交机械公司作出；吴帆既是川交工贸公司的法定代表人，又是川交机械公司的综合部行政经理。在公司业务方面，三个公司在工商行政管理部门登记的经营范围均涉及工程机械且部分重合，其中川交工贸公司的经营范围被川交机械公司的经营范围完全覆盖；川交机械公司系徐工机械公司在四川地区（攀枝花除外）的唯一经销商，但三个公司均从事相关业务，且相互之间存在共用统一格式的《销售部业务手册》、《二级经销协议》、结算账户的情形；三个公司在对外宣传中区分不明，2008 年 12 月 4 日重庆市公证处出具的《公证书》记载：通过因特网查询，川交工贸公司、瑞路公司在相关网站上共同招聘员工，所留电话号码、传真号码等联系方式相同；川交工贸公司、瑞路公司的招聘信息，包括大量关于川交机械公司的发展历程、主营业务、企业精神的宣传内容；部分川交工贸公司的招聘信息中，公司简介全部为对瑞路公司的介绍。在公司财务方面，三个公司共用结算账户，凌欣、卢鑫、汤维明、过胜利的银行卡中曾发生高达亿元的往来，资金的来源包括三个公司的款项，对外支付的依据仅为王永礼的签字；在川交工贸公司向其客户开具的收据中，有的加盖其财务专用章，有的则加盖瑞路公司财务专用章；在与徐工机械公司均签订合同、均有业务往来的情况下，三个公司于 2005 年 8 月共同向徐工机械公司出具《说明》，称因川交机械公司业务扩张而注册了另两个公司，要求所有债权债务、销售量均计算在川交工贸公司名下，并表示今后尽量以川交工贸公司名义进行业务往来；2006 年 12 月，川交工贸公司、瑞路公司共同向徐工机械公司出具《申请》，以统一核算为由要求将 2006 年度的业绩、账务均计算至川交工贸公司名下。

另查明，2009 年 5 月 26 日，卢鑫在徐州市公安局经侦支队对其进行询问时陈述：川交工贸公司目前已经垮了，但未注销。又查明徐工机械公司未得到清偿的货款实为 10511710. 71 元。

裁判结果：江苏省徐州市中级人民法院于 2011 年 4 月 10 日作出（2009）徐民二初字第 0065 号民事判决：一、川交工贸公司于判决生效后 10 日内向徐工机械公司支付货款 10511710. 71 元及逾期付款利息；二、川交机械公司、瑞路公司对川交工贸公司的上述债务承担连带清偿责任；三、驳回徐工机械公司对王永礼、吴帆、张家蓉、凌欣、过胜利、汤维明、郭印、何万庆、卢鑫的诉讼请求。宣判后，川交机械公司、瑞路公司提起上诉，认为一审判决认定三个公司人格混同，属认定事实不清；认定川交机械公司、瑞路公司对川交工贸公司的债务承担连带责任，缺乏法律依据。徐工机械公司答辩请求维持一审判决。江苏省高级人民法院于2011年10月19日作出（2011）苏商终字第0107号民事判决：驳回上诉，维持原判。

裁判理由：法院生效裁判认为：针对上诉范围，二审争议焦点为川交机械公司、瑞路公司与川交工贸公司是否人格混同，应否对川交工贸公司的债务承担连带清偿责任。

川交工贸公司与川交机械公司、瑞路公司人格混同。一是三个公司人员混同。三个公司的经理、财务负责人、出纳会计、工商手续经办人均相同，其他管理人员亦存在交叉任职的情形，川交工贸公司的人事任免存在由川交机械公司决定的情形。二是三个公司业务混同。三个公司实际经营中均涉及工程机械相关业务，经销过程中存在共用销售手册、经销协议的情形；对外进行宣传时信息混同。三是三个公司财务混同。三个公司使用共同账户，以王永礼的签字作为具体用款依据，对其中的资金及支配无法证明已作区分；三个公司与徐工机械公司之间的债权债务、业绩、账务及返利均计算在川交工贸公司名下。因此，三个公司之间表征人格的因素（人员、业务、财务等）高度混同，导致各自财产无法区分，已丧失独立人格，构成人格混同。

川交机械公司、瑞路公司应当对川交工贸公司的债务承担连带清偿责任。公司人格独立是其作为法人独立承担责任的前提。《中华人民共和国公司法》第三条第一款规定："公司是企业法人，有独立的法人财产，享有法人财产权。公司以其全部财产对公司的债务承担责任。"公司的独立财产是公司独立承担责任的物质保证，公司的独立人格也突出地表现在财产的独立上。当关联公司的财产无法区分，丧失独立人格时，就丧失了独立承担责任的基础。《中华人民共和国公司法》第二十条第三款规定："公司股东滥用公司法人独立地位和股东有限责任，逃避债务，严重损害公司债权人利益的，应当对公司债务承担连带责任。”本案中，三个公司虽在工商登记部门登记为彼此独立的企业法人，但实际上相互之间界线模糊、人格混同，其中川交工贸公司承担所有关联公司的债务却无力清偿，又使其他关联公司逃避巨额债务，严重损害了债权人的利益。上述行为违背了法人制度设立的宗旨，违背了诚实信用原则，其行为本质和危害结果与《中华人民共和国公司法》第二十条第三款规定的情形相当，故参照《中华人民共和国公司法》第二十条第三款的规定，川交机械公司、瑞路公司对川交工贸公司的债务应当承担连带清偿责任。

（二）最高人民法院公报案例及典型案例

053. 股东应当在抽逃出资本息范围内对公司债务不能清偿的部分承担补充赔偿责任，中介机构的行为与债权人未收回债权的损失之间不存在法律上的因果关系，依法不应当承担补充赔偿责任[①]

河南省中原小额贷款有限公司（以下简称中原小额贷款公司）对河南泰元投资担保有限公司（以下简称泰元公司）享有经过生效判决确定的担保债权。中原小额贷款公司诉请泰元公司的股东雏鹰农牧集团股份有限公司（以下简称雏鹰公司）、西藏吉腾实业有限公司（以下简称吉腾公司）分别在抽

① 《2021年全国法院十大商事案件》（最高人民法院2022年1月29日发布），九、股东应当在抽逃出资本息范围内对公司债务不能清偿的部分承担补充赔偿责任，中介机构的行为与债权人未收回债权的损失之间不存在法律上的因果关系，依法不应当承担补充赔偿责任——河南省中原小额贷款有限公司、雏鹰农牧集团股份有限公司与河南新郑农村商业银行股份有限公司、郑州正通联合会计师事务所、西藏吉腾实业有限公司、河南泰元投资担保有限公司损害公司债权人利益责任案，载最高人民法院网站，https：//www. court. gov. cn/zixun-xiangqing-344441. html，最后访问日期：2023年6月17日。

逃出资的范围内对泰元公司的债务承担连带赔偿责任。河南新郑农村商业银行股份有限公司（以下简称新郑农商银行）、郑州正通联合会计师事务所（以下简称正通会计）在虚假验资的范围内对上述债务未足额清偿部分承担赔偿责任。

另据查明的事实：1. 2018年5月23日，泰元公司召开股东会，一致同意公司增资扩股，原股东雏鹰公司认缴新增注册资本17.55亿元，新股东吉腾公司认缴3.85亿元等；2. 为履行增资决议，2018年5月28日，雏鹰公司将第一笔投资款3.81亿元汇入泰元公司账户，泰元公司以债权投资形式把该3.81亿元转入有关合作社及其他单位，后者把该款项转入深圳泽赋基金账户，深圳泽赋基金又通过减资的形式把该款项退回雏鹰公司账户，雏鹰公司再次将3.81亿元以增资款形式汇入泰元公司，如此循环六次，金额达到17.55亿元以上，吉腾公司也以同样方式进行增资，金额达到3.85亿元以上，泰元公司的注册资金达到30亿元；3. 2018年5月28日，新郑农商银行向正通会计出具四份《银行询证函回函》，分别载明：收到雏鹰公司投资款金额3.28亿元、3.25亿元、3.28亿元、1.494亿元。同日，正通会计向泰元公司出具《验资报告》，载明：截至2018年5月28日止，泰元公司已收到股东雏鹰公司新增注册资本17.55亿元，收到吉腾公司出资3.85亿元。

河南省郑州市中级人民法院一审判决：一、雏鹰公司在其未履行出资、抽逃出资数额17.55亿元的范围内对泰元公司所承担的连带清偿责任向中原小额贷款公司承担补充赔偿责任。二、吉腾公司在其未履行出资、抽逃出资数额3.85亿元的范围内对泰元公司所承担的连带清偿责任向中原小额贷款公司承担补充赔偿责任。三、驳回中原小额贷款公司的其他诉讼请求。

中原小额贷款公司、雏鹰公司不服，上诉至河南省高级人民法院。河南高院二审认为：雏鹰公司将一笔资金，循环多次投入泰元公司，虚增增资数额，随后此笔资金流入第三方深圳泽赋基金，雏鹰公司又以第三方股东的身份以减资的名义将资金收回，虽然第三方深圳泽赋基金召开合伙人会议，决议退还出资款，维鹰公司也公告了减资事宜，但因最终收回的款项发生在上述增资款的循环流转中，并非实质来源于深圳泽赋基金，且此减资也未在国家企业信用信息公示系统作变更登记，应当认为维鹰公司从深圳泽赋基金收回的资金并非减资款，上述收回资金的行为属于抽逃资金，抽逃出资的股东维鹰公司应当在抽逃出资的本息范围内就泰元公司的债务对债权人中原小额贷款公司承担补充赔偿责任。中原小额贷款公司没有直接的证据证明其接受泰元公司提供的担保是基于其增资行为，或使用了新郑农商银行、正通会计在泰元公司增资时为其出具的《银行询证函回函》《验资报告》，中原小额贷款公司未收回贷款的损失与新郑农商银行、正通会计师事务所的验资行为不存在法律上的因果关系，依法不应当承担补充赔偿责任。综上，河南高院二审遂驳回上诉，维持原判。

054. 公司股东滥用法人独立地位，损害债权人利益，应承担连带责任①

基本案情：某台资塑胶公司就购买原料与宁波某塑胶公司进行业务磋商。在业务磋商期间，宁波某塑胶公司投资新设浙江某进出口公司（以下简称进出口公司）。宁波某塑胶公司表示，其与该台资塑胶公司的买卖合同将由其新设立的进出口公司出面签订。其后，进出口公司与该台资塑胶公司签订了一份《产品销售合同》，约定该台资塑胶公司向进出口公司购买3000吨苯乙烯。该台资塑胶公司支付货款后，进出口公司仍有接近3000万元的货物未予交付。该台资塑胶公司起诉要求进出口公司承担违约责任，并以构成公司人格混同为由，要求宁波某塑胶公司承担连带责任。

① 《人民法院台胞权益保障十大典型案例》（最高人民法院2021年12月24日发布），三、台资塑胶公司诉浙江某进出口公司及其股东宁波某塑胶公司买卖合同纠纷案，载最高人民法院网站，https://www.court.gov.cn/zixun-xiangqing-337111.html，最后访问日期：2023年6月15日。

裁判结果：浙江省宁波市中级人民法院一审认为，宁波某塑胶公司在与该台资塑胶公司业务磋商期间，投资新设进出口公司，由进出口公司出面签约，进出口公司与其股东宁波某塑胶公司在经营范围、场所、高管、财务人员等方面，存在一定的混同或交叉；且两公司在财务关系上存在严重异常，进出口公司在没有真实交易的情况下，将其收到的该台资塑胶公司货款迅速转移到宁波某塑胶公司账户。宁波某塑胶公司作为进出口公司的股东，显然存在滥用公司法人独立地位、逃避债务、损害债权人利益的情形。故判决进出口公司应返还该台资塑胶公司货款29748642.27元并赔偿利息损失，宁波某塑胶公司依法应承担连带责任。浙江省高级人民法院二审维持原判。

典型意义

本案是一起典型的通过适用法人人格否认制度，追究股东连带责任的案件。人民法院在适用法人人格否认制度时，是非常慎重的，在对宁波某塑胶公司和进出口公司在组织机构、公司员工、业务范围、办事机构、财产独立等方面进行深入分析的基础上，依法得出宁波某塑胶公司存在滥用公司法人独立地位、逃避债务、损害债务人利益的结论，判令宁波某塑胶公司和进出口公司就返还台资塑胶公司货款承担连带责任，有力维护了诚实信用的市场规则和公平正义。

本案让台胞台企看到了人民法院公正适用法律的坚定立场和能力水平，坚定了对大陆良好营商环境的信任与信心。案件审结后，该台资塑胶公司在我国台湾地区的母公司特地向浙江省高级人民法院寄来感谢信，盛赞人民法院精细审理，使其“深刻感受到大陆的司法公正及浙江良好的政经环境，对于今后加码投资更具信心”。

（三）地方法院典型案例

055. 债权人以公司不能清偿到期债务为由，请求未届出资期限的股东在未出资范围内对公司不能清偿的债务承担补充赔偿责任的，不予支持[①]

基本案情：2018年3月1日，森某电气公司与台前卓某公司签订《台前县大亚新能源25MWp光伏电站PC总承包合同》。合同主要约定：由森某电气公司承包台前卓某公司新能源25MWp光伏电站建设项目安装施工事宜，工程地点位于台前县后方乡新武口村。本发电系统范围内工程建筑安装所需的部分设备及材料由森某电气公司负责。所涉及光伏场区内的所有设备材料及台前卓某公司提供设备安装施工范围直至达到物理并网条件。工程计划竣工时间2018年6月30日前全部并网。工程造价为固定单价6.98元/瓦，2018年7月30日前支付森某电气公司至合同总金额的100%。

2018年3月29日，森某电气公司与台前卓某公司签订《濮阳台前县25MWp项目投资成本分解表》，约定：采购加施工总成本合计118530000元，垫资2666925元，利润5926500元，总计127123425元。2018年4月17日，河南卓某公司、潘某为案涉债务提供连带责任保证，保证期间为两年。案涉项目于2018年6月30日建成并网发电。森某电气公司自认台前卓某公司已经支付工程款利息230万元。台前卓某公司章程显示：公司注册资本10000万元。股东为河南卓某公司、濮阳兴某公司。股东出资额各5000万元，出资

① 《河南省高级人民法院2021年度十大商事暨涉企典型案例》（2022年4月19日发布），十、河南森某电气股份有限公司与濮阳兴某新能源有限公司等损害公司债权人利益责任纠纷案——公司人格否认的适用条件，载豫法阳光微信公众号，https：//mp. weixin. qq. com/s/Zcg6BUHuKixeAkLIS9tTDw，最后访问日期：2023年6月30日。

比例各50%，于2026年6月30日前一次性足额缴纳完毕。森某电气公司诉请：判令台前卓某公司支付工程款127123425元及逾期付款利息，河南卓某公司、濮阳兴某公司、潘某对上述工程款及利息承担连带清偿责任。

裁判结果：河南省许昌市中级人民法院于2021年2月25日作出（2019）豫10民初140号民事判决，判决濮阳兴某公司对台前卓某公司欠付的工程款127123425元及利息等承担连带清偿责任等。濮阳兴某公司等不服，提出上诉。河南省高级人民法院于2021年12月2日作出（2021）豫民终533号民事判决，撤销濮阳兴某公司承担连带清偿责任的判项，其余维持原判。

裁判理由：生效裁判认为：公司人格独立和股东有限责任是公司法的基本原则。根据《中华人民共和国公司法》第二十条第三款的规定，否认公司独立人格，只有在股东实施了滥用公司法人独立地位及股东有限责任的行为，且该行为使公司财产不足以清偿公司债权人的债权，严重损害了公司债权人利益的情况下，才能适用。注册资本认缴制下，股东依法享有期限利益，除非有法律规定的特殊情形，债权人以公司不能清偿到期债务为由，请求未届出资期限的股东在未出资范围内对公司不能清偿的债务承担补充赔偿责任的，人民法院不予支持。

本案中，作为台前卓某公司股东的濮阳兴某公司、河南卓某公司不存在股东出资应当加速到期的情形，债权人森某电气公司也并未举证证明作为濮阳兴某公司、河南卓某公司因未届出资期限，尚未出资的行为使台前卓某公司财产不足以清偿其债权，故一审法院适用公司人格否认认定河南卓某公司、濮阳兴某公司应对台前卓某公司的债务承担连带清偿责任，适用法律错误，应予纠正，因河南卓某公司另行为案涉债务提供了连带责任保证，二审改判濮阳兴某公司对案涉债务不承担连带赔偿责任。

典型意义

公司人格独立和股东有限责任是公司法的基本原则。否认公司独立人格，由滥用公司法人独立地位和股东有限责任的股东对公司债务承担连带责任，是股东有限责任的例外情形，旨在矫正有限责任制度在特定法律事实发生时对债权人保护的失衡现象。本案中，濮阳兴某公司作为台前卓某公司的股东出资期限尚未届满，也不存在滥用股东权利，导致公司财产不足以清偿公司债务，严重损害公司债权人利益的情形，对债权人否认公司人格，要求股东兴业公司承担责任的请求不予支持，坚持了股东有限责任的基本法理，维护了公司股东的合法权益。

056. 中小股东并非都要对公司不能清算承担清算责任[①]

基本案情：某堂公司登记的投资人分别为某成公司，占股61%、黄某昀占股19%、另外其他三个股东分别占股8%、6%、6%。某堂公司2012年3月7日因未按照规定接受企业年度检验，被工商行政部门于2018年12月21日核准注销。

2008年某堂公司受股东某成公司涉嫌刑事犯罪被公安机关立案调查的影响，公司账本、会计凭证等资料被扣押调查。2008年11月18日，公安机关将公司的会计凭证及公司账本等移交至厦门市思明区财政局，至今未归还。

2009年7月21日，思明区法院判决某堂公司向某公司支付广告款3461676.5元及逾期付款违约金。2009年10月29日，某公司向思明区法院

① 《厦门市中级人民法院保护中小型投资者典型案例》（2021年9月27日发布），十五、某公司与黄某昀、某成公司等股东损害公司债权人利益责任纠纷一案——中小股东并非都要对公司不能清算承担清算责任，载厦门法院网，http：//www.xmcourt.gov.cn/ygsf/yshj/bhzxtzz/xcpfgz/202109/t20210928_235761.htm，最后访问日期：2023年6月30日。

申请强制执行。思明区法院作出民事裁定书，载明除已执行 2755.96 元外，某堂公司无财产可供执行，终结本次执行程序。

2018 年 3 月 26 日，厦门中院裁定受理某堂公司清算申请，2018 年 10 月 20 日作出（2018）闽 02 强清 19 号民事裁定书，裁定终结某堂公司的清算程序，债权人可以另行要求某堂公司的股东、董事、实际控制人等清算义务人对其债务承担偿还责任。

裁判结果：一审法院认为，某堂公司的账册、记账凭证、其他文件因股东某成公司涉嫌刑事案件被扣押。至本案审理期间，上述账册、记账凭证、其他文件仍处于厦门市思明区财政局保管中。上述情形是导致厦门中院（2018）闽 02 强清 19 号案件中认定某堂公司无任何财产、账册、重要文件，无法进行清算的直接原因。故某成公司依法应对某堂公司向某公司所负债务承担连带清责任。虽股东黄某昀等中小股东未在法定期限内成立清算组，但该行为并不导致某堂公司主要财产、账册、重要文件等灭失无法进行清算，故驳回某公司要求股东黄某昀等中小股东承担连带清偿责任的诉讼请求。某公司不服，提起上诉，二审法院判决驳回上诉，维持原判。

典型意义

公司清算纠纷中长期以来机械奉行只要是股东就应承担清算责任，造成诸多无过错中小股东对公司的巨额债务承担连带清偿责任，严重损害了中小股东的合法权益。本案典型意义在于通过分析中小投资者未尽清算义务与公司无法进行清算不存在因果关系，明确中小投资者承担清算责任的构成要件，从而厘清中小投资者清算责任的边界，消除中小投资者的顾虑，提升中小投资的市场信心与投资热情。

057. 公司债权人在公司增资前与之交易产生的债权，不能要求此后增资行为瑕疵的股东承担责任①

基本案情：乙公司成立于2010年9月3日。2013年4月1日，乙公司股东胡某、宋某、穆某某、樊某某向公司增资共计440万元。2013年4月2日，乙公司自中国银行股份有限公司济南泉城支行转入440万元增资款；同日，该公司分别向案外人刘某、韩某个人账户转账320万元、120万元，转账备注款项性质均为劳务费。2018年7月31日，甲公司将乙公司诉至一审法院，案由为买卖合同纠纷，理由为甲公司和乙公司于2011年、2012年签订《工业品买卖合同》，因乙公司欠付货款，诉请法院判令乙公司清偿甲公司货款及利息。法院经审理作出民事判决，认定甲公司（出卖人）和乙公司（买受人）分别于2011年6月24日、2011年8月3日、2012年4月20日签订《工业品买卖合同》合法有效，判令乙公司清偿甲公司货款本息。后，甲公司认为四股东抽逃了增资的440万元，诉至法院请求：四股东就乙公司不能清偿的债务在各自的出资数额范围内承担赔偿责任。法院经审理认为，甲公司与乙公司工业品买卖合同行为发生于2011年至2012年，而乙公司四股东增资行为发生于2013年4月。发生在民事交易行为之后的增资行为对先前的民事交易活动并无影响，对该民事交易行为没有起到担保的作用，股东对于增资之前的公司债务不承担责任。

---

① 《济南市中级人民法院发布涉公司类纠纷10大典型案例（2016-2020）》（2021年11月1日发布），九、公司债权人在公司增资前与之交易产生的债权，不能要求此后增资行为瑕疵的股东承担责任——甲公司与胡某等股东损害公司债权人利益责任纠纷一案，载济南市中级人民法院网站，http：//ytzy.sdcourt.gov.cn/jinanzy/376238/376204/7887612/index.html，最后访问日期：2023年7月1日。

典型意义

公司增加注册资金是扩张经营规模、增强责任能力的行为，原股东约定按照原出资比例承担增资责任，与公司设立时的初始出资是没有区别的。公司股东若有增资瑕疵，应承担与公司设立时的出资瑕疵相同的责任。但是，公司设立后增资与公司设立时出资的不同之处在于，股东履行交付资产的时间不同。正因为这种时间上的差异，导致交易人（公司债权人）对于公司责任能力的预期是不同的。股东按照其承诺履行出资或增资的义务是相对于社会的一种法定的资本充实义务，股东出资或增资的责任应与公司债权人基于公司的注册资金对其责任能力产生的判断相对应。公司债权人对公司责任能力的判断应以交易发生时的注册资本为依据，公司能否偿还债务与此后公司股东增加注册资金是否到位并无直接因果关系，即公司债权人在公司增资前与之交易产生的债权，不能要求此后增资行为瑕疵的股东承担责任。

058. 以虚假清算报告骗取注销登记，意图逃避法律责任，股东应承担赔偿责任①

基本案情：田某系被告重庆某义物流有限公司（以下简称某义公司）员工，原告周某凤与田某系夫妻关系，原告田某林、田某霖系田某之子，原告田某光、李某均系田某父母。2017 年 10 月 28 日，田某乘某义公司机动车为客户送货时发生交通事故，经抢救无效死亡。2018 年 5 月 9 日，重庆市江津

① 《重庆法院司法弘扬社会主义核心价值观典型案例（第二批）》（2021 年 5 月 22 日发布），八、周某凤等诉杨某股东损害公司债权人利益责任纠纷案，载重庆市高级人民法院微信公众号，https：//mp. weixin. qq. com/s/pKqs7Tz0QO6Es8I66qyg3Q，最后访问时间：2023 年 7 月 1 日。

区人力资源和社会保障局认定田某受到的伤害为工伤。2018年11月28日，原告等人就田某工亡待遇申请仲裁，某义公司委托代理人参加了仲裁。2018年12月3日，某义公司提交《注销清算报告》，称截至2018年12月3日公司资产、负债、净资产均为0元，公司已清收完债权，已清偿完债务。2018年12月10日，某义公司注销。2019年1月4日，经仲裁裁决某义公司应支付周某凤等医疗费、丧葬费、一次性工亡补助金、供养亲属抚恤金等共计1191499元，后该裁决因公司已注销被撤销。原告遂诉至法院，请求判令某义公司法定代表人、股东杨某承担相应赔偿责任。

裁判结果：重庆市江津区人民法院经审理认为，有限责任公司的股东、股份有限公司董事和控股股东以及公司的实际控制人未经依法清算，以虚假的清算报告骗取公司登记机关办理法人注销登记，债权人主张其对公司债务承担相应赔偿责任的，人民法院应予以支持。某义公司注销清算结束前，田某于2017年10月28日受到的伤害已被认定为工伤；周某凤等已申请仲裁，某义公司委托代理人也参加了仲裁。某义公司明知自身存在债务纠纷，并可能承担债务，但其提交的《注销清算报告》却称公司已清偿完债务，明显与事实不符。杨某作为某义公司唯一股东、法定代表人，应当知晓某义公司存在债务纠纷，其故意用虚假清算报告进行清算并注销公司，存在主观恶意。杨某未经依法清算，以虚假清算报告骗取公司注销登记，导致周某凤等向某义公司主张田某工亡待遇的权利落空，遂判决杨某支付周某凤等医疗费、丧葬费、一次性工亡补助金、供养亲属抚恤金共计1191499元。

宣判后，各方当事人均未提出上诉，该判决已生效。

典型意义

诚信是为人立身之根本，亦是企业生存发展之基石，诚实善意、遵纪守法是企业从事经营活动应有的责任和担当。本案用人单位恶意以虚假清算报告骗取注销登记，意图逃避法律责任，既损害劳动者获取工伤保险待遇正当权利、增加劳动者维权成本，亦有悖社会主义市场经济主体行为规则。本案法院依法判决公司股东承担工伤赔偿责任，对依法保护劳动者合法权益、打击不诚信经营行为、促进社会诚信体系建设等具有重要意义。

059. 公司违法减资，股东应在减资范围内对公司不能清偿部分承担补充赔偿责任①

基本案情：青岛某公司系甲公司债权人，甲公司股东为王某等，原注册资本为人民币2010万元，后公司股东会研究决定，注册资本由2010万元减至1020万元。青岛某公司认为甲公司减资时没有通知债权人，只是在报纸上进行了公告。王某等股东称对于减资事项不清楚，没有实际收到减资款。

裁判要旨：法院经审理认为，股东应当依法依章切实履行全面出资义务。减资是减少注册资本金的行为，分为实质上的减资和名义上的减资。后者是只减少账面资本数额，而公司财产并不相应减少，故不能向股东作任何返还。在公司经营状况不佳、亏损过多时，公司资产往往大大低于公司注册资本总额，此时，减少注册资本额的行为并不发生公司实有资本减少的后果，没有减弱公司对债权人清偿的能力。但涉案股东提交的资产负债表及税务机关的纳税申报表均为其单方制作，且资产负债情况及纳税申报与公司的偿债能力之间并没有直接关联性，仅凭该证据无法证明公司减资行为的正当性。且其提交的验资报告中明确载明公司减少的注册资本实际归还股东，虽然公司账目中并没有款项转账记录，但作为掌握公司账目的一方，其提交的账目并未经审计确认，同时也无法排除股东通过其他途径收回出资的情况存在。上述

① 《青岛市中级人民法院公司类纠纷审判典型案例（2022年）》（2022年7月5日发布），六、青岛某公司诉王某等股东损害公司债权人利益责任纠纷，载青岛市中级人民法院网站，http：//ytzy. sdcourt. gov. cn/qdzy/spgk66/sszy16/spzdyj/dxxal/8611329/index. html，最后访问日期：2023年6月20日。

事实表明，涉案公司的减资属于实质减资，该减资行为减弱了公司清偿债务的能力，侵害了债权人的利益。其瑕疵减资行为在实质上违反了公司资本维持原则，造成公司资产的不当减少，与抽逃出资行为给债权人的侵害本质上具有一致性，属于名为减资实为抽逃出资的性质，应参照公司法关于股东抽逃出资的规定处理。《最高人民法院关于适用〈中华人民共和国公司法〉若干问题的规定（三）》第十四条第二款规定，公司债权人请求抽逃出资的股东在抽逃出资本息范围内对公司债务不能清偿的部分承担补充赔偿责任、协助抽逃出资的其他股东、董事、高级管理人员或者实际控制人对此承担连带责任的，人民法院应予支持。根据该规定，判决支持了青岛某公司要求股东在各自减资的范围内对公司不能清偿的债务承担补充赔偿责任。

典型意义

公司减资必须履行法定的减资程序。公司法明确规定：一是公司减资应当经股东会作出决议，且必须经代表2/3以上表决权的股东通过；二是公司需要减少注册资本时，必须编制资产负债表及财产清单；三是公司应当自作出减少注册资本决议之日起10日内通知债权人，并于30日内在报纸上公告。债权人自接到通知书之日起30日内，未接到通知书的自公告之日起45日内，有权要求公司清偿债务或者提供相应的担保。公司根据股东会决议作出的减资决定未通知债权人，导致公司债权人未能行使要求公司清偿债务或要求公司提供相应担保的权利，债权人可以诉请股东在减资范围内对公司不能清偿部分承担补充赔偿责任。股东仅以其单方制作的资产负债表及税务机关的零纳税申报表为据主张其减资仅为名义减资未实质减少公司资产，不承担相应的减资责任，法院不予支持。

060. 解散原公司，另设新公司，从而逃避债务，股东应承担连带责任①

基本案情：李某为代理销售某知名品牌产品，2018年12月与青岛某美公司签订《经销商合同》，并按约定向青岛某美公司股东孙某账户支付品牌使用费200万元，后青岛某美公司未能出具品牌合法授权，李某要求解除合同，由公司及其股东孙某返还已付款。孙某称以其个人账户收款系因曾代公司对外支付货款，用于公司向其还款。2018年3月至11月青岛某美公司另与多人签订类似经销商合同。青岛某美公司为有限责任公司，于2018年2月成立，注册资本300万元，股东为孙某（持股90%）、秦某（持股10%），出资时间为2068年12月31日，2019年2月股东会决议解散公司，公司债权债务由股东承接。2019年3月公司减资至30万元。孙某、秦某于2019年1月在青岛某美公司场所另成立百年公司，注册资本300万元，出资时间为2069年12月31日，经营范围与青岛某美公司基本一致。

裁判要旨：法院经审理认为，首先，青岛某美公司资本显著不足，设立后两股东均未实际出资，约定的出资期限过长，致公司无自有资产供正常经营，孙某作为公司实际控制股东，利用较少资本甚至是零资本，在未取得知名品牌有效授权的情况下，即开始通过控制青岛某美公司与不同的经销商签订合同收取大额品牌使用费、保证金等，股东实际投入公司的资本数额与公司经营所隐含的风险相比已明显不匹配，且在此期间股东已决议解散公司、减资，明显不具有从事公司经营的诚意。其次，因孙某未实际向公司出资，即便曾存在股东孙某以其个人资产为公司经营支付款项的行为，并进行了账

① 《青岛市中级人民法院公司类纠纷审判典型案例（2022年）》（2022年7月5日发布），五、李某诉青岛某美公司、孙某买卖合同纠纷，载青岛市中级人民法院网站，http：//ytzy.sdcourt.gov.cn/qdzy/spgk66/sszy16/spzdyj/dxxal/8611329/index.html，最后访问日期：2023年6月16日。

目记载，但在公司存在大量对外债务的情况下，孙某通过实际控制公司，将本应由公司收取的款项在合同中约定由其直接收取优先其他债权人偿还股东的个人债务，即便作了财务记载，青岛某美公司也已不具有独立意思，亦不具有独立的财产。最后，孙某收取大量款项后，在公司成立仅一年左右的时间，相关合同尚未履行完毕的情形下即召开股东会决议解散公司、减资等操作，同时又在同一场所成立股东相同、经营范围一致的另一公司，上述解散原公司，再以原公司场所、人员及相同或者相似的经营范围另设公司，皆在两公司的控制股东孙某的操纵下完成了公司的决策过程，公司已不具有独立意思，丧失独立性，逃避债务的目的明显，先后成立的公司均成为孙某本人转嫁投资风险的“壳”，在孙某的过度支配与控制下，公司已失去独立的法人人格，形骸化，严重损害了公司债权人利益。法院认定青岛某美公司构成根本违约，判决：解除合同，青岛某美公司返还李某已付款项，孙某承担连带责任。

典型意义

公司法人人格独立和股东有限责任是公司法的基石，但前提是公司股东遵守法律、行政法规和公司章程，依法行使股东权利，如为逃避债务的目的，不提供诚意经营企业的资本导致公司资本显著不足，或通过对公司的过度控制与支配，解散原公司，以原公司场所另设经营目的相同的另一公司，逃避原公司债务，转嫁投资风险，严重损害公司债权人利益，属于《中华人民共和国公司法》第二十条规定的滥用公司法人独立地位和股东有限责任，逃避债务，严重损害公司债权人利益的情形，则应认定公司丧失独立人格，股东对公司债务承担连带责任。

（四）裁判依据

《中华人民共和国公司法》

第二十条 公司股东应当遵守法律、行政法规和公司章程，依法行使股东权利，不得滥用股东权利损害公司或者其他股东的利益；不得滥用公司法人独立地位和股东有限责任损害公司债权人的利益。

公司股东滥用股东权利给公司或者其他股东造成损失的，应当依法承担赔偿责任。

公司股东滥用公司法人独立地位和股东有限责任，逃避债务，严重损害公司债权人利益的，应当对公司债务承担连带责任。

《全国法院民商事审判工作会议纪要》

10. **【人格混同】**认定公司人格与股东人格是否存在混同，最根本的判断标准是公司是否具有独立意思和独立财产，最主要的表现是公司的财产与股东的财产是否混同且无法区分。在认定是否构成人格混同时，应当综合考虑以下因素：

（1）股东无偿使用公司资金或者财产，不作财务记载的；

（2）股东用公司的资金偿还股东的债务，或者将公司的资金供关联公司无偿使用，不作财务记载的；

（3）公司账簿与股东账簿不分，致使公司财产与股东财产无法区分的；

（4）股东自身收益与公司盈利不加区分，致使双方利益不清的；

（5）公司的财产记载于股东名下，由股东占有、使用的；

（6）人格混同的其他情形。

在出现人格混同的情况下，往往同时出现以下混同：公司业务和股东业务混同；公司员工与股东员工混同，特别是财务人员混同；公司住所与股东住所混同。人民法院在审理案件时，关键要审查是否构成人格混同，而不要求同时具备其他方面的混同，其他方面的混同往往只是人格混同的补强。

11.**【过度支配与控制】**公司控制股东对公司过度支配与控制，操纵公司的决策过程，使公司完全丧失独立性，沦为控制股东的工具或躯壳，严重损害公司债权人利益，应当否认公司人格，由滥用控制权的股东对公司债务承担连带责任。实践中常见的情形包括：

（1）母子公司之间或者子公司之间进行利益输送的；

（2）母子公司或者子公司之间进行交易，收益归一方，损失却由另一方承担的；

（3）先从原公司抽走资金，然后再成立经营目的相同或者类似的公司，逃避原公司债务的；

（4）先解散公司，再以原公司场所、设备、人员及相同或者相似的经营目的另设公司，逃避原公司债务的；

（5）过度支配与控制的其他情形。

控制股东或实际控制人控制多个子公司或者关联公司，滥用控制权使多个子公司或者关联公司财产边界不清、财务混同，利益相互输送，丧失人格独立性，沦为控制股东逃避债务、非法经营，甚至违法犯罪工具的，可以综合案件事实，否认子公司或者关联公司法人人格，判令承担连带责任。

12.**【资本显著不足】**资本显著不足指的是，公司设立后在经营过程中，股东实际投入公司的资本数额与公司经营所隐含的风险相比明显不匹配。股东利用较少资本从事力所不及的经营，表明其没有从事公司经营的诚意，实质是恶意利用公司独立人格和股东有限责任把投资风险转嫁给债权人。由于资本显著不足的判断标准有很大的模糊性，特别是要与公司采取“以小博大”的正常经营方式相区分，因此在适用时要十分谨慎，应当与其他因素结合起来综合判断。

13.**【诉讼地位】**人民法院在审理公司人格否认纠纷案件时，应当根据不同情形确定当事人的诉讼地位：

（1）债权人对债务人公司享有的债权已经由生效裁判确认，其另行提起公司人格否认诉讼，请求股东对公司债务承担连带责任的，列股东为被告，公司为第三人；

（2）债权人对债务人公司享有的债权提起诉讼的同时，一并提起公司人格否认诉讼，请求股东对公司债务承担连带责任的，列公司和股东为共同被告；

（3）债权人对债务人公司享有的债权尚未经生效裁判确认，直接提起公司人格否认诉讼，请求公司股东对公司债务承担连带责任的，人民法院应当向债权人释明，告知其追加公司为共同被告。债权人拒绝追加的，人民法院应当裁定驳回起诉。

六、公司关联交易损害责任纠纷

（一）最高人民法院公报案例及典型案例

061. 不是高管但行使了高管职权，利用关联交易损害公司利益的，应当承担赔偿责任[①]

2007年7月30日，周某任甘肃中集华骏公司营销部经理，全面主持公司销售和采购供应工作，2010年7月调离。周某与高某于2008年登记结婚。2008年2月至2009年7月，公司与高某发起设立的青海同海达公司签订了共计38份加工承揽合同，但青海同海达公司拖欠5967970元货款未支付。而在周某任职期间，公司的其他应收货款均及时回收，唯独与青海同海达公司的交易给公司造成了损失。甘肃省高级人民法院认为，周某虽然没有明确担任公司高管的职务，但实际行使了高管的职权，在未向公司披露其与青海同海达公司的关联关系的情况下，利用职权所开展的关联交易给公司造成损失，应当向公司承担赔偿责任。

本案中，周某所担任的公司营销部经理一职，并不属于《中华人民共和国公司法》第二百一十六条规定的高管人员范围，但在此期间公司并未设立

① 《2019年度人民法院十大商事案件》（最高人民法院2020年1月18日发布），三、公司内部人员通过关联交易损害公司利益赔偿案——甘肃中集华骏车辆有限公司诉周某、高某、毛某关联交易损害赔偿纠纷案，载最高人民法院网站，https：//www. court. gov. cn/zixun－xiangqing－217951. html，最后访问日期：2023年6月16日。

分管销售的副总经理，实际上周某有权选择交易对象及是否签约，对资金回收方式亦有决定权，其事实上行使了公司高管的职权。周某在任职期间与亲属所设立并控股的企业所发生的合同行为明显属于关联交易，且最终给公司造成了损失，依法应当承担赔偿责任。

（二）地方法院典型案例

062. 托管目标公司的股东的全资子公司利用关联交易损害公司利益，由该全资子公司承担赔偿责任①

基本案情：2007年9月5日，某投资公司、某电缆集团有限公司（以下简称某电缆公司）签订《股权托管协议》，将持有的某电缆公司25%股权托管给中某公司，2008年2月21日中某公司与某科公司签订《权利义务转让协议》，将该股权转托给某科公司，某投资公司、某电缆公司书面同意。上海某科公司是某科公司全资子公司。在某科公司实际控制某电缆公司期间，上海某科公司与某电缆公司发生多次交易，存在以高于同期市场最高价值向某电缆公司供货的情况。某投资公司向法院起诉主张：上海某科公司与某电缆公司之间存在关联关系，所从事的交易为关联交易，因关联交易造成某电缆公司采购差价损失42013244.82元；要求上海某科公司及窦某某等高管连带赔偿。一审法院委托某信会计师事务所（特殊普通合伙）出具的《司法会计鉴定报告书》，显示：某电缆公司与上海某科公司在关联交易中采购损失金额共计6231194.70元。

---

① 《河南省高级人民法院2021年度十大商事暨涉企典型案例》（2022年4月19日发布），三、上海某科公司与郑某投资控股有限公司等公司关联交易损害责任纠纷案——股东代表诉讼与公司控股股东、实际控制人、董监高之外的其他人利用关联交易损害公司利益的责任认定，载豫法阳光微信公众号，https：//mp.weixin.qq.com/s/Zcg6BUHuKixeAkLIS9tTDw，最后访问日期：2023年6月30日。

裁判结果：河南省某市中级人民法院于2020年5月18日作出（2017）豫01民初3991号民事判决：一、上海某科公司于判决生效之日起十日内赔偿某电缆集团有限公司采购差价损失6231194.70元及利息；二、驳回某投资控股有限公司的其他诉讼请求。上海某科公司不服一审判决，提出上诉。河南省高级人民法院于2021年8月30日作出（2020）豫民终799号民事判决，驳回上诉，维持原判。

裁判理由：生效裁判认为：本案中，某投资公司系占某电缆公司24.7%股份的股东，某投资公司于2007年9月至2016年10月将案涉股份托管给中某公司，后又转托给某科公司，但仍具有某电缆公司股东资格，其在2017年5月5日提起本案诉讼前，曾于2017年4月16日书面请求某电缆公司监事陈某提起诉讼维护某电缆公司合法权益。陈某表示“不了解情况，不起诉”。某投资公司在公司监事陈某拒绝起诉，穷尽内部救济途径后，以自己的名义提起诉讼，符合公司法具有提起本案诉讼的主体资格。

某投资公司、某电缆集团有限公司将持有的某电缆公司25%股权托管给中某公司，后中某公司将该股权转托给某科公司，某投资公司和某电缆集团有限公司均签署了同意转让的确认函，故某科公司成为某电缆公司股权托管的受托人，在股权托管期间成为其实际控制人。上海某科公司是某科公司的全资子公司，上海某科公司在某科公司作为某电缆公司股权受托人期间与某电缆公司发生的交易属于《中华人民共和国公司法》第二百一十六条规定的关联关系中“可能导致公司利益转移的其他关系”，二者所进行的交易属于关联交易。根据一审法院委托某信会计师事务所出具的《司法会计鉴定报告书》，某电缆公司在与上海某科公司在关联交易中，存在采购损失，金额共计6231194.70元，对此上海某科公司应当承担赔偿责任。

典型意义

本案系公司关联交易损害责任纠纷。关联交易可以发挥稳定公司业务、节约运营成本、分散经营风险的积极作用，我国法律并不禁止关联交易，但是关联主体控制下的关联交易容易发生违反自愿、公平原则，损害公司利益的情况，为此《中华人民共和国公司法》及司法解释进行了相应的规制，明确规定，当公司控股股东、实际控制人、董监高，或者其他关联方，利用关联关系损害公司利益时，应当依法承担损害赔偿责任。

本案系托管目标公司的股东的全资子公司利用关联交易损害公司利益，属于《中华人民共和国公司法》第一百五十一条第三款规定中“他人”侵犯公司合法利益给公司造成损失的情形，依法由该全资子公司承担赔偿责任。当关联交易给公司合法权益造成损害，而公司无法或不予追究时，法律赋予符合一定条件的股东有权代表公司提起诉讼，本案目标公司的股东在书面请求公司监事向人民法院提起诉讼，该监事拒绝后，为了公司的利益以自己的名义直接向人民法院提起诉讼，主体适格。本案对于关联交易损害责任纠纷中的关联关系、交易的认定，关联交易中的股东代表诉讼主体资格的确认，均具有典型示范意义。本案的裁判对于强化中小股东利益保护，维护公平竞争的市场秩序具有积极的意义。

063. 公司高管向关联公司采购货物赚取差价，应负赔偿责任[①]

基本案情：台某公司成立于2020年11月3日，登记股东为王某、李某。盛世金某公司成立于2020年12月16日，登记股东为田某、刘某，李某为盛世金某公司法定代表人、执行董事。2021年1月，台某公司授权李某与案外人湖南某公司签订《采购合同》，约定台某公司向湖南某公司提供白酒。2021年1月22日，李某以台某公司授权代表的身份与其担任法定代表人的盛世金某公司签订《购销合同》，由盛世金某公司向台某公司提供白酒，共计529560元。2021年1月25日，台某公司通过银行转账向名为盛世金某公司的账户支付529560元。庭审中，李某认可盛世金某公司购买案涉白酒向贵州某公司转款433992元，而台某公司向盛世金某公司就案涉白酒转款529560元。台某公司自认已经收到《购销合同》中约定的酒品，其中需要交付给案外人湖南某公司的酒品已经交付，剩下不需要交付的自己留存。台某公司诉请：撤销台某公司与盛世金某公司签订的购销合同，由盛世金某公司、李某向其返还货款，上诉中变更为返还差额部分。

裁判结果：贵阳中院生效裁判认为：李某为台某公司的股东、高管，在台某公司授权其对外采购白酒的情况下，与其担任法定代表人的盛世金某公司签订《购销合同》，使盛世金某公司从中赚取一定的利润，损害了台某公司的利益，应向台某公司承担赔偿责任。台某公司、李某均认可其中的差价为95568元，因此，李某应向台某公司赔偿95568元。另，损害台某公司利益的为其股东、高管李某，并非盛世金某公司，且盛世金某公司与台某公司《购销合同》中的白酒已经交付，台某公司也已将案涉白酒交付其相对方，

① 《贵州高院商事审判十大典型案例》（2023年4月12日发布），十、台某公司诉盛世金某公司、李某等公司关联交易损害责任纠纷案，载贵州省高级人民法院微信公众号，https：//mp. weixin. qq. com/s/EZVA940vjBlylnN_ Jdy2Bg，最后访问日期：2023年6月30日。

各方之间的合同义务已经履行完毕，并且台某公司诉请赔偿损失也是基于在合同履行完毕的情况下的损失，台某公司诉请撤销合同及要求盛世金某公司返还货款差价没有依据。据此，二审法院改判由李某赔偿台某公司损失 95568 元。

典型意义

通常而言，关联交易是指公司与其关联人之间发生的一切转移资源或者义务的法律行为。关联交易活动极易造成企业的经营风险及财务风险等，对公平有序经济活动的运行以及投资者的权益保护都有着潜在或直接的影响或损害，依法妥善认定关联交易并加以规制，关系到公司企业的正常运转和稳健经营，关系到法治营商环境的持续优化。

（三）裁判依据

《中华人民共和国民法典》

第八十四条　营利法人的控股出资人、实际控制人、董事、监事、高级管理人员不得利用其关联关系损害法人的利益；利用关联关系造成法人损失的，应当承担赔偿责任。

《中华人民共和国公司法》

第二十一条　公司的控股股东、实际控制人、董事、监事、高级管理人员不得利用其关联关系损害公司利益。

违反前款规定，给公司造成损失的，应当承担赔偿责任。

第二百一十六条　本法下列用语的含义：

……

（四）关联关系，是指公司控股股东、实际控制人、董事、监事、高级管理人员与其直接或者间接控制的企业之间的关系，以及可能导致公司利益转移的其他关系。但是，国家控股的企业之间不仅因为同受国家控股而具有关联关系。

《最高人民法院关于适用〈中华人民共和国公司法〉若干问题的规定（五）》

第一条 关联交易损害公司利益，原告公司依据民法典第八十四条、公司法第二十一条规定请求控股股东、实际控制人、董事、监事、高级管理人员赔偿所造成的损失，被告仅以该交易已经履行了信息披露、经股东会或者股东大会同意等法律、行政法规或者公司章程规定的程序为由抗辩的，人民法院不予支持。

公司没有提起诉讼的，符合公司法第一百五十一条第一款规定条件的股东，可以依据公司法第一百五十一条第二款、第三款规定向人民法院提起诉讼。

第二条 关联交易合同存在无效、可撤销或者对公司不发生效力的情形，公司没有起诉合同相对方的，符合公司法第一百五十一条第一款规定条件的股东，可以依据公司法第一百五十一条第二款、第三款规定向人民法院提起诉讼。

第三条 董事任期届满前被股东会或者股东大会有效决议解除职务，其主张解除不发生法律效力的，人民法院不予支持。

董事职务被解除后，因补偿与公司发生纠纷提起诉讼的，人民法院应当依据法律、行政法规、公司章程的规定或者合同的约定，综合考虑解除的原因、剩余任期、董事薪酬等因素，确定是否补偿以及补偿的合理数额。

七、公司证照返还纠纷

（一）地方法院典型案例

064. 被免职的实际经营人负有返还公司证照义务[①]

基本案情：2008 年 3 月 17 日，某科技有限公司登记设立，现法定代表人为执行董事郭某丽，某科技有限公司实际由经理林某琛负责经营管理。2016 年 9 月 6 日，郭某丽委托律师向某科技有限公司全体股东郭某丽（持股 25%）、陈某燕（持股 25%）、张某云（持股 25%）、林某琛（持股 25%）发出《关于通知召开某科技有限公司股东会临时会议的函》，提议并决定于 2016 年 10 月 16 日 14 时在厦门市湖里区某地召开股东临时会议。

2016 年 10 月 16 日 14 时，某科技有限公司召开股东临时会议，出席会议的有郭某丽、陈某燕的委托代理人保某全及张某云的委托代理人陈某敏，会议形成《股东会决议》，主要内容为：一、重新选聘郭某丽为公司的经理（实际经营管理人），立即免去林某琛的经理职务；二、原经理林某琛必须立即向各位股东书面报告公司成立至今的工作；三、原经理林某琛必须立即向郭某丽提交公司成立至今的财务账册及公司相关往来文件（包括合同），并

① 《厦门市中级人民法院保护中小型投资者典型案例》（2021 年 9 月 27 日发布），十二、某科技有限公司与林某琛公司证照返还纠纷一案——被免职的实际经营人负有返还公司证照义务，载厦门法院网，http://www.xmcourt.gov.cn/ygsf/yshj/bhzxtzz/xcpfgz/202109/t20210928_235761.htm，最后访问日期：2023 年 6 月 30 日。

要求原经理林某琛通知公司原财务人员向郭某丽汇报财务工作，并随时接受公司股东询问及审核；四、原经理林某琛立即向郭某丽移交工作（移交内容包括但不限于公司营业执照正副本、公司税务登记证正副本、公司组织机构代码证正副本、公司开户许可证正本、与公司银行账户有关的密码器与U盾等、公司公章、法定代表人印鉴、公司合同专用章、公司财务专用章、公司发票专用章、公司成立至今的财务账册及公司相关往来文件、公司开票系统及余票等）；五、立即更换公司财务人员并要求其立即移交财务工作；六、因解决公司股东之间纠纷涉及的律师费、案件受理费、公告费、工商税务部门产生的税费由林某琛承担。

林某琛向厦门市思明区人民法院提起诉讼，主张上述《股东会决议》无效，该案经厦门市中级人民法院终审判决，确认上述《股东会决议》中第六项内容无效，驳回林某琛的其他诉讼请求。

某科技有限公司向福建省厦门市湖里区人民法院起诉，请求判令：1. 林某琛立即向某科技有限公司返还公司证照（包括：营业执照正副本、开户许可证正本、与公司银行账户有关的密码器和U盾等、公章、法定代表人印鉴、合同专用章、财务专用章、发票专用章、公司成立至今的财务账册、与公司相关的往来文件、公司开票系统及余票等）；2. 林某琛承担本案公告费300元。

裁判结果：一审法院判决：一、林某琛应于判决生效之日起十日内，向某科技有限公司返还某科技有限公司的营业执照正副本、开户许可证正本、公章、财务专用章、银行账户有关的密码器和U盾、发票开票系统和剩余空白发票、公司成立至今的财务账册等文件资料；二、林某琛应于判决生效之日起十日内，向某科技有限公司支付公告费300元；三、驳回某科技有限公司的其他诉讼请求。宣判后，林某琛不服，向福建省厦门市中级人民法院提起上诉。二审法院判决：驳回上诉，维持原判。

典型意义

本案属于公司证照返还纠纷的典型案例。某科技有限公司的日常经营管理事务均由林某琛负责，郭某丽等其他三位股东均未参与，某科技有限公司的财务人员也由林某琛雇用并发放工资，某科技有限公司的有关证照及财务资料由林某琛通过公司财务人员实际占有并控制。2016 年 10 月 16 日，某科技有限公司股东会作出免除林某琛经理职务并要求林某琛返还其持有的某科技有限公司相关证照等物品的决议，该决议对林某琛具有约束力，林某琛应将其控制的某科技有限公司的相关证照等物品返还给某科技有限公司。本案明确了公司实际经营人（股东）在经公司股东会决议免除职务，原经营人拒不履行股东会决议，继续侵占公司证照拒不返还时，公司依法享有请求其返还的权利，有效地保护了公司及公司其他股东的合法权益，对于此类纠纷的处理具有良好的示范作用。

065. 公司原法定代表人在职务被解除后不再具备持有公司证照、印章的正当性[①]

基本案情：2016 年 11 月，郭某、吴某、游某三人共同出资设立乙公司。其中，郭某持股 70%，含代持他人股份 45%。2020 年 4 月 25 日，乙公司召开股东会议，决议免去郭某公司经理职务……公司法定代表人由郭某变更为邓某。除郭某外，其他参会股东在会议记录上签字。次日，乙公司向郭某邮寄送达通知一份，要求郭某按照 2020 年 4 月 25 日形成的股东会决议向公司新

① 《重庆市第二中级人民法院保市场主体促企业发展典型案例》（2021 年 11 月 25 日发布），四、规范企业内部治理 保障企业交易安全——乙公司与郭某公司证照返还纠纷案，载重庆市第二中级人民法院网站，http：//cq2zy. cqfygzfw. gov. cn/article/detail/2021/11/id/6389147. shtml，最后访问日期：2023 年 6 月 30 日。

任法定代表人邓某移交其持有的乙公司公章、营业执照、销售许可证等，郭某以公司决议无效为由拒绝移交。游某遂以乙公司诉讼代表人的身份提起诉讼，请求判令郭某将所掌握的公司公章、财务章、营业执照、烟花爆竹销售许可证返还给乙公司。

裁判结果：重庆市梁平区人民法院审理后认为，公司证照及印章属公司财产，郭某在被免去公司法定代表人职务后，对公司证照及印章的占有由有权占有转为无权占有，故其应当按照公司通知的要求，向公司新任法定代表人移交上述公司财产，遂判决郭某在判决生效后3日内返还乙公司的公章、财务章、营业执照、烟花爆竹销售许可证。一审宣判后，郭某不服，提起上诉。

重庆市第二中级人民法院审理后认为，公司独立享有财产权，公司证照、印章属于公司财产，其所有权由公司享有。公司法定代表人系代表公司行使民事权利，履行民事义务，只能按照公司意志对公司证照、印章进行管理和使用。郭某的公司法定代表人的身份被免除后，由其持有的上述公司财产应返还于公司。现其以公司决议无效为由拒绝交还公司证照及印章，但并未按照《中华人民共和国公司法》第二十二条的规定在法定期间内请求撤销该决议，故游某作为公司监事有权代表公司要求其交还案涉公司财物。遂判决驳回上诉，维持原判。

典型意义

公司证照及印章是公司作为法人行使权利的重要凭证，对外代表公司意志、确认行为效力，成为经济活动中民事主体之间民商事法律关系成立与否的重要确认手段。审判实践中，民商事纠纷的常见类型表现为证照和印章管理混乱，企业因被个别股东、员工甚至是他人“代理”而遭受损失。因此，规范企业内部治理，督促、引导企业建立科学的证照印章管理制度和流转制度，有助于预防企业“被代理”风险，提升企业风险防范能力，保障企业等市场主体间的交易安全，进而维护交易双方的合法权益。本案中，一、二审法院均确认公司原法定代表人在职务被解除后不再具备持有公司证照、印章的正当性，进而判决由其返还公司证照、印章，对引导企业规范内部治理具有重要意义。

（二）裁判依据

《中华人民共和国民法典》

第二百三十五条　无权占有不动产或者动产的，权利人可以请求返还原物。

第四百五十九条　占有人因使用占有的不动产或者动产，致使该不动产或者动产受到损害的，恶意占有人应当承担赔偿责任。

第四百六十条　不动产或者动产被占有人占有的，权利人可以请求返还原物及其孳息；但是，应当支付善意占有人因维护该不动产或者动产支出的必要费用。

第四部分　公司解散与清算纠纷

一、公司解散纠纷

（一）最高人民法院指导案例

066. 对“公司经营管理是否发生严重困难”的认定[①]

林方清诉常熟市凯莱实业有限公司、戴小明公司解散纠纷案

（最高人民法院审判委员会讨论通过　2012年4月9日发布）

关键词：民事/公司解散/经营管理严重困难/公司僵局

裁判要点

《中华人民共和国公司法》第一百八十三条将“公司经营管理发生严重困难”作为股东提起解散公司之诉的条件之一。判断“公司经营管理是否发生严重困难”，应从公司组织机构的运行状态进行综合分析。公司虽处于盈利状态，但其股东会机制长期失灵，内部管理有严重障碍，已陷入僵局状态，可以认定为公司经营管理发生严重困难。对于符合《中华人民共和国公司法》及相关司法解释规定的其他条件的，人民法院可以依法判决公司解散。

相关法条

《中华人民共和国公司法》第一百八十三条

① 最高人民法院指导案例8号。

基本案情：原告林方清诉称：常熟市凯莱实业有限公司（以下简称凯莱公司）经营管理发生严重困难，陷入公司僵局且无法通过其他方法解决，其权益遭受重大损害，请求解散凯莱公司。

被告凯莱公司及戴小明辩称：凯莱公司及其下属分公司运营状态良好，不符合公司解散的条件，戴小明与林方清的矛盾有其他解决途径，不应通过司法程序强制解散公司。

法院经审理查明：凯莱公司成立于2002年1月，林方清与戴小明系该公司股东，各占50%的股份，戴小明任公司法定代表人及执行董事，林方清任公司总经理兼公司监事。凯莱公司章程明确规定：股东会的决议须经代表二分之一以上表决权的股东通过，但对公司增加或减少注册资本、合并、解散、变更公司形式、修改公司章程作出决议时，必须经代表三分之二以上表决权的股东通过。股东会会议由股东按照出资比例行使表决权。自2006年起，林方清与戴小明两人之间的矛盾逐渐显现。同年5月9日，林方清提议并通知召开股东会，由于戴小明认为林方清没有召集会议的权利，会议未能召开。同年6月6日、8月8日、9月16日、10月10日、10月17日，林方清委托律师向凯莱公司和戴小明发函称，因股东权益受到严重侵害，林方清作为享有公司股东会二分之一表决权的股东，已按公司章程规定的程序表决并通过了解散凯莱公司的决议，要求戴小明提供凯莱公司的财务账册等资料，并对凯莱公司进行清算。同年6月17日、9月7日、10月13日，戴小明回函称，林方清作出的股东会决议没有合法依据，戴小明不同意解散公司，并要求林方清交出公司财务资料。同年11月15日、25日，林方清再次向凯莱公司和戴小明发函，要求凯莱公司和戴小明提供公司财务账册等供其查阅、分配公司收入、解散公司。

江苏常熟服装城管理委员会（以下简称服装城管委会）证明凯莱公司目前经营尚正常，且愿意组织林方清和戴小明进行调解。

另查明，凯莱公司章程载明监事行使下列权利：（1）检查公司财务；（2）对执行董事、经理执行公司职务时违反法律、法规或者公司章程的行为进行监督；（3）当董事和经理的行为损害公司的利益时，要求董事和经理予以纠正；（4）提议召开临时股东会。从 2006 年 6 月 1 日至今，凯莱公司未召开过股东会。服装城管委会调解委员会于 2009 年 12 月 15 日、16 日两次组织双方进行调解，但均未成功。

裁判结果：江苏省苏州市中级人民法院于 2009 年 12 月 8 日以（2006）苏中民二初字第 0277 号民事判决，驳回林方清的诉讼请求。宣判后，林方清提起上诉。江苏省高级人民法院于 2010 年 10 月 19 日以（2010）苏商终字第 0043 号民事判决，撤销一审判决，依法改判解散凯莱公司。

裁判理由：法院生效裁判认为：首先，凯莱公司的经营管理已发生严重困难。根据《中华人民共和国公司法》第一百八十三条和《最高人民法院关于适用〈中华人民共和国公司法〉若干问题的规定（二）》第一条的规定，判断公司的经营管理是否出现严重困难，应当从公司的股东会、董事会或执行董事及监事会或监事的运行现状进行综合分析。“公司经营管理发生严重困难”的侧重点在于公司管理方面存有严重内部障碍，如股东会机制失灵、无法就公司的经营管理进行决策等，不应片面理解为公司资金缺乏、严重亏损等经营性困难。本案中，凯莱公司仅有戴小明与林方清两名股东，两人各占 50%的股份，凯莱公司章程规定“股东会的决议须经代表二分之一以上表决权的股东通过”，且各方当事人一致认可该“二分之一以上”不包括本数。因此，只要两名股东的意见存有分歧、互不配合，就无法形成有效表决，显然影响公司的运营。凯莱公司已持续 4 年未召开股东会，无法形成有效股东会决议，也就无法通过股东会决议的方式管理公司，股东会机制已经失灵。执行董事戴小明作为互有矛盾的两名股东之一，其管理公司的行为，已无法贯彻股东会的决议。林方清作为公司监事不能正常行使监事职权，无法发挥监督作用。由于凯莱公司的内部机制已无法正常运行、无法对公司的经营作出决策，即使尚未处于亏损状况，也不能改变该公司的经营管理已发生严重困难的事实。

其次，由于凯莱公司的内部运营机制早已失灵，林方清的股东权、监事权长期处于无法行使的状态，其投资凯莱公司的目的无法实现，利益受到重大损失，且凯莱公司的僵局通过其他途径长期无法解决。《最高人民法院关于适用〈中华人民共和国公司法〉若干问题的规定（二）》第五条明确规定了“当事人不能协商一致使公司存续的，人民法院应当及时判决”。本案中，林方清在提起公司解散诉讼之前，已通过其他途径试图化解与戴小明之间的矛盾，服装城管委会也曾组织双方当事人调解，但双方仍不能达成一致意见。两审法院也基于慎用司法手段强制解散公司的考虑，积极进行调解，但均未成功。

此外，林方清持有凯莱公司50%的股份，也符合公司法关于提起公司解散诉讼的股东须持有公司10%以上股份的条件。

综上所述，凯莱公司已符合公司法及《最高人民法院关于适用〈中华人民共和国公司法〉若干问题的规定（二）》所规定的股东提起解散公司之诉的条件。二审法院从充分保护股东合法权益，合理规范公司治理结构，促进市场经济健康有序发展的角度出发，依法作出了上述判决。

（二）最高人民法院公报案例及典型案例

067. 因未全面履行出资义务而权利受限的股东，仍可提起解散公司之诉[①]

陈龙与陕西博鑫体育文化传播有限公司等公司解散纠纷案

裁判摘要

一、根据《最高人民法院关于适用〈中华人民共和国公司法〉若干问题的规定（三）》第十六条的规定，股东因未履行或者未全面履行出资义

① 参见《最高人民法院公报》2023年第1期。

务而受限的股东权利，并不包括其提起解散公司之诉的权利。

二、《中华人民共和国公司法》第一百八十二条规定的“严重困难”包括对外的生产经营困难及对内的管理困难。

最高人民法院民事裁定书

【（2021）最高法民申6453号】

再审申请人（一审被告、二审上诉人）：陕西博鑫体育文化传播有限公司。住所地：陕西省西安市高新区丈八路303号陕西省体育训练中心院内训练中心餐厅三楼西侧。

法定代表人：任双成，该公司执行董事兼总经理。

委托诉讼代理人：李洪斌，该公司员工。

被申请人（一审原告、二审被上诉人）：陈龙。

委托诉讼代理人：赵蓓，陕西博硕律师事务所律师。

委托诉讼代理人：丁锦安，陕西博硕律师事务所律师。

一审第三人：任双成。

再审申请人陕西博鑫体育文化传播有限公司（以下简称博鑫公司）因与被申请人陈龙及一审第三人任双成公司解散纠纷一案，不服陕西省高级人民法院（2021）陕民终206号民事判决，向本院申请再审。本院依法组成合议庭进行了审查，现已审查终结。

博鑫公司申请再审称，（一）有“新的证据”九份：证据一，博鑫公司公司章程。证据二，关于催告公司股东陈龙履行出资义务的函。证据三，中国邮政EMS签单据。证据四，（2019）陕证民字第004644号公证书。证据五，股东会议通知及决议。证据六，（2019）陕证民字第005330号公证书。证据七，（2019）陕证民字第005331号公证书。证据八，中共陕西省纪委驻省体育局纪检组《关于举报信中违纪问题举证材料的催办通知》（以下简称

《催办通知》)、陕西省纪委监委驻省文化和旅游厅纪检监察组驻陕文旅纪监询通〔2021〕5号《询问通知书》。证据九，陕西省高级人民法院(2021)陕刑终132号刑事裁定书。以上证据，用于证明下列客观事实：1. 陈龙系《中华人民共和国公务员法》所规定的参公人员，其参股经商行为因违法而无效。2. 陈龙没有履行出资义务，违反公司章程及《中华人民共和国公司法》相关规定，不得行使股东权利。3. 陈龙涉嫌的违法犯罪行为已由纪委和公安机关调查侦查，其中包括利用暴力、软暴力强行入股企业。(二)基于上述事实，二审判决认定陈龙的股东资格并判令解散博鑫公司，违反了《中华人民共和国公务员法》及其他相关法律法规的规定，使陈龙通过恶意诉讼达到了无本获利的非法目的，对博鑫公司和实际出资并自主经营的任双成极不公平，应当依法纠正以保护企业合法权益和营商环境。(三)陈龙申请公司解散的法定条件不成立，二审判决适用法律不当。博鑫公司自设立以来一直依法经营、依法纳税。陈龙要求解散公司的理由是“公司没有给其分红”，没有召开股东大会，事实上陈龙根本没有履行出资义务，公司催告其出资和参加股东大会时均遭其拒绝，陈龙所述的解散理由均没有证据支持。(四)二审程序严重违法。本案曾被二审法院以事实不清为由发回重审，一审法院在事实和证据无变化的情况下作出和重审前一样的判决，有枉法裁判的嫌疑。二审判决未依据事实和法律纠正一审判决错误。综上，博鑫公司依据《中华人民共和国民事诉讼法》第二百条第一项、第二项、第六项之规定，请求再审本案。

陈龙提交意见称，(一)二审判决认定事实的证据充分。博鑫公司在申请书中所述陈龙未出资、身份不符合法律规定等没有事实基础，陈龙是博鑫公司股东且已履行部分出资义务的事实已经人民法院生效判决确认，陈龙起诉解散公司的主体适格。(二)二审判决适用法律正确。一方面，陈龙持有博鑫公司49%的股份，依法享有请求人民法院解散公司的权利。另一方面，博鑫公司自设立以来，长期未召开股东会，两名股东长期冲突，博鑫公司及任双成曾伪造陈龙签名、出具虚假资料变更陈龙股权，博鑫公司、任双成和陈龙就陈龙股东资格问题曾进行过两次诉讼，公司继续存续势必会对陈龙的合法权益造成严重损害，且因陈龙、任双成分别持有49%和51%的股份，无法就公司经营管理中的重大事项作出有效决策，股东会机制实质已经失灵，足以证实公司经营管理发生严重困难。另，任双成因涉嫌违法犯罪，已于2021年3月被纪检监察部门立案调查，博鑫公司两名股东已无共同经营可能性。故博鑫公司解散的法定条件已经成就。（三）二审判决认定事实清楚，适用法律正确，程序正当，博鑫公司称程序违法没有事实和法律基础。另外，二审判决生效后，博鑫公司未能在15日内成立清算组进行清算，故陈龙已向人民法院申请强制清算，陕西省西安市中级人民法院已受理陈龙的申请并于2021年7月13日作出（2021）陕01强清21号之一《关于指定陕西博鑫体育文化传播有限公司清算组的决定》。现博鑫公司清算组正在有序进行清算事宜。

本院经审查认为，本案系当事人申请再审案件，应当围绕博鑫公司的再审事由能否成立进行审查，相应的审查重点为：博鑫公司提供的“新的证据”的证明力；陈龙是否具有博鑫公司股东资格，可否行使提起公司解散之诉的股东权利；博鑫公司是否具备法定解散事由；二审程序是否有严重违法之处。

关于博鑫公司提供的“新的证据”的证明力。关于证据一至七，经查，该七份证据在此前程序已由法院组织质证，且证据一已被法院采用，而证据二至七仅能证明博鑫公司曾催告陈龙出资、参加股东会等，不足以证明陈龙未出资，故该七份证据均不满足“新的证据”的形式要件，也不具有“足以推翻原判决、裁定”的证明力。关于证据八，经查，《催办通知》在此前程序已由人民法院组织质证，《询问通知书》落款时间是在二审判决作出之后，但上述两份通知当中均未明示也无法从中推断陈龙为参公人员，而且另案生效判决已指出陈龙是否为参公人员、是否违反相关法律规定与本案诉争的法律关系并无直接联系，博鑫公司可另寻途径解决，故证据八不具有“足以推翻原判决、裁定”的证明力。关于证据九，经查，虽然该刑事裁定形成于二审庭审结束后，认定的事实亦不包括博鑫公司所称的陈龙强行入股一节，且陈龙仅作为证人参与诉讼，故与本案关联性不足，也不具有“足以推翻原判决、裁定”的证明力。综上，博鑫公司申请再审所提交的“新的证据”，不符合《中华人民共和国民事诉讼法》第二百条第一项规定的情形。

关于陈龙是否具有博鑫公司股东资格，可否行使提起公司解散之诉的股东权利的问题。经查，陈龙持有博鑫公司49%的股份且已实缴部分出资的事实已由一、二审判决根据公司章程、工商登记资料、另案生效裁判查明认定。而且，根据《最高人民法院关于适用〈中华人民共和国公司法〉若干问题的规定（三）》第十六条的规定，股东因未履行或者未全面履行出资义务而受限的股东权利，并不包括其提起解散公司之诉的权利。博鑫公司本节申请再审理由不成立，本院不予支持。

关于博鑫公司是否具备法定解散事由的问题。《中华人民共和国公司法》第一百八十二条规定的“严重困难”包括对外的生产经营困难、对内的管理困难。本案中，一、二审法院已查明认定博鑫公司的股东会机制失灵，股东之间矛盾无法调和，且经法院协调仍难以打破公司僵局；而博鑫公司申请再审事由中也反映出其客观上存在管理方面的严重困难。因此，二审判决认定博鑫公司已具备《最高人民法院关于适用〈中华人民共和国公司法〉若干问题的规定（二）》第一条规定的解散事由，在事实认定和法律适用上并无不当。博鑫公司本节申请再审理由不成立，本院不予支持。

关于二审程序是否有严重违法之处的问题。一方面，博鑫公司未指明其所称程序违法情况符合《中华人民共和国民事诉讼法》第二百条哪项情形，且其所称程序违法情况亦不符合该条任一具体情形。另一方面，2020年4月3日，陕西省西安市中级人民法院就本案作出（2019）陕01民初1276号民事判决，认定陈龙和任双成对博鑫公司出资均存在争议。2020年4月7日，陕西省西安市中级人民法院就另案即博鑫公司与陈龙变更股东登记纠纷案作出（2020）陕01民终803号民事判决，认定陈龙履行了部分出资义务。此后，本案二审法院以本案原一审判决事实不清为由，将本案发回重审。重审后，一审法院已将（2020）陕01民终803号民事判决内容纳入查明事实并作出裁判，二审法院予以维持。上述审理过程，符合法定审判程序。博鑫公司本节申请再审理由不成立，本院不予支持。

综上，博鑫公司的再审申请不符合《中华人民共和国民事诉讼法》第二百条第一项、第二项、第六项规定的情形。本院依照《中华人民共和国民事诉讼法》第二百零四条第一款、《最高人民法院关于适用〈中华人民共和国民事诉讼法〉的解释》第三百九十五条第二款之规定，裁定如下：

驳回陕西博鑫体育文化传播有限公司的再审申请。

068. 大股东利用优势地位损害小股东权益，公司经营管理出现严重困难，小股东可诉请解散公司[①]

吉林省金融控股集团股份有限公司与吉林省金融资产管理有限公司、宏运集团有限公司公司解散纠纷案

裁判摘要

大股东利用优势地位单方决策，擅自将公司资金出借给其关联公司，损害小股东权益，致使股东矛盾激化，公司经营管理出现严重困难，经营目的无法实现，且通过其他途径已无法解决，小股东诉请解散公司的，人民法院应予支持。

① 参见《最高人民法院公报》2021年第1期。

中华人民共和国最高人民法院民事裁定书

【（2019）最高法民申1474号】

再审申请人（一审被告、二审上诉人）：吉林省金融资产管理有限公司。住所地：吉林省长春市净月开发区生态大街6666号创业服务中心大楼东配楼2034室。

法定代表人：王宝军，该公司董事长。

委托诉讼代理人：张小健，北京市天同（沈阳）律师事务所律师。

再审申请人（一审第三人、二审上诉人）：宏运集团有限公司。住所地：辽宁省葫芦岛市龙岗区锦湖路41号楼。

法定代表人：张新建，该公司经理。

委托诉讼代理人：曹琳，北京市天同（沈阳）律师事务所律师。

委托诉讼代理人：李壮，北京市天同（沈阳）律师事务所律师。

被申请人（一审原告、二审被上诉人）：吉林省金融控股集团股份有限公司。住所地：吉林省长春市人民大街10606号。

法定代表人：李来华，该公司董事长。

委托诉讼代理人：曾庆华，吉林功承律师事务所律师。

再审申请人吉林省金融资产管理有限公司（以下简称金融管理公司）、宏运集团有限公司（以下简称宏运集团公司）因与被申请人吉林省金融控股集团股份有限公司（以下简称金融控股公司）公司解散纠纷一案，不服吉林省高级人民法院（2018）吉民终619号民事判决，向本院申请再审。本院依法组成合议庭进行了审查，现已审查终结。

金融管理公司、宏运集团公司依据《中华人民共和国民事诉讼法》第二百条第二项、第六项的规定申请再审。主要事实和理由：（一）金融管理公司的股东会及董事会能够合法召集并形成有效决议，在公司治理层面上并无经营管理严重困难的情形，一审判决认定公司治理机制失灵并据此解散公司，认定事实及适用法律均有错误。1. 金融管理公司能够且实施了股东会、董事会的召集、召开和表决等事项，本案不存在公司持续两年不能做出有效股东会决议的事实。2. 本案不符合《最高人民法院关于适用若干问题的规定(二)》第一条第一款第一项、第二项、第三项所规定的公司司法解散法定事由。本案不存在金融管理公司持续两年无法召开股东会及不能做出股东会决议的事实；根据公司股权比例和股东会议事规则，金融管理公司随时有能力召开股东会并做出有效决议；起诉后金融控股公司委派董事拒绝出席董事会，且该情形不应作为考量公司治理结构是否有效运行的事实因素，故本案并不存在应当强制解散公司的董事会僵局。(二) 一审判决认为金融管理公司在未经股东协商情况下将大量资金外借给宏运集团公司的关联公司，导致经营管理发生严重困难，该认定与事实不符，应予纠正。金融管理公司向宏运集团公司的关联公司提供借款是股东双方的共同意思表示，且借款行为并未造成金融管理公司的实际损失，也未造成公司业务不能开展的后果。(三) 金融管理公司持续开展主营业务，且主营业务发展状况并不属于公司司法解散的法定理由。二审判决认为“背离公司设立宗旨”即构成公司司法解散意义上的“经营管理发生严重困难”，认定事实及适用法律均有错误，应予纠正。1. 金融管理公司一直致力于开展不良资产收购处置业务，但受客观因素限制，成果并不理想，一审判决认为从未开展不良资产批量收购处置业务，与事实不符。2. 根据已公开数据，同时期国内其他地方资产管理公司运营情况也不理想。3. 原审判决均认为“背离公司设立宗旨”的行为符合“经营管理严重困难”的公司司法解散条件，属法律适用错误。4. 即便金融管理公司存在“背离公司设立宗旨”的行为，金融控股公司依法可以采取提议公司解散、要求公司回购股权、减少注册资本及股权转让等方式进行合理救济，但其并未行使上述权利。(四) 从股东间沟通情况来看，人合性基础并未丧失。如无政府意志干预，金融管理公司并未陷入司法解散意义上的公司僵局。(五) 二审判决的裁判理由中，“金融控股公司无法做出此种选择（出售股权）”，存在明显的地方保护色彩，没有任何事实与法律依据。

金融控股公司答辩称：一、二审判决认定事实清楚，适用法律正确，请求驳回二申请人的再审申请。主要事实与理由：（一）宏运集团公司滥用大股东优势地位压制、排挤金融控股公司参与经营决策权利，操纵金融管理公司擅自决定重大经营事项，使公司运行决策机制失灵，违背设立目的，发生经营管理严重困难，继续存续将造成股东利益严重损害。为此，吉林省金融办发函履行金融监管职责，以促成金融管理公司收回资金并回归主营业务。（二）金融管理公司经营决策机制失灵，人合性基础丧失，无法通过其他方式解决。宏运集团公司滥用大股东优势地位，长期架空公司股东会、董事会，95%以上注册资金被擅自挪用拒不归还，致使双方矛盾激化。自2016年年底双方即开始进行股权磋商，但最终未找到其他解决途径。金融管理公司也从2017年起停止一切经营活动，原有人员陆续离职，经营场所被收回，已事实上解体，继续存续将造成重大损害。（三）《中华人民共和国公司法》第一百八十二条规定的公司解散条件，不应限于《最高人民法院关于适用〈中华人民共和国公司法〉若干问题的规定（二）》第一条规定的几种情形，应当从公司组织机构运行状态综合分析公司解散条件是否成就。且双方经原审法院主持，已穷尽所有内外部救济手段，均无现实可行的解决方案。

本院认为，本案当事人各方争议的核心是金融管理公司是否符合司法解散的条件，审查的焦点问题为：金融管理公司经营管理是否发生严重困难，继续存续是否会使股东利益受到重大损失；公司困境是否能够通过其他途径解决。

一、关于公司经营管理是否发生严重困难，继续存续是否会使股东利益受到重大损失的问题

对于公司经营管理发生严重困难可以提起司法解散的情形，有关法律、司法解释作出了明确规定。《中华人民共和国公司法》第一百八十二条规定，公司经营管理发生严重困难，继续存续会使股东利益受到重大损失，通过其

他途径不能解决的，持有公司全部股东表决权百分之十以上的股东，可以请求人民法院解散公司。《最高人民法院关于适用〈中华人民共和国公司法〉若干问题的规定（二）》第一条规定，股东以下列事由之一提起解散公司诉讼，并符合《中华人民共和国公司法》第一百八十二条规定的，人民法院应予受理：(1) 公司持续两年以上无法召开股东会或者股东大会，公司经营管理发生严重困难的；(2) 股东表决时无法达到法定或者公司章程规定的比例，持续两年以上不能做出有效的股东会或者股东大会决议，公司经营管理发生严重困难的；(3) 公司董事长期冲突，且无法通过股东会或者股东大会解决，公司经营管理发生严重困难的；(4) 经营管理发生其他严重困难，公司继续存续会使股东利益受到重大损失的情形。本案中，认定金融管理公司经营管理是否发生严重困难、应否司法解散即以此为据。根据一、二审判决查明的事实，本院认为一、二审判决认定金融管理公司经营管理发生严重困难符合司法解散的条件并无不当。

首先，从公司经营方面看。金融管理公司作为吉林省人民政府批准设立的省内唯一一家地方资产管理公司，主营业务为不良资产批量收购、处置，以防范和化解地方金融风险。但金融管理公司成立后不久，在未经股东会、董事会审议决定的情况下，宏运集团公司即利用对金融管理公司的控制地位，擅自将10亿元注册资本中的9.65亿元外借给其实际控制的关联公司宏运投资控股有限公司、辽宁足球俱乐部股份有限公司及宏运商业集团有限公司，这是股东之间产生矛盾乃致其后公司人合性丧失的诱因。虽然此后金融控股公司及吉林省金融监管部门多次催促宏运集团公司解决借款问题、保障公司回归主营业务，宏运集团公司也承诺最迟于2015年年底前收回外借资金，但截至2016年12月31日，金融管理公司的对外借款问题仍未解决，其银行存款余额仅为2686465.85元。由于金融管理公司的经营资金被宏运集团公司单方改变用途作为贷款出借且长期无法收回，导致公司批量收购、处置不良资产的主营业务无法正常开展，也使公司设立的目的落空，公司经营发生严重困难。

其次，从公司管理机制运行方面看。金融管理公司于 2015 年 2 月 28 日成立后，除 2015 年 4 月 27 日召开过董事会外，未按公司章程规定召开过股东年会和董事会例会。2015 年 12 月 18 日召开的股东会、董事会，是在股东双方发生分歧之后召开的临时股东会和董事会临时会议。此后直至金融控股公司于 2017 年 10 月提起本案诉讼，虽然股东双方之间已经出现矛盾，公司经营也已出现严重困难，但金融管理公司未能召开股东会、董事会对存在的问题妥善协商加以解决。金融控股公司提起本案诉讼后，金融管理公司虽于 2017 年 11 月先后召开了董事会和股东会，但董事出席人数不符合章程规定的董事会召开条件，股东会也仅有宏运集团公司单方参加。金融控股公司完全否认该次股东会、董事会召集程序的合法性和决议的有效性，且股东双方已经对簿公堂，证明股东之间、董事之间的矛盾已经激化且无法自行调和，股东会、董事会机制已经不能正常运行和发挥作用。在此情形下，继续维持公司的存续和股东会的非正常运行，只会产生大股东利用其优势地位单方决策，压迫损害另一小股东利益的后果。

二、关于公司困境是否能够通过其他途径解决的问题

金融控股公司与宏运集团公司因资金外借出现矛盾后，双方自 2015 年起即开始协调解决，但直至本案成讼仍未妥善解决，股东间的信任与合作基础逐步丧失。其间，双方也多次沟通股权结构调整事宜，但始终未能就股权转让事宜达成一致。在本案诉讼期间，一审法院于近十个月的期间内，多次组织双方进行调解，试图通过股权转让、公司增资、公司控制权转移等多种途径解决纠纷，但股东双方均对对方提出的调解方案不予认可，最终未能达成调解协议。在司法解散之外的其他途径已经穷尽仍无法解决问题的情形下，一、二审法院判决解散金融管理公司，于法于理均无不当。

综上，金融管理公司、宏运集团公司的再审申请不符合《中华人民共和国民事诉讼法》第二百条第二项、第六项规定的情形。本院依照《中华人民

共和国民事诉讼法》第二百零四条第一款、《最高人民法院关于适用〈中华人民共和国民事诉讼法〉的解释》第三百九十五条第二款之规定，裁定如下：

驳回吉林省金融资产管理有限公司、宏运集团有限公司的再审申请。

069. 公司解散的法定条件的认定[①]

吉林荟冠投资有限公司及第三人东证融成资本管理有限公司与长春东北亚物流有限公司、第三人董占琴公司解散纠纷案

裁判摘要

公司解散的目的是维护小股东的合法权益，其实质在于公司存续对于小股东已经失去了意义，表现为小股东无法参与公司决策、管理、分享利润，甚至不能自由转让股份和退出公司。在穷尽各种救济手段的情况下，解散公司是唯一的选择。公司理应按照公司法良性运转，解散公司也是规范公司治理结构的有力举措。

中华人民共和国最高人民法院民事裁定书

【（2017）最高法民申2148号】

再审申请人（一审第三人）：董占琴。

委托诉讼代理人：于宏华，吉林创一律师事务所律师。

委托诉讼代理人：朱春光，北京市炜衡（沈阳）律师事务所律师。

再审申请人（一审被告、二审上诉人）：长春东北亚物流有限公司。

---

① 参见《最高人民法院公报》2018年第7期。

法定代表人：董占琴，该公司董事长。

委托诉讼代理人：张曼莉，北京市炜衡（沈阳）律师事务所律师。

委托诉讼代理人：朱春光，北京市炜衡（沈阳）律师事务所律师。

被申请人（一审原告、二审被上诉人）：吉林荟冠投资有限公司。

法定代表人：岳颖茂，该公司董事长。

一审第三人：东证融成资本管理有限公司。

法定代表人：宋某某，该公司总经理

委托诉讼代理人：金恬，该公司员工。

再审申请人董占琴、长春东北亚物流有限公司（以下简称东北亚公司）因与被申请人吉林荟冠投资有限公司（以下简称荟冠公司）及一审第三人东证融成资本管理有限公司（以下简称东证公司）公司解散纠纷一案，不服吉林省高级人民法院（2016）吉民终569号民事判决，向本院申请再审。本院依法组成合议庭对本案进行了审查，现已审查终结。

董占琴申请再审称，1. 东北亚公司持续盈利，一审、二审法院认定东北亚公司经营管理出现了严重困难，公司股东会、董事会、监事会等权力机构不能正常运行，决策机构失灵，股东之间发生矛盾不可调和，证据不足。2. 二审法院认定公司继续存续会使荟冠公司股东权益受到重大损失，缺乏依据。3. 二审法院认定公司经营管理上的重大困难通过其他途径不能解决，认定事实错误。4. 一审、二审法院判决解散东北亚公司适用法律错误。董占琴依据《中华人民共和国民事诉讼法》第二百条第二项、第六项的规定申请再审。

东北亚公司申请再审称，1. 东北亚公司经营并未陷入僵局，经营管理未发生严重困难。2. 没有证据显示东北亚公司继续存续会使股东利益受到重大损失，东北亚公司连年盈利。3. 荟冠公司意图谋取高额回报而解散公司，并非穷尽司法救济渠道解决现有纠纷，并不符合通过其他途径不能解决的法定条件。东北亚公司依据《中华人民共和国民事诉讼法》第二百条第二项、第六项的规定申请再审。

荟冠公司提交意见称，一审、二审法院认定事实清楚，证据充分，适用法律正确。董占琴及东北亚公司的再审申请缺乏事实及法律依据，请求予以驳回。

本院认为，本案的焦点问题是东北亚公司是否符合公司解散的法定条件。

首先，关于法律适用问题。2004 年 9 月 20 日东北亚公司注册成立，至 2015 年 12 月东北亚公司工商登记显示，荟冠公司持股 44%，董占琴持股 51%，东证公司持股 5%。荟冠公司以东北亚公司经营管理发生严重困难、其股东利益受到重大损害、通过其他途径不能解决僵局等事实为由，请求解散东北亚公司。需要指出的是，有限责任公司系具有自主决策和行为能力的组织体，虽然公司会由于内部成员间的对抗而出现机制失灵、无法运转，公司决策和管理无法形成有效决议而陷入僵局，但是基于公司永久存续性的特征，国家公权力对于股东请求解散公司的主张必须秉持谨慎态度。当股东之间的冲突不能通过协商达成谅解，任何一方都不愿或无法退出公司时，为保护股东的合法权益，强制解散公司就成为唯一解决公司僵局的措施。因此，《中华人民共和国公司法》第一百八十二条规定："公司经营管理发生严重困难，继续存续会使股东利益受到重大损失，通过其他途径不能解决的，持有公司全部股东表决权百分之十以上的股东，可以请求人民法院解散公司。"并且，《最高人民法院关于适用〈中华人民共和国公司法〉若干问题的规定（二）》第一条第一款规定了人民法院受理解散公司诉讼案件形式要件及判决是否解散公司实体审查标准的四种情形：1. 公司持续两年以上无法召开股东会或者股东大会，公司经营管理发生严重困难；2. 股东表决时无法达到法定或者公司章程规定的比例，持续两年以上不能做出有效的股东会或者股东大会决议，公司经营管理发生严重困难的；3. 公司董事长期冲突，且无法通过股东会或者股东大会解决，公司经营管理发生严重困难的；4. 经营管理发生其他严重困难的，公司继续存续会使股东利益受到重大损失的情形。在公司解散案件中，法律并未设置主张解散公司的股东需要行使某项权利作为请求人民法院解散公司的前置程序。一审、二审法院依照《中华人民共和国公司法》第一百八十二条、《最高人民法院关于适用〈中华人民共和国公司法〉若干问题的规定（二）》第一条第一款之规定，根据查明的案件事实，在多次调解未果的情况下，为充分保护公司股东合法权益，依法规范公司治理结构，促进市场经济健康发展，作出解散东北亚公司的判决，适用法律并无不当。

其次，关于东北亚公司是否符合公司解散的法定条件的问题。（一）东北亚公司的经营管理已发生严重困难。判断公司的经营管理是否出现严重困难，应当从公司组织机构的运行状态进行综合分析，公司是否处于盈利状态并非判断公司经营管理发生严重困难的必要条件。其侧重点在于公司经营管理是否存在严重的内部障碍，股东会或董事会是否因矛盾激化而处于僵持状态，一方股东无法有效参与公司经营管理。就本案而言，可以从董事会、股东会及监事会运行机制三个方面进行综合分析。根据一审、二审法院查明的事实：关于董事会方面，东北亚公司董事会有5名成员，董占琴方3人，荟冠公司方2人。公司章程第五十三条规定：董事会会议由董事代股东行使表决权，董事会会议对所议事项作出决议，决议应由代表3/5以上（含本数）表决权的董事表决通过。根据以上规定，董占琴方提出的方案，无须荟冠公司方同意即可通过。荟冠公司曾3次提出修改公司章程，均遭到董占琴的拒绝。此外荟冠公司向东证公司转让部分股权一事，东北亚公司拒绝配合，最终通过诉讼才得以实现。2013年8月6日起，东北亚公司已有两年未召开董事会，董事会早已不能良性运转。关于股东会方面，自2015年2月3日至今，东北亚公司长达两年时间没有召开股东会，无法形成有效决议，更不能通过股东会解决董事间激烈的矛盾，股东会机制失灵。关于监事会方面，东北亚公司成立至今从未召开过监事会，监事亦没有依照公司法及公司章程行使监督职权。综上，客观上东北亚公司董事会已由董占琴方控制，荟冠公司无法正常行使股东权利，无法通过委派董事加入董事会参与经营管理。东北亚公司的内部机构已不能正常运转，公司经营管理陷入僵局。（二）东北亚公司继续存续会使荟冠公司股东权益受到重大损失。公司股东依法享有选择管理者、参与重大决策和分取收益等权利。本案中，荟冠公司已不能正常委派管理者。2007年8月29日，荟冠公司推荐常某某出任总经理，2015年3月11日，荟冠公司委派宋某某、徐某某出任董事并担任副董事长和副总经理，东北亚公司均以未达到公司章程规定的3/5决策比例为由拒绝，东北亚公司人事任免权完全掌握在董占琴一方。荟冠公司不能正常参与公司重大决策，东北亚公司向董占琴个人借款7222万元，没有与之对应的股东会或董事会决议，另外审计报告显示董占琴的关联方从东北亚公司借款近1亿元。2014年10月，东北亚公司向中国工商银行申请了5000万元贷款，而荟冠公司对于该笔贷款的用途并不知晓。2015年东北亚公司粮油市场改造扩建一事，荟冠公司及其委派的董事也并未参与。荟冠公司未能从东北亚公司获取收益，东北亚公司虽称公司持续盈利，但多年并未分红。荟冠公司作为东北亚公司的第二大股东，早已不能正常行使参与公司经营决策、管理和监督以及选择管理者的股东权利，荟冠公司投资东北亚公司的合同目的无法实现，股东权益受到重大损失。（三）通过其他途径亦不能解决东北亚公司股东之间的冲突。基于有限责任公司的人合性，股东之间应当互谅互让，积极理性地解决冲突。在东北亚公司股东发生矛盾冲突后，荟冠公司试图通过修改公司章程改变公司决策机制解决双方纠纷，或通过向董占琴转让股权等退出公司的方式解决公司僵局状态，但均未能成功。即使荟冠公司向东证公司转让部分股权，也由于荟冠公司与董占琴双方的冲突历经诉讼程序方能实现。同时，一审法院基于慎用司法手段强制解散公司，多次组织各方当事人进行调解。在二审法院调解过程中，荟冠公司、东证公司主张对东北亚公司进行资产价格评估，确定股权价格后，由董占琴收购荟冠公司及东证公司所持东北亚公司的股权，荟冠公司及东证公司退出东北亚公司，最终各方对此未能达成一致意见，调解未果。东北亚公司僵局状态已无法通过其他途径解决。综合来看，东北亚公司股东及董事之间长期冲突，已失去继续合作的信任基础，公司决策管理机制失灵，公司继续存续必然损害荟冠公司的重大利益，且无法通过其他途径解决公司僵局，荟冠公司坚持解散东北亚公司的条件已经成就。

综上，董占琴和东北亚公司的再审申请均不符合《中华人民共和国民事诉讼法》第二百条第二项、第六项规定的情形。依照《中华人民共和国民事诉讼法》第二百零四条第一款、《最高人民法院关于适用〈中华人民共和国民事诉讼法〉的解释》第三百九十五条第二款之规定，裁定如下：

驳回董占琴、长春东北亚物流有限公司的再审申请。

070. 判决公司解散的实质审查条件①

仕丰科技有限公司与富钧新型复合材料（太仓）有限公司、第三人永利集团有限公司解散纠纷案

裁判摘要

一、《中华人民共和国公司法》第一百八十三条既是公司解散诉讼的立案受理条件，同时也是判决公司解散的实质审查条件，公司能否解散取决于公司是否存在僵局且符合《中华人民共和国公司法》第一百八十三条规定的实质条件，而不取决于公司僵局产生的原因和责任。即使一方股东对公司僵局的产生具有过错，其仍然有权提起公司解散之诉，过错方起诉不应等同于恶意诉讼。

二、公司僵局并不必然导致公司解散，司法应审慎介入公司事务，凡有其他途径能够维持公司存续的，不应轻易解散公司。当公司陷入持续性僵局，穷尽其他途径仍无法化解，且公司不具备继续经营条件，继续存续将使股东利益受到重大损失的，法院可以依据《中华人民共和国公司法》第一百八十三条的规定判决解散公司。

① 参见《最高人民法院公报》2014年第2期。

最高人民法院民事判决书

【(2011)民四终字第29号】

上诉人(原审被告):富钧新型复合材料(太仓)有限公司。住所地:中华人民共和国江苏省太仓市浮桥镇沪浮璜公路88号。

法定代表人:黄崇胜,该公司董事长。

委托代理人:包忠华,江苏金太律师事务所律师。

被上诉人(原审原告):仕丰科技有限公司(SHIN FENG TECHNOLOGY CO., LTD)。住所地:萨摩亚国爱匹亚境外会馆大楼×××号(OFFSHORE CHAMBERS, P. O. BOX217, APIA, SAMOA)。

法定代表人:郑萍,该公司董事。

委托代理人:于云斌,北京市法大律师事务所律师。

委托代理人:张博钦。

原审第三人:永利集团有限公司(WINNING GROUP LIMITED)。住所地:萨摩亚国爱匹亚境外会馆大楼×××号(OFFSHORE CHAMBERS, P. O. BOX217, APIA, SAMOA)。

法定代表人:黄崇胜,该公司董事。

委托代理人:曹全南,江苏金太律师事务所律师。

上诉人富钧新型复合材料(太仓)有限公司(以下简称富钧公司)因与被上诉人仕丰科技有限公司(以下简称仕丰公司)、原审第三人永利集团有限公司(以下简称永利公司)公司解散纠纷一案,不服江苏省高级人民法院于2011年5月26日作出的(2007)苏民三初字第3号民事判决,向本院提起上诉。本院受理后,依法组成由审判员陈纪忠担任审判长,审判员高晓力、代理审判员沈红雨参加的合议庭,于2011年10月27日公开开庭审理了本案,书记员张伯娜担任本案记录。上诉人富钧公司的委托代理人包忠华,被上诉人仕丰公司的原委托代理人朱小波、朱雷,原审第三人永利公司的委托代理人曹全南,到庭参加诉讼。2012年3月22日,本院收到仕丰公司从境外寄交并已依法办理公证认证手续的授权委托书，终止对朱小波、朱雷的授权，并重新委托于云斌及张博钦担任该公司的委托代理人。本案现已审理终结。

仕丰公司向原审法院起诉称：富钧公司注册资本1000万美元，永利公司占40%的出资比例，仕丰公司占60%的出资比例。2004年4月28日，在仕丰公司缺席情况下，永利公司假冒仕丰公司董事签名，伪造董事会决议，单方修改章程，确定“董事长由乙方（永利公司）委派”，以虚假材料报批并进行了变更登记。永利公司通过欺诈手段，使得其委派的董事黄崇胜“合法”地通过董事长地位控制富钧公司，将仕丰公司委派董事排挤出富钧公司，并与其关联公司恶意交易，严重损害富钧公司大股东利益。富钧公司长期不召开董事会，未向仕丰公司通报经营及财务状况，永利公司又拒绝仕丰公司关于纠正公司治理结构的合理主张，仕丰公司作为股东所享有的资产收益、参与重大决策和选择管理者的权利完全落空。仕丰公司认为，富钧公司股东间的利益冲突和矛盾，使得富钧公司的运行机制完全失灵，作为权力机构的董事会无法对富钧公司的任何事项作出决议，公司运行陷于僵局，经营管理发生严重困难，导致富钧公司及大股东合法利益受到严重侵害，符合《中华人民共和国公司法》第一百八十三条规定的情形。请求判令解散富钧公司并由富钧公司承担案件受理费。

富钧公司答辩称：仕丰公司所称永利公司假冒仕丰公司董事签名，伪造董事会决议等情况均非事实。永利公司与仕丰公司合作成立富钧公司后，实际上运作均由仕丰公司委派的董事张博钦进行，黄崇胜虽是董事长但不参与经营。2005年4月7日，张博钦擅离职守，黄崇胜才接手经营管理到现在。黄崇胜一直要求仕丰公司委派董事张博钦回来履职，召开董事会，但其从来没有回富钧公司履行义务，不能召开董事会以及股东之间的矛盾是由仕丰公司引起的。富钧公司并未出现公司僵局，更没有出现经营管理严重困难，公司一直在正常发展，且发展势头很好。仕丰公司委派的董事张博钦在山东成立了与富钧公司经营同种产品的济南同镒节能材料有限公司（以下简称同镒公司)。仕丰公司提出诉讼就是为了解散富钧公司，以达到其所成立的同镒公司独占市场的目的。请求驳回仕丰公司诉讼请求。

永利公司陈述称：同意富钧公司的意见。

原审法院经审理查明：2002年11月27日，萨摩亚PEREZ LIMITED有限公司发起设立外商独资企业贝克莱新型复合材料（太仓）有限公司（以下简称贝克莱公司），注册资本105万美元。2004年4月28日，贝克莱公司因股东资本金没有到位，通过董事会决议决定将该公司所有股份转让给永利公司，并接纳仕丰公司作为贝克莱公司投资者并追加投资；重新任命黄崇胜为贝克莱公司董事长，郑素兰、张博钦为贝克莱公司董事；同时要求进行章程变更并经投资方确认通过后，报原审批部门审批登记。

贝克莱公司工商登记中2004年4月28日的公司章程载明：永利公司与仕丰公司共同投资贝克莱公司并追加投资。追加投资后公司注册资本1000万美元，其中永利公司出资额400万美元（现汇40万美元，机器设备折价360万美元），占40%的出资比例，仕丰公司出资额600万美元（现汇60万美元，机器设备折价540万美元），占60%的出资比例。章程第十七条规定，公司设立董事会，董事会是公司的最高权力机构。第二十一条规定，董事会由三名董事组成，仕丰公司委派两名，永利公司委派一名，董事长由永利公司委派。第二十三条规定，董事会实行例行会议及临时会议制度，例行会议在年度结束以内举行，临时会议在认为必要的时候举行。第二十四条规定，董事会会议由董事长召集并主持，当董事长缺席时可由其委托人主持。第二十五条规定，董事会会议必须由全体董事出席。董事因故不能出席董事会会议，可以书面委托代理人出席。第二十六条规定，董事会会议每年召开一次，经三分之一董事提议可召开临时会议。董事会书面决议和董事会的议事记录由出席会议的董事全体签名，并由公司保存。第二十七条规定，公司设经营管理机构，下设生产、技术、销售、财务、行政等部门，并设总经理一名，由仕丰公司推荐。总经理执行董事会的各项决议，行使公司日常经营管理业务。时任仕丰公司法定代表人郑素兰在章程上签字并加盖印章，永利公司法定代表人黄崇胜在章程上签字。

2004年5月12日，太仓市对外贸易经济合作局批复同意贝克莱公司股东变更、增资、董事会变更和章程变更。贝克莱公司办理了相应的工商变更登记手续，黄崇胜担任贝克莱公司董事长，郑素兰、张博钦担任董事，聘请张博钦担任总经理。仕丰公司否认郑素兰在公司章程等上的签名及签章，同时称不知道公司董事会成员的组成结构。

贝克莱公司工商登记手续变更后，张博钦担任总经理并负责贝克莱公司的筹建和生产经营。2004年8月1日，怡球金属（太仓）有限公司（以下简称怡球公司）与贝克莱公司签署厂房租赁合同一份，约定贝克莱公司租赁怡球公司厂房4700平方米，每月租金人民币79900元。同日签订的补充协议约定，贝克莱公司分五年每季度向怡球公司支付电力开户增容费人民币6万元，共计支付人民币120万元。2004年10月，贝克莱公司正式投产运营，并经董事会决议，报太仓市对外贸易经济合作局批复同意后，于2004年11月23日经工商机关变更名称，贝克莱公司更名为富钧公司。

2005年4月7日，仕丰公司和永利公司因对富钧公司治理结构、专利技术归属、关联交易等方面发生争议，总经理张博钦离开富钧公司，此后富钧公司由董事长黄崇胜进行经营管理至今。富钧公司总经理张博钦离职后，为了解决富钧公司经营管理问题，仕丰公司和永利公司及富钧公司通过各自律师进行大量函件往来，沟通召开董事会事宜，最终于2006年3月31日召开了富钧公司第一次临时董事会，黄崇胜、张博钦（同时代理郑素兰）参加会议，但董事会未形成决议。此后仕丰公司和永利公司对富钧公司的治理等问题进行书面函件交流，但未能达成一致意见，董事会也未能再次召开。

2005年4月15日，怡球公司以富钧公司拖欠租金、水电费、电力增容费为由诉至江苏省太仓市人民法院。2005年5月9日，江苏省太仓市人民法院以（2005）太民一初字第0745号民事判决判令富钧公司向怡球公司支付相关费用及逾期利息共计人民币399904.73元。

2006年12月18日，经昆山公信会计师事务所有限公司验资，截至2005年3月14日，富钧公司共实收资本8899945美元，其中永利公司以机器设备出资360万美元，仕丰公司以机器设备出资500万美元，现汇出资299945美元。富钧公司历年来的经营状况为：2004年10~12月销售收入人民币464万元，净利润人民币-140万元，固定资产折旧人民币102万元；2005年销售收入人民币669万元，净利润人民币-833万元，固定资产折旧人民币703万元；2006年销售收入人民币909万元，净利润人民币-792万元，固定资产折旧人民币701万元；2007年销售收入人民币1036万元，净利润人民币-613万元，固定资产折旧人民币571万元；2008年销售收入人民币734万元，净利润人民币-627万元，固定资产折旧人民币556万元；2009年销售收入人民币804万元，净利润人民币-478万元，固定资产折旧人民币-446万元；2010年1~6月销售收入人民币359万元，净利润人民币-350万元，固定资产折旧人民币280万元。

2004年7月28日，COMPOS国际股份有限公司成立外商独资企业同镒公司，张博钦任公司董事长兼总经理。该公司生产产品与富钧公司相同。2008年3月，富钧公司以张博钦、同镒公司为被告向山东省济南市中级人民法院提起损害公司利益赔偿纠纷案，该案尚未审结。

在审理本案过程中，原审法院以维持富钧公司存续为目标进行了多轮调解工作，首先要求三方当事人围绕改进和重构富钧公司治理结构进行磋商，力求建立各方均能接受的公司经营管理的方式。虽然三方当事人提出了许多建设性意见，但因无法建立信任关系而未能达成共同经营管理公司的方案。其次要求三方当事人围绕单方股东退出公司进行磋商，因股权收购的价格无法达成一致，未能实现单方股东转让股权、退出公司经营管理的目标。

原审法院审理认为：（一）关于法律适用问题。根据《中华人民共和国涉外民事关系法律适用法》第十四条规定，法人及其分支机构的民事权利能力、民事行为能力、组织机构、股东权利义务等事项，适用登记地法律。本案性质为公司解散纠纷，是公司股东基于行使股东权利而提起的变更之诉。被请求解散的富钧公司是外商投资企业，登记注册地在中华人民共和国，属于中国企业法人，依法应适用富钧公司登记地中华人民共和国法律作为解决纠纷的准据法。同时，各方当事人当庭明确表示选择适用中华人民共和国法律，当事人意思表示一致。因此，该院确定中华人民共和国法律作为解决本案纠纷的准据法。

（二）关于富钧公司是否符合《中华人民共和国公司法》第一百八十三条规定的司法解散公司条件。第一，仕丰公司具备提起解散公司诉讼的主体资格。《中华人民共和国公司法》第一百八十三条规定持有公司全部股东表决权10%以上的股东才具有提起解散公司诉讼的主体资格。本案中仕丰公司占有富钧公司60%股权，其单独股东表决权已经超过了全部股东表决权的10%。

第二，富钧公司经营管理确实发生严重困难。经营管理严重困难是有限责任公司陷入僵局的第一个要件。所谓公司僵局，是指在公司内部治理过程中，公司因股东间或公司管理人员之间的利益冲突和矛盾，一切决策和管理机制均陷入瘫痪，股东大会或董事会由于对方的拒绝参加而无法召集，任何一方的提议都不被其他方接受或认可，或者即使能够举行会议，也因各方成员持有不同的见解，而无法通过任何决议的一种状态。本案中，富钧公司经营管理已经发生严重困难。一是富钧公司的最高权力机构董事会长期无法履行职能。自2005年4月7日富钧公司总经理张博钦离开公司之后，富钧公司仅于2006年3月31日召开过一次未能做出决议的临时董事会，董事会在长达六年多时间内未能履行章程规定的职能。二是公司董事冲突长期无法解决。富钧公司董事、总经理张博钦因在公司治理结构、关联交易等方面与董事长黄崇胜发生争议，自行离开公司后，数年来富钧公司三个董事均通过律师进行函件往来，但并未能就解除公司经营管理的分歧达成一致，冲突始终存在。

同时张博钦就任同镒公司法定代表人后，又引发富钧公司诉张博钦损害公司利益诉讼，使得各方的冲突加剧。三是公司章程规定的公司经营管理模式成为空设。富钧公司章程中规定总经理执行董事会的各项决议，行使公司的日常经营管理业务。张博钦作为富钧公司聘用的总经理长期不进行公司经营管理，公司由一方股东委派的董事长一人进行管理，使公司章程规定的公司治理结构成为空设。

第三，公司继续存续会使公司股东权益受到重大损失。一方面从富钧公司的经营状况来看，股东的投资长期未能获得回报。富钧公司自成立开始至今一直处于亏损状态，虽然在黄崇胜长达六年的单方经营管理中，富钧公司的亏损在逐年减少，但始终未能实现扭亏为盈，已经造成股东经济利益的重大损失。另一方面从富钧公司的管理来看，现代公司治理结构未能发挥有效作用。由于双方股东的冲突始终不能得到解决，富钧公司一直由永利公司委派的董事长单方进行管理，作为公司的大股东仕丰公司却游离于公司之外，不能基于其投资享有适当的公司经营决策、管理和监督的股东权利，其股东权益受到重大损失。

第四，经过多方努力无法解决公司僵局。富钧公司股东间发生冲突后，双方股东均通过多种途径力图化解纠纷，但均未能成功。一方面股东双方自行进行沟通协调。股东双方均委托律师参与双方纠纷的处理，在长达两年多的时间里，进行了十多次往来函件的沟通，并且召开了一次临时董事会，但对分歧事项未能达成共识。另一方面在提起诉讼之后，在人民法院的主持下，三方进行了多轮的调解，从重新建立富钧公司新的公司治理结构到股东转让股权单方退出，股东各方均提出解决方案，但均未能达成意见一致的调解协议。

第五，富钧公司、永利公司抗辩事由不能成立。1. 关于股东之间的矛盾是由仕丰公司引起，富钧公司不能解散的抗辩事由。有限责任公司除资合性特征之外还具有较强的人合性，股东通常既是公司的投资者又是公司的经营管理者，股东之间的信任与合作是公司正常经营的重要基础。从有限责任制度产生以来，为确保公司稳健经营，公司运行始终体现资本民主的“股份多数决”原则。当股东之间丧失了彼此间的信任发生公司僵局时，一方股东控制着公司的经营权和财产权，对其他股东存在事实上的强制和严重的不公平，事实上剥夺了其他股东基于投资股份所享有的合法经营管理权利，是公司符合司法解散的条件之一。富钧公司的僵局起始于2005年4月7日张博钦离开公司，原因是股东双方在公司治理结构的安排、专利权归属、公司关联交易等问题发生分歧后，股东双方之间逐步丧失了共同经营管理公司的信任基础，从而产生了公司僵局。仕丰公司认为永利公司伪造董事会决议修改公司章程从而占据公司董事长位置，理由是公司章程上签名和签章非其法定代表人所为，但在公司章程修订后，仕丰公司委派的张博钦长期担任贝克莱公司总经理负责经营管理，并修改章程将公司名称变更为富钧公司，故仕丰公司的单方否认还不足以证明永利公司伪造董事会决议章程的事实。虽然仕丰公司对永利公司产生不信任的理由不一定成立，但公司是否能够解散取决于公司是否存在僵局，而不取决于僵局产生的原因和责任。因此，富钧公司、永利公司关于矛盾由仕丰公司引起而不能解散公司的抗辩理由缺乏法律依据，该院不予采纳。2. 关于仕丰公司恶意诉讼，企图独占市场，不应解散公司的抗辩事由。同镒公司是由COMPOS国际股份有限公司成立的外商独资企业，富钧公司、永利公司未能举证证明同镒公司与仕丰公司之间存在关联关系。张博钦虽然是仕丰公司委派到富钧公司的董事，但在缺乏其他证据印证的情形下，张博钦到同镒公司担任董事长并不能当然视为代表仕丰公司。因此，富钧公司、永利公司关于仕丰公司恶意诉讼、企图独占市场的抗辩主张缺乏事实依据，该院不予采信。至于张博钦作为富钧公司高管人员是否应当承担损害公司权益的责任，应当在富钧公司诉张博钦、同镒公司损害公司利益赔偿纠纷案中处理，本案对此不予理涉。即使本案依法判决富钧公司解散，也不影响其在该案中的诉讼主体资格。

综上，富钧公司经营管理发生严重困难，继续存续会使股东利益受到重大损失，且通过其他途径也无法解决，故对持有公司全部股东表决权60%的仕丰公司提出解散富钧公司的请求，依法予以准许。该院依照《中华人民共和国涉外民事关系法律适用法》第十四条，《中华人民共和国民事诉讼法》第一百二十八条，《中华人民共和国公司法》第一百八十三条、第二百一十八条，《最高人民法院关于适用〈中华人民共和国公司法〉若干问题的规定（二）》（以下简称《公司法司法解释（二）》）第一条的规定，判决解散富钧公司，一审案件受理费人民币422865元由富钧公司负担。

富钧公司不服原审判决，向本院提起上诉称：（一）原审判决查明事实有误。1. 原审判决对仕丰公司委派董事兼总经理张博钦离开富钧公司的原因认定有误。张博钦于2005年4月7日离开富钧公司，真实原因是其违反公司高管忠诚禁止义务，担任同镃公司的法定代表人及执行董事，生产销售与富钧公司同类的产品，挤占富钧公司市场，损害富钧公司利益。永利公司和仕丰公司不存在公司治理结构上的争议，也未产生专利科技归属、关联交易等方面的争议。2. 富钧公司经营管理没有发生严重困难。富钧公司的产品建筑浪板是在中国大陆刚起步的环保产品，市场前景良好。富钧公司营业额逐年扩大，财务报表反映亏损，是由于机器设备估值过高，折旧金额较大所致，目前经营管理秩序良好，亏损额逐年减少，公司正向扭亏转盈的方向过渡。3. 富钧公司董事会的僵局是仕丰公司单方人为因素造成的。张博钦擅自离开富钧公司后，接到富钧公司召开董事会通知，故意不参会，制造公司僵局。仕丰公司通过司法途径解散公司的目的在于使富钧公司不复存在，从而独占市场份额。（二）原审判决适用法律错误。《中华人民共和国公司法》第一百八十三条的立法目的是给公司僵局困境中的无辜者和受害者提供最后救济措施。如果允许对形成僵局的过错股东通过诉讼解散公司，将对无辜股东形成二次损害，与该条的立法目的相悖。仕丰公司可以选择重新指派董事、委派总经理继续合资经营事宜，也可以协商股权转让，启动退出机制，或通过竞价确定公司归属，但其只选择公司解散，将造成富钧公司股东权益受损、设备搁置、员工失业，不利于资源效用和社会稳定。仕丰公司滥用权利、恶意诉讼的行为，不应得到支持。请求判令：撤销原审判决，改判驳回仕丰公司的诉讼请求。

仕丰公司答辩称：（一）原审判决查明事实清楚。富钧公司自2005年4月至今，董事长期冲突，逾六年无法召开股东会及董事会，无法形成有效的股东会或董事会决议，公司经营发生严重困难。富钧公司自2005年永利公司完全独立实际控制公司后，经营状况每况愈下，亏损严重，股东利益持续遭受重大损失。（二）原审判决适用法律正确。纷争发生后，富钧公司股东通过双方委派的董事以及律师探讨一方退出的解决方法，原审法院也组织了多轮多层面的调解，但因股东间的成见及分歧无法达成一致。原审法院判决解散公司是慎重的。公司解散后可能导致职工的辞退及再就业等，依照公司法、劳动法等法律存在依法救济的空间，不能成为维持公司现状的理由。综上，请求驳回上诉，维持原判。

永利公司陈述称：同意富钧公司的意见。

二审期间，富钧公司提交了山东省济南市中级人民法院（2008）济民四初字第19号民事判决和山东省高级人民法院（2011）鲁民四终字第181号民事判决，各方当事人对上述判决的真实性没有异议，本院予以确认。

原审查明事实属实，本院予以确认。

本院另查明：山东省济南市中级人民法院于2011年7月6日对富钧公司诉张博钦、同镒公司损害公司权益纠纷一案作出（2008）济民四初字第19号民事判决，认定同镒公司与富钧公司主要产品相同，属同类经营，张博钦系富钧公司高级管理人员，其担任同镒公司执行董事、法定代表人和总经理职务，构成对富钧公司竞业禁止义务的违反，富钧公司有权行使公司归入权，判决：一、张博钦、同镒公司于判决生效之日起两个月内到工商管理机关办理张博钦不再担任同镒公司执行董事、法定代表人、总经理职务的工商登记变更手续；二、张博钦于判决生效之日起10日内赔偿富钧公司经济损失人民币10万元；三、驳回富钧公司的其他诉讼请求。张博钦不服上述判决，向山东省高级人民法院提起上诉，山东省高级人民法院于2012年2月24日作出（2011）鲁民四终字第181号民事判决，驳回上诉，维持原判。

又查：永利公司和仕丰公司未签订合营合同，但签订了富钧公司章程。章程第十八条规定："董事会决定公司的一切重大事宜，其职权主要如下：1. 公司章程的修正；2. 公司的中止、解散或与其他经济组织合并；3. 公司注册资本金的增加或减少，公司资产全部或部分转让，股权增加和转让及公司其他重大决议，应由永利公司和仕丰公司双方同意，方可变更；4. 决定年度生产计划、销售计划、发展计划；5. 年度的财务预算、决算、会计报告的认可；6. 年度的财务预算盈利和亏损的处理方法；7. 讨论通过公司的重要规章制度；8. 总经理的年度经营报告的审核及认可；9. 总经理提出议案的审议和决议；10. 总经理及其他经理级（含）以上高级职员的任免；11. 负责公司终止和期满的清算工作。"第十九条规定："第十八条之各条款内容，须经全体董事同意才能生效。"

二审审理过程中，本院以维持富钧公司存续为目标进行了多轮调解工作。鉴于永利公司和仕丰公司已丧失共同经营管理公司的信任基础，调解主要围绕一方股东退出富钧公司的方案进行协商。调解过程中，富钧公司提交至2011年10月31日的资产负债表，显示实收资本人民币76972153.35元，未分配利润人民币-40814925.41元，所有者权益年初数人民币36157227.94元，所有者权益期末数人民币31909051.91元。在富钧公司披露的资产负债表信息基础上，仕丰公司和永利公司同意由仕丰公司受让永利公司持有的40%股权，并对股权转让价格基本达成一致意见。然而，由于该两方股东对于调解协议的具体条款包括股权收购前富钧公司是否应向仕丰公司全面公开财务和经营信息、富钧公司如存在披露的资产负债表以外的债务时永利公司是否应承担保证责任等事宜，未能协商一致，最终未达成使富钧公司存续的调解协议。

本院认为，本案系公司解散纠纷，被请求解散的富钧公司是由两名外国投资者在中华人民共和国境内以有限责任公司形式设立的外资企业，根据《中华人民共和国公司法》第二条以及第二百一十八条的规定，在中国境内设立的公司之解散纠纷应当适用中国法律。各方当事人对本案应适用中国法律解决争议均无异议，本院予以确认。由于《中华人民共和国外资企业法》以及《中华人民共和国外资企业法实施细则》没有对股东请求人民法院解散公司的情形作出具体规定，根据《中华人民共和国公司法》第二百一十八条“外商投资的有限责任公司和股份有限公司适用本法”的规定，本案应当根据《中华人民共和国公司法》第一百八十三条以及《公司法司法解释（二）》的规定审查仕丰公司请求解散富钧公司的主张能否成立。

《中华人民共和国公司法》第一百八十三条规定：“公司经营管理发生严重困难，继续存续会使股东利益受到重大损失，通过其他途径不能解决的，持有公司全部股东表决权百分之十以上的股东，可以请求人民法院解散公司。”《公司法司法解释（二）》第一条第一款规定：“单独或者合计持有公司全部股东表决权百分之十以上的股东，以下列事由之一提起解散公司诉讼，并符合《中华人民共和国公司法》第一百八十三条规定的，人民法院应予受理：（一）公司持续两年以上无法召开股东会或者股东大会，公司经营管理发生严重困难的；（二）股东表决时无法达到法定或者公司章程规定的比例，持续两年以上不能做出有效的股东会或者股东大会决议，公司经营管理发生严重困难的；（三）公司董事长期冲突，且无法通过股东会或者股东大会解决，公司经营管理发生严重困难的；（四）经营管理发生其他严重困难，公司继续存续会使股东利益受到重大损失的情形。”上述规定既是公司解散诉讼的立案受理条件，同时也是判决公司解散的实质审查条件。

其一，关于富钧公司是否经营管理发生严重困难。公司经营管理严重困难包括两种情况：一是公司权力运行发生严重困难，股东会、董事会等权力机构和管理机构无法正常运行，无法对公司的任何事项作出任何决议，即公司僵局情形；二是公司的业务经营发生严重困难，公司经营不善、严重亏损。如公司仅业务经营发生严重困难，不存在权力运行严重困难的，根据《公司法司法解释（二）》第一条第二款的规定，不符合《中华人民共和国公司法》第一百八十三条的解散公司条件。

本案中，根据富钧公司章程第十七条、第二十一条的规定，富钧公司董事会是公司最高权力机关，仕丰公司和永利公司均以委派董事的形式对富钧公司进行经营管理，即由董事会直接行使董事会和股东会的双重职能。同时，根据富钧公司章程第十九条的规定，生产销售计划、财务预算决算方案、财务决算盈利和亏损的处理方法、经理级以上高级职员的任免等公司经营管理事项均需要全体董事同意才能生效。富钧公司治理结构由股东特别约定而实行的严格一致表决机制，使得人合性成为富钧公司最为重要的特征。自 2005 年 4 月起，永利公司和仕丰公司因富钧公司的厂房租赁交易、公司治理结构安排、专利权许可使用等问题发生了实质分歧，股东之间逐渐丧失了信任和合作基础。富钧公司董事会不仅长期处于无法召开的状态，而且在永利公司和仕丰公司各自律师的协调下召开的唯一一次临时董事会中，也因为双方股东存在重大分歧而无法按照章程规定的表决权比例要求形成董事会决议。富钧公司权力决策机制长期失灵，无法运行长达七年时间，属于《公司法司法解释（二）》第一款第（一）项、第（二）项规定的经营管理严重困难的公司僵局情形。

其二，关于公司解散是否应当考虑公司僵局产生的原因以及过错。富钧公司上诉认为，仕丰公司委派的董事张博钦擅自离职，不参加董事会会议，人为制造公司僵局，损害富钧公司利益，法院不应支持仕丰公司具有恶意目的的诉讼；仕丰公司则抗辩认为永利公司以欺诈方式取得董事长职位而导致公司僵局。本院认为，公司能否解散取决于公司是否存在僵局以及是否符合《中华人民共和国公司法》第一百八十三条规定的实质条件，而不取决于公司僵局产生的原因和责任。《中华人民共和国公司法》第一百八十三条没有限制过错方股东解散公司，因此即使一方股东对公司僵局的产生具有过错，其仍然有权依据该条规定，请求解散公司。本案中仕丰公司提出解散富钧公司的背景情况为，富钧公司已陷入公司僵局并由永利公司单方经营管理长达七年时间，仕丰公司持有 60%的股份，其行使请求司法解散公司的诉权，符合《中华人民共和国公司法》第一百八十三条的规定，不属于滥用权利、恶意诉讼的情形。至于仕丰公司委派的董事张博钦，是否存在违反董事竞业禁止义务的过错行为、应否承担赔偿富钧公司损失的民事责任，由富钧公司通过另案解决，与本案无涉。

其三，关于富钧公司继续存续是否会使股东利益受到重大损失。从富钧公司经营情况看，富钧公司僵局形成后，公司经营即陷入非常态模式，在永利公司单方经营管理期间，富钧公司业务虽然没有停顿，但持续亏损，没有盈利年度，公司经营能力和偿债责任能力显著减弱，股东权益已大幅减损至不足实收资本的 1/2。富钧公司关于其生产经营正常，亏损额正在减少，有望扭亏转盈的上诉理由没有充分证据证明，本院不予采信。另从富钧公司注册资本到位情况看，仕丰公司和永利公司至今均未足额出资，在双方股东不愿意共同经营富钧公司、冲突对立无法调和的情况下，富钧公司注册资本难以充实，无法实现预期的经营目的。综合上述情况，富钧公司不仅丧失了人合基础，权力运行严重困难，同时业务经营也处于严重困难状态，继续存续将使股东利益受到重大损失。

其四，关于替代解决途径的可行性。《公司法司法解释（二）》第五条第一款规定："人民法院审理解散公司诉讼案件，应当注重调解。当事人协商同意由公司或者股东收购股份，或者以减资等方式使公司存续，且不违反法律、行政法规强制性规定的，人民法院应予支持。当事人不能协商一致使公司存续的，人民法院应当及时判决。"公司僵局并不必然导致公司解散，司法应审慎介入公司事务，凡有其他途径能够维持公司存续的，不应轻易解散公司。然而本案经过一、二审法院多轮的调解，永利公司和仕丰公司始终不能就转让股权、公司回购或减资等维系富钧公司存续的解决方案达成合意。尤其是在二审调解过程中，仕丰公司愿意受让永利公司股权，使富钧公司存续，其与永利公司就股权转让价格亦基本达成一致，但由于富钧公司不愿意全面公开在永利公司单方经营期间的经营状况和对外债务，故最终未能达成调解协议。公司法没有确立解决公司僵局的其他替代性救济措施，现富钧公司的持续性僵局已经穷尽其他途径仍未能化解，如维系富钧公司，股东权益只会在僵持中逐渐耗竭。相较而言，解散富钧公司能为双方股东提供退出机制，避免股东利益受到不可挽回的重大损失。

综上所述，富钧公司经营管理发生严重困难，继续存续会使股东利益受到重大损失，通过其他途径不能解决，仕丰公司作为持有60%股份的股东，提出解散富钧公司的请求，符合《中华人民共和国公司法》第一百八十三条的规定，应予准许。富钧公司的上诉理由不能成立，应予驳回。原审判决认定事实清楚，适用法律正确，处理结果并无不当，应予维持。本院根据《中华人民共和国民事诉讼法》第一百五十三条第一款第（一）项之规定，判决如下：

驳回上诉，维持原判。

二审案件受理费人民币422865元，由富钧新型复合材料（太仓）有限公司负担。

本判决为终审判决。

（三）地方法院典型案例

071. 股东经营理念与公司发展冲突，并不能因此认定公司管理陷入僵局①

基本案情：诺某公司设立于2002年8月5日，潘某为持股34.29%的股东，公司另有伍某某、海某投资公司等11位股东。潘某曾任公司总经理，任职期间潘某为诺某公司向银行贷款提供了担保财产。2015年，潘某因个人经营理念和公司的发展冲突为由辞职。2016年，诺某公司的几笔借款债务已届清偿期尚未偿还，潘某以公司董事长期冲突，且无法通过股东会解决，公司经营管理发生严重困难，继续存续会使股东利益受到重大损失为由诉至法院，请求解散诺某公司。

裁判结果：广州市黄埔区人民法院认为，潘某个人经营理念与公司之间的冲突，可以通过召开股东会，行使股东表决权的方式解决。诺某公司的负债及亏损情况也有逐渐好转趋势，内部管理并未陷入僵局。潘某对于提供担保所可能产生的法律后果及风险理应具备预见能力，即使其最终承担了担保责任，亦享有救济途径，并不属于通过其他途径不能解决的情形。故判决驳回潘某诉请解散公司的诉讼请求。广州市中级人民法院维持原判。

典型意义

因经营理念产生分歧或因争夺公司的实际控制权导致股东提起公司解散的诉讼逐渐增多，公司是否具备法定解散条件是公司解散纠纷中最常见

① 《广东高院发布服务保障民营企业健康发展典型案例（二）》（2019年6月23日发布），四、潘某诉诺某公司公司解散纠纷案——引导公司治理规范化，载广东法院网，https：//www.gdcourts.gov.cn/index.php？v=show&cid=170&id=53809，最后访问日期：2023年6月20日。

也最具争议的法律问题。本案的裁判争点在于对公司治理的决策机制是否失灵、公司继续存续是否会使股东利益受到重大损失的认定。本案探寻公司治理的运行状态，分析股东诉讼的内在诉求，在公司设立以来的历史沿革及前景考量的基础之上，最终认定公司不具备法定解散条件，并指出各股东之间矛盾化解、优化公司治理结构的有益建议，对于引导公司治理规范化，促进企业健康发展具有积极意义。

072. 股东请求司法解散公司，应当符合公司法关于“经营管理发生严重困难”的情形[①]

基本案情：唐某持有贸易集团 30%的股权，另外两位股东江某、张某分别持有 45%和 25%股权。江某兼任法定代表人。自 2017 年 10 月开始再未有实质业务发生，无营业收入。唐某与另外两名股东对公司发展意见不一致。后唐某提起解散公司诉讼。

裁判要旨：法院经审理认为，第一，该公司并不存在无法召开股东会或者股东大会的情形；第二，表决时都能按照公司法规定或者公司章程约定达到股东表决的比例（满足 2/3 或者 1/2 以上的要求）；第三，三名股东同时兼任董事，虽然董事存在长期冲突，但是冲突可以通过股东会决议作出决定；第四，关于公司是否存在经营管理困难，唐某主张公司现有资产即使有 50 万元，也远远少于 2017 年 10 月公司账上的 180 万元等财产，据此主张经营管理困难。法院认为，仅凭公司账面资产发生减少，不能得出经营管理困难的结论。即使资产发生减少，也不代表公司未来经营就一定继续恶化，公司存

① 《青岛市中级人民法院公司类纠纷审判典型案例（2022 年）》（2022 年 7 月 5 日发布），十、唐某诉某贸易集团公司解散纠纷，载青岛市中级人民法院网站，http：//ytzy. sdcourt. gov. cn/qdzy/spgk66/sszy16/spzdyj/dxxal/8611329/index. html，最后访问日期：2023 年 6 月 20 日。

续会使股东利益遭受重大损失。另外，股东会决议与少数股东意见不一致，与法定的无法召开股东会、无法形成决议的情形并不是同一概念，也并不符合公司法规定的解散条件。法院判决驳回唐某的诉讼请求。

典型意义

股东请求司法解散公司，应当符合公司法关于“经营管理发生严重困难”的情形。依据《最高人民法院关于适用〈中华人民共和国公司法〉若干问题的规定（二）》第一条，具体包括：1. 公司连续两年无法召开股东会或者股东大会；2. 股东表决时无法达到法定或者公司章程规定的比例，持续两年以上不能做出有效的股东会或股东大会决议；3. 公司董事长期冲突，且无法通过股东会或者股东大会解决；4. 其他情形。股东以知情权、利润分配请求权等权益受到损害，或者公司亏损、财产不足以偿还全部债务，以及公司被吊销企业法人营业执照未进行清算等为由，提起解散公司诉讼的，法院不予受理。

（四）裁判依据

《中华人民共和国民法典》

第六十八条　有下列原因之一并依法完成清算、注销登记的，法人终止：

（一）法人解散；

（二）法人被宣告破产；

（三）法律规定的其他原因。

法人终止，法律、行政法规规定须经有关机关批准的，依照其规定。

第六十九条　有下列情形之一的，法人解散：

（一）法人章程规定的存续期间届满或者法人章程规定的其他解散事由出现；

（二）法人的权力机构决议解散；

（三）因法人合并或者分立需要解散；

（四）法人依法被吊销营业执照、登记证书，被责令关闭或者被撤销；

（五）法律规定的其他情形。

《中华人民共和国公司法》

第一百八十二条 公司经营管理发生严重困难，继续存续会使股东利益受到重大损失，通过其他途径不能解决的，持有公司全部股东表决权百分之十以上的股东，可以请求人民法院解散公司。

《最高人民法院关于适用〈中华人民共和国公司法〉若干问题的规定（二）》

第一条 单独或者合计持有公司全部股东表决权百分之十以上的股东，以下列事由之一提起解散公司诉讼，并符合公司法第一百八十二条规定的，人民法院应予受理：

（一）公司持续两年以上无法召开股东会或者股东大会，公司经营管理发生严重困难的；

（二）股东表决时无法达到法定或者公司章程规定的比例，持续两年以上不能做出有效的股东会或者股东大会决议，公司经营管理发生严重困难的；

（三）公司董事长期冲突，且无法通过股东会或者股东大会解决，公司经营管理发生严重困难的；

（四）经营管理发生其他严重困难，公司继续存续会使股东利益受到重大损失的情形。

股东以知情权、利润分配请求权等权益受到损害，或者公司亏损、财产不足以偿还全部债务，以及公司被吊销企业法人营业执照未进行清算等为由，提起解散公司诉讼的，人民法院不予受理。

第四条 股东提起解散公司诉讼应当以公司为被告。

原告以其他股东为被告一并提起诉讼的，人民法院应当告知原告将其他股东变更为第三人；原告坚持不予变更的，人民法院应当驳回原告对其他股东的起诉。

原告提起解散公司诉讼应当告知其他股东，或者由人民法院通知其参加诉讼。其他股东或者有关利害关系人申请以共同原告或者第三人身份参加诉讼的，人民法院应予准许。

第六条 人民法院关于解散公司诉讼作出的判决，对公司全体股东具有法律约束力。

人民法院判决驳回解散公司诉讼请求后，提起该诉讼的股东或者其他股东又以同一事实和理由提起解散公司诉讼的，人民法院不予受理。

二、清算责任纠纷

（一）地方法院典型案例

073. 股东怠于履行清算义务，离职小股东对公司债务是否承担赔偿责任的认定[①]

案情简介：工业公司注册资本为500万元，吴某、刘某分别出资300万元、200万元，刘某担任经理。2011年，刘某因工资问题与公司发生纠纷，曾起诉至法院，同年6月，刘某辞职并离开公司。后工业公司一直由吴某经营。2014年3月，工业公司被吊销营业执照，但一直未办理注销手续。至诉讼发生时，工业公司无实际经营场所，公章、财务账册等资料均去向不明。2020年，工业公司的债权人机电公司向法院起诉，主张工业公司清偿2012年期间结欠的货款307203.44元，同时主张吴某、刘某未及时履行清算义务，导致公司债务未能及时得以清偿，应当承担连带赔偿责任。

裁判结果：一审法院认为，工业公司被吊销营业执照后，吴某、刘某并未及时组成清算组，怠于履行清算义务，导致公司债务未能及时清偿，故判决支持了机电公司对刘某的诉请。二审法院认为，工业公司被吊销营业执照，

① 《2020-2021年江苏法院公司审判典型案例》（2022年9月29日发布），八、机电公司诉工业公司、吴某、刘某买卖合同和清算责任纠纷案，载江苏法院网，http：//www.jsfy.gov.cn/article/94380.html，最后访问日期：2023年6月20日。

出现法定解散事由时，刘某已离职多年，且案涉债务亦发生在刘某离职之后，现有证据不足以证明系刘某怠于履行清算义务而导致公司债务无法清偿，遂改判驳回机电公司对刘某的诉讼请求。

典型意义

公司被吊销营业执照后，公司股东应当及时履行清算义务。但股东怠于履行清算义务并不必然对公司的债务承担连带清偿责任，而应审查是否因股东怠于履行义务，导致公司债权人利益受损。小股东能够举证证明其既不是董事会或监事会成员，也没有选派人员担任该机关成员，且从未参与公司经营管理，应当认定未怠于履行清算义务。本案二审改判驳回债权人对小股东刘某的诉请，避免了清算责任的不当扩大，保护了中小股东投资兴业的积极性。

074. 公司股东怠于履行清算义务时的责任认定[①]

裁判要点

公司股东怠于履行清算义务导致公司财产贬值、流失、毁损或者灭失，损害到公司债权人利益的，公司债权人有权向公司股东提起侵权损害赔偿之诉。在公司未经清算情况下，法院应适用《最高人民法院关于适用〈中华人民共和国公司法〉若干问题的规定（二）》第十八条第一款的规定，确定公司股东之责任。

① 《福州法院2018年度商事审判十大案例》（2019年6月5日发布），六、公司股东怠于履行清算义务时的责任认定——张某高诉魏某禹、丁某惠等清算责任纠纷案，载福州市中级人民法院微信公众号，https：//mp. weixin. qq. com/s/RL4ar5LUqpCI1XUYhjmQwA，最后访问日期：2023年7月1日。

基本案情：福建省中某工程有限公司（以下简称中某公司）于2006年9月19日成立，注册资本为5000000元，魏某禹、丁某惠为中某公司股东。2007年9月2日，中某公司与张某高签订工程施工合同。后因合同履行发生纠纷，张某高将中某公司诉至福州市鼓楼区人民法院。2012年5月13日，福州市鼓楼区人民法院作出（2011）鼓民初字第4509号民事判决书，判决中某公司应向张某高支付工程款392007.50元及利息（按中国人民银行规定的逾期贷款利息标准计算，从2007年11月8日计至判令还款之日止）。上述判决生效后，张某高于2012年12月24日向福州市鼓楼区人民法院申请强制执行。在执行过程中，鼓楼区人民法院因未发现中某公司存在可供执行的财产信息，于2015年3月1日作出（2013）鼓执行字第46-2号执行裁定书，裁定终结（2011）鼓民初字第4509号民事判决书的执行程序。另查，因中某公司未按照规定接受企业年度检验，原福州市工商行政管理局于2013年12月20日作出行政处罚决定书，决定吊销中某公司的营业执照。2016年10月14日，张某高诉至法院，要求魏某禹、丁某惠、丁某振共同向其赔偿损失660370.6元及利息。

裁判结果：福建省平潭县人民法院于2017年5月12日作出（2016）闽0128民初3134号民事判决：一、魏某禹、丁某惠应于本判决生效之日起十日内向张某高连带偿还工程款392007.50元及利息（按中国人民银行规定的逾期贷款利息标准计算，从2007年11月8日起计至还清款项之日止）；二、驳回张某高的其他诉讼请求。宣判后，魏某禹、丁某惠共同提起上诉，福州市中级人民法院于2018年3月9日作出（2018）闽01民终703号民事判决：一、维持福建省平潭县人民法院（2016）闽0128民初3134号民事判决第二项；二、变更福建省平潭县人民法院（2016）闽0128民初3134号民事判决第一项为"魏某禹、丁某惠应于本判决生效之日起十日内共同向张某高赔偿债权损失392007.50元及利息（按中国人民银行规定的逾期贷款利息标准计算，从2007年11月8日起计至还清款项之日止）"。

裁判理由：法院生效判决认为：一、关于本案请求权是否适用诉讼时效以及若适用则是否已超过诉讼时效问题。

根据《最高人民法院关于审理民事案件适用诉讼时效制度若干问题的规定》第一条的规定，当事人可以对债权请求权提出诉讼时效抗辩。本案中，张某高是基于清算义务人不履行清算义务的直接后果造成公司本身财产的减少，从而直接侵害了公司债权人利益而主张赔偿责任，其性质属于侵权责任，本案所涉的请求权为债权请求权中的损害赔偿请求权。张某高就上诉人作为清算义务人不履行清算义务导致公司财产流失而请求获得救济的权利，不属于《中华人民共和国民法总则》第一百九十六条关于“下列请求权不适用诉讼时效的规定：（一）请求停止侵害、排除妨碍、消除危险；（二）不动产物权和登记的动产物权的权利人请求返还财产；（三）请求支付抚养费、赡养费或者扶养费；（四）依法不适用诉讼时效的其他请求权”规定的除外情形，故应当适用诉讼时效的相关规定。

本案中，根据工商档案材料显示，中某公司于2013年12月20日被吊销营业执照而出现公司解散的情形。根据《中华人民共和国公司法》第一百八十三条关于公司法定解散事由出现之日起15日内应当成立清算组的规定，中某公司的清算义务人最迟应于2014年1月14日成立清算组履行清算义务。但张某高系于2012年12月24日依据生效判决对中某公司的债权申请强制执行，该案于2015年3月1日裁定终结执行程序，中某公司的解散事由发生于债权执行期间，现无其他证据证明本案存在张某高即时知道上述解散事由之事实，故该执行程序终结之日推定为其应当知道清算义务人未尽清算义务而致使权利受损之时，本案诉讼时效应从2015年3月1日起算。根据《中华人民共和国民法总则》第一百八十八条关于“向人民法院请求保护民事权利的诉讼时效期间为三年。法律另有规定的，依照其规定。诉讼时效期间自权利人知道或者应当知道权利受到损害以及义务人之日起计算……”的规定，张某高于2018年3月1日前主张清算赔偿责任即可，故其于2016年10月14日提起本案诉讼并未超过诉讼时效。上诉人关于本案超过诉讼时效的上诉意见，于法无据，不予采纳。

二、关于魏某禹、丁某惠赔偿责任承担问题。

张某高于一审诉讼中系主张上诉人未在法定期限内组织清算导致公司财产流失而应对其承担赔偿责任，而一审法院适用《最高人民法院关于适用〈中华人民共和国公司法〉若干问题的规定（二）》（以下简称《公司法解释（二）》）第十八条第二款的规定，认定中某公司因上诉人怠于履行清算义务致使财务账册等无法收集而导致公司无法清算之连带清偿责任后果，但中某公司尚未出现经清算程序认定无法清算之情形，故一审法院适用法律错误。

在中某公司未经法定清算程序的情况下，其债权人主张清算义务人的清算责任，应当适用《公司法解释（二）》第十八条第一款关于“有限责任公司的股东、股份有限公司的董事和控股股东未在法定期限内成立清算组开始清算，导致公司财产贬值、流失、毁损或者灭失，债权人主张其在造成损失范围内对公司债务承担赔偿责任的，人民法院应依法予以支持”之规定进行分析认定。结合上文关于案涉清算赔偿责任属于侵权责任的法律性质认定，公司债权人的该项赔偿责任主张成立，应当满足以下三个构成要件：（1）清算义务人违反法律规定，怠于履行清算义务；（2）清算义务人的行为造成了公司财产或债权人的直接损失；（3）清算义务人的怠于清算行为与公司财产、债权人的直接损失之间存在法律上的因果关系。

具体到本案中，分析如下：首先，中某公司于2013年12月20日被吊销营业执照，公司本应于该解散事由出现后15日内成立清算组进行清算，但公司的股东魏某禹、丁某惠作为清算义务人确有未在法定期限内积极履行清算义务之事实，故此赔偿责任的前提要件已具备。其次，根据中某公司在工商部门申报备案的财务报表数据及二上诉人的自认内容，中某公司于2009年12月31日止的所有者权益为5146300.13元，此为彼时公司尚余资产净值，但其此后未再制作财务报表、账册等文件，并在公司经营出现问题后未及时处置公司资产、回收应收账款，导致中某公司现已无剩余财产可供执行。可见，由于公司清算义务人魏某禹、丁某惠怠于履行清算义务导致公司资产由2009年年末的5146300.13元减损至无任何财产，其行为已然造成了公司财产的灭失后果。再者，张某高因魏某禹、丁某惠怠于清算导致公司财产灭失的行为而使其对中某公司的债权无法得以执行受偿，其利益受到实际损害，二者之间存在因果关系。综上，魏某禹、丁某惠应向张某高承担损失赔偿责任。

裁判意义：本案系当公司出现清算情形时，公司股东作为公司清算义务人未及时履行清算义务导致公司财产贬值、流失、毁损或者灭失的，其应向公司债权人承担损害赔偿责任的典型案例。本案明确了清算义务人的清算责任实质为侵权责任性质，公司债权人对公司股东的请求权系损害赔偿请求权，该请求权应适用诉讼时效相关规定。对于清算义务人的责任承担问题，在公司未经清算的情况下，本案明确应适用《公司法解释（二）》第十八条第一款之规定，并应满足相应之构成要件，据此认定清算义务人的赔偿责任。本案裁判有利于引导公司清算义务人及时履行清算义务，促进市场上大量的僵尸企业及时出清，以推动国家供给侧结构性改革以及营商环境的进一步优化。

（二）裁判依据

《中华人民共和国民法典》

第七十条 法人解散的，除合并或者分立的情形外，清算义务人应当及时组成清算组进行清算。

法人的董事、理事等执行机构或者决策机构的成员为清算义务人。法律、行政法规另有规定的，依照其规定。

清算义务人未及时履行清算义务，造成损害的，应当承担民事责任；主管机关或者利害关系人可以申请人民法院指定有关人员组成清算组进行清算。

《中华人民共和国公司法》

第一百八十九条 清算组成员应当忠于职守，依法履行清算义务。清算组成员不得利用职权收受贿赂或者其他非法收入，不得侵占公司财产。

清算组成员因故意或者重大过失给公司或者债权人造成损失的，应当承担赔偿责任。

《最高人民法院关于适用〈中华人民共和国公司法〉若干问题的规定（二）》

第十八条 有限责任公司的股东、股份有限公司的董事和控股股东未在法定期限内成立清算组开始清算，导致公司财产贬值、流失、毁损或者灭失，债权人主张其在造成损失范围内对公司债务承担赔偿责任的，人民法院应依法予以支持。

有限责任公司的股东、股份有限公司的董事和控股股东因怠于履行义务，导致公司主要财产、账册、重要文件等灭失，无法进行清算，债权人主张其对公司债务承担连带清偿责任的，人民法院应依法予以支持。

上述情形系实际控制人原因造成，债权人主张实际控制人对公司债务承担相应民事责任的，人民法院应依法予以支持。

第十九条 有限责任公司的股东、股份有限公司的董事和控股股东，以及公司的实际控制人在公司解散后，恶意处置公司财产给债权人造成损失，或者未经依法清算，以虚假的清算报告骗取公司登记机关办理法人注销登记，债权人主张其对公司债务承担相应赔偿责任的，人民法院应依法予以支持。

第二十条 公司解散应当在依法清算完毕后，申请办理注销登记。公司未经清算即办理注销登记，导致公司无法进行清算，债权人主张有限责任公司的股东、股份有限公司的董事和控股股东，以及公司的实际控制人对公司债务承担清偿责任的，人民法院应依法予以支持。

公司未经依法清算即办理注销登记，股东或者第三人在公司登记机关办理注销登记时承诺对公司债务承担责任，债权人主张其对公司债务承担相应民事责任的，人民法院应依法予以支持。

《全国法院民商事审判工作会议纪要》

14.【**怠于履行清算义务的认定**】公司法司法解释（二）第18条第2款规定的“怠于履行义务”，是指有限责任公司的股东在法定清算事由出现后，在能够履行清算义务的情况下，故意拖延、拒绝履行清算义务，或者因过失导致无法进行清算的消极行为。股东举证证明其已经为履行清算义务采取了积极措施，或者小股东举证证明其既不是公司董事会或者监事会成员，也没有选派人员担任该机关成员，且从未参与公司经营管理，以不构成“怠于履行义务”为由，主张其不应当对公司债务承担连带清偿责任的，人民法院依法予以支持。

15.【**因果关系抗辩**】有限责任公司的股东举证证明其“怠于履行义务”的消极不作为与“公司主要财产、账册、重要文件等灭失，无法进行清算”的结果之间没有因果关系，主张其不应对公司债务承担连带清偿责任的，人民法院依法予以支持。

16.【**诉讼时效期间**】公司债权人请求股东对公司债务承担连带清偿责任，股东以公司债权人对公司的债权已经超过诉讼时效期间为由抗辩，经查证属实的，人民法院依法予以支持。

公司债权人以公司法司法解释（二）第18条第2款为依据，请求有限责任公司的股东对公司债务承担连带清偿责任的，诉讼时效期间自公司债权人知道或者应当知道公司无法进行清算之日起计算。

图书在版编目（CIP）数据

公司纠纷指导案例与类案裁判依据／中国法制出版社编．—北京：中国法制出版社，2023.8
（人民法院民商事指导案例与类案裁判依据丛书）
ISBN 978-7-5216-3634-5

Ⅰ.①公… Ⅱ.①中… Ⅲ.①公司-经济纠纷-案例-分析-中国 Ⅳ.①D922.291.915

中国国家版本馆 CIP 数据核字（2023）第 111302 号

责任编辑：刘海龙　　　　封面设计：周黎明

公司纠纷指导案例与类案裁判依据
GONGSI JIUFEN ZHIDAO ANLI YU LEI'AN CAIPAN YIJU

编者/中国法制出版社
经销/新华书店
印刷/保定市中画美凯印刷有限公司
开本/710 毫米×1000 毫米　16 开　　　　印张/27.75　字数/330 千
版次/2023 年 8 月第 1 版　　　　2023 年 8 月第 1 次印刷

中国法制出版社出版
书号 ISBN 978-7-5216-3634-5　　　　定价：88.00 元

北京市西城区西便门西里甲 16 号西便门办公区
邮政编码：100053　　　　传真：010-63141600
网址：http：//www.zgfzs.com　　　　**编辑部电话：010-63141814**
市场营销部电话：010-63141612　　　　**印务部电话：010-63141606**

（如有印装质量问题，请与本社印务部联系。）